本书获 2015 年贵州省
出版传媒事业发展专项资金资助

## "共和国民族之魂丛书"编委会

主　任：金星华

副主任：彭晓勇　宋　健　吴建民　张超美

策　划：张超美　孟志钢

编　委：（按姓氏笔画）

乔继堂　吴建民　张超美　宋　健

金星华　孟志钢（执行）　彭晓勇

# 共和国
## 少数民族非物质文化遗产传承人传（下）

Gonghequo shaoshuminzu feiwuzhiwenhuayichan chuanchengren zhuan

金星华 ◎ 主编
乔继堂 白居正 ◎ 编著

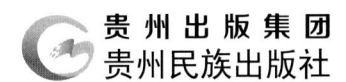

贵州出版集团
贵州民族出版社

### 图书在版编目（CIP）数据

共和国少数民族非物质文化遗产传承人传.下／金星华主编；乔继堂，白居正编著.—贵阳：贵州民族出版社，2016.12（2020.7重印）

（共和国民族之魂丛书）

ISBN 978-7-5412-2300-6

Ⅰ.①共⋯ Ⅱ.①金⋯ ②乔⋯ ③白⋯ Ⅲ.①少数民族—民间艺人—生平事迹—中国 Ⅳ.①K825.7

中国版本图书馆 CIP 数据核字（2016）第 213843 号

共和国民族之魂丛书
共和国少数民族非物质文化遗产传承人传（下）

| | |
|---|---|
| 主　　编： | 金星华 |
| 编　　著： | 乔继堂　白居正 |
| 出版发行： | 贵州民族出版社 |
| 社址邮编： | 贵阳市观山湖区会展东路贵州出版集团大楼　　550081 |
| 电　　话： | 0851-86826871 |
| 传　　真： | 0851-86826871 |
| 印　　刷： | 山东龙岳文化传媒有限公司 |
| 版　　次： | 2016 年 12 月第 1 版 |
| 印　　次： | 2020 年 7 月第 4 次印刷 |
| 开　　本： | 787mm×1092mm　1/16 |
| 印　　张： | 26 |
| 字　　数： | 465 千 |
| 定　　价： | 68.00 元 |

# 目 录

前　言 …………………………………………………………………（1）

阿迪力·吾休尔——"达瓦孜之乡"的"高空王子" ……………（1）
哈森其其格——多才多艺的"抢枢"传承人 …………………（10）
那巴特尔——"沙力搏尔式摔跤"全能手 ……………………（15）
汪秀霞——"保留了一些原生态的东西" ……………………（20）
奉雪妹——做一个无愧于瑶山的挑花人 ……………………（25）
和　训——两代人接力传承东巴画 ……………………………（33）
思华章——傣家最后一位"撒那弄" ……………………………（39）
丹巴绕旦——把藏族传统绘画带入大学殿堂 ………………（47）
李发秀——"彩虹故乡"的盘绣女子 ……………………………（56）
郎志丽——"郎家世代艺专精，巧艺真传声名扬" ……………（63）
金铁铃——绢花世家"花儿金"的第五代传人 …………………（71）
汪国芳——"制作羌绣是这辈子改不掉的习惯" ………………（77）
李云义——"做好手艺源自内心" ………………………………（82）
尕藏尖措——"制作酥油花也是一种修行" ……………………（90）
娘　本——"我要让人们都知道热贡艺术" ……………………（96）
贡保才旦——和日石刻的多才艺僧 ……………………………（106）
吴通英——用苗绣讲述民族故事 ………………………………（111）
韦桃花——以精美马尾绣荣膺"贵州名匠" ……………………（120）
陈显月——"侗家最美的月亮" …………………………………（127）
崇德福——"经历过才知道怎样教学生" ………………………（134）
叶水云——"西兰卡普"镂云裁月 ………………………………（141）
杨似玉——侗族工匠世家的工美大师 …………………………（149）
羊拜亮——从维持生计到传承民艺 ……………………………（155）
杨光宾——"银匠村"走出的银饰锻制大师 ……………………（160）
张仕绅——最后一位用板蓝根染布的人 ………………………（167）

项老赛——"做一把是一把"的"户撒刀王" ……………………（174）
和志本——白水台的东巴造纸人 …………………………………（181）
格　桑——民族技艺织就五彩生活 …………………………………（188）
马维雄——保安腰刀世家的后起之"雄" …………………………（195）
白静宜——花丝镶嵌工美大师 ………………………………………（202）
白音查干——50多年制作300多辆勒勒车 ………………………（209）
金季凤——60余年的民族乐器情怀 ………………………………（214）
粟田梅——"织侗锦是我一生的追求" ……………………………（219）
吉伍巫且——三色世界的民艺人生 …………………………………（226）
马舍勒——擀过8万条毛毡的"舍勒毡匠" ………………………（233）
马进明——"篱笆楼都"的文化-手艺人 …………………………（238）
张怀升——手艺"其实是怀念母亲的一种方式" …………………（244）
杜伟生——"我们这行路很窄，但是很长" ………………………（251）
钟连盛——景泰蓝的继承与创新 ……………………………………（260）
哈亦琦——哈氏风筝第四代传人 ……………………………………（267）
彭善尧——土家族转角楼建造"掌墨师" …………………………（274）
王阿勇——苗族蜡染艺术"走出去"的第一人 ……………………（279）
杨光成——打破祖训传承枫香"天染" ……………………………（286）
强巴赤列——藏医、西医结合，"像老虎有翅膀一样" …………（293）
乌　兰——让蒙医药事业薪火相传 …………………………………（304）
盘良安——全面掌握"拜盘王"仪式的"总师爷" ………………（310）
唐买社公——连南排瑶"歌王" ……………………………………（316）
刘正城——壮族歌圩的嘹啰歌师 ……………………………………（323）
李学强——敢上刀山，能下火海 ……………………………………（330）
赵丕鼎——白族狂欢节"绕三灵"传承人 …………………………（335）
罗周文——京族哈节的传承人 ………………………………………（340）
王治升——释比也是文化人 …………………………………………（346）
欧海金——传承"水书习俗"的"水书先生" ……………………（354）
贡嘎仁增——从世家走出的"拉孜巴" ……………………………（359）
斯庆巴拉木——蒙古族服饰技艺的"巧手姑娘" …………………（366）
谭三岗——衣钵相传的毛南族"肥套"师公 ………………………（372）
普顺发——彝族火把节的主持人 ……………………………………（377）

柯璀玲——"为了给民族留点记忆" ……………………………（382）
达　瓦——"想把技艺传给更多的人" …………………………（389）
再屯娜——将塔塔尔族特色文化传扬下去 ………………………（394）

参考文献 ……………………………………………………………（399）

后　记 ………………………………………………………………（403）

# 前　言

如果说新世纪以来文化领域有什么热闹的大众话题的话，毫无疑问应该是"非物质文化遗产"。这个并非新创而充满创造力的领域，绝不仅是所谓精英的属地，而更是普罗大众的信念与实践。在这里，普罗大众才是绝对的主体，是他们的信念和实践，使人们重拾文化原本的意蕴和精彩，不仅蕴含丰富，而且精美绝伦。自然，这丰富多彩的文化的主体，我国少数民族堪称主力。于是，少数民族非物质文化遗产代表性传承人，进入人们的视野。

## 一

如果说20世纪世界历史进程有什么特点的话，毫无疑问可以说是"变而快"：变化之大，令人瞠目结舌；变化之快，令人目不暇接。短短一个世纪，人类走过了过去数百年、上千年的发展历程，而且变化的速度越来越快，电子信息领域的"摩尔定律"，用在20世纪人类社会发展上，似乎也不算言过其实。

变，必然意味着告别过去；变而快，似乎意味着漠视旧物。这一点，稍有世事阅历的人，必然有着深刻的体味。

不管是什么"历史轮回"还是"螺旋式上升"，反正到了20世纪末，随着工业化、城市化和全球化的普遍推进，对文化遗产的重视、对文化多元化的推崇，逐渐成为世界性的趋势。进入新世纪，伴随着各种梯度的文化自省和自觉，趋势成为潮流。

2001年，联合国教科文组织首次公布"人类口头和非物质文化遗产代表作名单"。其后，2003年和2005年又陆续公布，共达90项。2008年11月，联合国教科文组织宣布正式设立《人类非物质文化遗产代表作名录》。

2002年8月，我国文化部经过反复论证研究，向全国人大教科文卫委员会报送了《民族民间文化保护法（建议稿）》。

2003年10月，联合国教科文组织第32届大会通过了《保护非物质文化遗产公约》，于2006年4月生效。

2004年8月，我国全国人大常委会批准加入《保护非物质文化遗产公约》。在签署该条约的同时，把正在起草的《民族民间文化保护法》名称调整为《中华人民共和国非物质文化遗产法》。

2005年，文化部成立非物质文化遗产保护法立法工作小组，起草了《中华人民共和国非物质文化遗产保护法（草案送审稿）》，于2006年9月报请国务院审议。

2006年5月，国务院批准文化部确定公布第一批国家级非物质文化遗产名录518项。此后又陆续确定公布了三批国家级非物质文化遗产项目。

2009年，国务院下发了《关于加强我国非物质文化遗产保护工作的意见》等重要文件，确立了"非遗"保护工作的目标、方针和任务。

2010年6月，国务院第115次常务会议讨论通过了《中华人民共和国非物质文化遗产法（草案）》，并提请全国人民代表大会常务委员会审议。

2011年2月25日，第11届全国人大常委会第19次会议通过《中华人民共和国非物质文化遗产法》并公布，自2011年6月1日起施行。

## 二

进入新世纪以来，我国的非物质文化遗产保护在2004年迈出了扎实的步伐。这一年，文化部、财政部联合国家民委和中国文联，启动实施了旨在全面推动我国"非遗"保护工作的系统工程——中国民族民间文化保护工程，计划在2020年之前在我国初步建立起一个较为完备的"非遗"保护体系。2010年，第一次"非物质文化遗产普查"活动结束，针对现存"非遗"资源和"非遗"传承人进行了全面的走访调研，共召开普查座谈会7.1万余次，普查文字记录996万字，录音记录23.4万小时，拍摄图片477.4万张，汇编普查资料14.2万余册，"非遗"资源总量达97万余项。

在广泛普查的基础上，文化部门开始遴选国家级的非物质文化遗产项目。2006年5月20日，经国务院批准，文化部确定了第一批国家级非物质文化遗产项目名录518项，并予以公布。2008年6月14日，第二批国家级"非遗"项目名录510项和第一批国家级"非遗"扩展项目名录147项公布；2011年6月10日，第三批国家级"非遗"项目名录191项和国家级"非遗"扩展项目164项公布；2014年11月11日，第四批国家级"非遗"项目名录153项和扩展项目名录153项公布，并按照《中华人民共和国非物质文化遗产法》的表述，将"国家级非物质文化遗产名录"名称调整为"国家级非物质文化遗产代表性项目名录"。至此，我国的国家级非物质文化遗产代表性项目达到1372项。

文化部公布的非物质文化遗产代表性项目名录，仅仅是国家级的"非遗"项目名录。在此之外，我国各省、市、自治区也相继公布了各级非物质文化遗产项目名录，总数共达1万项之多。大部分市（地区）、县也公布了本级非物质文化遗产名录，项目数自然更为可观。由此，我国形成了国家、省、市、县四级非物质文化遗产项目名录。这在世界上可以说是洋洋大观、绝无仅有。

与确定公布代表性项目名录对应的是，国家级非物质文化遗产项目代表性传承人的遴选也相继展开，并陆续公布：2007年第一批226人，2008年第二批551人，2009年第三批711人，2012年第四批498人，共1986人。此外，全国省级非物质文化遗产代表性传承人共达9564人。

具体到我国少数民族的非物质文化遗产，首先就项目而言，少数民族国家级"非遗"共477项，占总数的34.77%。关于其统计学特征，有专家指出：一是项目类别数量相差较大，民间文学（66）、民间音乐（72）、民间舞蹈（90）、传统技艺（61）、民俗（96）数量较多，而传统戏剧（13）、曲艺（17）、传统体育、游艺与杂技（18）、民间美术（31）、传统医药（13）则较少；二是各少数民族项目数量相差悬殊，藏族68项，蒙古族45项，彝族30项，苗族27项，维吾尔族24项，土家族19项，哈萨克族14项，壮族13项，瑶族13项，朝鲜族13项，侗族12项，布依族和黎族各11项，傣族10项，其他少数民族都在10项以下，只有1项的少数民族为基诺族、保安族、仫佬族、乌孜别克族、独龙族、普米族、东乡族、塔塔尔族和高山族；三是各个省份项目数量参差不齐，多集中在西南、西北、东北及东南边疆地区，与我国少数民族的分布特征吻合。

其次，就代表性传承人而言，少数民族国家级"非遗"代表性传承人共506人，占总数的25.48%。其统计学特征，除了占全国总数比例较小之外，代表性传承人分布不均的现象比较突出，具体体现在项目、民族、性别、省份几个方面。这种现象，部分与少数民族"非遗"项目特征吻合。比如，项目多的，代表性传承人相应也多：民间文学"非遗"代表性传承人为61人，占少数民族"非遗"代表性传承人总数的12.06%；民间音乐90人，占17.79%；民间舞蹈91人，占17.98%；传统戏剧48人，占9.49%；曲艺22人，占4.35%；传统体育、游艺与杂技10人，占1.98%；民间美术40人，占7.91%；传统技艺85人，占16.80%；传统医药28人，占5.53%；民俗31人，占6.13%。项目多的省区，代表性传承人也多：西藏68人，云南63人，新疆60人，贵州60人，青海46人，内蒙古35人，湖南28人，四川20人，其他省份均在20人以下，部分省份甚至没有少数民族国家级"非遗"代表性传承人。

少数民族国家级"非遗"代表性传承人的族别数量，也与项目族别数量基本吻合：藏族122人，蒙古族50人，维吾尔族35人，苗族33人，土家族29人，回族26人，满族24人，彝族22人，侗族21人，傣族12人，其他民族均在10人以下。遗憾的是，有8个少数民族没有对应的国家级"非遗"代表性传承人，分别是怒族、门巴族、普米族、塔塔尔族、高山族、珞巴族、基诺族和独龙族。这成为本书收录部分省区级"非遗"传承人的动因，也说明"非遗"保护传承形势的急迫和严峻，以及"非遗"传承人认定和培护必须做出的改进和完善。

还需一提的是"中华非物质文化遗产传承人薪传奖"，这是由文化部"中国非物质文化遗产保护中心"主办的我国首个非物质文化遗产国家级专业奖项，旨在表彰为中华非物质文化遗产传承做出杰出贡献的各级非物质文化遗产传承人。"薪传奖"每年评选一次，每次评选杰出的非物质文化遗产传承人60名。自2012年首届评选颁奖以来，2013、2014年均曾评选颁奖。三届获奖人中，均有少数民族"非遗"传承人入选。

## 三

"非遗"文化热，人所共见。"热捧"固然需要，冷静思考也不能缺失；尤其是在我国非物质文化遗产保护与传承已经经过一段不算短的时间，似乎到了应该做些阶段性总结和展望的时刻。系统研究有专家在，这里且作一些片断式的感发性述说。

非物质文化遗产大多是原生态的，少数民族非物质文化遗产更其如此。"原生态"，意味着存在原本的生长环境，也就是专家学者所谓的"生境"。因此，保护和传承"非遗"，不能就"非遗"论"非遗"，同时还要保护和延续其"生境"；"生境"丧失，也就意味着"非遗"可能不再具有原生态意蕴，甚或彻底消失。《哈尼族四季生产调》唱道："屋里的种子没长嘴，种子叽里咕噜叫，种子没有娘，要去山洼找甜水做亲娘。"种子与山洼和甜水，或许就是"非遗"与其"生境"关系的生动写照，也道出了文化保护传承的真谛。工业化、城市化对"非遗""生境"的影响是人所共知的，我们固然不能阻止"化"的脚步，但也不能不长远计议、有所保留；否则，"留住乡愁"，没能留住"乡"，那留下的只能是"愁"。

国家的非物质文化遗产保护传承政策，受到了人们的普遍赞成和拥护。"非遗"名录的公布、"非遗"传承人的认定,是国家层面对非物质文化遗产的保护,这对非物质文化遗产的传承与发展起到了至关重要的作用。非物质文化遗产代表性传承人也在自己的领域努力推动非物质文化遗产的传承,如新疆曲子传承人郭天禄根据形势和民情编写了新曲子,和剧社同仁在农闲时节下乡演出,对乡村民风习俗的变化起到了积极作用。这也就说明,我们传统文化中有许多可资当代社会借鉴的元素,而且具有非常强固的影响力,一定要善加利用。

对于非物质文化遗产的传承前景,"担忧"似乎是少数民族"非遗"传承人的一个较为普遍的心理现状。面对外来强势文化的冲击,青年一代的心理大多失衡。打工他乡的习染、乡土环境的变迁、民族语言的疏离、文化老人的逝去、流行文化的进驻等种种因素,使原本应该是接棒者的青年一代,对民族民间文化越来越淡漠。仅仅依靠旅游、收藏等等,推动"非遗"的保护以及传承,显然是不现实的。这需要宏阔层面的观念转变,给多元化、本土化、原生态甚至是"旧",以一定的地位。

当然,"非遗"的保护与传承也不是不需要创新,或者说"新思维"。"俄罗斯族民居营造技艺"传承人张怀升对此深有体会,他说:"在我看来,如果不把俄罗斯族木工手艺当作谋生手段,而是当作业余兴趣(官员们也称之为'一门艺术')培养,成为一项手工技艺,年轻人一定会爱上它的。"这话,应该说不无道理。

自发与外促,原生与变革,坚守与创新,文化自觉与文化幻想——不仅"非遗"的保护与传承,传统文化的继承与发扬也总是存在着这样一些矛盾。处理好这些矛盾,会带来更大的活力。人类历史的发展,向来是充满张力的。进与滞,新与旧,创与承,土与洋……正是在一组组张力的作用下,人类历史的轨迹才总是在向着正确的方向前进。正因如此,也就不能鄙薄张力场中的每一项因素,这才算得上"王道"。

未来社会,与全球化并行不悖的(姑且不论去全球化甚至经济领域的去全球化),必然是多元化,尤其是文化的多元化。人类会像保护生物多样性一样,守护文化的多样性,守护人类不同族群的根脉,延续和体味知性生活的本真。

四

可以说,非物质文化遗产代表性传承人,是时下我国少数民族中最为耀眼、也最受关注的一个人群。由于非物质文化遗产的"非物质"和"传承"特性，这种遗产的"载体"或说"携带者"，就成为说明、展示遗产"存在"及其价值最为直截和恰切的媒介和管道。他们有着极高的曝光率和受关注度，媒体报道他们，学者研究他们，公众为他们"点赞"……自然，形诸文字的也就不在少数甚或不计其数。

这部《共和国少数民族非物质文化遗产传承人传》共两册。之所以给予比之英烈传、英豪传、文化学者传、科学家传、文学家传、艺术家传更大的篇幅，当然首先在于少数民族非物质文化遗产传承人这个群体出色的人物众多，也意在尽可能对这个群体及其所代表的文化遗产进行全面、集中的展示。不过，尽管如此，选择仍然是不可避免的。考虑因素，不外项目、民族、地域等方面的分布：同一"非遗"项目，不论涉及几个民族、多少地区，一般只选一位传承人；同一类型的相近项目，一般也只选其中一项、一人。所选自然是最具代表性的"国家级"传承人，他们占了绝大多数，同时也选了几位省、区级传承人。

四个批次的国家级"非遗"名录，项目名称并非一以贯之，而是有所调整。2012年公布的第四批，分类名称为：民间文学，传统音乐，传统舞蹈，传统戏剧，曲艺，传统体育、游艺与杂技，传统美术，传统技艺，传统医药，民俗。这应是在理论和实践不断检验的基础上确定的，可算是"定名"。这样，本集的写作也就以此作为分类的依据。

人物传记，传主生平事迹必然是写作的重点。不同的是，"非遗"传承人的"闪亮"，固然是他们个人成就所致，而"非遗"项目却也是他们不可须臾离开的"依托"。传承人与"非遗"项目是共生共荣的，因而写作中对"非遗"项目做林林总总的介绍也就成为必然，这对于了解"非遗"价值及其传承人都不无裨益。

当今中国，对非物质文化遗产的关注、追捧、研讨，热度不减，而且可以预料，这种热切的关注、倾心的追捧、悉心的研讨，还将持续下去。相应地，对少数民族非物质文化代表性传承人而言，热络的媒体报道、纷纭的专题研究，乃至联翩的传记出版，也将长期持续下去。因此，少数民族"非遗"传承人更为全面、深入的展示良可期待，我们这部传集抑或可继踵，从而塑造更为丰富多彩的"少数民族非遗传承人"群像。

# 阿迪力·吾休尔
## ——"达瓦孜之乡"的"高空王子"

阿迪力·吾休尔（1971～），杂技艺人，维吾尔族"达瓦孜"传承人。新疆喀什英吉沙人，维吾尔族。他出身于"达瓦孜"（高空走索）世家，10多岁时就成为第六代传人。在继承传统的基础上，他不断挑战长度、坡度、时间极限以及高难动作，数次刷新吉尼斯世界纪录，获得无数奖项和荣誉。历任中国杂技家协会副主席、新疆杂技团"达瓦孜"队队长等，还是全国人大代表、国家一级演员。2007年成为国家级非物质文化遗产项目（杂技与竞技类）代表性传承人，并已培养出沙塔尔·吾吉阿不都拉等传承人。

### 一、一路走向"高空王子"

1971年7月，阿迪力·吾休尔出生在新疆维吾尔自治区英吉沙县一个贫苦的维吾尔族家庭。

英吉沙位于新疆西南部、昆仑山北麓、塔里木盆地西缘，是古代陆地丝绸之路的驿站，南疆八大重镇之一。同时，这里还出产著名的"英吉沙小刀"，有"中国小刀之乡"的美誉，也是"中国达瓦孜之乡"，"高空王子"阿迪力·吾休尔和艾斯凯尔都是英吉沙人。

阿迪力·吾休尔出身于"达瓦孜"世家，其家族从事"达瓦孜"表演已有430年的历史。阿迪力的父亲吾休尔（也作"吾守尔"）是闻名全疆的"达瓦孜"第五代传人，而阿迪力则是在父亲72岁时才出生的。

自幼耳濡目染，受到"达瓦孜"技艺熏陶，阿迪力·吾休尔很小的时

候就能在 3 米高的空中绳索上如履平地。不幸的是，1976 年阿迪力年仅 5 岁的时候，父亲就去世了。

由于运动本身的危险性，"达瓦孜"一般只传徒弟，不传子孙。父亲去世之前，含泪把阿迪力托付给了好朋友——英吉沙杂技团的汉族教练刘福生。接受朋友嘱托的刘福生，像对亲儿子一样待阿迪力，在教授给他"达瓦孜"传统技艺的同时，糅入了汉族走钢丝的技巧，还设计了"绳上骑独轮车""倒立"等新创的表演项目。

老师精心传授，自己勤奋好学，10 多岁时，阿迪力·吾休尔就脱颖而出，成为家族中最杰出的"达瓦孜"第六代传人。

阿迪力高空走索

"达瓦孜"是需要高度技巧的杂技项目。而要规避危险、取得好成绩，必然需要付出超常的艰辛努力。在阿迪力·吾休尔的"达瓦孜"历程中，汗水和危险始终伴随着他，不知有多少次从高空中摔下来，但是他顽强地、坚定地走了过来……

1991 年，阿迪力在上海表演时曾从空中坠落，原因是主绳断裂。这场事故，使他身上 17 个地方骨折，光是肋骨就断了 7 根，胳膊也伸不直了。鉴于当时的情况，医生都说他不能再表演了。但阿迪力不愿离开"达瓦孜"，休养了半年，他就开始训练。手伸不直，不能单手倒立，他就练出了用头顶绳倒立——挫折往往成了创新的机缘。

## 二、"达瓦孜"：维吾尔族人的空中舞蹈

"达瓦孜"是维吾尔族一种古老的传统杂技表演艺术。"达"在维吾尔语里是"悬空"的意思，"瓦孜"指嗜好做某件事的人。"达瓦孜"一词，借用了波斯语"达尔巴里"，意思是"高空走大绳表演"，古时称为"走索""高原祭""踏软索"等。

据史料记载，"达瓦孜"源于两千多年前的西域，汉代传入中原，曾在南疆维吾尔族聚居地盛行。在历史上，许多"达瓦孜"世家代代传艺不衰，有的甚至西出国门，沿丝绸之路，到阿富汗、印度、埃及、俄罗斯等地卖艺。最早记载这一技艺的，大约是东汉时期的科学家、文学家张衡（78～139年），他在《西京赋》中描述了两位艺人索上相逢的情景。

在维吾尔族地区，关于"达瓦孜"的起源流行着这样的传说。古时候，维吾尔族人民居住的某地出现一个妖魔，它在空中来去，呼风唤雨，残害百姓，人们叫苦不迭。这时，有一位英武少年见义勇为，他在平地竖起一根30米高的木杆，用一根长约60米的绳索从木杆顶端连接地面，然后踩升而上，与妖魔搏斗，将其杀死，为百姓除了大害。从此，高空走索流传开来，成为维吾尔族人民的竞技娱乐形式。

"达瓦孜"兼有体育和杂技的双重特点。新中国成立以来，"达瓦孜"登上了全国性表演舞台。1953年，"达瓦孜"成为首届全国少数民族传统体育运动会的表演项目。此后的几届全国少数民族传统体育运动会，"达瓦孜"都是表演项目。

"达瓦孜"表演多在露天进行，场地约需100米×60米，中间耸立的主杆高30米，最高处扎有牌楼，牌楼横杆两端拴有吊杠（秋千）和吊环。表演者手持长约6米的平衡杆，不系任何保险带，沿着接地的斜绳逐步向上，登上横绳，开始技巧表演。表演者在绳索上俯仰身躯，前进后退，盘腿端坐，蒙上眼睛行走，踩着碟子行走，等等。

传统的"达瓦孜"表演

1990年，为了使"达瓦孜"艺术发扬光大，新疆维吾尔自治区人民政府批准将民间"达瓦孜"艺人改编成新疆杂技团的一个演出队。

1991年，在南宁举行的第四届全国少数民族传统体育运动会上，在维吾尔族民间乐曲的伴奏下，"达瓦孜"演员踏着节拍跳舞歌唱，展示高难技巧，整个表演惊险动人。维吾尔族"达瓦孜"以其独特的风格、浓郁的地方特色和精湛的技艺，获得了"全国民运会"首次设立的表演项目奖。

随着民族艺术的日趋成熟，各民族文化活动的互相交流，"达瓦孜"技巧也出现了重大突破。除了传统的行走坐立、舞蹈翻腾之外，又创造出一些难度更高的动作，比如借助绳子的反弹连续向上跳起，在大索上急速跳跃，两人在绳上对剑格斗，斗剑时还能互换位置等。阿迪力·吾休尔还创造了在高空钢丝上小顶倒立、劈叉、骑独轮车、弯腰采莲等高难技巧。

阿迪力和家人在一起

"达瓦孜"表演是新疆维吾尔族人民勤劳勇敢的智慧结晶，也是中华民族文化宝库中一颗璀璨的明珠，在我国人民和各国人民的文化交流中起过重要作用。

2006年5月，维吾尔族"达瓦孜"列入第一批国家级非物质文化遗产名录（杂技与竞技类）。

## 三、五创吉尼斯世界纪录

成为家族"达瓦孜"的第六代传人之后，小小年纪的阿迪力·吾休尔在1979年加入新疆英吉沙县达瓦孜队，成为专业杂技演员。

1989年，阿迪力·吾休尔进入新疆杂技团，编在了组建不久的"达瓦孜"队。此后，阿迪力一直从事"达瓦孜"表演，并获得了杰出成绩。

阿迪力与徒弟上演惊险的"踏身行走"

2002年，他受聘担任了"达瓦孜"队队长。

进入国家艺术团体后，阿迪力·吾休尔一如既往勤学苦练，不断丰富和完善"达瓦孜"空中艺术，由空中行走，发展到空中舞蹈、空中杂技、空中生存。随着一项项高难"达瓦孜"动作的升级，阿迪力·吾休尔和他的"达瓦孜"表演也在祖国各地走红，并产生了世界性的影响。

1996年6月23日，阿迪力等人应邀来到广州，为正在那里举行的'96国际龙舟赛表演高空走索过珠江。这条钢索高30米，长224米。阿迪力率先上场，在上万名海内外观众的注视下，他面色平静，脚步稳健，最后一段距离一路小跑，仅用20分钟就到达彼岸。这是中国人第一次高空走索跨越大江大河。

1995年10月28日，美籍加拿大人杰伊·科克伦高空走钢索跨越了长江三峡。消息传来，阿迪力很受震动，并决心向科克伦发起挑战。1997年6月22日上午，阿迪力·吾休尔在资金准备不足的情况下，仅用了13分39秒就成功地走完了架在瞿塘峡上空长达640.75米的高空钢索，比科克伦53分10秒的成绩快了39分31秒，刷新了吉尼斯世界纪录。挑战成功后，阿迪力·吾休尔对记者说："这不是我的成功，是中国人的成功，是中华民族的成功。"并表示在未来的日子里继续向新的高峰进军。

2000年10月6日，阿迪力在无安全保障设施的情况下，用52分13秒走完了架设在南岳衡山祝融峰至芙蓉峰之间长1399.6米、高度为436米的钢索，再次创下"无保险高空走钢丝世界最长"的吉尼斯世界纪录。

2001年10月25日，阿迪力又成功地跨越了架设在衡山玉板桥的钢

阿迪力挑战一个又一个极限

索，突破了吉尼斯世界纪录的高空走钢丝斜度之最（斜度：31°28′，长度：260米，时间：5分36秒）。

2002年4～5月，阿迪力又在北京平谷金海湖创造了"单日高空走钢丝累积时间之最"和"高空生活25天"两项吉尼斯世界纪录。

2003年3月全国人民代表大会召开期间，阿迪力被选定为"抢救民间文化遗产工程形象大使"。4～5月，阿迪力为"抢救民间文化遗产工程"组织大型公益活动"极限之旅——探险天坑"，并成功进行了高度为666米、长度为661米的走钢索表演。

## 四、再接再厉，勇攀高峰

阿迪力·吾休尔的"达瓦孜"技艺炉火纯青，创造的一项项纪录令人咋舌，一如人们形容的：只要鹰能飞过的地方，架上钢索，他就能走过去。

2009年7月5日，在新疆喀纳斯海拔1670米的高空，阿迪力与弟子沙塔尔·吾吉阿不都拉相向走钢索，在钢索中间会合并交叉换位，走完了长达1600米、距地面180米的钢索（直线距离1530米）。

2010年，在北京鸟巢上空70米处，阿迪力又创造了高空生存60天的纪录。

2013年4月30日，阿迪力在剑门关关楼122.8米的高空，用9分钟穿行190米，成功"穿越"剑门关。

2013年8月10日，阿迪力不系任何保险带，在广州成功完成高空走钢丝横跨珠江，从广州新地标广州塔的23层平台（高116米），横跨506米珠江水面，到达对面的海心沙表演舞台的南面LED风帆顶端（高80米），全程用了不到1小时。

阿迪力·吾休尔的杰出技艺和坚韧精神，为他赢得了无数的奖励和荣誉，可以列出长长的一串来：

阿迪力在鸟巢高空生存60天，创吉尼斯世界纪录

先后参加第三、四、五、六、七、八、九、十届全国少数民族传统体育运动会"达瓦孜"表演，并获得一等奖。所创吉尼斯世界纪录，如今已经达到7项。

1995年9月，获第四届全国杂技比赛"金狮奖"及文华奖。

1996年12月，被授予"新疆维吾尔自治区优秀专业技术工作者"荣誉称号。

1997年，被评为第三届"新疆十大杰出青年"。

1997年6月25日，新疆维吾尔自治区人民政府授予"高空王"的称号。

1998年4月，中华全国总工会授予"五一劳动奖章"。6月，被自治区文联授予"德艺双馨"的称号。同年因"为发展我国表演艺术事业做出贡献"而享受政府特殊津贴。

1999年，被新疆维吾尔自治区党委宣传部授予建国50周年"德艺双馨"文艺百佳称号。

2000年，被中国杂技家协会授予"空中勇士"称号。

2000年，被评为中国文联"德艺双馨"会员。

2001年，获得中国杂技家协会颁发的"金菊终生成就奖"。

2005年，被中华全国青年联合会评为全国"十大杰出青年"。

此外，阿迪力·吾休尔还是第九届、第十届、第十一届全国人大代表，中国杂技家协会副主席、中国文学艺术联合会委员，新疆维吾尔自治区杂技家协会副主席，国家一级演员，全国"慈善大使"及"民间文化遗产抢救工程"形象大使。

## 五、以"达瓦孜"传承和诠释体育精神

2007年是阿迪力·吾休尔从艺生涯中重要的一年。这年6月，他成为第一批国家级非物质文化遗产项目（维吾尔族"达瓦孜"）代表性传承人。

成为"非遗"项目代表性传承人后，阿迪力·吾休尔一方面再接再厉、勇攀高峰，一方面致力于收徒培养人才，传承、弘扬"达瓦孜"艺术。

2016年1月20日，第十三届全国冬季运动会在新疆乌鲁木齐召开。开幕式以维吾尔族"达瓦孜"的形式点燃主火炬。承担点燃主火炬任务的正是阿迪力·吾休尔。这次的高度只有20米，但场馆温度较低、钢索受冻湿滑，还有灯光、音响干扰，平衡杆上要放火炬，挑战不比寻常。经过团队配合以及不断训练，阿迪力顺利完成了主火炬点燃重任，在自己的"达瓦孜"艺术生涯中又写下了辉煌的一笔。

众所周知，"达瓦孜"难度高、危险系数大，要求从艺者具备极强的身体平衡能力和良好的心理素质，因此，即使有兴趣学习者也往往难以达到项目既定要求，由此造成了"达瓦孜"传人难觅的状况。加上现代文艺娱乐活动的冲击，"达瓦孜"的演出市场逐渐萎缩，这一古老杂技艺术面临困难局面。

作为国家级代表性传承人，阿迪力·吾休尔对"达瓦孜"的传承和弘扬有自己

阿迪力用"达瓦孜"的形式点燃第十三届全国冬运会主火炬

的见解。在一次全国人民代表大会上，他建议要切实增强新疆作为丝绸之路经济带核心区文化中心在中亚地区的影响力，以新疆杂技团为代表的新疆杂技艺术具有独特、明显、不可替代的优势，希望中央投资在乌鲁木齐建设"丝绸之路马戏团"（国家级非物质文化遗产"维吾尔族达瓦孜"传承保护中心），大力推广大型音乐杂技剧《你好，阿凡提》和"达瓦孜"表演艺术。

阿迪力的这些观点，不仅凝结着他对民族民间艺术的挚爱，也可谓高屋建瓴，具有高度前瞻性和现实性、可行性。

阿迪力绳上骑独轮车

如今，阿迪力·吾休尔已经培养出了沙塔尔·吾吉阿不都拉等传承人，并准备再培养30名传承人。阿迪力说，以"达瓦孜"传承和诠释体育精神，他无比骄傲和自豪。

# 哈森其其格
## ——多才多艺的"抢枢"传承人

哈森其其格（1951～），机关干部，鄂温克"抢枢"传承人。内蒙古鄂温克族自治旗人，鄂温克族。长期担任行政职务，同时积极抢救、发展、推广民族体育游戏，设计制作民族服装，组织录制民族歌舞，以及搜集整理民族文史资料等。曾任内蒙古自治区鄂温克族研究会会长。2009年，成为第三批国家级非物质文化遗产项目（传统体育、游艺与杂技类）代表性传承人。

## 一、行政岗位上牵挂民族文化

哈森其其格

1951年，哈森其其格出生在内蒙古自治区呼伦贝尔盟索伦旗（今呼伦贝尔市鄂温克族自治旗）鄂温克苏木一个鄂温克族家庭。

鄂温克族自治旗是我国三个少数民族自治旗之一，是鄂温克族实行民族区域自治的地方。它位于内蒙古东部，大兴安岭西侧，呼伦贝尔大草原东南部。

鄂温克族是我国的跨境少数民族，主要居住于俄罗斯西伯利亚以及我国的内蒙古和黑龙江两省区。"鄂温克"是鄂温克族的民族自称，意思是"住在山林中的人"。历史上，鄂温克族是一个游猎民族，后来才发展到定居的，主要从事农业、狩猎和畜牧业等。

鄂温克族有着丰富的传统文化，民间文学有历史传说、神话、故事、谚语、谜语等，体育活动有射击、跳高、跳远、撑竿跳、滑雪等，造型艺术有刺绣、雕刻、绘画等，手工技艺则有用桦皮制作成禽兽形状的儿童玩具等。

据统计，进入内蒙古自治区前三批区级非物质文化遗产名录的鄂温克族遗产项目有鄂温克叙事民歌、神话传说、萨满舞、婚礼习俗、民居撮罗子、民族服饰和萨满服饰、传统医药、木制四轮车、口弦琴、鹿哨制作技艺、熟皮子技艺、驯鹿文化，以及鹿棋和"抢枢"等。其中抢枢等也进入了国家级"非遗"项目名录。而正是"抢枢"这个体育竞技项目，让哈森其其格成了鄂温克族文化遗产的代表性传承人。

与一般民间艺人不同，哈森其其格的职业生涯基本上是在行政岗位上度过的。她曾历任鄂温克旗南辉苏木教员、妇联主任，旗妇联副主任、主任，旗人民政府副旗长、人大常委会副主任、政协副主席，旗人大党组书记、主任等。正是在旗人大工作期间，哈森其其格注意到了几乎失传的本民族传统游戏"抢枢"，并开始了这项运动的推广与传承。

## 二、推动"抢枢"抢救与发展

1994年，在鄂温克族自治旗人大工作的哈森其其格，加入了本旗的鄂温克族研究会。1997年，她开始挖掘整理"抢枢"运动。

加入研究会后，哈森其其格偶然间记起了儿时的"抢枢"游戏。当时，已经没有几个孩子知道这种游戏，更不会玩。而六七十岁的老人们，说起玩这个游戏的技巧，总能津津有味地说出很多，因为这种游戏曾伴随他们度过了难忘的童年时光。

"抢枢"（鄂温克语"枢体能"）是鄂温克族历史上流传下来的一项古老的民间传统体育竞技游戏项目，已经有上千年的历史。"抢枢"中的"枢"，鄂温克语意为"车销子"，是指游牧民族所用勒勒车车轴上固定车轮的木制卡销。"体能"在鄂温克语里是"抢"的意思，因此鄂温克语称"抢枢"为"枢体能"。

关于"抢枢"的起源，哈森其其格曾给人们讲述过一个古老的故事。有个鄂温克族老人名叫扎拉，家人在一次游迁过程中，因领头勒勒车的枢脱落遗失，导致后面的车辆也无法行进。情急之下，经验丰富的扎拉老人召集两个儿子，吩咐他们各带一队，原路返回寻找，哪一队找到枢并修好车就会获得奖赏。不久，弟弟的一队人找到了枢。得知弟弟找到了枢，身材魁梧的大哥为立头功，与弟弟一队争夺起来，于是双方人马展开了一场激烈的抢枢搏击。最终，枢被力大无比、反应敏捷的哥哥夺了去，头车很

快修好，游迁队伍顺利到达目的地。后人为了纪念扎拉老人，便把"抢枢"的故事逐渐演化为鄂温克族人民喜爱的民间体育运动。

哈森其其格介绍，"抢枢"这项古老的民间传统体育竞技游戏具有一定的思想性、教育性和娱乐性，比赛中要求队员有较快的奔跑能力，敏捷的反应，较强的臂力、握力以及摔跤技巧，既有"橄榄球式"的争夺，也有"角力式"的摔抢。它集合了鄂温克族人日常游牧、狩猎过程中的众多技能，锻炼了鄂温克族人强健的体魄和坚毅果敢的性格，不仅深受鄂温克族人民的喜爱，而且被蒙古族、达斡尔族、鄂伦春族等兄弟民族所喜爱。

眼看着自己民族的这种传统游戏将随着时间的推移而失传，哈森其其格和协会的同人便开始着手搜集、挖掘、整理和发展"抢枢"运动。

1995年，鄂温克民族中学的老师和学生进行挖掘整理，经过规范规则、统一服装、制定比赛竞技程序等，终于恢复了这项鄂温克族人独具特色的民族体育项目。

从1997年开始，哈森其其格和鄂温克族研究会的同人多次举办"抢枢"游戏培训班，积极在鄂温克草原上推广这项运动。在不断挖掘整理过程中，逐渐形成了有固定比赛场地、器具、比赛方法及规则的、集鄂温克族人日常游牧、狩猎众多技能为一体的竞技运动。现在，"抢枢"运动已经在鄂温克草原上遍地开花，纳入所有中小学的体育课中，旗里各苏木、乡镇都成立了自己的"抢枢"代表队，每年的"瑟宾节"都要进行正式的比赛。

1999年6月和9月，鄂温克族"抢枢"先后在内蒙古自治区第四届少数民族传统体育运动会和第六届全国少数民族传统体育运动会上获得表演优秀奖和表演二等奖。

2003年7月，鄂温克族研究会的"抢枢"获得内蒙古民族文化挖掘、整理一等奖，服装服饰设计制作一等奖。

2007年，鄂温克族"抢枢"列入内蒙古自治区第一批非物质文化遗产名录。

2008年6月，鄂温克族"抢枢"列入第二批国家级非物质文化遗产名录（传统体育、游艺与杂技类）。

2009年6月，哈森其其格成为第三批国家级非物质文化遗产项目鄂温克族"抢枢"代表性传承人。

## 三、多才多艺的传承人

在行政岗位上的时候，哈森其其格积极推动"抢枢"的抢救与推广，并表示退休后还要继续为民间的"抢枢"运动的发展做工作。而退休之后，她更有余裕和精力为这一"非遗"项目的传承贡献自己的力量。

哈森其其格说："现在，'抢枢'在我们当地推广得还不错，但是在自治区和全国层面还很不够。我要继续为民间的'抢枢'运动的发展做工作。"

哈森其其格多才多艺，尤其是在民族服装的设计、制作上有着突出成就。1998年，在哈森其其格带领下，鄂温克族研究会组织制作了鄂温克族三个部落的传统服装，在自治旗成立40周年庆祝大会上展示，引起了不小的轰动。

1999年，在第六届全国少数民族传统体育运动会和内蒙古第四届少数民族传统体育运动会上获得表演奖的鄂温克族"抢枢"，其服装是哈森其其格主持设计、制作的。

2003年，鄂温克族自治旗成立45周年，哈森其其格又设计制作了20套鄂温克族传统民间服装，并制作了挂历。

除了鄂温克族"抢枢"服装和民间服装，哈森其其格还设计制作了萨满舞蹈服装和狩猎舞蹈服装等。

在呼伦贝尔地区服装服饰比赛中，鄂温克族服饰连续三届获得设计、制作、表

"抢枢"的"枢"

演一、二等奖，哈森其其格也多次获得设计制作奖项。

不仅如此，2003年以来，鄂温克族自治旗选派的党代表、人大代表及各领域民族代表的服装，大部分都由哈森其其格亲手设计制作。2007年，内蒙古鄂温克族研究会决定，以鄂温克族使鹿部落服装作为鄂温克族的官方礼宾服。

哈森其其格挚爱自己民族的文化艺术，她对弘扬鄂温克民族文化的努力是多方面的。1995年，她组织策划了《鄂温克歌舞曲》（一套5盒）磁带的制作，并在此基础上组织录制了《鄂温克风情MTV》光盘。她还积极参与鄂温克族历史资料的搜集整理，《鄂温克族历史资料集》（鄂温克族自治旗政协文史资料委员会主编，内部印行）中就有她撰写的文章。

哈森其其格在设计服饰

# 那巴特尔
## ——"沙力搏尔式摔跤"全能手

那巴特尔（1941～），摔跤运动员、教练，沙力搏尔式摔跤传承人。内蒙古阿拉善人，蒙古族。他从小耳濡目染，并在舅舅的指点下掌握了沙力搏尔式摔跤以及其他形式的摔跤技艺，参与各种比赛并屡次获奖，同时担任各级教练、裁判，培养了数百名摔跤手。2012年成为第四批国家级非物质文化遗产项目（传统体育、游艺与杂技类）代表性传承人。发表有论文《关于沙力搏尔式摔跤》等。

## 一、"小摔跤王"为家乡赢得荣誉

1941年1月，那巴特尔出生在今内蒙古自治区阿拉善左旗图克木苏木的一个蒙古族牧民家庭。

在那巴特尔的故乡阿拉善，有一种流传久远的蒙古族竞技运动——沙力搏尔式摔跤，具有广泛的群众基础。在那里，不仅民族节日盛会有正规比赛，就是平日闲暇时，大人们也常常十多人聚在一起，找片沙地切磋技艺，孩子们则围坐一边，睁着大眼睛观赏大人们的腾跃与搏击。

那巴特尔的外祖父那日勒岱、舅舅范藏乌，都是家乡有名的沙力搏尔摔跤手。耳濡目染，那巴特尔也喜爱上了这项民族体育运动，对沙力搏尔摔跤手充满了崇敬。

那巴特尔

回忆起自己童年的草原故事和对沙力搏尔的向往，那巴特尔一往情深："在我小时候，沙力搏尔是牧民们最喜欢、最重要的活动之一，哪里有亲朋聚会，哪里就有摔跤手的身影。尤其是祭敖包或者那达慕的时候，最勇猛的摔跤手往往是男人敬仰、女人爱慕的对象。就是在这种环境熏陶下，我向往并开始学习沙力搏尔。"

耳濡目染之间，那巴特尔和小伙伴也都学会了几手沙力搏尔的本领。或许是遗传了长辈的天赋，那巴特尔是小伙伴中最能摔的一个，除了拼蛮力，他还懂得用巧劲，经常把比自己个头大的伙伴摔倒在地。

舅舅范藏乌发现了那巴特尔的这一特长，于是精心培养，把自己的沙力搏尔技能一点一滴地传给了他。由此，那巴特尔的摔跤技术一日千里，很快就成了当地有名的"小摔跤王"。

沙力搏尔式摔跤中的很多技能模仿了公骆驼互斗的动作，舅舅点拨之后，那巴特尔就去细心观察："我就去驼群观察，发现当两只公驼相遇时，它们会斗个你死我活。最可怕的是它们的毅力，有时候踢咬几个小时都不累，直到有一个支撑不住，落荒而逃，才算是分出了胜负。"这种观察，不仅给那巴特尔以技巧启示，也培养了他的毅力。

上学之后，从小学到中学，那巴特尔越战越勇，名头更加响亮。虽然日常生活、学习中，那巴特尔言语不多，甚至有些腼腆，但到了赛场上，立刻就变成了一只好斗的"公驼"，牢牢盯住对手的一举一动，扑、拉、甩、绊，剽悍的攻击让对手心惊肉跳。

在比赛与训练中，那巴特尔以沙力搏尔摔跤打下的根底为基础，又学会了博克式摔跤与中国式摔跤。

青少年时期，那巴特尔先后代表学校与全旗参加各种比赛上百次。1960年，他参加内蒙古自治区第一届青年运动会，获得了中国式摔跤58公斤级亚军，并被评为国家二级运动员。那巴特尔为自己、也为家乡赢得了不少荣誉。时至今日，那巴特尔还保存着那时比赛留下的几张珍贵的黑白照片。尽管"那时候比赛没有奖杯，讲究友谊第一、比赛第二，奖品有钢笔、茶缸、毛巾等"，但在他的记忆里，一切都是那样美好。

## 二、"沙力搏尔"："公驼式"摔跤

说起"沙力搏尔"，那巴特尔如数家珍。

沙力搏尔式摔跤作为蒙古式摔跤的一种，是阿拉善蒙古族和硕特部独创并保留至今的一项民族传统运动项目，也是阿拉善古老的"乌日斯"盛会和现代那达慕大会比赛的主要项目之一。除广泛流行于阿拉善各地外，新疆、青海、甘肃的部分蒙古族聚居区也有流行。

"沙力搏尔"一词从蒙古语"沙拉巴"（"迅速"）、"沙拉玛盖"（"敏捷的"）派生而来，经过长期语音演化，演变成了"沙力搏尔"（也作"沙拉宝尔"）。

沙力搏尔式摔跤是一项普及性的活动，在阿拉善蒙古族群众中已经传承了300多年。这种摔跤不分体重级别，不受性别、年龄、场地、时间、服装的限制。竞赛时，摔跤手赤足穿三角短裤，从赛场两角迎面而上，分别抓好对方短裤后开始进攻，一跤决定胜负。

传统沙力搏尔式摔跤

沙力搏尔式摔跤技巧较多，摔跤手不仅要有极强的体质和耐力，还要有智慧和技巧。主要动作技巧有前攻、猛背、偷袭、后推、左拉右拧、内外夺脚、旋转猛压、上压、空旋、单打、松肩、硬抗、上翻下扣等，其中的一些技巧如砍铲、膝折、抓领等，是模仿公驼争斗动作而命名的。

20世纪70年代，那巴特尔先后担任苏木学校体育教师与校长，开始参与体育教练和裁判工作，从而成为"全能手"。他多次担任阿左旗摔跤队总教练，先后培养出200多名摔跤手，在各种比赛中取得了好成绩。

1977年，那巴特尔被聘为宁夏回族自治区（当时阿拉善左旗隶属宁夏）摔跤队总教练，带领自己的团队，陆续参加国家级、省级各类比赛，共获得10块金牌与多块银牌、铜牌。1979年，那巴特尔还参加了在秦皇岛举办的全国国际式摔跤培训班的学习。

1980年，那巴特尔回到家乡，担任了阿拉善盟文体处体育科副科长兼摔跤教练。这段时间，那巴特尔重点对沙力搏尔式摔跤的历史渊源、发展变迁进行调查研究，并撰写、发表了《关于沙力搏尔式摔跤》《乘马射箭》《赛驼规则》等文章。与此同时，他还训练培养了100多名各式摔跤手。

80年代以来，那巴特尔先后在全国第一届、第二届少数民族传统体育运动会上担任裁判，两次在内蒙古自治区少数民族传统体育运动会上担任裁判，还多次在各级博克式、沙力搏尔式、中国式和国际式摔跤比赛中担任裁判员、裁判长以及总裁判长。

## 三、"将沙力搏尔发扬光大"

退休之后,那巴特尔主要致力于沙力搏尔式摔跤的教学传承和规则整理等。

为了使沙力搏尔运动发扬光大,那巴特尔经常到一些蒙古族学校教孩子们。这些学校的体育老师,都是他曾经的"弟子",大家互相交流切磋,希望通过自己的努力,让这一民族瑰宝得以完整地传承下去。

那巴特尔对家乡的各项传统体育运动情有独钟,他认为阿拉善很多体育项目拿到全国甚至世界上都能出彩,譬如骑马射箭、赛驼,尤其是沙力搏尔。

"沙力搏尔与博克、中国式摔跤、国际式摔跤都不一样,很有特色,值得我们发掘与提倡。"那巴特尔对家乡的传统体育了解越多,思路就越清晰,"我们阿拉善被称为驼乡,沙力搏尔又被称为'公驼式'摔跤,要让孩子们继承这种体育运动,将沙力搏尔发扬光大。"

新时期以来,由于种种原因,"沙力搏尔"这一传统体育项目曾面临失传境地。为了让"沙力搏尔"发扬光大,2004年5月以来,阿拉善左旗组织人力深入旗内各地,并远赴青海、新疆等地,对这项活动的形式进行挖掘、整理,制定了比赛规则和服装,培训了56名裁判员和56名教练员,开展了全国"沙力搏尔杯"搏击大赛。内蒙古自治区民委和体育局也决定把沙力搏尔式摔跤列为全区民运会比赛项目。

2005年,全国首届"夏力宾"沙力搏尔式摔跤大赛在阿左旗举行,来自北京、新疆、青海、甘肃和内蒙古的15支代表

沙力搏尔式摔跤走入校园

队、256 名摔跤手参加了团体赛和个人赛。同年,沙力搏尔式摔跤被列为 2006 年第六届内蒙古自治区少数民族传统体育运动会正式比赛项目。

2008 年 6 月,阿拉善盟申报的"沙力搏尔式摔跤"入选第二批国家级非物质文化遗产名录(传统体育、游艺与杂技类)。

2012 年 12 月,那巴特尔成为第四批国家级非物质文化遗产项目(沙力搏尔式摔跤)代表性传承人。

获知成为国家级"非遗"传承人的消息,那巴特尔很是欣喜,同时也感到了自己沉甸甸的责任。因为年逾古稀,而且已经有不少弟子,那巴特尔准备把主要精力投入案头工作:"我打算整理各种与沙力搏尔有关的资料,再汇集骑马射箭、赛驼等内容,写一本名为《独特的民族体育》的书。年龄大了,时间不多了,我得赶紧写完它。"

# 汪秀霞
## ——"保留了一些原生态的东西"

汪秀霞（1947～），民间剪纸艺人，医巫闾山满族剪纸传承人。辽宁锦州北镇人，满族。4岁开始跟母亲学习剪纸，并能独立剪出完整作品。50多年中，她剪出了独具地方和民族特色的作品近万幅，以其原生态特点而获得专家的赞赏。作品多次参加展览展示，并被各级博物馆等收藏。2007年成为第一批国家级非物质文化遗产项目（民间美术类）代表性传承人。代表作品有《九乳妈妈》《柳树妈妈》《山神》《八仙图》《收获》等。

### 一、四岁就能单独剪出完整作品

1947年，汪秀霞出生在辽宁省锦州市北镇市汪家坟乡张岱村一个满族家庭。

北镇位于辽宁南部的闾山地区，是一个古老的市镇。闾山（旧称医巫闾山）历史悠久，相传舜时把全国分为九州，每州各封一座山作为一州之镇，闾山被封为北方幽州的镇山，周时封闾山为五岳五镇之一。而"北镇"之名，也正是由此而来。

历史悠久的北镇有着悠久的文化，聚居在这里的满族人民的民间剪纸，就可谓其中的一朵奇葩，有着广泛的群众基础，几乎每一位妇女都会些剪纸手艺。

汪秀霞

说起来，汪秀霞算得上是开始习艺年龄最小的民间艺人了。那是在4岁的时候，母亲哄她玩剪纸，谁知汪秀霞被那些活灵活现的小动物、栩栩如生的小纸人所吸引，开始试着拿起剪刀，模仿大人的样子剪了起来。母亲见女儿对剪纸如此上心，也就顺势指点起来。就这样，4岁的时候，汪秀霞就能独自剪出完整的作品了。

也许是秉承了母亲的艺术天赋，加上热爱和勤奋，汪秀霞小小年纪，就能剪出五彩缤纷的各式花样来。提及童年往事，汪秀霞的眼里总是会放出光亮来。她说自己虽然只上过两年半学，但对民间故事和民间剪纸，只要别人讲一遍、剪一次，她都能熟记于心。

然而，生活的变故，让汪秀霞不得不暂时放下剪纸。母亲改嫁后，尚未成年的汪秀霞开始承担家务劳动，还要参与生产劳动。不过，尽管生活比较艰辛，但汪秀霞从未放弃过剪纸。

汪秀霞在剪纸

17岁时，汪秀霞嫁到了医巫闾山深处的北镇富屯乡三道沟村。这里不但是满族人的聚居地，而且是古代契丹人石头城的所在地，是古代守护辽代陵墓的契丹人聚居过的地方。这里不仅有灵秀的自然风光，还有丰富的民间传说故事，这给了汪秀霞进一步的熏陶和启发。

由于有着悠久的东北少数民族历史文化，三道沟的萨满文化气息十分浓郁，而汪秀霞的婆婆就是当地有名的萨满。此外，相关的原始朴素的民间信仰也十分丰富。这些给了汪秀霞以新的灵感和新的题材，她开始创作独具民族特色的萨满传说的满族民间剪纸。

## 二、医巫闾山满族剪纸蕴含原始文化信息

剪纸是我国最为流行的民间艺术之一，经过长期的历史发展，剪纸艺术遍及全国各地，产生了不同的地方性和民族性题材、表现特点和艺术风格，可以说是我国民间艺术最为普及、也最为多彩的百花园。

医巫闾山地区满族剪纸流传于锦州医巫闾山满族地区，历史久远，主要起源于医巫闾山满族人的祖先对山林、动植物、图腾、始祖神的崇拜观念。在医巫闾山地区满族人的原始崇拜活动中，往往要制造图腾形象，或

用树皮、兽皮剪刻诸神形象，或用木材雕刻神偶。这种仪式造像活动历代相沿成俗，最后发展成为剪纸艺术。

医巫闾山满族剪纸的内容，主要是表现满族原始的自然神、始祖神、生殖崇拜和萨满文化，以及满族的民间风俗。自然神崇拜如"通天树""生命树""山神"等，生殖崇拜如"腹乳如山、养育万物"的女神"嬷嬷人""九乳妈妈"等，动植物崇拜如"柳树妈妈""狐神""牛神"等，都是最常见的题材。

汪秀霞作品《九乳妈妈》

医巫闾山满族剪纸保留了最原始的剪纸艺术生成形态，不但内容神秘诡谲，还记载了大量的远古文化符号，造型简洁，纹样古朴。它不用繁琐、细密的剪法，不求精致、准确的造型，而主要以博大恢宏的气度和朴拙古茂的神韵取胜。

医巫闾山满族剪纸在当地民间生活中有着重要的地位。如窗花、挂笺、喜花、生命树、祭树、灵幡，是节庆、婚礼、祭祀等活动中烘托氛围不可缺少的文化符号，其中一些又是日常生活用品、服装、鞋帽的装饰刺绣图样。

医巫闾山满族剪纸记载了北方民族曾有过的万物有灵、与自然界相依共存的生命状态和文化状态，既保留了东北满族的人文特征，又具有独特的艺术形式和丰富的萨满文化内涵，还体现了游牧文化与山林文化以及北方各民族与汉民族文化的交融，是研究民族文化融合的重要史料。

医巫闾山满族民间剪纸艺术表现了独特的地域、民族审美取向，创作手法特色鲜明，文化符号完整确定，是祖国民间美术宝库中的珍贵宝藏。

2006年5月，医巫闾山满族剪纸列入第一批国家级非物质文化遗产名录（民间美术类）。

2010年，医巫闾山满族剪纸作为中国剪纸子项目成功入选联合国教科文组织人类非物质文化遗产代表作名录。

## 三、"兼南秀北犷的审美趣味于一纸"

在医巫闾山地区成长起来的汪秀霞，她的剪纸艺术既有继承，又形成了自己的特色。在50多年的艺术实践中，汪秀霞创作了大量极具民族地方特色、风格朴实的剪纸，而这些作品都蕴含着这一地区满族文化的丰富信息。

萨满教是我国北方草原、山林民族的原始宗教，有着悠久历史和广泛影响。萨满是萨满教的神职人员，在萨满教流行地区人们的仪俗生活乃至日常生活中具有重要的地位。医巫闾山民间剪纸中，有很多记述萨满跳神场景的作品，它们传递了民间艺人对萨满精神世界的理解。汪秀霞的作品《萨满出马》等，展现了一个诡异、癫狂而又充满与大自然血肉亲缘情感的萨满世界，故而有人认为她的这些剪纸艺术简直就是萨满之歌的绝唱！

汪秀霞的剪纸作品，最多的是诸如《山神》《狐神》《蛇神》，以及《柳树妈妈》《九乳妈妈》《抓髻娃娃》等表现自然神崇拜、祖先神崇拜的作品。有专家指出，这些作品承接着祖先的生命信息，充满着原始的文化意味，是最富文化内涵、也最具特色的民间剪纸作品。

汪秀霞剪纸艺术的最大特色，就是其原生态性，包括题材和技艺。一些地区或者艺人的剪纸，主题多为花草、鸟兽，更有一些作者"剪纸"要起画稿、用刀刻。而汪秀霞的剪纸是名副其实的"剪"，一把剪刀，信手拈来，作品就从手底呈现出来。

在2007年10月浙江杭州举办的"中国民间艺人节"上，汪秀霞的剪纸作品在150多名各类民间艺人的作品中脱颖而出，在开幕前的布展期间就受到浙江电视台记者的注意，当晚进行了报道。第二天开幕式，许多人慕名而来，把写有"辽宁·满族剪纸——汪秀霞"的展台围得水泄不通，许多人都买了她的作品。浙江

*汪秀霞作品《山神》*

大学一位美术教授说，他看了整个剪纸的十多个展台后，认为汪秀霞的剪纸最有特色，那就是"保留了一些原生态的东西"。

汪秀霞也有一些题材范围更为广阔以及反映新时代生活的作品，比如《八仙图》《金陵十二钗》《千手观音》《采梨》《收获》等。

汪秀霞创作的剪纸作品近万幅，先后在辽宁省民间剪纸展览、"胶州湾杯"中国剪纸艺术大展、北京民俗博物馆中国·锦州北镇医巫闾山满族民间剪纸艺术展、第二届中国民间艺术节精品展等活动中展出，并被北京民俗博物馆、辽宁省博物馆、青岛博物馆、杭州博物馆等多家单位收藏。2007年，汪秀霞的剪纸被确定为即将落成的中国妇女儿童博物馆女性艺术馆的定向收藏作品。

介绍汪秀霞及其剪纸艺术的著作

汪秀霞的剪纸作品，构思巧妙，技法独特，艺术表现手法粗犷、夸张，具有鲜明的地方和民族特色。每一次展览，都有不少人在她的展位前流连驻足，甚至一而再、再而三地前来观赏，就因为她的作品的原生态特点，以及"兼南秀北犷的审美趣味于一纸"的特色（小学美术高级教师孔王兴语）。

2007年6月，汪秀霞成为第一批国家级非物质文化遗产项目［剪纸（医巫闾山满族剪纸），民间美术类］代表性传承人，同时被中宣部、中国文联、中国民间文艺家协会命名为中国民间文化杰出传承人。

汪秀霞一生生活艰辛，直到70岁因剪纸出名，才有了自己正式的名字。但她从不自怨自艾，平和又精明，勤俭又从容，用她的剪纸作品传递着自然平和的气息。锦州市民间文艺家协会主席王光，至今仍然记得第一次看到汪秀霞剪纸的情形以及引起的震撼：汪秀霞坐在破旧的炕席上，手持一把大剪刀，沉醉在艺术创作之中。如今，汪秀霞的屋子，仍旧是剪纸的天地。

2011年3月，王光所著《医巫闾山满族剪纸传承人——汪秀霞》，作为"中国民间文化杰出传承人丛书"的一种，由民族出版社出版。

# 奉雪妹
## ——做一个无愧于瑶山的挑花人

奉雪妹（1959～），民间挑花艺人，挑花（花瑶挑花）传承人。湖南隆回人，瑶族。她七八岁起开始跟母亲学习挑花技艺，11岁时成为小有名气的挑花能手，15岁便当上了挑花"师傅"，20岁时已经是瑶乡公认的挑花王。40多年中，她既坚守传统，又勇于创新，开发出不少保持民族传统本色的挑花花色品种；同时，她积极投身传承事业，培养学员400多人，还推动挑花进入乡土课程。2007年成为第一批国家级非物质文化遗产项目（民间美术类）代表性传承人。代表作品有《狮啸山林》（合作）、《团鱼呈祥》《天鹅展翅》《盘王升殿》等。

### 一、虎形山瑶乡公认的挑花王

1959年4月，奉雪妹出生在湖南省隆回县虎形山瑶族乡万贯村一个瑶族家庭。

隆回县虎形山瑶族乡的瑶族，属于瑶族支系花瑶，因而这里也被称为"中国花瑶之乡"。虎形山瑶乡也有"全国百佳艺术之乡""挑花艺术之乡""山歌之乡"之誉，因为瑶山绝唱"呜哇山歌"和"花瑶挑花"都进入了国家级非物质文化遗产名录。

在花瑶村寨，挑花被视为姑娘们的"名片"，谁聪慧能干，只需瞧瞧她们的挑花就清楚了。奉雪妹回忆说，大家评价一个女孩子能不能干，全在于她的挑花手艺

奉雪妹

是否精湛，如果挑花做得不好，再漂亮的女孩子也会被人"嫌弃"。到了出嫁的季节，只需开启神秘的"女儿箱"，把凝聚数载心血挑成的二三十

件陪嫁花裙轻轻抖出，不用只言片语，就当得上千言万语。

奉雪妹姐妹众多，好强的母亲不甘落人之后，很早就把自己的挑花绝技传授给了女儿们。奉雪妹说，大姐奉林妹、二姐奉良妹、四妹奉响妹、五妹奉开妹，相继成了当地的挑花能手，由于自己悟性高，更是深得母亲的喜爱。

奉雪妹七八岁起，开始跟从母亲学习挑花技艺。初学的时候，因为没有图案、全凭心思，奉雪妹有些摸不着头脑。母亲要求严格，但不善于言传，更多的时候，奉雪妹只能拿着母亲做好的挑花一针一针地反复看，自己琢磨运针规律，模仿母亲的图案挑花。

奉雪妹展示自己做的挑花背包

逐渐地，奉雪妹迷上了挑花。由于白天要和家人一起做农活，奉雪妹只有在晚上才能拿起针线挑花。没有煤油灯，家里从山上采来枞树块照明，火苗倒是很旺，只是离得近了，便免不了被枞树块熏得流泪。

差不多两年后，奉雪妹才交出了自己的第一幅挑花作品。由于经常挑错拆了重来，所以挑的图案不很平整，挑花的白线也都被熏黑了。虽然不是十分满意，挑花的基本功，奉雪妹却是完全掌握了。

一旦入门，奉雪妹对挑花开始狂热起来。那时，每天凌晨起床，第一件事就是看看自己的挑花，有时半夜来了灵感，也马上起床改动，生怕一耽搁把好想法忘掉，即使寒冬腊月也从不间断。

正是凭着这股悟性与钻劲，11岁时，奉雪妹成了远近村寨小有名气的挑花能手；15岁时，奉雪妹便像模像样地当上了挑花"师傅"；20岁时，她已经是瑶乡公认的挑花王。

这里，我们不妨仔细端详奉雪妹绣的《乘龙过海》挑花围裙，那是她19岁那年的作品。裙上的盘王，头带三尖神冠，英姿焕发，骑在龙背上。骄龙昂首，腾云驾雾，虎虎生风。盘王长发飘逸，上下群龙朝贺。盘王头顶的太阳与蛟龙头部飞舞的鸾鸟，使整个画面形成飞腾流动之势，形象生动。这幅挑花彩裙，足足挑了40多万针！

## 二、"世界上第一流的挑花"

挑花也称"挑织",是我国历史悠久的传统刺绣手工技艺,流行地区广泛而各具特点。比如四川郫县、茂汶挑花素雅古朴,图案及针法多变,装饰性强;安徽合肥和望江挑花多采用铺花和纤花针法,严谨细致,以工整见长;陕西挑花自由活泼,不拘一格;北京挑花多表现名胜古迹和古代建筑;温州和上海挑花以花卉和几何图案为主;湖南隆回的花瑶挑花,形象古朴,精巧细密,花里套花,独具一格。

花瑶挑花是湖南省隆回县瑶族女子独特的手工艺术,集中体现在她们的日常服饰——筒裙上。隆回的瑶族因身着艳丽的挑花服饰而被称为"花瑶"。

花瑶挑花兴起于汉代,成熟于明、清时期。挑花工艺独具一格,不用事先描绘图案,不用刺绣绷架,全凭挑花女心灵手巧,以自己心中无限的想象力,循土布的经纬徒手操作,用一针一线挑出一幅幅栩栩如生的精美图案。在花瑶女子灵巧的手中,无论山花水草、飞禽走兽,都会形象生动地布满自己的头巾、衣袖、裙子、鞋袜之上。奉雪妹说,花瑶女子双目所见、心中所想,都可以化为裙上风光。

花瑶挑花的原材料为藏青色、白色土布和各色丝纱线。与时下流行的十字绣不同,花瑶挑花两面都有漂亮的花纹、图案。而且挑花服饰讲究黑白对比、艳素协调。用彩线绣上艳美异常的图案,用白线挑出素雅无比的图纹,一艳一素,反差极大,却又无比协调。

花瑶挑花图案取材广泛,有动物、植物、民间传说、生活习俗等,多达千余种,其中动物类图案最为常见。

花瑶挑花的主要特征,是采用图案中套图案的填充式挑花工艺。比如在挑绣动物时,常在动物体内再绣小动物和花草,如一只母老虎体内又绣有花草和小

奉雪妹挑花作品

虎。对"为何要这样挑花",奉雪妹的解释是:因为老虎要怀崽,还要吃东西,这样绣出来的才是只活老虎。

最能体现花瑶挑花技艺的是挑花裙。据说一条挑花裙,专心挑也得花去半年多的时间,共需挑25万多针。奉雪妹说,不要小看这一条挑花裙,那得要花瑶女子花上大半年时间,飞针走线25万多次。那鲜红的颜色里,或许还夹杂着她们指尖刺破的鲜红。

花瑶挑花裙

奉雪妹说,花瑶挑花脱形写神,简练传神,以少寓多,主题鲜明,极富装饰性。在造型上能大胆夸张和取舍,从自然中提炼加工创造出来的情真意浓的神态形象,体现了丰富的神韵,产生出违理合情与谐美怪诞的趣味,表现出朴实的美感。

花瑶挑花图案构思奇巧,造型大胆夸张,布局均衡对称,色彩黑白分明,几乎每一件挑花都是一幅精湛的艺术品。湘西苗族作家沈从文对花瑶挑花给予了高度评价,称其为"世界上第一流的挑花"。花瑶挑花作品已被联合国教科文组织和中国美术馆、民族博物馆等作为珍品收藏。

2006年,花瑶挑花经国务院批准,列入全国第一批国家级非物质文化遗产名录［挑花（花瑶挑花），民间美术类］。

## 三、善于坚守,勇于创新

奉雪妹有一句话堪称名言:"我不太会说话,很多话都绣到了布上。"这话真说中了花瑶挑花的特点,也道出了花瑶女子的心灵手巧。

花瑶没有文字,很多的传说故事就在姑娘们的裙子上绣了出来。奉雪妹喜欢琢磨这些故事,也喜欢将她眼里所看见的东西搬到裙子上。花鸟树木,飞禽走兽,应有尽有,或许还俏皮地在老虎肚子里绣上几朵花。不管多复杂的图案,她比着现成的模样就可以绣出来,不用画稿、不用放样、不用打板,虚虚实实,跃然布上。

1979年高中毕业后,奉雪妹在家务农,还教过书,1983年进城到了县总工会工作。不管是务农、教书还是做行政工作,奉雪妹不但没有放弃挑花，反而钻研得更深了。尤其难能可贵的是，在保持花瑶传统挑花特色的基础上，奉雪妹对那些存在某种缺陷的挑花服饰进行改进，使之更为合用。同时创新品种，增加作品的艺术性。

总结自己走了40多年的挑花路，奉雪妹这样评价自己："在挑花上，我觉得我要比别人思考得多一点，经常有些小创新。"

花瑶女子头上的装饰从彩带头巾（包头）变成如今的挑花帽，就是奉雪妹的一个小创新。以前女子的头巾，是由上百米长的彩色花带一圈圈地在头上盘出

奉雪妹改良花瑶女子头巾为"挑花帽"

来的。即便从小就开始练习，每天光戴头巾最少也得花上半个小时，还得请人帮忙。这种传统的头巾不只盘戴繁杂，还很不牢靠，一不小心便会散落下来。

要是头巾能够像帽子一样，想戴的时候就能方便地戴上该有多好。奉雪妹开始琢磨对传统头巾进行改革。这时，斗笠给了奉雪妹灵感，她模仿着斗笠的形状开始尝试，最后改成在倒置的斗笠状骨架内层包布底，再一圈一圈叠缀五彩花带，外沿缀一圈彩珠彩片，后边垂两条色彩艳丽的长穗。这种改良版的挑花帽，体现了传统彩带头巾的特征，却更加美观大方，使用起来又十分方便。

盘了一辈子头巾的花瑶老人，会接受自己的改良吗？奉雪妹把挑花帽戴在头上，惴惴不安地走到婆婆面前，不料婆婆大为夸赞。后来有一次等车的时候，一位戴着头巾的女子问她："你的头巾怎么不会散？"奉雪妹索性在汽车站牌前，向陌生女子展示了改良后的头巾，还把制作过程详细介绍了一番。一传十、十传百，奉雪妹创新的挑花帽很快取代原来的头巾，受到了花瑶女子的热捧。

就这样，在1993年改良花瑶女子的头巾（包头）之后，1994年，一丈多长的女子绑腿改良成了粘贴式筒状挑花绑腿；1998年，两丈多长、20余节的女子腰带改良成了扣带式腰带。这些改良都得到了花瑶姐妹的认可，因为它们与原有风格相近，却更显风韵，也更方便。"有些姐妹对我

说，我们都要感谢你，每家每户都要请你吃一顿饭。"回忆起这些，奉雪妹十分开心。

奉雪妹在继承的基础上创新，制作出了许多优秀的挑花作品，并获得各种奖项。1994年，奉雪妹和徒弟杨银花、沈需妹、奉否花、奉稳香共同创作的《狮啸山林》，在文化部举办的"中国民间艺术一绝大展"中获铜奖；2003年，奉雪妹的《团鱼呈祥》《天鹅展翅》获中国首届文物仿制品暨民间工艺品大赛金奖。她的代表作品还有《绿色岩花》《雄鹰捕食》《蟒蛇上树》《盘王升殿》等。

奉雪妹在制作挑花作品

2007年6月，奉雪妹成为第一批国家级非物质文化遗产项目［挑花（花瑶挑花），民间美术类］代表性传承人。

对于自己的挑花成就，奉雪妹总是归功于花瑶的民族传统和文化。说起传统文化对自己的滋养，她很是动情："《老鼠娶亲》《对歌定情》是我们创造出来的吗？不是，是祖辈们流传下来的。我们的挑花传承了祖辈的智慧，我们的挑花属于生我养我的大瑶山！"

## 四、"做一个无愧于瑶山的挑花人"

早在十五六岁时，奉雪妹就开始义务辅导村里村外的花瑶姐妹们学习挑花技艺，特别是1979年高中毕业后在家务农的那段时间，奉雪妹带的徒弟就有几十个。由于奉雪妹的传授耐心细致、深入浅出，易记易懂，深得瑶山姐妹们的喜爱。经她传授技艺的奉提妹、刘扫妹、刘洒妹、奉德妹、奉柳妹等，如今已成了当地挑花的佼佼者。

为了倡导、推广、普及花瑶挑花技艺，挖掘、培养挑花人才，奉雪妹发起、组织了花瑶挑花大赛、花瑶服饰展等一系列活动。2002年首届挑花大赛参展作品达100件，评出获奖作品15件；2006年第二届挑花大赛参展作品150件，评出获奖作品18件。为了激发大家的挑花热情，奉雪妹争取政府支持，带领获奖挑花能手到北京、桂林等地开阔眼界。

这期间，奉雪妹本人的挑花技艺更是日益精进，向她求购挑花作品的各地专家学者、艺术机构接连不断，有些作品还成为政府及有关部门馈赠贵宾的重要礼品。2006年举办第二届挑花大赛时，奉雪妹为了检验自己的挑花水平，她不再担任评委，而是悄悄送了两件挑花作品参赛，结果双双获得一等奖（一等奖共三件）。

随着生活条件的改变，花瑶挑花面临一些问题，一是花瑶服饰被外界同化，民族服饰需求量下降；二是年老的挑花艺人相继去世，技艺传承出现断层。更为让人担忧的是，部分年轻姑娘为了省时间，放弃挑花传统的数针、对针技法和几何构图原理，采用描图打草稿、勾勒图形轮廓的手法挑绣。这与传统的挑花技巧背道而驰，如不及时引导，历史悠久的花瑶挑花将失去其传统的民族特色。

为了尽快扭转局面，奉雪妹加大了对瑶寨妇女的培训力度。她开办"挑花培训班"，已经培训了400多人。现在，许多外出打工的花瑶女子虽然平时很少穿花瑶服饰，但只要回到家乡都在重新学习挑花。奉雪妹家里不但姊妹们原本就会，弟媳、侄女、外甥女也都在她的发动下学起了挑花，徒弟已经有了七八十人之多。

与此同时，在奉雪妹的积极争取下，花瑶挑花已经进入当地学校的乡土教育中。在虎形山瑶族乡的一些学校里，不但有挑花的乡土教材，还开

"花瑶挑花"培训班

设了专门的挑花课。花瑶挑花技艺没有图纸、教程的现状在改变，不必再担心经典的挑花技艺人去技亡。

奉雪妹认为，花瑶挑花要传承下去，在继承的同时有必要适当地加以创新。她说："我认为挑花的古老技艺应该可以与现代时尚结合起来。靓丽的挑花腰带与现代时尚的裙子结合，年轻女孩的背包与手工的挑花结合……"

奉雪妹大胆地在构图、色彩、题材、功用等方面进行创新，打破以往只有黑白挑花裙的状况，开发出了彩色挑花裙。此外，她和花瑶姐妹还开发了彩色挑花壁挂、挑花手包、挎包乃至钱包、手机包等诸多挑花产品。这使花瑶姑娘们在挑花上既能承袭传统，又可增加收入。

如今奉雪妹视力下降，而且患上了脊髓空洞症，不能长时间活动，但挑花仍然是她每天的必修课。她觉得，自己平时要多想一些新颖的挑花图案，搭配出最艳丽的颜色，回到家乡，大家看着羡慕，才会有更多的动力去挑花。

花瑶挑花，奉雪妹一挑就是40多年，她挑花所耗的丝线已经能绕整个瑶山好几百圈了。她的誓愿，说出来可谓掷地有声："我要做一个无愧于瑶山的挑花人！"

# 和 训
## ——两代人接力传承东巴画

和训（1926～2009），民间艺人，纳西族东巴画传承人。云南丽江玉龙人，纳西族。他6岁开始跟随父亲学习东巴文字、仪式，10岁学习东巴画，年轻时即成为家族的第六代东巴。他掌握了大量东巴文字，熟悉各种东巴舞蹈，能主持大小规模的东巴祭祀活动，在丽江地区有很高的知名度和影响力，并培养了包括孙子在内的10多名徒弟。2007年成为第一批国家级非物质文化遗产项目（民间美术类）代表性传承人。

## 一、家族传承的著名东巴

1926年，和训出生在云南省丽江玉龙塔城乡暑明村一个纳西族家庭。

和训出身于东巴世家，6岁时就随父亲和尔大东巴（东巴名"东沙"）学习东巴文字、东巴画和各种祭祀礼仪规程，兼学制作各种面具、剪纸和纸扎技艺。

"东巴"意为"智者"，是纳西族传统宗教——东巴教的经师或祭司，是宗教活动的执行者，主持各种宗教仪式，并善于占卜。同时，他们也是纳西族文化的掌握者、传承者，掌握纳西象形文字，熟悉东巴经书，能歌善舞，绘画纺织、泥塑木雕也样样擅长。

和训

东巴教与东巴，是纳西族东巴文化的主干。东巴教有众多神明，但无寺庙。东巴不出家，也没有等级区分，只有知识多寡、技艺高低和传延代数多少以及声誉大小之别。民间大凡起房盖屋、生老病死、婚丧嫁娶、逢年过节，都会邀请东巴主持各种仪式。东巴从主持仪式中收取一定报酬，平时则在家从事农牧劳动。

东巴一般是世袭，也有少数拜师学艺而成的。和训经过十多年的家族传习，并通过"汁沽"仪式的考试，年轻时就成了暑明村和姓家族的第六代东巴，东巴名"温之娃"。

和训掌握了大量东巴文字，熟悉各种东巴舞蹈，能主持大小规模的东巴祭祀活动，在丽江地区纳西族群众中有很高的知名度和影响力。所主持的仪式有30多种，主要包括三类：祈福类祭祀，如祭天、祭谷神、祭寨神、祭素神、延寿等；禳鬼类仪式，如祭风、祭秽、祭呆鬼、祭端鬼、消灾、招魂、消是非口舌等；丧葬类仪式，如丧葬祭祀、超度什罗仪式、超度拉姆仪式等。

和训与弟弟和顺都是东巴，是当地著名的"兄弟东巴"。和训曾经坦然告诉田野调查的学者，他对东巴经书和仪式的熟悉程度不如其弟。和顺已经去世多年，但他的兄长坚守着东巴文化，他的孙辈如今又出了有名的东巴文化传承者。

纳西族东巴文化的主要载体东巴教仪式，用纳西象形文字记载在东巴经书里。这些仪式力图诠释人与自然和人与社会的矛盾，与纳西族先民生产生活息息相关，蕴藏着丰富的文化内涵。在和训家里，有几本弟弟和顺根据记忆重新写的经书，以及一些已经订好、打好格子准备书写经文的本子。其中的东巴经书，有《祭三多神、山神、火塘神》《咒语经》等。过去的东巴经以及东巴画，用的都是纳西族传统工艺手工制作的土纸。

## 二、东巴画：原始绘画"活化石"

纳西族东巴画是东巴文化的重要内容之一。纳西族东巴要绘制各种各样的佛神、人物、动物、植物以及妖魔鬼怪形象的画，在做仪式时对其进行膜拜与祭祀。这种服务于宗教活动的绘画，统称为东巴画。

东巴画的内容，主要表现古代纳西族信仰的神灵鬼怪和各种理想世界，其中也反映了古代纳西族社会的各种世俗生活。它以东巴教中的诸鬼神为绘画对象，常见的有经书的封面和题图，以及做仪式时用的布帛（卷）画、木牌等，主要用于东巴教的各种仪式中。

东巴画大致包括经书画、木牌画、纸牌画、卷轴画几种。经书画主要有封面装饰画、经书扉页画、题图以及画谱"冬模"等。画谱是根据东巴画的不同形式和内容编辑的专门图册，供人们临摹使用。木牌画分尖头型和平头型，尖头木牌画一般画神的形象，插于上方神坛前；平头木牌画画鬼的形象，插于下方鬼寨中。木牌画上图画和象形文字混合使用，有的上端画日月星辰云风，中间画鬼神像，下端画祭品宝物。纸牌画以自制的土纸为载体，有的绘神像，或竖于神坛供人祭拜，或戴在祭司头顶；另一类则是画谱。

东巴画中的"木牌画"

卷轴画多绘于麻布或土布上，四周用蓝布装裱，上有天杆，下设地轴。绘画内容多为纳西族信奉的神祇，每幅主要绘一尊大神或战神，及其所居的神界。东巴卷轴画在继承纳西族传统绘画的基础上，借鉴了藏族、汉族等民族的绘画技法，又吸收了佛教、道教文化元素，特别是吸取了元、明以来藏族唐卡造像艺术的特点，兼收并蓄，形成一种新的绘画形式。

卷轴画中的《神路图》，是一种用于丧仪和超度仪式的大型直幅连续画卷，全长十几米，由100多幅分格连环画组成，共描绘有360多个人物及动物形象，场面宏大，气势壮观，图绘技艺高超，反映了纳西族灵魂不灭的生命意识。

东巴教神祇众多，东巴画内容庞杂、用量极大。因此，要比较规范地表现出成千上万的各种形象以及背景等等，全赖画谱"冬模"。画谱"冬模"是根据东巴画的不同形式和内容编辑的专门图册，供人们临摹使用，对东巴画有着指导和规范化的作用，从而使东巴画不失其规矩、特征和宗教内涵。另外，纸牌画中也有画谱，或用作绘画者的规范，或用作绘画传承时的教本。

东巴画主要以木片、东巴纸、麻布等为材料，用自制的竹笔蘸松烟墨勾画轮廓，然后敷以各种自然颜色，绚丽多彩，历经数百年而不褪色。其绘画形象具有强烈的原始意味，以线条表现为主，并不注重事物外部的形体比例，但朴实生动，奇异诡谲，野趣横生，色彩多用原色，鲜艳夺目。许多画面亦字亦画，保留了浓郁的象形文字书写特征，是研究人类原始绘画艺术的"活化石"。

2006年5月，纳西族东巴画经国务院批准，列入第一批国家级非物质文化遗产名录（民间美术类）。

## 三、用实际行动坚守、传承民族文化遗产

和训6岁开始跟随父亲学习东巴文化，而东巴画则是10岁出头开始学习的。他曾明确说："我从10多岁就跟父亲学东巴画了，世世代代传下来的，到我这里都六代了。"

东巴画主要是用于东巴经以及服务于东巴经仪式活动的，因此与一般的纯粹美术作品不同。几十年来，和训画了不少，但并不是总画，存下来的也不多。其中，"文化大革命"时期被烧掉不少，后来又送人一些，还有一些被孙子和秀东拿到了丽江市的东巴文化研究院去做研究。

保存下来的两卷东巴画，还有一些线装本的东巴经，都与和训"住"在一起，就在和训家木床上被褥旁边的军用背包里，和训一直把它们藏在身边，像保护自己的生命一般珍藏着。

两幅东巴画，一幅画的是纳西族信奉的尤麻战神，英武且充满神气；一幅是丁巴什罗——东巴教中的大神，众神围绕在他身旁。两幅画都是和训20年前画的，布面已经发黄，被烟熏黑了。其中的神画得不是很精致，但一看就充满着历史的韵味。奇怪的是，画里还夹着一些米粒，和训解释说："这是给他们（神）的盘缠。"

和训还保存着一些东巴纸牌画，这些东巴画画的除了神，还有动物、植物。和训说："这是用来抽签算卦的。"有时候有人来访，和训会像老顽童一般，给人抽签算卦。

和训画东巴画，用的是植物花草、山中石块、锅底灰等天然材料，研磨后用以着色。除了画卷轴画、纸牌画，和训也画经卷画。和训的线装本东巴经书上的扉页图，

身着东巴服饰的和训

画的也是东巴神。和训说,东巴画里的神共有365位,一年365天,每天一位。

对于东巴画的意义和价值,和训谈不出很多来,但他用实际行动坚守、传承着这一民族文化遗产。

由于身体原因,年过八旬之后,和训已经很少作画。不过,他很早就收本村的和秀东(和训的孙子)、杨玉华二人为徒,传授纳西族东巴文化。如今,他已经培养出10多个徒弟,其中包括他的两个孙子。这些徒弟都很优秀,和训说"他们学得都很好"。

2007年6月,和训成为第一批国家级非物质文化遗产项目(纳西族东巴画,民间美术类)代表性传承人。

2009年9月5日,和训在家乡去世,享年83岁。

## 四、两代人的传承接力

如今和训的东巴画技艺可谓后继有人。诚如他所说,徒弟们"学得都很好"。孙子和秀东在丽江市东巴文化研究院作为艺人传承东巴画;徒弟和明就在本村的小学设了东巴文化传承点,教孩子们东巴画、东巴歌舞。

和秀东是和训最得意的弟子,也是继和训之后,丽江年轻一代中最杰出的东巴画传承人。他与爷爷一起,在2005年被评为丽江市东巴文化传承人。在他的工作室,墙上挂满了东巴卷轴画,桌上的笔筒里是画画用的竹笔与毛笔——通常,画画时一般用毛笔,写东巴文字时则用竹笔。和秀东的东巴画,在绘画技艺上青出于蓝而胜于蓝,有不少已经被国内外的博物馆收藏。他花几个月时间绘制的《神路图》,堪称新时代纳西族东巴画的代表,画作长12米,由100多幅分格连环画组成,描绘了360多个神、人物及动植物形象。

与爷爷一样,和秀东坚守东巴画的传统,作画

和训的孙子和秀东(左)在作画

时采用原始的原料染色。和秀东的徒弟和学东说："我师傅经常跑到塔城的山上，采树叶啊、花草啊，回来给画上色。"和秀东也说："塔城的山是我爬惯的，东巴画也是传统的才最好，我怀旧。"在和秀东的影响及教授下，妻子学会了用传统手工工艺制作东巴纸，和秀东画画用的纸，就是妻子做的。

和训的另外一个孙子和秀山，以前曾在云南民族村当演员，后来返回了家乡。"我还是决定回来在爷爷跟前学，外面商业味太浓了，我不喜欢。"见过世面的和秀山与一般80后不同，他不喜欢流行歌舞和喧嚣的大都市，"和爷爷学东巴文化，我很开心，这是一辈子学不完的"。

东巴画只是和秀东所掌握的东巴文化技艺之一，东巴歌舞、祭祀仪式，他都比较娴熟，是一个非常全面的东巴文化传承人。如今，他也有了自己的徒弟，而且有40多个。徒弟们学习都是免费的，只要谁愿意学，和秀东都会热心地教他。

和训一家祖孙两代，一代一代地将纳西族东巴画的传承接力棒传递着……

东巴画中的《神路图》

# 思华章
## ——傣家最后一位"撒那弄"

思华章(1923～2011),民间美术师,剪纸(傣族剪纸)传承人。云南德宏芒市人,傣族。他8岁跟父亲学习剪纸,同时学习了做衣服、雕佛像、塑泥人以及金银器打造,并逐渐掌握了相关技艺,成为傣家的"撒那弄"(大师傅)。在继承传统的基础上,他开拓题材、创新技法,发明了以金属为材料剪刻的金属剪纸。2007年成为第一批国家级非物质文化遗产项目(民间美术类)代表性传承人。

## 一、从父亲的助手到多能巧匠

1923年,思华章出生在云南省德宏芒市勐焕街一个傣族家庭。

思华章的祖父和父亲都是画匠,曾在当地的土司府里当差。土司喜欢看傣剧,思华章的父亲要先用纸剪出傣戏戏服纸样,然后再照着纸样做出戏服来。

戏服纸样要填色,而颜料则是来自大自然——山上的石头。那时,父亲到山上去寻找各种颜色的石头,思华章总是跟着。回家之后,就像磨墨一样,把各种石头研磨调制成颜料。这样,小小年纪的思华章俨然成了父亲的得力助手。

父亲和祖父都是多才多艺的民间工

思华章

匠,除了绘画、剪纸、雕塑、服饰制作乃至金银器打造,都是行家里手。在父亲的手里,许多可爱的动物和人物通过剪刀很快"变"了出来,龙、凤、孔雀、大象、狮子、麒麟、骏马、游鱼等等,个个栩栩如生、活灵活现,这让思华章很是着迷。而在村里有人家办丧事,父亲又会做出各种各

思华章正在凿纸

样的立体扎纸，以及按习俗盖在棺木上的华美"房子"，也给思华章留下了深刻印象。

就这样，思华章很小就迷上了剪纸，开始跟着父亲学剪最简单的动物和人物。此外，他还能帮父亲做衣服、雕佛像、塑泥人，甚至打造金银器，并逐渐掌握了相关技艺。

接受记者采访时，思华章还讲述了自己8岁时的一段经历：8岁的时候刚上学，学校有专门的剪纸课程，从第一次拿起剪刀，便再也放不下了，看见什么都想试着用剪刀剪出来。

思华章10岁的时候，父亲病倒了。那时，别人请父亲做什么，基本上都是思华章动手做，父亲在一旁指点。

12岁时，病重的父亲去世了，刚上小学五年级的思华章不得不辍学回家，维持生计。那时，他遇到了和父亲相熟的傣族民间工艺大师杨八，因而常帮着杨八干些杂活，边干边悄悄地学艺。

杨八是个思想开放的师傅，他并不总是手把手地传授技艺，而是告诉思华章学习靠的是自己的灵性，不能生搬硬套，只能自己动脑筋想，不懂再问。每当回忆起这些，思华章就会说："从那时候起，我知道了剪纸一定不能太死板，要先思考再动手。"

开始学习的时候，要先把图案画在纸上，再用剪刀来剪。那时候，纸张比较缺乏，也比较昂贵，因此，思华章就先在沙地上一遍遍画出心里所想的图案，等到觉得画得不错之后，才在纸上画出来。后来逐渐熟悉，胸有成竹，不再需要画图，拿起剪刀来想剪什么样的图案花纹都能剪出来。

胸有成竹，靠的是勤奋思索，靠的是想象力。思华章后来说："哪怕剪一个再小的东西，之前我必须构思，怎么剪才能最好最传神，之后，一把剪刀就能解决问题。"

15岁时，思华章开始学做生意。后来，母亲的妹妹嫁入方家土司做太太，思华章在方家土司府谋得了职位。战乱时期，思华章逃到了缅甸，在那里以做银匠、雕塑佛像、奘房（佛寺）装饰、设计农具谋生。

新中国成立后的1957年，在缅甸待了7年的思华章携家带口回到了家乡潞西市（即今芒市）。

## 二、傣族剪纸：不一样的风采

傣族剪纸主要流行于德宏傣族景颇族自治州芒市，已经有1500多年的历史。傣族剪纸的最早形式源于傣族祭祀仪式所用的纸幡，后来在佛教文化和中原文化的影响下逐步充实发展，形成了独特的剪纸艺术，展现了不一样的风采。

芒市原称潞西市，在这里，几乎村村寨寨的傣族村民都能剪纸。傣族剪纸一般用于刺绣样稿、装饰门楣、灯彩、旗幡、供品等，题材大多是花草鸟兽和各种几何纹样，带有浓厚的生活气息和乡土风味。

傣族剪纸的内容多与傣族人民信仰的南传上座部佛教有关，涉及佛经故事等。其用途，除了居家装饰和喜庆活动之外，还广泛应用于祭祀、赕佛、丧葬等方面，多用来装饰佛殿的门窗、佛伞、佛幡以及演出道具、节日彩棚、泼水龙亭等。

傣族剪纸工艺分"剪"和"凿"两种。剪时不需要稿样，随手可剪；凿则需要稿样，按样制作。剪纸工具为特制的剪刀、刻刀、凿子和锤子，剪刀和刻刀具有尖、利、薄的特点，一般可剪8层纸；凿子和锤子有稳、钻、灵、活的特点，一次可凿50多层纸。

傣族剪纸常见图案既有龙、凤、孔雀、大象、狮子、麒麟、鹿、骏马、游鱼等各种鸟兽，也有糯粘花、荷花、玫瑰花、菊花、茶花、杜鹃等花木，还有亭台楼阁、佛塔寺庙等建筑。形象生动，图案整齐，匀称美观，风格粗犷有力，朴实无华。

傣族剪纸在当地民众的社会生活中占据着重要而特殊的地位，从剪纸内涵到外在表现形式诸方面，均折射出傣族人民的历史文化传统、审美追求和独特的民族精神。

思华章的剪纸，在继承传统傣

别具一格的傣族剪纸

族剪纸的基础上，又不断开拓创新，形成了自己的特色。在他的剪纸世界里，既有平面的，更有立体的。通过剪刀等工具，思华章手下出现了立体的动物和人物，仿佛"活"了起来。除了传统图案，他还有一些构图复杂、情节生动的佛经故事和民间传说剪纸。这种题材和手法的开拓创新，使傣族剪纸具有了更为出色的表现力，用途也更为广泛。

傣族剪纸

思华章的剪纸想象力丰富，民族风格浓郁，工艺精美细腻，深受傣族群众的欢迎。其作品曾到大连、深圳等地展出，还曾走出国门到缅甸展出。

2006年5月，傣族剪纸列入第一批国家级非物质文化遗产名录（民间美术类）。

2007年6月，思华章成为第一批国家级非物质文化遗产项目（傣族剪纸）代表性传承人。

2010年8月，中国剪纸正式入选联合国教科文组织"人类非物质文化遗产代表作名录"，芒市傣族剪纸作为子项目列入。

## 三、傣家人的"撒那弄"

早年的经历，使思华章成了一个多才多艺的多面手。仅就手工技艺而言，他的所能远远超出了绘画、剪纸，在服饰、雕塑、建筑、金属加工等方面均有突出造诣。

从缅甸回国后，思华章担任了潞西市傣剧团团长，主要负责道具设计，制作服装、帽子，还有布景。后来，因为农具厂落户在自家的院落，他辞掉了剧团团长职务，担任了农具厂厂长。

思华章天资聪颖，好像是天生的设计家，犁头、牛车、插秧机、割稻谷机、舂米的机器等等，他都会设计。

"文化大革命"结束后，手工艺的春天再次来临。不久，思华章辞职到银器厂工作，专心干起了自己的手艺。

这些经历，使思华章对不同金属的特性和金属工艺有了进一步的了解，也使他在剪纸领域有了新的开拓。

与人们熟知的剪纸不同，思华章"剪纸"的材质不仅是纸，还有铝皮、铁件、竹、泥、布等。这源于思华章少年时的生活经历。那时，因为家里太穷，祖父就用树叶剪纸，剪出了许多漂亮的图案。思华章想："既然树叶都能剪出各种好看的图案来，那么其他材质肯定也能剪出来，因为我手里面除了一把剪刀还有其他工具啊。"

思华章创新剪纸材质还有另外一个原因。傣族剪纸用途广泛，有的需要保存较长时间，有的用在室外。这样，纸的局限性就凸显出来，比如容易淋湿、容易破损、留存时间不长等。但如果用材质笨重的东西做，又不容易镂刻出精美的花纹来。

思华章的金属剪纸作品

"怎么样才能把这些东西长久保存下去，又美观大方、易于剪裁呢？"思华章是个行动派，"道理理论，别人还在讲，我就已经想到怎么实现了。"

20世纪80年代，铝皮开始在生活中大量出现，思华章便"打上了铝皮的主意"，觉得轻巧又耐用的铝皮代替纸，剪出来会既好看又精致。他先剪出各种立体的装饰佛殿的门窗、佛伞、佛幡及演出道具，还有各种花叶和动物的纸样，然后放在铝皮上做模子，用刀、剪、锯和形状各异的小凿，一点点剪、凿出铝皮"剪纸"，最后还要涂上各种颜色。

思华章认为，铝皮"剪纸"最基础的一步还是剪出纸样，因而即使材质换了，还是叫剪纸。思华章自豪地说，剪了70多年的纸，"我觉得我比传统剪纸又进了一步，我剪出来的东西可以叫作工艺品"。

作为傣家人的"撒那弄"（大师傅，样样精通的能工巧匠），思华章的另外一项技艺和贡献，是修佛塔。傣族居住地区佛寺（傣语称"奘寺"）林立，而民间传说中，佛祖释迦牟尼曾经光临芒市，当时晨曦即将普照在翠绿的坝子上，因此佛祖为其取名"勐焕"，意思是"黎明的城市"。

芒市有著名的"树包塔"，可惜在动乱年间被毁。改革开放后，树包塔列入修复计划，要求修旧如旧，呈现出当年菩提树包裹塔身的样子，而且新塔还要大于原来的塔（傣家风俗，经修复的塔要大于原塔）。当地政府把这副重担交给了思华章。思华章利用自己在剪纸领域多年积累的创造力和想象力，像剪纸一样先画出塔身，接着按比例放大，然后运用多年积累的雕塑才能，顺利推进泥瓦工艺，用5个多月的时间完成了佛塔的修复。

1986年，思华章又主持修复了芒市风平乡的风平佛塔。重建后的风平佛塔，主塔高23米，四周环列小塔28座。之后的20年，思华章不仅在德宏主持修复、新建佛塔，还被请到海南、大连、北戴河等地为当地的公园或寺庙设计和建造佛塔。而这些佛塔上，大多有思华章的"金属剪"。比如与思华章家仅一巷之隔的佛光寺，寺庙门顶上精美镂空雕刻的铝皮"剪纸"就是思华章的杰作。

剪纸与建筑的融合

## 四、"这一辈子就是为剪纸而活"

思华章的剪纸作品造型优美，善于抓住物象特点进行刻画，质朴传神；作品题材大多与傣族生活、劳动、习俗和民族信仰相关，带有浓厚的民族生活气息和乡土风味。这些剪纸作品在当地受到傣族群众的特别青睐和高度赞誉。而思华章的金属剪刻作品，在德宏州的傣族奘房随处可见，熠熠生辉。

早在成为国家级"非遗"传承人之前，1999年6月，思华章就被云南省文化厅命名为"云南省民族民间美术师"。

成为国家级非物质文化遗产项目代表性传承人后，思华章特别高兴，觉得是国家对他的一种认可。他原本想办一个训练班，将他的技艺传承下去,但最终未能实现。

晚年的思华章身体不好,做过几次大手术,基本上停下了灵动的双手。平日里,他会靠在沙发上,聆听着窗外儿子用小锤敲打铝皮的声音,时而微笑一下。原来,思华章的儿孙辈已经有人接过了传承的接力棒。

四个儿子中,大儿子思永光是一名教师。1993年,他曾停薪留职一年,想跟着父亲学这门手艺,但考虑到公职人员退休后依然可以享受的工资待遇,最终没能接过父亲的"衣钵"。小儿子思永生是唯一继承父亲剪纸工艺的儿子,思华章把用于装饰佛殿门窗、佛伞等精美成品样本的图案手稿留给了他,那是他毕生的心血。不过思永生说:"在傣族人中,父亲被叫作'撒那弄',是大本事的尊者,不收徒弟,只能家传,我却远远不能达到他那样。"

在老人的孙辈中,起初没有一个愿意学习爷爷的手艺。后来,老人38岁的大孙子思建祖(思永光之子)表示愿意放弃工作,跟随叔叔思永生学习,这让老人多少有些安慰。

谈到自己剪纸技艺的传承,思华章并不满意。他说:"现在他们是依葫芦画瓢,照着我的纸样,把东西做出来。我的剪纸全部成了现成的模板,如果有可能的话,照着这些模板,完全可以实现机械化、大批量生产。"关键的问题是缺乏创新,这是思华章"最遗憾的事"。

虽然儿子在自己的指导下已经学习剪纸有七八年,但还是只能"依葫芦画瓢",大多数都是在模仿,很少能有自己的见地和想法,剪出自己独特的纹样。老人说,剪纸不仅仅只是用剪刀把图案剪出来,更重要的是要创造一些独特、漂亮的花纹,也就是所谓的"创意"。

关于如何弥补这种不足,思华章说:"剪纸艺术,尤其是傣家的剪纸艺术需要的是灵性和思考……如果要弥补,现在德宏也还有几位剪纸艺人,我希望他们能在继承的同时勇于创新。"老人所说的艺人,就有风平镇弄么村的邵梅罕,她也是傣族剪纸的国家级代表性传承人(2012年第四批),作品

小儿子思永生接过了思华章的衣钵

曾多次获奖。

碰到有人来访，思华章会一边扇着扇子，一边笑着说："我这一辈子几乎就是为剪纸而活着，究竟剪了多少作品自己都记不清了。有时候为了剪一个图案或者花纹，半夜睡觉睡到一半突然醒来就接着剪。"他还会指着墙上照片说："你们看，因为剪纸我还出过国哩，去得最多的就是缅甸，那里好多地方都请我过去剪纸呢。"

思华章常说："我这辈子都是为了剪纸而活着。"2011年1月25日，老人安详辞世，结束了他79年的剪纸人生，享年87岁。

# 丹巴绕旦
## ——把藏族传统绘画带入大学殿堂

丹巴绕旦（1941～），唐卡画师，藏族唐卡（勉唐画派）传承人。西藏曲松人，藏族。西藏大学教授。他少年时代开始学习唐卡绘画，15岁时就能独立绘制各类唐卡。后进入高校，开设藏族传统美术专业，对教学计划、教材进行了有益探索。他还研究恢复了藏族传统绘画颜料，对勉唐画派画面构图、颜色、造型进行了革新。2007年成为第一批国家级非物质文化遗产项目（民间美术类）代表性传承人。唐卡代表作有《坛城图》《绿度母》《地球》《松曼伦罗》等。著有《西藏绘画》《汉藏藏汉美术词典》《西藏美术史略》等书。

## 一、唐卡世家走出的新一代

1941年7月，在西藏山南地区曲松的一户藏族家庭里，一名男婴呱呱坠地，他就是丹巴绕旦。

丹巴绕旦出身于藏族唐卡"勉唐画派"世家。"勉唐画派"起源于15世纪，是唐卡五大画派之一，因其创始人勉拉·顿珠嘉措出生在西藏洛扎勉唐（今山南地区）而得名。到了17世纪，该派画师藏巴·曲英嘉措又在原有基础上融入其他画派的部分风格创立了"新勉唐画派"，新画派的形成为"勉唐画派"的发展做出了重要贡献。

丹巴绕旦的祖父次仁久吴生前就是"新勉唐画派"的著名画师，主要为十三世达赖

丹巴绕旦

喇嘛绘制肖像，布达拉宫、罗布林卡、色拉寺的许多壁画都出自他手。丹巴绕旦的父亲格桑罗布不仅是一名画师，还是当时噶厦政府的官方设计

师，罗布林卡新宫的金质宝座、十三世达赖喇嘛的灵塔装饰，以及面值100元和25元的藏钞等都是他设计的。

出生在这样一个唐卡世家，丹巴绕旦自幼便对藏族传统绘画艺术情有独钟。虽然祖父在1937年就已经过世，但家里仍存有他当年留下的大量书籍和绘画作品，它们伴随着丹巴绕旦度过了一个充实而快乐的童年。

1947年，6岁的丹巴绕旦开始跟着父亲和姨妈学习藏语。他很聪明，不出两年就已经掌握了读写藏语的要领。11岁那年，丹巴绕旦进入私立学校"甲巴康萨"学习，他曾回忆说："11岁起我白天在学校学习，晚上在烛光下接受父亲的指导，学习唐卡绘画技法。学习过程很辛苦，每天要上近13个小时的课，一个月下来最多只有两三天的休息时间。也许是天资高，也可能是受环境的影响耳濡目染，我很快掌握了各阶段的绘画技巧，特别是上色技巧，没怎么学习就已经会了。可能就是因为平常家中除了父亲之外，还有许多父亲的学徒和雇佣的画师在绘制唐卡，经常看他们上色也就自然看出了门道。15岁我就完成了学业，并且能够独立承担各类唐卡的绘制工作。"

在"甲巴康萨"完成学业后，父亲希望丹巴绕旦能成为一代高僧，于是便把他送进了色拉寺的吉僧院出家，师从当时有名的僧人强巴阿旺。在那里，丹巴绕旦系统地学习了佛经和造像度量经理论。

佛经和造像度量经理论在唐卡绘画中占有十分重要的地位。过去，画师们虽然技艺超群，但往往缺乏这些知识，因此寺院要绘制壁画，都会让精通佛学的高僧与画师合作，帮助画师理解佛经内容。而丹巴绕旦不仅学习了唐卡的绘画技巧，还熟悉相关理论，将二者有机结合在了一起，这是他在色拉寺的学习中得到的最宝贵的财富。

1959年，丹巴绕旦离开了色拉寺。虽然未能如父亲所愿，但这段可贵的学习经历，却为丹巴绕旦日后从事藏族传统绘画打下了深厚的基础。

## 二、研究《格萨尔》，开办唐卡班

离开色拉寺后，丹巴绕旦服从国家需要前往西藏军区，先后在军区生产部纳金电站以及那曲地区的硼砂厂工作。

1962年，丹巴绕旦正式步入教育行业，先后在西藏军区郎卡子县军区直属小学、山南农场职工子弟小学当教员，直至70年代末。这段时期里，虽然没能从事与唐卡绘画有关的职业，可丹巴绕旦一有空就会不断练习绘画技艺。此外，他还阅读了大量中外书籍，提高了自己的文化素养。

1979年6月，丹巴绕旦接到西藏师范学院（今西藏大学）的邀请，第二年正式调至西藏师范学院研究西藏历史。当时，他主要从事的是对藏族英雄史诗《格萨尔》（又名《格萨尔王传》）的研究及插图工作。

《格萨尔》是世界上已发现的演唱篇幅最长的史诗，主要流传于我国青藏高原的藏族、蒙古族、土族、裕固族、纳西族、普米族等民族中。史诗讲述的是天神之子化作藏人的君王——格萨尔王，然后降临下界降妖除魔、抑强扶弱、统一各部，最后回归天国的英雄业绩。

《格萨尔》插图

丹巴绕旦通过系统研究《格萨尔》，最终为史诗中"门岭之战""松林之战""仙境九行占卜"等大量故事绘制了插图。其中的12幅作品收入1986年西藏人民出版社出版的《格萨尔王传·门岭之战》中，6幅作品收入《格萨尔王传·天岭九卦》中。由于在《格萨尔》研究中成绩突出，丹巴绕旦还在1985年荣获了中科院、文化部等单位颁发的"《格萨尔》抢救工作先进个人奖"。

在研究《格萨尔》的同时，丹巴绕旦没有忘记自己钟爱的唐卡艺术。1980年，他在家里办起了免费学习班，向对唐卡艺术感兴趣的年轻人传授唐卡绘画技艺。

在谈起办免费学习班的初衷时，丹巴绕旦说："我的初衷是壮大唐卡绘画队伍。过去，在唐卡画界是子承父业，除了血缘关系较近的，很少收旁系子女为学徒，就算收了也只教一些简单的技法、技巧，诸如上彩法等，这是当时的一种传承方式。这样一来，唐卡画家本来就不多，很多老画家已经不在人世，产生了断层，唐卡绘制专业人员变得稀缺。唐卡技艺如果失传的话极为可惜。"

起初，来学习唐卡艺术的学员只有3人，后来逐渐增多，生源也从区里扩大到了区外。学习班不仅吸引了甘肃甘南以及青海、云南、四川等地的藏族学员，一些汉族学员也前来学习，更有部分韩国、日本、欧美等地

丹巴绕旦讲解唐卡艺术

的外国学员慕名而来。

为了保证教学质量，丹巴绕旦把每年的招生人数严格控制在 20 人左右。由于大多数学员文化水平不高，所以他在教学中不讲授过深的理论知识，只系统教授传统唐卡绘画技法，以学员将来能独立承担唐卡绘制工作为教学重点。

免费学习班的开办不仅为培养优秀唐卡画师提供了平台，也为丹巴绕旦将唐卡艺术带入大学课堂提供了宝贵的经验。

## 三、将藏族传统绘画艺术带进大学课堂

1985 年，西藏大学正式成立，并在艺术学院美术系开设了藏族传统美术专业。从此，丹巴绕旦成为一名大学教师，将唐卡等藏族传统绘画艺术带进了大学课堂。

虽然出生在传统绘画世家，熟知唐卡绘画技巧以及藏族传统绘画理论，此前也有开办免费学习班的经历，可如何在大学课堂上讲授藏族传统绘画艺术，对丹巴绕旦来说还是比较陌生。再加上一开始教课的老师只有他和他的两个徒弟，师资力量相对薄弱，教学的开展更是难上加难。

然而，面对种种困难，丹巴绕旦教授藏族传统美术的热情却丝毫未减。为了能让这一专业尽早走上轨道，他从教学计划、教学教材两个方面进行了有益探索。

为了能让藏族传统美术专业充分融入高等教育体制，丹巴绕旦一边教学，一边积累经验。最终，他按照高等教育学时、学期、学年的要求，为这一专业制订出一整套教学计划，并在长期的教学实践中不断总结完善，从而取得了良好的教学效果。1989年，这一成果分别荣获西藏大学及国家教委颁发的"优秀教学成果奖"；1990年，又荣获了"吴作人国际美术教育基金奖"。

　　在制订出藏族传统美术专业的教学计划后，丹巴绕旦又针对这一专业无教材的情况，开始马不停蹄地编写教材。1996年，他编写的教材《西藏绘画》由中国藏学出版社出版，引起了不小的轰动。

　　在介绍这本教材时，丹巴绕旦说："《西藏绘画》是自治区教育厅审查通过的一本教材，是藏族传统美术专业课程的基础教材。该书不仅描述了度量经理论、美术史略，同时还有上彩法、勾金法、细工、勾线等方面的知识。我在该书中重点叙述了颜色的不同特征，另一方面我把自己多年的实践经验写入了书中。"

　　此外，丹巴绕旦还在书中将唐卡的描法归结为"五描法"，被誉为藏族传统绘画理论的一项突破。直至今日，《西藏绘画》仍是学习、研究藏族传统美术的必备工具书之一。

　　在教学中，丹巴绕旦还经常鼓励学生不但要继承传统，还要注重创新和发展，并从其他兄弟民族及国外绘画艺术中吸取养分。他说："可能是缘分，我在教学过程中从未有过厌烦的情绪，我非常喜欢教师这个职业，常常沉醉在其中。能够把藏族传统美术设置到大学专业课程中，在藏族美

丹巴绕旦（中）与学生合影

术史上可以说是一件重要的事情，具有重大意义。"

在丹巴绕旦的辛勤耕耘下，西藏大学藏族传统美术专业的优秀学生以及美术理论和美术技能兼备的高级教师不断涌现。丹巴绕旦的努力不但得到了学校师生的认可，也赢得了社会各界的赞誉。1991年，丹巴绕旦被授予西藏自治区"优秀专家"称号；1995年，荣获全国"自学成才奖"；1997年，又获曾宪梓教育基金会高等师范院校教师二等奖。

## 四、恢复藏族传统绘画颜料

西藏大学藏族传统美术专业的教学工作走上正轨后，丹巴绕旦又把目光集中在了恢复藏族传统绘画颜料上。

传统绘画颜料是藏族绘画的特色之一。在丹巴绕旦儿时的记忆里，父亲常常会选出优质的铜矿、银矿，以及藏红花、树皮等，将它们浸泡、炮制、煎、煮、曝晒，亲自制作绘画颜料。用这种颜料画出的作品色泽纯正、耐光性强，可以保持千年而不褪色，深受父亲和其他画师的喜爱。

40年代初，张大千曾3次赴敦煌临摹壁画，当时，他用来临摹的颜料是从上海订制的上好的朱红、石青、石绿等，可临摹出来的作品与原画相比颜色总显得艳俗轻浮。当得知壁画采用的是藏族传统绘画颜料后，他不惜重金请来5位喇嘛，向他们请教颜料的制法。只见喇嘛们就地取材，用青藏高原出产的矿石和植物磨制颜料、烧制木炭条，画出的作品令张大千赞不绝口。他说："藏族传统颜料远胜于内地产品甚至外国货，画师水平也远高于内地画师和洋学堂的老师。"

然而，到了六七十年代，由于种种原因，画师们纷纷改行，再加上能制作这种颜料的民间艺人大多年事已高或已去世，颜料的制作工艺逐渐失传。

1997年，为了恢复传统绘画颜料的制作工艺，丹巴绕旦带领5位专家启动了"藏族传统绘画颜料恢复与发展"的科研项目。研究期间，他通过阅读史料、考察出产颜料的矿山、走访在世的画师，收集了大量资

丹巴绕旦在唐卡产业发展论坛上发言

料，在对资料进行整理分析后，他开始亲自配制颜料。

传统绘画颜料的配制过程十分复杂，稍有差错便会前功尽弃。在试验过程中，虽然经历了多次失败，可丹巴绕旦从未气馁，依旧一遍遍地人工研磨矿石和植物，从中提取颜料。有人问他为什么不用机器研磨，他说："从矿石提取颜料，传统的做法只能用石臼经人工慢慢研磨，再用水一次次沉淀获得，这活计一点不能省力。采用机器研磨，结果得到的颜色发生了化学变化，出来的颜料与人工制得的相差甚远。"

丹巴绕旦作品《十八罗汉》

1999 年，丹巴绕旦和同事经过近 3 年的努力，终于研发出了一整套详尽的藏传绘画颜料的制作工艺，并在当年 5 月通过了自治区科学委员会专家的鉴定，定级为国内领先水平。

传统绘画颜料制作工艺恢复后，文物古迹在进行修复时再也不需要采用耐光性差、易风化、易褪色的现代化学颜料，这对保护和发展藏族传统文化具有十分重要的意义。不仅如此，这一工艺的成功研发对印度、尼泊尔、泰国等国家也产生了十分深远的影响，这些国家的文物保护机构经常会派人前来进口藏族传统绘画颜料，用以修复当地的文物古迹。

后来，在西藏自治区成立 40 周年大庆之际，自治区政府特别指定用丹巴绕旦研发出来的绘画颜料来完成布达拉宫的修复，以期达到"修旧如旧"。

## 五、著书创作双丰收

2000 年 4 月，丹巴绕旦荣获国务院授予的"全国先进工作者"称号。带着这一荣誉，已过花甲之年的他仍旧在为弘扬藏族传统绘画艺术辛勤耕耘、默默奉献着。

在教学方面，丹巴绕旦不但继续在家中开办免费学习班，还升任西藏大学艺术学院美术系藏族传统美术专业的教授，并成为这一专业的首位硕士生导师。他培养的硕士生基本上都以研究美术史为主，对整理、挖掘、抢救西藏美术史料做了极大贡献。

2004年12月，丹巴绕旦的第一批硕士生顺利毕业。在毕业典礼上，他激动地说："能把西藏传统绘画带入大学殿堂，又成为西藏高校的第一位教授藏族传统美术的硕士生导师，这是我此生最大的幸事。"

虽然已成为硕士生导师，可丹巴绕旦始终没有忽视对本科生的培养。经过20多年的打磨，藏族传统美术专业已成为西藏大学的特色专业，而丹巴绕旦的教学经验也愈加丰富，特别是在教授唐卡绘画技法时，他比先前更注重线描稿的训练和唐卡中人物造型能力的培养。2005年，丹巴绕旦还应日本国立佛教大学邀请，前往日本讲学，受到学校师生的热烈欢迎。

在科研方面，丹巴绕旦撰写了许多关于西藏美术理论的论文。从1989年起，他的论文便多次荣获西藏大学学术研讨会一、二、三等奖。进入21世纪，他的论文又多次在《中国藏学》《西藏艺术研究》《西藏大学学报》等刊物上发表。

此外，丹巴绕旦还在2003年出版了《西藏美术史略》《汉藏藏汉美术词典》两部专著，为后人研究藏族传统绘画艺术提供了宝贵资料。

在绘画方面，丹巴绕旦利用自己研制的颜料绘制了展现佛的宫殿的《坛城图》、介绍佛祖释迦牟尼生平事迹的《佛祖释迦牟尼像》、歌颂救助下界众生的绿度母的《绿度母》、描绘象征空间和本初智慧以及象征火焰和激情的《胜乐金刚与金刚亥母图》等多幅唐卡作品。

早在20世纪90年代，丹巴绕旦的作品《地球》就曾在日本举办的"四季美术作品展"中获铜奖；《松曼伦罗》获自治区最高文学艺术奖"珠

丹巴绕旦作品《绿度母》

峰奖";《十八罗汉之阿氏罗尊者》获第二届华人艺术大奖赛金奖。1999年出访非洲四国,他带去的唐卡作品《布袋和尚》还被埃及国家博物馆收藏。

在唐卡绘制过程中,丹巴绕旦不仅继承了"新勉唐画派"独特的艺术风格,还在其基础上对画面构图、颜色、造型三方面做了创新。在构图上,他通过吸收中国画的散点式构图,丰富了"新勉唐画派"的构图形式;在颜色上,他打破了以红色为主的程式,吸收了年画的色彩,并重视蓝色和绿色的运用;在造型上,他更加注重细节的处理,重视对人体解剖的研究。

2007年6月,丹巴绕旦成为第一批国家级非物质文化遗产项目〔藏族唐卡(勉唐画派),民间美术类〕代表性传承人。如今,他依然在为保护藏族传统绘画艺术而贡献力量。

丹巴绕旦作品展览观者如云

# 李发秀
## ——"彩虹故乡"的盘绣女子

　　李发秀（1959～），民间刺绣艺人，土族盘绣传承人。青海海东互助人，土族。她七八岁时开始随母亲学习盘绣针法，14岁时即基本掌握多种针法和基本构图，十七八岁时便绣制完成了自己的嫁妆。从1995年北京"联合国世界妇女大会"开始，她多次带着作品参加省内外各种展示，并屡获殊荣。她还向800多人传授了盘绣技艺。2007年成为第一批国家级非物质文化遗产项目（民间美术类）代表性传承人。代表作有《富贵太阳花》《双龙戏珠》以及绣花腰带《富贵满堂》。

## 一、"彩虹故乡"的刺绣女子

　　1959年11月，李发秀出生在青海省互助县丹麻乡（今互助土族自治县丹麻镇）松德行政村补家村一个土族家庭。

　　位于青海省东北部的互助土族自治县，被誉为"彩虹的故乡"。在当地土族服饰中，最美丽的要数土族花袖衫。这是土族妇女的传统服饰，土族语称作"秀苏"，是用红、黄、蓝、白、黑、紫、绿等七种颜色的布料或丝绸制作成套袖，缝于长衫上。因为土族女子喜欢穿五颜六色的花袖衫，故而被人们称为"穿彩虹衣衫的人"。而那些美丽的服饰，自然少不了刺绣。

李发秀

　　对土族女子来说，刺绣是她们一生中的必修功课。一个土族女子的手巧不巧，针线活儿好不好，都可以从盘绣上看出来。土族女子出嫁前，首先要在娘家办一次土族刺绣"个展"，把自己绣制的衣服、佩饰、鞋袜等向娘家人一一展示，然后还要利用新婚庆典之机，在婆家给婆家人、邻居和亲戚朋友们展示自己的绣品，并向婆家亲人赠送自己亲手绣制的物件。土族女子有了儿女后，又会花十几年的工夫，把刺绣技艺传授给女儿。而土族刺绣的主要绣法，无疑当属盘绣。

李发秀的盘绣作品

李发秀七八岁时，开始随母亲学习土族盘绣针法。14岁时，她基本上掌握了盘绣的多种针法以及基本构图；十七八岁时，便亲手绣制完成了自己的嫁妆。对此，李发秀曾说："我从八九岁开始就学盘绣了，那时候妈妈就说姑娘家要是不会绣会被人看不起，所以我从那时候起就慢慢开始学了，我的嫁衣是自己绣的。"

无论是出嫁之前还是出嫁之后，李发秀从未放下过手中刺绣的针线，而且越绣越好，并且逐渐形成了自己的特色。

1995年，李发秀有幸到北京参加了"中国传统工艺技术女能手操作表演"活动，这次活动是联合国第四届世界妇女大会中国组委会非政府组织论坛委员会举办的。参会的国内外妇女都很欣赏李发秀的刺绣作品，盘绣作品更是受人关注，很多人都觉得不可思议——怎么会有这种针法呢？

品种繁多、色彩艳丽的刺绣，引起了一位叫凯洛的加拿大妇女的浓厚兴趣。凯洛挑选了一幅图样，并详细标明了所要的颜色，约定圣诞节前给她寄到加拿大，并留下了100元钱。参加完"世妇会"从北京回来后，李发秀抓紧时间绣制了一幅作品，并按时寄给了这位外国朋友。1996年，凯洛又来中国，这次她专门探望了李发秀，并购买了多件刺绣品。

从此之后，李发秀的土族盘绣可谓声名远扬，多次应邀参加各种展演，展示了土族民间技艺，传播了土族文化。

## 二、盘绣，土族独有的绣法

青海省互助土族自治县被誉为"彩虹故乡"，当地刺绣题材广泛、内容丰富、绣法多样，具有浓郁的民族气息。

土族刺绣的种类，按其针法分为盘绣、拉绣、堆绣等。盘绣是土族刺绣中最主要的绣法，主要流传在互助县东沟、东山、五十、松多、丹麻等乡镇。这是土族独有的一种绣法，它复杂巧妙，汇集着古老土族文化的深刻内涵。

考古发现显示，青海省都兰县的土族先祖吐谷浑墓葬中，就有类似盘绣的刺绣品。由此可以推知，最晚在公元6世纪左右，土族盘绣工艺已经发轫，至今已经有1000多年的历史。

盘绣用料考究，加工精细，以黑色纯棉布做底料，再选面料贴上。盘绣是丝线绣，有红、黄、绿、蓝、桂红、紫、白等七色绣线，绣时一般七色俱全，配色协调，鲜艳夺目。

盘绣的针法十分独特，操针时同时配两根色彩相同的线，一作盘线，一作缝线。盘绣不用绷架，直接用双手操作，绣者左手拿布料，右手拿针，作盘线的那根线挂在右胸，作缝线的那根线穿在针眼上。上针盘，下针缝，一针二线，虽费工费料，但针法细腻，成品厚实华丽，经久耐用，可以保存几十年不变色。

盘绣的图案构思巧妙，具有浓郁的民族风格，一些作品还深受藏传佛教的影响。基本纹样包括法轮（土族语称为"扩日洛"）、太极图、太阳花、中国结（土族语称为"万流"）、石榴、五瓣梅（还有六瓣、七瓣、八瓣的）、神仙魁子、云纹、菱形、雀儿头、人物、佛像等几十种。最常见的图案有"八宝""云气""太极图""富贵不断头""孔雀戏牡丹""狮子滚绣球""鼠拉葡萄""寒雀探梅""石榴花""神仙魁子"以及十二生肖等。这些图案大多为传统的吉祥纹样或图案，蕴含着家庭兴旺、幸福长久等吉祥寓意。

盘绣的用途十分广泛，它几乎涵盖了土族人民日常生活的方方面面，从服饰到生活用品，从家居装饰到生产器具，盘绣的影子几乎无处不在。其中主要表现在对服饰的精心装饰

"彩虹故乡"的土族盘绣

上，土族人服饰中的头饰、衣领、衣胸、辫筒、腰带、围肚、鞋袜，以及日常用品枕巾、针扎、荷包、烟袋、背包等，都有刺绣。

在土族传统的服饰中，土族男子通常是头戴一顶织锦镶边、帽檐卷起的毡帽，身穿袖口镶有黑边、胸前镶有一块彩色绣花图案的短褂，外套黑色或是紫红的绣花坎肩，坎

土族妇女在碾麦场上绣盘绣

肩上通常还有多达三层的绣花领子。妇女的穿戴则更为花哨，除了彩虹袖的长衫，还要系上一条又宽又长的绣花腰带，而这条绣花腰带更是土族女子展示盘绣技巧的"舞台"。

土族女子的腰带通常40厘米宽、60厘米长。按照土族传统，这条绣花腰带必须由待嫁的女儿亲手绣制，出嫁那天，新娘就要把这条绣花腰带系在腰间，参加婚礼的亲朋好友则会对之品评一番。如果谁家姑娘绣制的腰带图案不精美，针脚不细密，在娘家人看来，是一件很没面子的事情。而这样一条绣花腰带，往往需要许多年才能完成。

土族盘绣运针细密均匀，图案紧凑大方、生动形象、疏密得当、融叠自然、色泽鲜明流畅、平整干练，十分优美。每件土族盘绣绣品都是一件精美的艺术品。土族盘绣在1000多年的传承中，在形、色、质、意等方面体现了本民族的审美态度和价值判断，形成了民俗学、美学等多种价值，是中华民族的文化瑰宝。

2006年5月，土族盘绣列入第一批国家级非物质文化遗产名录（民间美术类）。

## 三、精益求精，屡获荣誉

李发秀虽然没有上过学，但她是个有心人，不仅善于继承传统，而且勇于开拓，因此她的盘绣作品越来越精美，越来越受欢迎。

30多年来，李发秀钟情土族盘绣，技艺上精益求精。只要看到别人有

新意的绣品，或心里想出了一种新图案，她都要尝试着绣一绣、做一做。在平日里，经常会有刺绣爱好者来她家里，与她切磋盘绣技艺。

随着岁月的流逝，李发秀有了新的想法：改变传统刺绣的实用性观念，积极创造新奇独特的刺绣工艺美术产品。这样，土族盘绣就不再仅仅是服饰以及生活用品的附庸，其中一部分则成为有一定独立性的民间艺术品。这无疑扩展了盘绣的表现天地，进而也会推进其技艺的发展和革新。

基于这种认识及其艺术实践，李发秀的作品更上一层楼，构图、用色等方面都有了很大的进步。2004年，李发秀参加共青团中央在福州市举办的"中国传统工艺品制作能手评比活动"，荣获优秀奖。2004～2007年，李发秀四次代表互助土族自治县参加青海省民间艺人技能比赛，获得多个奖项。

2008年北京奥运会期间，李发秀参加了奥运会祥云小屋里的民间艺术品"中国故事"展览活动，展示了土族盘绣技艺。直到今天，她还用相框保存着2008年北京奥运会会徽，那是当时的纪念绣品。后来，上海世博会召开，李发秀也赴会展示了土族盘绣。她回忆说："绣好的作品就在前面摆着，我们还在后面展示了土族盘绣的绣法。当时有很多人都很感兴趣，还有一位上海老太太专门来和我们学了半天。"两次大型活动的展示，吸引了中外游客，也推广了土族盘绣。

李发秀（右）在制作绣品

李发秀的作品色彩丰富，图案多样，令人目不暇接，可谓精美绝伦。而这种艺术效果，离不开精湛的技艺和巧妙的匠心。比如，绣稿上需要多少颜色，就要配置多少色线。为了达到镶色和顺，一种色彩往往要选择若干个色级，一朵红色石榴花从深到浅要配十多个色级的绣线。

几幅典型的作品，体现了李发秀盘绣作品的特点和风格：

《富贵太阳花》绣制于

2000年，用黑色毛高缎作底料，丝线绣制。作品图案精致、色彩绚丽，缝线端庄结实，由深到浅的色彩过渡自然流畅，针法细腻饱满。以十字形为四方连续变化的纹样，寄寓了富贵长寿的美好愿望。

《双龙戏珠》绣制于 2012 年，长 100 厘米，宽 46 厘米（含裱边）。作品用蓝色毛高缎作底料，用金线、丝线绣制双龙、云纹、龙珠的轮廓等主要线条，采用盘绣和平绣结合的方式绣制。

2009 年，李发秀盘绣花腰带《富贵满堂》，参加"锦绣中华"全国织绣精品大展，在与来自全国的绣品的激烈角逐中脱颖而出，获得了金奖。

李发秀展示自己亲手制作的服饰

2007 年 6 月，李发秀成为第一批国家级非物质文化遗产项目（土族盘绣，民间美术类）代表性传承人。

2010 年，李发秀被青海省授予"二级民间工艺师"荣誉称号。

## 四、"希望这手艺能一代代传下去"

1000 多年来，土族盘绣的传承以母女相传为主，也在姊妹、妯娌、婆媳间传承。

家庭传承有其优势，也有其局限。当地政府部门和有识之士认识到这一点，早在 20 多年前就对土族盘绣做了一些发掘、抢救、保护工作。李发秀也积极参与了这些工作。

多年来，李发秀利用农闲季节，组织当地刺绣爱好者学习盘绣技艺。1996～2004 年间，她曾多次被聘为本县"少数民族乡镇土族刺绣培训班"专业教师，培训学员 200 余人。此外，她还在本县东山乡、丹麻镇、东沟乡举办的"土族刺绣培训班"上培训学员。如今，李发秀已经培养了 800 多名盘绣学员。

见多识广的李发秀也是一个很有商业头脑的土族妇女。在互联网渗透到社会生活每一个角落的今天，李发秀积极顺应时代需求，在网上开起了网店，出售盘绣制品。通过便捷的网络，李发秀的网店生意也是蒸蒸日

上，初显成效。

如今，土族盘绣已经成为互助县的一张文化名片，土族妇女的盘绣生意十分红火。那里的土族妇女有很多人从事盘绣，并通过各种渠道销售自己的作品，有的甚至远销海外。当地的土族盘绣省级传承人李安言索，几十年来有大大小小盘绣绣品近千件出手，她去过北京、台湾、贵州、深圳，见过不少的大场面。她说："从前，绣的许多都是留给自己的儿女当嫁妆的；现在，盘绣变成金银财宝了，小东西几十、几百块，大作品上千上万块。"

李发秀（中）在传承盘绣技艺

然而，随着人们生活习俗的改变，土族盘绣也经历着变迁。虽然现在土族盘绣的花色多了起来，但因为文化一体化的趋势日益加剧，不少土族年轻人已经不再穿传统的土族服饰，传统土族婚礼上必备的绣花腰带，也被婚纱礼服所取代。离开了民俗生活的长期附着，不论纯粹工艺品的民间手艺能走多远，其文化价值必然减色不少。

更为严重的是，因为盘绣工艺复杂、耗时长，不少年轻人不愿意学习这门手艺，盘绣传人出现了老龄化的趋势，还有不少人已经谢世，一些绝技得不到传承就已悄然消亡。同时，一些年轻人急功近利，大多青睐较简单的刺绣技术，如剁绣、机扎等，对费工费时的盘绣敬而远之。土族盘绣也因此面临着传承的隐忧。

面对土族盘绣眼下的红火局面，李发秀还是显出淡淡的忧虑，她盼望着这古老的文化瑰宝能在新时代后继有人，发扬光大。她说："我从8岁就开始绣盘绣，绣了一辈子了。虽然很累，可是心里高兴，不为别的，就希望这手艺能一代代传下去。"

# 郎志丽
## ——"郎家世代艺专精，巧艺真传声名扬"

郎志丽（1942～），民间艺人，面人（北京面人郎）传承人。北京人，满族。她出身于面塑世家，从小学艺，逐渐成为"面人郎"一代传人，并在作品大型化、微型化和集成化上进行了积极探索，在形制、色调、题材、用料及细部表现等方面均有所开拓，形成了自己的风格。2009年成为第三批国家级非物质文化遗产项目（传统美术类）代表性传承人。代表作有《七仙女》《百子图》《八仙过海》《十二花神》，以及《水浒一百单八将》《元春省亲》《史湘云醉卧芍药荫》等。

### 一、女儿是父亲的小徒弟

1942年9月，郎志丽出生于北京西城白塔寺大喜胡同一个满族手艺人家庭，父亲郎绍安（1909～1992）是北京著名的面塑艺人。

旧时的北京城，街市、庙会、胡同口常能见到捏面人的摊子，前面放个面箱子，里面是各色熟面、颜料和一些小工具，上面用小竹棍插着一排捏好的各色小面人，孩子们经过时准要驻足流连。郎绍安13岁那年，在白塔寺庙会上碰见一个捏面人的艺人，手指灵活，捏什么像什么。郎绍安看得入了迷，一天也舍不得离开。此人正是"面人大王"赵阔明（1900～1980），于是少年郎绍安就拜他为师，学习面塑技艺，并与师傅一起外出卖艺。

郎志丽

郎志丽与父亲郎绍安

在长期江湖卖艺生涯中，郎绍安逐步掌握了赵阔明的技艺要点。1938年后，他开始独立经营面塑生意。平日里，郎绍安走街串巷，观察生活，体味民情风俗，听书、看戏、逛庙会，积累素材，并参详年画、国画甚至小人书等艺术样式，作品越来越精湛，影响不断扩大，形成了自己的风格流派，人称"面人郎"。郎绍安的面塑作品题材广泛，三百六十行和各种民情风俗都有所反映，如"剃头的""耍猴儿的""逛庙会的"等。新中国成立后，他曾任北京市工艺美术研究所研究员，还被授予了"中国民间工艺美术家"称号。

郎志丽从小耳濡目染，在父亲的熏陶下开始学着制作面人。6岁左右，她就能帮父亲捏制面人手上拿的糖葫芦、皮球、小白兔之类的小物件。小时候的学艺可以说完全是自发的，对此，郎志丽回忆说："小时候，父亲到街上捏面人，我们几个小孩儿总会跟着去玩。时间长了就能帮着父亲打打下手，捏一些简单的小玩意。"

开始自觉习艺，"女承父业"，是1957年的事情。那年，郎志丽进入父亲所在的北京市工艺美术研究所，并正式拜父亲为师学习面人手艺。由于早已有了一定的基础，加上自己的刻苦学习、父亲的精心教导，郎志丽当年就做出面塑《穆桂英》并参加了莫斯科国际少儿艺术作品比赛，获得了优秀奖，引起了不小的轰动。

1958年，郎志丽随父亲一起制作了上海大世界新旧对比面塑造型，这不仅是接受新事物的开始，也是她日后发展创新面塑艺术的基础。

凭着从小打下的基础以及对面人手艺的热爱，郎志丽越学越好，越学越精。"面人郎"的面人五官精致、四肢分明，适合近距离观赏。郎志丽更是在"面人郎"原有的特点基础上继续发展、创新。在她手下，面人的尺寸更加微缩，面人的外形也越发精致。

作家冰心先生在《面人郎采访记》一文中记述道："当我向郎绍安问

道：'您现在带徒弟么？'他指了指桌边站着的小姑娘，说：'她是我的学徒，也是我的女儿。'后来，正是这个小姑娘成为'面人郎'的重要传承人。"

## 二、继承基础上的创新

"面人"是"面塑"的民间俗称。我国的面塑，可以追溯到战国时的"俑"和汉朝的"傀儡"，在汉代已有文字记载。最早的时候，人们把面制品蒸制成一定的形象，作为节日馈赠、装饰的信物和标志。到了明代，面塑在供仪俗食用的同时，也逐渐脱离实用功能，演变成单纯的艺术形式而独立存在，并逐渐形成多个流派。

面塑所用的面，用糯米面和普通面粉按一定的比例混合而成，加水和好，捏塑之后，上锅蒸熟。在和面的时候，还会加上蜂蜜和防腐防裂的配料，这样就能使面塑作品保存数十年甚至上百年。制作特点是"一印、二捏、三镶、四滚"，还有所谓"文的胸、武的肚、老人的背脊、美女的腰"，身形情态要把握得恰到好处。

相较于其他流派，"面人郎"面塑制作更为细腻，技法包括揉、捏、揪、挑、压、搓、滚、碾、剁、按、切等，制作一丝不苟，细节纤毫入微，武将头盔上的花纹，衣服褶皱的颜色，旗子上的字迹图案，人物的眼睫毛、双眼皮、头饰发髻，历历入目。

郎志丽根据《红楼梦》情节创作的作品《元春省亲》

面人郎面塑集美术、雕塑、服饰、化妆及造型艺术为一体,作品具有较强的艺术欣赏和收藏价值,对老北京民俗风情方面也具有一定的参考和研究价值。2008年6月,面人(北京面人郎)列入第二批国家级非物质文化遗产名录(传统美术类)。

郎志丽认为自己的父亲作为一代名师,在面塑技法上已经达到炉火纯青的境地,因此她认为,在继承基础上创新才是自己的发展之路。

和父亲一样,郎志丽十分注意观察生活,在日常生活中发现题材、主题和表现手法。郎志丽说,生活中细心留意几乎成了自己的"毛病":"和家人去吃饭,大家把吃过的海鲜贝壳丢了,我就把它们再拾回来,最后做成了一个贝壳观音。没事干的时候,我总喜欢到小市场里看看,最后收集了很多乱七八糟的东西。"

郎志丽有名的代表作《水浒一百单八将》,就源于一次偶然出现的灵感。"一次,我和先生去朋友家,人家的葫芦长得很不错,临走时朋友给我们带了两个。回家的路上,我就和先生商量这个葫芦能干什么用。"最终,葫芦破成了两半,在10厘米见方的葫芦肚里,制作出了《水浒一百单八将》。"一边放54个小人,还有山石、树木、花草点缀在中间,最后利用葫芦柄的自然形态,画成了一双对语的仙鹤。"就这样,郎志丽打破了传统盒式面塑的局限,给古老的面塑艺术注入了新的生命,在空间上为设置故事情节增加了"天地",不仅能容纳更大的场景,也使故事的象征、隐喻意义更为突出。

郎志丽的创新开拓,表现在形制、色调、题材、用料以及细部表现等诸多方面。在形制方面,郎志丽不断探索突破传统作品的局限,在作品大型化、微型化和集成化上进行了积极尝试。老一辈面塑艺人在核桃里边做面人,大多是单个人,而郎志丽则能放"十八罗汉""十二花神"进去。在颜料上,郎志丽将以往的染布平色改为绘画色,使色彩

郎志丽面塑作品《西游记》

更为丰富。在创作表现藏族登山家潘多登上珠穆朗玛峰的面塑作品中，郎志丽大胆使用革新材料，利用透明材料和其他工艺仿制冰凌，取得了很好的效果。此外，她还借鉴玉器、脸谱、彩绘等姐妹艺术，融入面塑创作，并创出了仿珊瑚、仿象牙的新作品，深受人们的欢迎。

## 三、郎家巧艺声名远扬

新中国成立后，民间技艺受到国家重视，郎绍安、郎志丽父女的郎氏面人，不仅在国内受到欢迎，也多次走出国门，向外国观众展示，一些作品还被国外艺术机构收藏。他们凭借自己的技艺获得了声誉，也收获了友谊。

1956年8月，第四届国际手工艺品展览会在伦敦举办，郎绍安进行了面塑技艺表演。一位英国妇女听说有面塑表演，匆匆赶来，但由于身体不适，一进大厅就晕倒了。当时郎绍安正在为外国友人塑像，得知这一情况后，他忙去看望了老人，并将一个侍女面塑作品送给她。谁料想，他们的友谊却神奇地被下一代人接力传递，谱写了新的篇章。

那是1981年夏季，郎志丽正在夏威夷一家手工艺商店做现场表演，一位40多岁的英国男子向她打听曾在英国捏面人的郎老先生。得知郎老先生是郎志丽的父亲，对方惊叹之余道出了时隔20多年的那个故事。原来，20多年前那位妇女就是这位男子的母亲，她十分喜爱中国民间艺术，20世纪30年代曾在北京买过一个面人，但不慎遗失。得知这一奇缘后，郎志丽也非常激动，把自己制作的"面人郎"作品送给了他。

1993年，郎志丽受邀随中国"申奥"代表团赴摩纳哥蒙特卡洛，为中国申办2000年奥运会加油。其间，她为代表团专门制作了以和平鸽、兔子为主题的面塑礼品。萨马兰奇的女儿专程找到郎志丽，希望能够制作美国亚特兰大奥运会会标和吉祥物的面塑作品。当萨马兰奇的女儿亲手把会标和吉祥物面塑交给亚特兰大市市长后，市长非常高兴，当即把奥运会吉祥物回赠给郎志丽。

*郎志丽展示面塑制作方法*

和父亲一样，郎志丽也曾先后去过十几个国家。对外国人见到面塑作品时的反应，郎志丽这样形容："稀奇、惊讶，不是亲眼看见不相信会这么逼真、这么小、这么快。"

郎绍安多次代表中国民间艺人到国外进行表演，其精熟的创作、精湛的作品，使他那双灵巧的手被国际友人惊呼为"上帝之手"。

郎志丽在国外表演中，也收获了极高的赞誉。2003年，在美国克利夫兰民间艺术展上，美籍华侨刘天擎观摩郎志丽的面塑作品后，在一张横格纸上即兴写下了一首藏头诗："郎家世代艺专精，志在传世巧天工，丽质慧心似水仙，手中自有像万千，巧艺真传声名扬。"

## 四、手中自有气象万千

郎志丽作品《水浒一百单八将》

郎志丽面人的一个突出特点，就是纤毫毕现、生动传神。在面塑创作中，郎志丽往往以女性特有的细腻给面塑艺术注入新的生命。比如在捏制眉毛时，她把面团揉成粗细不一的脊形，让眉峰和眉梢活灵活现地透露出人物的神态，可谓神形毕现。代表作《水浒一百单八将》，葫芦里每个人物仅2厘米高，穿着古装，戴着头饰，拿着兵器，眼珠黑白分明，人物造型各异，人物神态还互相呼应，真可谓穷形尽相。

民间面塑多表现传统题材，而郎志丽的面塑艺术生涯中，却有过与自然科学的交集。她曾采用新材料与面塑工艺相结合，协助拍摄了科教片《菌蘑》《心脏主动脉》等。

郎志丽的代表作，除了《关公》《七仙女》《百子图》一类民俗故事题材，古典名著也是她最喜欢、也最善于表现的。《水浒传》之外，《红楼梦》也是郎志丽较多取材的名著，作品《红楼梦》已被中国艺术研究院珍藏。

根据《红楼梦》故事情节创作的作品，全面展示了郎志丽面塑艺术的独特风格。比如《元春省亲》，是一个大场面的作品，有15个神态逼真的人物，以及华丽的背景修饰，就连屏风、家具、地毯等细节也分外精致。郎志丽说，场景里的手炉、宫灯都是可以点亮的，捏人物一共想了20多天，而找齐各种布景则花费了更长的时间。

而《史湘云醉卧芍药荫》，除人物刻画细腻，更有赏心悦目的画面感，整个结构浑然一体，一花一叶、一石一木都透着精致和谐：湘云卧于一个石凳上，香梦沉酣，四面芍药花瓣飞了一身，满头满脸和衣襟上皆是红香凌乱，衣衫有一种透明的轻纱质感，轻灵飘逸，身后嶙峋的假山石立于一旁，灿烂的芍药开得正艳，地上则是碧草茵茵。

郎志丽的作品参加过许多作品展并获了奖。1984年，参加中国古代传统艺术展；1987年，获第11届亚运会会标设计三等奖；1995年，被联合国教科文组织授予"民间艺术家"称号。此外，郎志丽还总结面塑艺术的经验，形成文字。1999年，她的论文《论面塑艺术的创新》获了奖。

郎志丽还是中国工艺美术学会民间工艺美术专业委员会会员、雕塑委员会会员。

## 五、申遗与传承

随着现代社会的飞速发展，面人郎面塑艺术也曾面临尴尬的境地，原有的工艺美术厂相继转产、下马、倒闭，从艺人员改行另谋职业。要使这些民间技艺得到传承和发展，需要社会的关注和政府的支持。而20世纪90年代中期以来我国非物质文化遗产的保护与传承，为"面人郎"提供了机缘。

2005年，郎志丽第一次从一个协会组织中听到了"国家非物质文化遗产"几个字。不过，当时好多人对此知之不多，诚如郎志丽所说："那时候，大多数人连这几个字都不能很熟练地说出来。"

"面人郎"也参与了第一次非物质文化遗产申报，但由于渠道不对，交完材料后就没了音讯。

其实，"申遗"并不像人们想象的那么简单。由于时隔已久，父亲的很多资料、作品，郎志丽也不知道究竟散落在哪里，最后只能和老伴办了一张国家图书馆的阅览证，每天去那里查阅资料。由于"申遗"需要的文字材料都必须是电子版，年近70岁的老伴从头学起了拼音打字。"一开始打一个字就得半天，后来慢慢练习才快了些，真是难为他了。"那些日子里，郎志丽把主要精力都用在了创作作品，而最琐碎的麻烦事交给了同样需要时间创作作品的老伴。

2007年，"面人郎"又开始第二次"申遗"。2008年6月，"北京面人郎"正式列入第二批国家级非物质文化遗产项目（传统美术类）。2009年6月，郎志丽成为第三批国家级非物质文化遗产项目［面人（北京面人郎）〕代表性传承人。

早先，郎志丽主要是教自己的儿子和孙女、外孙女学习面人制作。如今，郎志丽的外孙女雅淇，已经成为同龄人中捏面人的高手。雅淇说自己从小就在姥姥家长大，看着姥姥每天都捏面人，自己觉得特别好玩，不知道什么时候随手抓起彩色面团捏起来，就应该算是开始入行学艺了。

在成为"非遗"传承人之后，郎志丽收了两个外姓徒弟。郎志丽认为，"收徒弟要能满足两个条件，一是最好能有点美术功底，这样学起来快，很多东西一点就透；第二也是最重要的是要喜欢这个，不喜欢这个那就坐不住，那也不可能学好"。两个徒弟满足了这两个要求，郎志丽现在忧虑的是学习进度，"介绍来的时候说可以全职学习，但是学这个刚开始是没有收入的，这样经济压力就太大了。所以我想着让他们两个先业余学着，一周两次，五个钟头，原来的工作还是继续做着，但这样学习的时间就太少了"。郎志丽也在努力想办法解决，"进度这方面我也有责任，我也会尽我努力尽快把这门手艺传授给他们"。

除了带两个徒弟，郎志丽还经常给中小学生讲课，或者是自己到学校去，或者是学生们到自己家里来。孩子们学习认真，还录了视频，方便日后回看。不过，郎志丽觉得，面塑的技巧固然重要，但更为要紧的是对中国历史和传统文化的了解。她说："做历史人物，不知道历史情节就没法表现；做戏曲故事，没看过戏也就不可能捏得像样。"

郎志丽并不宽敞的家挂着"面人郎"的牌匾，既是工作间，又要展示、教学，而且丈夫陈永昌是专攻北京刻瓷的知名工艺美术师，也有同样的需要，因而显得很是逼仄。好在后来政府有关部门为她租了房子，解决了传承场所问题。而面塑的主要材料面粉很容易获得，颜料也只需使用普通绘画颜料即可，因而只要有更多热爱这门传统艺术的人参与保护，"面人郎"的传承将不是问题。

现在，郎志丽有两个最大的心愿：一个是带好徒弟，做好传承；另一个则是做出精品，流传后世。至于开店赚钱，郎志丽直言"不考虑"。

郎志丽传承技艺

# 金铁铃
## ——绢花世家"花儿金"的第五代传人

金铁铃（1956～），民间手工艺人，北京绢花传承人。北京人，满族。他身为绢花世家"花儿金"的第五代传人，从小受家庭熏陶学会了绢花制作，20岁出头进入北京绢花厂，曾任技术创新组组长，不到30岁即获得了全国工艺美术"百花奖"。2009年成为第三批国家级非物质文化遗产项目（传统美术类）代表性传承人。传承技艺"追真仿鲜"，拒绝"行活儿"。代表作有《十丈珠帘》《嫦娥奔月》《红梅报春》等。

### 一、"花儿金"绢花世家

1956年，金铁铃出生在北京崇文区花市大街一个满族家庭，是这个家庭最小的儿子。

金家是一个民间手工艺世家，金铁铃则是这个绢花世家"花儿金"的第五代传人。

"花儿金"的创始人金桂，生活于清代晚期，以做"京花"为生。他以绫、纸、通草为原料，做的花几可乱真。后来被宫廷选中，为太后、皇后及公主们做"凉板头"上的饰花和压鬓花。金铁铃说，小时候他们家里还有祖传的腰牌和顶戴花翎，估计正是那段历史的见证。

金铁铃的父亲金玉林，是"花儿金"

金铁铃

的第四代传人。年轻的时候，他是清廷皇家禁卫军的骑兵，还是"宫里跤"高手。他还喜欢唱戏，带扮相，和京剧大师侯喜瑞交往很深。在绢花领域，他既继承传统，又勇于创新。1928年，东交民巷外国使馆定做月季花，无人敢应，而他用洋缎做出了新式月季，开辟了胸花品种，从此声名远播。

新中国成立后，1956年，金玉林积极响应号召，带头参加公私合营。他领军的北京绢花厂是全国绢花行业的标杆，而且是当时出口换汇的龙头企业，长年排名第一。他的作品多次得到朱德委员长的高度称赞，苏联著名画家克里玛申称赞他是"中国天才的民间艺术家"。他做的绢花组成的大型花车，曾多次参加国庆游行。他还是全国第一批被授予"老艺人"称号的工艺大师，还曾获得"北京市劳动模范"的称号。

金铁铃声称"父亲是一个特别伟大的人"，"几乎所有人都特别尊敬他，做人特别成功"。金玉林历经清朝、民国和新中国，因此，有人说他是"三开人物"，就是三个时代都吃得开的人。金铁铃将之归结为"可能就是因为他为人特别真诚、善良、厚道"。

金玉林兴趣广泛，在许多领域都有一定造诣，金铁铃概括为"在他喜欢的各个方面都有自己的成就"。而在"花儿金"的艺术发展上，金铁铃认为父亲"到达了一个顶峰。他制作出来的文竹、'十丈珠帘'菊花，都是前代艺人根本做不了的，过去绢花只是装饰品，他开创了独树一帜的'盆花'制作，他说'自然界有什么花儿，我们就能仿什么花儿'，他真能做到。"

## 二、"天下绢花出北京"

绢花指用各种颜色的丝织品等仿制的花卉，是我国具有悠久历史和浓厚装饰色彩的手工艺品。

绢花古时候称作"头饰花"，源自唐代，已经有1000多年的历史。晚近从新疆阿斯塔纳唐代墓葬中出土的绢花，虽经千年沉睡，但仍然色泽鲜艳，活灵活现。

相传绢花的起源与杨贵妃有关。唐玄宗李隆基的宠妃杨贵妃左鬓角上有块疤痕，为了遮盖，每天都要让宫女采摘鲜花戴在鬓角上。可鲜花几个时辰就蔫了，冬天又不容易获得。一位心灵手巧的宫女用绫、绸扎成假花献给贵妃，不仅遮了丑，而且更添妩媚姿容。此后，妃子、宫女们也竞相效仿。后来，这种"头饰花"传到民间，盛行一时，逐步发展成独具风格的手工艺品"绢花"。

我国绢花的生产地主要有北京和沈阳，又以北京最为著名，所谓"天下绢花出北京"，因此有"京花儿"之称。

北京绢花有着悠久的历史。明末清初，不仅有单纯的花朵，枝花、盆花、花环等品种也陆续出现。后来，清廷还设立了专门的机构。康熙三十二年（1693年），清宫内府御用工匠作坊有"花儿作"，专司绸、缦、绢、纸等供花、宴花、瓶花等。到清代中期，绢花业进入繁荣鼎盛时期。据《北平工商概况》记载："各街市花庄及住家营花者约在一千家以上。"

绢花制作讲究形象逼真，花瓣色彩由浅入深、浓淡相宜，花朵层次分明。其制作工序一般是：将选好的绸缎、绫绢上浆、整平，再用各种花瓣

金玉林与家人一起制作绢花

模型的凿子凿出花瓣，染上颜色，染过色的花瓣，需用手工"捼"（折叠塑形）成所需要的各种形态，等烘干后，粘合成花朵和花蕾。花叶的制作也基本相同。最后，花朵、花叶和花梗组装在一起，即成为绢花成品。

金铁铃将绢花制作总结为"凿、染、捼、粘、攒"五道大工序，其中"凿"之前还要选料、上浆。金铁铃以做盆菊为例，说一盆菊花1000多片花瓣，光是"捼"这道工序，每个花瓣捼50多下，整盆要捼50000多下。因此，做一盆花儿经常要花20多天时间，每一道工序都需细致的生活体验与耐心闲适的心态，否则做不出好活儿来。

北京绢花以造型优美、做工精细、色泽悦目、形象逼真而名扬中外。清代，北京著名艺人制作的绢花曾在巴拿马万国博览会上获奖。新中国成立后，绢花手艺在国家的支持和老艺人的努力下，不断推陈出新。

传统的"京花儿"多是头饰花和服饰花。新中国成立后，金玉林等北京绢花厂的老艺人创造出前人从未做过的悬崖菊、藤萝架、梅花等室内盆景，并做成花篮和花车，多次参加国庆巡游等国家大型活动。在金玉林的推动下，"京花儿"这一古老的工艺大放异彩，在1954～1974年的20年间，北京绢花厂产品出口苏联、蒙古和欧洲国家，给国家创造了大量外汇。

如今，北京绢花品种已由原来的几十种发展到2000多种，有戏剧花、花纤、花篮、盆景等。北京绢花艺人还设计制作了防火的烛台花环、纸拉花、防水绢花等。目前，北京绢花除满足国内需要外，还远销50多个国家和地区。

## 三、"绢花选择了我"

金铁铃在制作绢花

金铁铃是在父亲的影响下学习绢花制作技艺的,他说:"没有我父亲,我就不可能走这一行。"

回忆儿时自然而然的习艺过程,金铁铃说:"从小我们家所有人都做花儿,我也一样,家里到处都是花儿,那时就已经帮着父亲粘叶子了,耳濡目染,对这门手艺很轻松地就迷进去了。"

成长在新时代,金铁铃的人生轨迹与父辈们大为不同。按部就班的学校生活之后,长大的金铁铃"插场"去了昌平,没能在父亲当时任职的北京绢花厂上班。

1976年,父亲金玉林去世。1978年,北京市出台新政策,老艺人的子女可以接班,于是金铁铃被从昌平找了回来。金铁铃认为这时自己才真正开始学艺,因此他常说:"不是我选择了绢花,而是绢花选择了我。"

此时,小时候的习染和锻炼,加上几分"做花儿的天赋、悟性",金铁铃1978年进厂学艺,1982年就凭借作品《十丈珠帘》获得了全国工艺美术"百花奖"。金铁铃说:"那时拿奖不容易,需要在全厂三次考核中都进入前三名,才有参赛资格。结果,三次考核我都拿了第一,参加全国比赛一下拿了一等奖,当时才26岁,成了轰动一时的新闻。"

获奖之后,金铁铃担任了厂里创新组的组长。之后,在继承父亲优良传统的基础上,金铁铃逐步拓展自己的创作之路,在制作上不断创新,他设计的作品多次在全国工艺展上获奖。

1984年,作为北京市青联委员,金铁铃随北京市青年代表团访问了日本。1995年,金铁铃到美国进行艺术交流,被联合国教科文组织授予"中国民间工艺美术家"称号。现在,金铁铃还是北京民间艺术家协会理事,东城区民间艺术家协会常务副主席、秘书长。

说到自己的成就,金铁铃坦承自己不可能超越父亲。在接受记者采访时,金铁铃说:"他让我高山仰止。光是菊花他就能做出90多种,我现在只能做两种。父亲还有好多绝活，比如俏色染活儿，绫罗绸缎染10次都是一个色儿，而且任凭日晒雨淋都不掉色，做出的花儿上还能有露珠。这些绝活儿我都不会。自然界的什么花儿，父亲看一眼就能做出来。'文革'期间家家户户供奉的'芒果'就是父亲做成的模具。1968年毛主席将非洲总统送给他的芒果转赠给首都工人，北京绢花厂得到了上级指示：紧急赶制一批蜡制芒果，

金铁铃与他的绢花（菊花）

供宣传用。可芒果什么样，大家谁也没见过，于是上级派人带父亲去看了一眼，回来就用白薯削出了模型，翻成模具，成功地完成了任务。"

父亲对金铁铃的影响，更表现在为人处世方面。他记得小时候，大家生活都比较困难，肉非常珍贵，而父亲金玉林会经常请来串门的街坊邻居留在家里吃肉，父亲的口头禅是："不就是添双筷子嘛！"这使金铁铃养成了重视亲情友情、乐于助人的品格。在他的价值观里，"家庭是第一位的，亲戚朋友第二，金钱最多排第三位"。

## 四、"追真仿鲜"，拒绝"行活儿"

在北京绢花厂工作11年后，厂子倒闭了，金铁铃开始自己做绢花生意。当时，他设立了一些加工点，也在商场租了柜台，玫瑰花、小花篮、手捧花等都曾销售得不错。但从20世纪90年代中期开始，由于鲜花的普及和人们审美观念的变化，绢花行业开始出现不甚景气的局面，曾名噪一时的绢花处境尴尬、陷入困境，金铁铃也停止了绢花生意。

此后，金铁铃曾经帮朋友管理过公司，9个月里把公司的管理理顺就离开了。后来他又开过饭馆，因为有个朋友是一位出色的厨师。不过，他认为自己"不能算离开"绢花行业，因为"朋友必须帮，但做花儿对我来说是一种责任，传承民族文化，传承老北京艺术，传承家族荣誉的责任"。

2007年，北京绢花进入北京市崇文区"非遗"名录；2008年6月，北京绢花列入第二批国家级非物质文化遗产名录（传统美术类）。

2008年，崇文区成立了"花儿金博物馆"，展示了金铁铃的优秀作品。

2009年6月，金铁铃成为第三批国家级非物质文化遗产项目（北京绢花）代表性传承人。

说到认定"非遗"传承人，金铁铃认为最有资格的应该是自己的三姐。他说："我们家兄弟姐妹中，真正直接跟父亲学绢花的是三姐，她做绢花的水平很高……前些年确定非遗传承人的时候，三姐直接就说是我，而别的兄弟姐妹听说我接下'花儿金'这块牌子的时候，都说'太好了'。""这也是我们家的风气。我们家从来不争什么东西，都是相让。"

成为"非遗"传承人之后，金铁铃觉得自己的角色起了变化，从前他只当这是自己的手艺和爱好，此后更多了一份传播文化的责任。他说："花儿这个技艺，我觉得我有义务把它发扬光大，继续传承下去。"

在金铁铃家，在航空公司工作的女儿，相对空闲时间比较多，她自己也喜欢做，父亲就带她习艺，但金铁铃认为女儿"还没有到那种特别喜欢的程度"。金铁铃决定成立一个"花儿金"工作室，把老艺人和爱好者聚集在一起，共同把这项老北京的手工技艺发扬光大。

如今市面上随处可见装饰性的假花，金铁铃称之为"行活儿"，不能算绢花行业的艺术创作。这是因为：普通假花的材质是涤纶，完全脱离了"绢花"之"绢"的质地；不少假花无视植物本身的生长规律，反季节、反常规；此外就是廉价的做工，流水线生产。

在这样的市场局面下，金铁铃仍然追求和坚持着自己"追真仿鲜"的艺术追求。为了"追真"，他成了花卉达人，对各种不同花卉的形状、生长规律如数家珍。他家里养了不少花，没事的时候就观察琢磨花儿的枝条、花苞、花蕊等的形态和微妙变化。即便是出去旅行，带回家的往往不是当地特产，而是各种鲜花。因此，金铁铃的绢花做得惟妙

月季花丛中几可乱真的菊花

惟肖，菊花、牡丹、玉兰等绢花摆在鲜花丛中，几可乱真。金铁铃也笑称，每次自己捧着一盆刚完成的绢花出门，街坊总会惊诧道："这花儿怎么养得这么好？"

如今，在传承技艺的同时，金铁铃有两项重要工作，一是重新制作代表性的绢花工艺品，如父亲的代表作玫瑰、文竹、棉花等盆景；二是整理绢花制作的文字资料，以供后人参考。

# 汪国芳

## ——"制作羌绣是这辈子改不掉的习惯"

汪国芳（1936～）民间刺绣艺人，羌族刺绣传承人。四川汶川人，羌族。她生长在"羌绣之乡"，自幼跟随母亲学习羌族刺绣，12岁时已能绣出精美绣品，并坚持刺绣60余年。2009年，成为第三批国家级非物质文化遗产项目（传统美术类）代表性传承人。之后积极向乡邻等传授技艺，并开办手工作坊收徒传艺。代表作有《团花似锦》《鱼水和谐》《凤穿牡丹》《喜鹊登枝》《瓜瓞绵绵》《群狮图》《石榴抱籽》等。

## 一、"羌绣之乡"的羌绣能手

1936年3月20日，汪国芳出生在四川省汶川县绵虒镇羌锋村簇头寨一个羌族家庭。

羌锋村是岷江边上的一个古老羌族村寨，也是从成都进入羌族居住区所见到的第一座羌寨，故有"西羌第一村"之称。羌锋共辖簇头一组和簇头二组、里坪组、沟头组四个村民小组，其中簇头一组和簇头二组称簇头寨。

羌锋村是羌族文化积淀丰厚的羌寨，羌年（羌历新年）庆祝活动精彩纷呈，羌族传统民歌丰富多彩，羌族刺绣源远流长……汶川地震前，寨子里垒石筑室，白石神供奉在门上或屋顶；寨中一座石砌羌碉，高11层，约25米，突兀挺拔。

汪国芳

早在1996年10月，羌锋村就被国家文化部授予"中国民间艺术之乡"称号，而该村又有"羌绣之乡"之称。

羌绣在明清时期就开始盛行于羌族社会，从那时起，手工挑花刺绣成为每个羌族妇女必备的生活技艺，所谓"一学剪，二学裁，三学挑花绣布鞋"；同时，手工刺绣也是衡量妇女是否勤劳聪慧和心灵手巧的主要标志。羌族妇女往往从小就要在

穿在身上的羌绣

长辈的言传身教下学习刺绣。在女儿六七岁时，母亲便开始教她学刺绣。等到女儿出嫁时，大都已经掌握刺绣的本领。相亲说对象，重要的一条，就是要看姑娘会不会刺绣：手艺高强、绣品精美，自然多获青睐；手下的活计差强人意，无疑会减色不少。因此，一直到20世纪80年代前后，羌族妇女几乎没有不会绣花的。

汪国芳自幼跟随母亲学习刺绣，12岁时已能飞针走线，绣出花鸟、山水、建筑等精美的羌绣绣品。数十年来，她一直没有放下过这门手艺，熟练掌握了羌族刺绣中常用的20多种针法，事先无须描线画图，直接上手穿针走线就能够绣出精美图案。年过七旬，她仍然眼不花、手不抖，心灵手巧不减当年。

数十年过去了，老伴还保存着汪国芳当年给他的"定情信物"——一根很长的羌绣腰带。有一次记者采访，老汉从屋里小心翼翼地拿出来给记者看，还仔细地指着上面的花纹介绍说："这条'双扒子'（当地俗称，"双面"的意思）的'花带子'（绣着各种"字"的花纹腰带）是当时她绣来送给我的……"汪国芳接话道："嗯，我们羌族有这个习俗。这个是'八瓣花'，代表吉祥如意；这个是代表'寿'字；还有这些，都已经记不清是什么意思了。"

## 二、羌绣寓含着对生活的憧憬和祝福

羌族刺绣是我国羌族传统的民间手工技艺，是羌族传统文化的艺术结晶。羌绣在传统手工技法和色彩运用上有着鲜明的地域特点和民族风格，

在四川民间刺绣工艺中有"南彝北羌"之说。

羌绣有着厚重的民族文化内涵，从羌绣图案装饰中可以窥见其古老悠久的历史文化。茂县、汶川出土的"绳纹"陶罐和龙溪乡阿尔寨等地出土的西周青铜器"饕餮"纹样证实，在岷江上游的古代羌人聚居地，世代传承的羌绣早已经广泛应用这种纹样。到明清时期，刺绣在羌族地区已经十分盛行。

羌族刺绣工艺的针法，主要有挑绣、纳花绣、纤花绣、链子扣、扎花、提花、拼花、勾花和手绣等，其中挑绣是羌族妇女最喜爱的表现手法。挑绣取材于现实生活中的自然景物，如日常所见的花草、飞鸟、游鱼、禽兽等。这些充满生物灵性的自然存在，经灵巧的挑绣工艺，创造成色彩缤纷的花纹图案，多象征吉祥如意、憧憬未来的美好愿望，如"团花似锦""鱼水和谐""凤穿牡丹"等。挑绣也叫十字绣，严格按经纬纹路，通过一套严密的针法绣出等距离、等长度的十字形图案，绣成的各种花纹具有规整、对称、棱角鲜明的特征。

精美绝伦的羌绣

羌族刺绣主要用来装饰衣裙、鞋子、头帕、腰带、飘带、通带、背带、袖套、裤子、裤管、鞋帮、鞋垫、袜底、枕巾、手帕、衣边、袖口、香包等。羌绣同时具备实用和审美功能，一方面增加了服饰等的耐磨性，延长其使用寿命；另一方面是穿戴起来美观精致，又可以寄予对美好生活的憧憬和祈祝。

比如给老人用的，多选用福、禄、寿之类的图案装饰，祝愿老人健康长寿；给小孩子用的，多选用辟邪的图案以保佑他们健康成长，或者用花朵图案寓意茁壮成长。年轻妹子绣的烟荷包是送给情哥哥的礼物，一般绣两种图案，一种是鸳鸯戏水，一种是燕子冬去春来、比翼双飞。这两种图案都寓含着男女双方恩爱、白头偕老之意。

羌族妇女刺绣时，大多采用棉线，有时亦用彩色丝线，色彩以黑白对比居多，绣品色调明快、朴素大方。羌族刺绣图案清秀精致、内涵丰富，如"团花似锦""鱼水和谐""蛾蛾戏花""云云花""瓜瓞绵绵""麒麟呈祥""群狮图""二龙戏珠""五龙归位""三羊开泰""乾坤欢庆""鹿鹤同春""百鸟朝凤"等。

羌绣技艺是羌族妇女自幼习得的，绣时不需要打样、画线，只要拿起针线，就可以随心所欲地绣出各色花样。因此，传统羌绣作品既有程式化的规范，同时又充满了自由想象。因此，每个寨子都各有自己的样式图案，风格各异，异彩纷呈。

羌族刺绣主要流行在汶川县的两镇四乡——绵虒镇、威州镇、龙溪乡、克枯乡、雁门乡、草坡乡，其中绵虒镇羌锋村最为突出，而汪国芳又是其中的佼佼者。

汪国芳的羌绣以羌族独特民族元素为基调，熟练运用各种技法，配合构图、绘画、色彩搭配等技能，制作绣品。她偏爱羌族人民喜爱的云朵、花草、树木、飞禽走兽等题材，所制绣品无不秀丽精致，栩栩如生。色彩以黑白对比的居多，也有用少许色线挑的。多以几何形状为主，构图严谨，整齐匀称，装饰性强。绣制的图案多蕴含吉祥如意的寓意，以及对幸福生活的憧憬和祝福。代表作有《团花似锦》《鱼水和谐》《蛾蛾戏花》《凤穿牡丹》《喜鹊登枝》《瓜瓞绵绵》《群狮图》《石榴抱籽》《万字符》等。

汶川地震发生后，汪国芳忧心如焚："我以前绣的很多东西都因为地震被埋在了地下，我们的很多同胞也这样被永远埋在了地下。那个时候，只有挑花可以让我暂时忘记地震带来的伤痛……"

## 三、"只要还有一个人，羌绣就不会断"

2008年，羌族刺绣经国务院批准列入第二批国家级非物质文化遗产名录（传统美术类）。

2009年6月，汪国芳成为第三批国家级非物质文化遗产项目（羌族刺绣，传统美术类）代表性传承人。

在汪国芳眼里，羌绣原本是羌族妇女茶余饭后的一种生活习惯，而被赋予传承的责任之后，她感到了自己肩上的使命和责任，开始张罗着如何把这个接力棒传下去。

对于汪国芳继续刺绣，家人开始有所顾虑。老伴说："一开始我跟子女是反对她继续绣的，毕竟她已经不再年轻了，视力和身体都不允许她继续绣下去，但是……让她快乐的只有羌绣。"汪国芳也说："我不想让羌绣文化就这样断掉。"

汪国芳首先想到了羌锋村。"我从小在羌锋村长大，那里的女孩子从小就自己学着绣花，我小时候也是跟大人们学着绣，慢慢就会了。"

有一段时间，汪国芳在自贡陪孙女异地复课，除了辅导孙女做作业外，每天晚上她还会专门抽出时间，教孙女学羌绣。她说："传承羌绣就得从娃娃抓起。"

回到汶川后，汪国芳只要一有空，就去羌锋村教女孩子们羌绣的技巧：挑花、纳花、纤花、

羌族女子钟爱羌绣

链子扣、平绣。她把祖辈流传下来的针法，毫不保留地教给每一个喜欢羌绣、愿意学羌绣的人。

为了让羌绣传承发展，汪国芳开办了手工作坊，招收了几个徒弟，边教边学边做。汪国芳没有学过绘画和设计，很多绣品的图案是她与徒弟们参考家里收藏的老花样创新设计的，以十二生肖、福字、龙凤、花朵、元宝等为主，图案繁复，很有民族艺术感。与外面卖的机绣品相比，她们的绣品线条密匝厚实，颜色丰富多样，明显要精美得多，尤其是十二生肖图，不但绚丽多彩，小动物都是拟人化的，非常可爱。

2014年，中央美术学院的一位同学回家过年，无意中看到汪国芳的绣品，感叹从未见过如此漂亮的东西。因为太喜欢，她决定学习刺绣。她说："学手艺非常辛苦。别以为机绣容易，要绣出水平真的不简单，更别说手绣更加复杂了。"之后学了很久，她觉得也没学到师傅的两成，但她仍然坚持学下去，希望有一天自己也能把刺绣的手艺传给更多的人。

汪国芳坚信："只要还有一个羌族人，羌绣文化就不会断。"

# 李云义
## ——"做好手艺源自内心"

李云义（1942～），民间画师，白族民居彩绘传承人。云南大理人，白族。曾任村镇干部，业余时间学习民居彩绘，后辞职专门从事彩绘。50余年的民间手艺生涯，为大理白族民居留下了无以计数的精美彩绘，并收徒授艺、培养传人。2009年成为第三批国家级非物质文化遗产项目（传统美术类）代表性传承人。代表作品有《灵秀双乡》《鸡足山全景图》《龙榜》等。

## 一、业余时间学有所成

李云义

1942年，李云义出生在云南省大理县双廊镇长育村一个白族家庭。

大理双廊古镇本是大理洱海边的一个小渔村，南有长约7公里的弧形湖岸，而长育村就在这绵延的湖岸上，风光秀丽。李云义就在这美丽的小村落里出生、成长，一直生活在风景里，也一直在绘制美丽的图画。

李云义家里祖上有人做过泥瓦匠，而当地盖房子要做彩绘和泥塑，因此很多泥瓦匠就是民间艺人。那时，李云义家里有些当时彩绘图案的图谱，正是这些有着各种各样美丽花样和图案的图谱给了李云义最初的启蒙，开启了他的绘画梦。儿时的李云义经常揣摩、临摹图谱里的图案，绘画的种子已然在心中发芽。

当时，李云义家亲戚里有个名叫李文秀的，是位彩绘泥塑艺人，常年在村里村外做些彩绘泥塑的活计。李文秀干活时，李云义就常在旁边玩耍、观看，经常一看就是一天，有时还会打下手帮帮忙。耳濡目染，李云义的绘画素养有了不少长进。

李云义的父亲既是大队干部，又是泥水匠，经常在村子里和临近地方做些活计补贴家用，因此家里经济条件还算不错。作为家里的老大，李云义从小受到了很好的教育，在邓川中学读完初中后，又考入云南大学附中读高中。

1964年，22岁的李云义高中毕业，回到了家乡。那时，高中生在乡村绝对算得上文化人。作为当时村里仅有的几个高中生之一，李云义刚回村里就当了基层干部。此后，他先后担任过村里的会计、大队文书、大队干部、代课教师，以及乡文化站站长、乡长。不过，李云义从来没有放下过绘画梦，业余时间几乎全部用在了学习彩绘上。

回忆起当年学习彩绘的原因，李云义觉得根源在兴趣。他说："主要还是兴趣，有兴趣，就总想去学。"所以即便条件艰苦，也坚持了下来。

后来，李云义正式拜师李文秀，学习彩绘和泥塑。由于早年打下了基础，自己又肯下功夫钻研，加上老师傅指点，李云义学得很快，一年多就出了师，能够独当一面了。

20世纪六七十年代，白族村落流行木雕彩绘的家具。特别是姑娘出嫁时，娘家都要陪嫁大红色的彩绘箱柜。李云义常常被请到村民家中去，利用业余时间帮他们彩绘箱箱柜柜。说起这些来，李云义颇有几分自豪："那时候村里姑娘出嫁，常常要带上我给她们彩绘的箱柜。"

不过，当时李云义一直担任着村里、乡里的干部，工作繁忙，富余时间并不多。他辛辛苦苦地在业余的时间做些彩绘的活计，主要是想赚点钱贴补家用。

## 二、专职彩绘，作品遍地

在基层行政岗位上，李云义从村里做到了乡镇。1982年，他曾担任乡里文化站的第一任站长，后来又担任了乡长。由于工作越来越繁杂，根本不能专心绘画。

1988年，李云义毅然辞去了所有职务，开始专职从事建筑彩绘，成了专业"画师"。谈到辞职的原因，李云义解释说，主要还是迫于经济压力，"上有两位老人，下有五个孩子，仅有的一年60多元的补助实在无法养家糊口"。不过，家庭困难的李云义深知生活的艰辛，因此他收费有自己的原则："碰上经济条件好的，我就多收一点辛苦费；碰上条件差的，就象征性地收一点颜料钱。"

专职从事建筑彩绘，越来越忙，但也越来越充实。辞职的初衷是减轻经济上的压力，但在不断的辛勤工作中，李云义越来越体会到了艺术追求的快乐。每当画出满意的作品，或者自己的作品受到称赞，李云义就感到十分满足和自豪。

李云义多年从事彩绘艺术，给别人绘画时，只看重作品别人是否满意，对报酬并不怎么看重。他不仅根据主家经济条件选择性地收费，而且还不时地免费服务，尤其是村里的公共设施。很多年前，他就为双廊完全小学的大门绘制了两幅雕塑彩绘，后来又免费为双廊文化站绘制了三幅大型彩绘。村民李朝阳家庭院里，有一幅《南诏风情岛》大型彩绘，也是李云义免费绘制的。

无论是担任基层干部还是建筑彩绘画师，李云义的品德和技艺在村里都是有口皆碑。村里人听说有人来找李云义，都非常热情地带路，还会告诉人们："李云义这人有本事，做事公道，在长育很得人心。"

李云义热爱家乡，热心公益事业。1990年，他每月收入还只有几十元，却向村小学捐了1000元钱。他希望村里的娃娃们能好好学习，多学点知识，将来能更有出息。他家门上"捐资助学 功在千秋"的牌匾，见证了这位辛苦打拼的民间匠人的爱乡爱民之心。

在李云义的彩绘生涯中，创作过的民居彩绘、大型画幅等遍布云南各地，时间长了，他自己都数不清究竟有多少作品。其中，鸡足山祝圣寺彩绘壁画、金顶寺大雄宝殿彩绘、崇圣寺山门等，都是他比较得意的作品。

最让李云义自豪的作品，是鸡足山祝圣寺外高6米、宽16米的大型壁画《鸡足山全景图》，至今说起来仍然津津乐道："这

李云义和他绘制的戏台

幅画我带着两个徒弟，画了一个多月才完成。壁画用传统山水画手法，描绘了鸡足山全境的山光水色。后来很多白族人家争相选取'缩小版'的《鸡足山全景图》作为家中照壁彩绘。"

李云义的民居彩绘，最常见的是各种吉祥纹饰和吉祥图案，诸如香草纹、如意云纹、牡丹卷草纹、回纹（又称万字纹），以及"渔樵耕读""火龙吐水"

诗境一般的白族民居彩绘

"流云飞鹤""双雉""富贵根基图""一路顺风""鹿鹤同春"等等。但李云义最钟情的还是大理风光、家乡山水。他说："我们绘制白族民居的彩绘时，都有成竹在胸的传统图案和图谱，当然，很多是大理风光的写生场景。"

在当地白族民居墙上，他画得最多的是家乡双廊的山水，但每件作品又都有差异。"要因地因人制宜，主人喜欢什么、家庭情况怎样，都要综合考虑。建筑彩绘讲究的是心情，同样的一幅画，在不同地方画出来，效果就不一样。"这可谓这位民间画师的经验之谈。

云南省白族民居彩绘省级传承人杨克文说："在大理民间，都把绘制彩绘的师傅称为'画师'。我们这些画师与画家不同，不但要有纸上画图的本事，还要有把这些图案画到立体墙面上的功夫。""过去，画师是比较受尊重的工匠，去到任何一户人家都会得到白族人家最高的礼遇。"

作为民居彩绘艺人，李云义给自己起了两个笔名，一个是取自周围地名"白鹤山"，一个取自"做好手艺源自内心"的"心源"。李云义说，他有时候会在得意之作上留下自己的笔名。在大理民居那些出色的彩绘上，不难看到这两个名号。

## 三、彩绘蕴含着民族文化

自古以来，建筑彩绘就是白族传统建筑中不可或缺的装饰工艺，不仅用于宗祠、庙宇和大型建筑群，还广泛用于民居建筑，在装饰房屋、院落的同时，也能彰显出房屋主人的身份、职业和文化品位，还被赋予了祛邪避灾、祈祥求福、教育后人等丰富含义。

白族民居彩绘多与雕、塑结合。民居墙体的砖柱和贴砖都刷灰勾缝，墙心粉白，檐口彩画宽窄不同，饰有色彩相间的装饰带，以各种几何图形布置"花空"，绘上花鸟、山水，或者书法题字。照壁用泥做斗拱与部分浮雕，白色壁心则多题写"福"字。

民居的门楼可谓白族建筑造型艺术的综合表现。一般都采用殿阁造型，飞檐串角，再以泥塑、木雕、彩绘、石刻、大理石屏、凸花青砖等组合成丰富多彩的立体图案，显得富丽堂皇，又不失古朴大方的整体风格。

青砖、白墙、灰瓦与彩绘，成为充满"诗情画意"的白族民居的几大标志，而"粉墙画壁"的彩绘则是白族建筑装饰的突出特色。

李云义的家就是这样一座充满"诗情画意"的白族小院。小院的外墙、门廊处都装饰着漂亮的彩绘和浮雕，有劝诫子孙勤学苦读的"书山有路勤为径、学海无涯苦作舟"的联句，有寄托吉祥寓意的双雉图、富贵根基图、一路顺风图，但墙上画得最多的还是家乡双廊的山水。李云义家的厢房左右两侧的门头上，分别是浮雕的仙鹤与梅花鹿造型，取"鹿鹤同春"（六合同春）的美好寓意。

传统平面彩绘以"纸筋灰"打底，而用竹片做筋骨的"草筋灰"塑形的白族浮雕，是民居彩绘中重要而最难制作的部分。李云义说："制作这样的门头浮雕至少需要三四天的时间，因为过于繁杂，所以很难在普通白

大理白族民居建筑

族民居中看到。首先要用细竹片捆扎、竹钉固定出准备制作的浮雕的大体造型，再用麻皮等缠绕出细部骨架。之后用草根与灰膏制成的'草筋灰'制作出浮雕底子，再沿着先前已经定制好的线条，将草筋灰附着上去，这样彩绘浮雕最原始的筋骨才能初具风貌。"

　　李云义制作的建筑彩绘，经过长期风吹日晒，依旧绚丽如新。对此，李云义是这样解释的：做建筑彩绘打好底板最重要，木结构建筑一般多用猪血、桐油和石灰调和而成的猪血灰打底；泥砖墙上则用纯质熟石膏与白绵纸拌和，制成"纸筋灰"抹在需要彩绘的部位，待半干时再进行彩绘，这样可以保证彩绘不易褪色。墙面刮平整后，要先用铅笔把要画的图案勾勒出个大概，再用彩色涂料画。

　　从李云义的介绍中可知，白族民居彩绘，只有做到传统用料、传统工艺，才能保证传统风貌——典雅生动，历久如新。

## 四、"只要是爱好，不算难学"

　　20多年之前，李云义就开始带徒弟了。这些年来，他收过20多个徒弟，有本村的，也有宾川等地的。他带着徒弟们一起做彩绘，边做边教。因为做得好，请李云义去做彩绘的人家很多，每当有人请他，他几乎都会带上徒弟们一起去，不仅不收学费，还管徒弟们吃饭，每人每天还发给工钱。

　　李云义带徒弟，从来都是

李云义在作画

倾囊相授，毫无保留。他经常会对徒弟们的作品给予指点。例如徒弟画一幅《洱海清波图》，李云义就告诉他应该更注意画面人物和山水的比例，还有画面的动态感。徒弟们也非常尊重师傅的意见，每当被师傅指出不足，总是很谦虚地接受和改正。

　　说起建筑彩绘的诀窍，李云义说："只要是爱好，也不算难，我当时学了一年多。这一行主要是靠在实践中学习。彩绘想做好，除了学到老师傅的精髓，更多的要学会吸收、采纳。"当年和李云义一起学徒的师兄弟有3个，后来唯有他有所成就，原因就在于此。当年李云义自己这么做，如今他也这么要求自己的徒弟。"我把全部技艺传授出去,还得靠他在实践中自己琢磨。"

李云义唯一的儿子李艳峰,也是父亲的徒弟。40多岁的李艳峰,如今在这个行当里已经有了些名气。李云义的其他徒弟,现在也大多能够自己带徒弟、单独做彩绘了。

2008年6月,建筑彩绘(白族民居彩绘)列入第二批国家级非物质文化遗产名录(传统美术类)。第二年5月,李云义成为第三批国家级非物质文化遗产项目(白族民居彩绘)代表性传承人。

对于民居彩绘这项民族技艺的传承,李云义担心传承人的接续,但更让他忧虑的是其原生态性。

民居彩绘是附着于民居建筑的,没有了白族民居,民居彩绘也就失去了依托。这是让李云义父子最为担忧的。这首先是个保护问题:一旦建筑损毁了,彩绘也就没了,根本没有办法把原作品保存下来。从艺50多年来,李云义的彩绘作品可谓遍布当地民居建筑,但因为民居拆迁、翻盖,大量的作品已经损毁,至今保存下来的作品寥寥无几。同时,许多新建或者翻建的民居,为了节省空间,采用玻璃作为隔墙,墙面彩绘也就变得不再必要。

李云义说,传统的建筑彩绘,使用的是矿物质颜料,不容易褪色。其中有一些石料,只有在当地山上才能找到,比如黄色、猪肝色等。目前市场上的乙烯颜料彩绘保存不长,虽然每次画好之后都会盖上一层透明的防晒防雨漆,但是时间一长,阳光直射的地方,色彩还是会褪掉。另外,如果墙面没有采取扎实的传统工艺制作,彩绘还会因基面的剥落造成画面的损坏。

白族民居彩绘列入国家级非物质文化遗产名录以来,获得了人们的重新青睐,但也不无隐忧。现在不少家庭的民居彩绘只是为了"有",由于出价较低,不少彩绘者为了节省工时,画工非常粗糙。李

大理白族民居及其彩绘

云义的儿子李艳峰说:"彩绘是个功夫活,除了技术、悟性、态度尤其重要。"双廊镇文化站站长张永林也说:"不少年轻人画得不错,但是缺少名望,请的人不愿多出钱,作品也很难出精品,年轻人成长不容易。"

李云义曾经想把自家在洱海边的房子建成传承基地,一来保存彩绘,二来培养人才。可是由于2009年修建环洱海公路,他家被拆迁安置到了远离海边的地方,房屋面积也小了不少,创建传承基地的想法只能"泡汤"。

虽然传承基地没有建成让李云义感到不无遗憾,但儿子李艳峰对彩绘的执着让他稍感欣慰。李艳峰计划着创建一个古建筑彩绘公司,把双廊镇的彩绘艺人集中起来,以公司的名义承接工程,让白族彩绘在经济上也体现出自身的价值。同时,李云义还希望能够有更多公共场所为白族彩绘提供平台,像鸡足山祝圣寺彩绘那样的精品之作,仅靠民居彩绘,不管是空间还是资金都无法承担。

"只有把民居保存好,白族民居彩绘才能保留下来",已经成为人们的共识。作为文化干部的张永林认为,除了保护民居,更重要的是白族民居彩绘必须适应新的建筑需要,既要保证房间采光,又要为彩绘留下空间,这些需要新一代彩绘师设计出新的方案。

李云义家的大门上,用彩绘的方式书写着一副对联:"传承民间艺术,光大华夏文化。"这副对联概括了李云义的艺术人生,也传达出他弘扬民族艺术的期盼。

# 尕藏尖措
## ——"制作酥油花也是一种修行"

尕藏尖措（1942～），艺僧，塔尔寺酥油花传承人。青海西宁湟中人，藏族。14岁在塔尔寺出家，并在酥油花院学习酥油花制作技艺。几十年来，从调制酥油、扎坯搭架，到配色塑型、塑造细节，他几乎干遍了酥油花制作的每一道工艺，各种形象无需图纸，仅凭记忆就可以信手拈来。2009年成为第三批国家级非物质文化遗产项目（传统美术类）代表性传承人。

## 一、艰苦学艺成就杰出艺僧

1942年，尕藏尖措出生在青海省西宁市湟中县鲁沙尔镇一个藏族家庭。

尕藏尖措家共有兄弟四人，家里并不宽裕。尕藏尖措读了几年书，14岁那年，家人便把他送到塔尔寺当了喇嘛。那时候，尕藏尖措刚刚读完小学六年级。

尕藏尖措从小喜欢绘画，至今他还记得，在学校上的最后一节课是美术。后来，绘画成了他一生的喜好，又成就了他酥油花传承人的身份。

进入塔尔寺后，除了跟师傅念经，没事的时候，尕藏尖措总喜欢画几笔。尕藏尖措的爷爷是塔尔寺酥油花院的艺僧，看到孙子很有绘画天分，便将

尕藏尖措正在塑酥油花

他引荐到了酥油花院"上花院"。就这样，尕藏尖措在酥油花院一待便是半个多世纪。

塔尔寺挑选制作酥油花的艺人，并没有严格的规定，有艺术天赋的喇嘛，都有可能入选。而且酥油花的制作也不像诵经那样，并没有严格系统的教习程序，这门古老技艺的传承，主要靠一代代艺僧们的口传心授。

酥油花艺僧学艺是一件苦差事，尤其

塔尔寺艺僧在制作酥油花

是刚开始的时候，主要做些像揉酥油那样的基本工作，十分辛苦。尕藏尖措说，最苦的是刚刚学艺的那几年。为了使酥油光滑细腻、便于操作，先要把酥油浸入冰水反复搓洗、揉捏，去杂质、增韧性，揉搓成膏状备用。制作酥油花的400多斤酥油，几乎全靠新入院的艺僧们一点点揉出来。

酥油花的制作时间，是青海气温最低的时节。每次制作酥油花时，艺僧们总是先用热水烫手，然后再用豆面粘干净手上的油脂，最后再将手浸泡在带有冰块的水盆中，把手指彻底凉透，以防止酥油花被手温融化。而且为防止手温回暖，必须不时浸冰水、抓冰块，让手指保持冰凉。因此，很多艺僧都患有不同程度的关节疾病，甚至残废。尕藏尖措右手关节肿大，就是制作酥油花留下的病症。

除了实际操作，艺僧们还要学习藏传佛教的《造像度量经》以及比例学、色彩学、轴画法等知识和技法，平时画图案，掌握藏族风格的各种纹饰和藏传佛教八宝图，习练基本功，冬天则学习雕塑、塑酥油花小件。

艰苦的制作过程，也证明了艺僧们对佛的虔诚之心和对宗教艺术的献身精神。年复一年，在阴暗的花房里，艺僧们冰冷的手指尖流淌着属于春天和梦想的温暖色彩，在他们的心中，酥油花是会说话的花儿，讲述着尘世的渴望和藏传佛教世界的五彩缤纷。

几十年来，从调制酥油、扎坯搭架，到配色塑型、塑造细节，尕藏尖措几乎干遍了酥油花制作的每一道工艺，尤其是关键性的塑型，无需图纸，仅凭记忆就可以信手拈来。

2009年6月，尕藏尖措成为第三批国家级非物质文化遗产项目（塔尔寺酥油花，传统美术类）代表性传承人。

## 二、酥油花：令人赞叹的雕塑艺术

酥油花是一种用酥油（黄油）塑型像物的特殊技艺，为"塔尔寺三绝"（酥油花、壁画、堆绣）之一，也是藏族独有的雕塑艺术。

塔尔寺位于青海省湟中县鲁沙尔镇南面的莲花山中，距青海省会西宁25公里，是西北地区藏传佛教活动的中心。塔尔寺藏语称"衮本贤巴林"，意为"十万佛身慈氏洲"，简称"衮本"，汉语称"塔尔寺"。塔尔寺规模宏伟，最盛时有殿堂800多间，占地达1000亩，不但是我国藏传佛教六大寺院之一，在东南亚一带也享有盛名。

酥油是青藏高原藏族人民的奶油类食物，是牦牛的牛奶经过反复搅拌后提取出的黄白色油脂。这种油脂呈凝固状，柔软细腻，可塑性极强。酥油花就是用洁白细腻的酥油为原料，调入各种矿物质颜料制成。

酥油花最早产生于西藏苯教，是施食供品上的小贴花。按印度传统的佛教习俗，供奉佛和菩萨的供品有六色，即花、涂香、圣水、瓦香、果品和佛灯，但冬天天寒草枯、没有鲜花，只好用酥油塑花献佛，由此而形成艺术传统。另有传说称，公元641年文成公主进藏，带去一尊释迦牟尼12岁等身像，并将其供奉于拉萨的大昭寺。吐蕃人民用酥油做成花供献于佛前，以示崇敬之心。后来各藏传佛教寺院相继使用，视为礼佛珍品，献酥油花遂成为正月祈愿大法会的重要内容。

在发展过程中，酥油花的塑造方式、花色品种、内容题材和工艺技巧不断发生变化。1409年，藏传佛教的一代宗师宗喀巴首次在拉萨大昭寺发

精美繁复的塔尔寺酥油花

起祈愿大法会时，组织制作了大型立体人物群像的酥油花，供奉于佛前。此后，酥油花传入宗喀巴的诞生地塔尔寺，在此相沿成习。每年正月十五日，皓月升起，华灯初上，塔尔寺便迎来了一年一度的元宵酥油花灯节，人们做花、赏花，祈求吉祥平安，几百年来从未中断。

　　酥油花虽然名曰"花"，但题材多样、内容丰富。由于不受时空限制，酥油花彩塑尤其擅长以大场面来表现复杂情节，继承佛教壁画中"异时同地"的处理方法，在有限空间里将几十个故事情节纵横交错穿插安排。一架酥油花，从整体来看，亭台楼阁数十座，人物、走兽动辄以百计，大至一两米的菩萨金刚，小至十数毫米的花鸟鱼虫，无所不有。浮雕与圆雕结合，人物与景物结合，佛界与凡间结合，动态与静态结合，时空分而不断，物象繁而不乱，色彩缤纷，浑然一体。

　　寺院里的大型酥油花，以宗教题材为主，如《释迦牟尼本生故事》《释迦牟尼十二行传》《莲花生本传故事》《宗喀巴本传故事》等，兼及藏戏、神话传说和历史人物，如《文成公主进藏》。20世纪80年代制作的大型酥油花名作《文成公主进藏》，以长安、日月山、江河源、拉萨等构成背景，人物近300个，配饰着奇花异草，逼真再现了汉藏民族和睦友好的历史场面，非常壮观，令人叹为观止。

　　酥油花的制作分扎骨架、制胎、敷塑、描金、上盘、开光六道工序。酥油花展出时，还有十多人组成的小型乐队在旁伴奏。

　　酥油花艺术继承了藏传佛教艺术"精""繁""巧"的特点，造型精妙，丽彩柔嫩，花色品种层出不穷，充满吉祥喜庆的视觉效果。藏族同胞深信，凡诚心欢喜以酥油花供养诸佛菩萨和护法者，可以息灾增益，必得安乐、大福德等。

　　20世纪50年代以前，根据宗喀巴大师留下来的传统，酥油花在展出后的当夜天亮之前必须全部焚烧完，以示昙花一现的结束。现在的酥油花正规展期，也仅是元宵节一天。

## 三、"制作酥油花也是一种修行"

　　塔尔寺酥油花的制作，有专门的机构和一套完整的程序。寺里设两个专门制作酥油花的机构，一个叫"杰宗曾扎"，一个叫"贡茫曾扎"，俗称"上花院"和"下花院"。每院有艺僧20人左右，这些艺僧一般十五六岁时入院，终身从艺。上、下两个花院分别有总监（称"掌尺"）主持，决定当年酥油花的题材、构图、制作分工等事项。由于两个花院在题材和制作工艺上互相保密、封锁消息，长期以来各自形成了一定的独立流派，每年都以新的面貌、新的技艺展示各自的作品。

酥油花制作周期长、工序复杂，从准备工作到正式展出历时三个月之久。塑造之前艺僧先要沐浴发愿，举行宗教仪式。仪式完毕，掌尺喇嘛和其他艺僧一起议定酥油花的题材，然后设计腹稿，精心构思、策划、布局之后，便分配给擅长人物、动物、花卉、建筑的师傅带领各自的徒弟，在气温零度以下的阴凉房间开始分头工作。

酥油花的融点很低，15℃就会变形，25℃左右就会融化。因此，除了制作时保持一定的低温，制作完成的酥油花画面要向前倾斜20度左右，一方面便于观者稍抬头即可观全景，二是怕酥油花自上而下融化，上面的融液弄花下面的造型。一般而言，制好的酥油花，因受气温的影响，每隔一两年就要重塑一次。

酥油花这一宣扬佛法的纯宗教艺术，目前在塔尔寺已逐渐演变为节日艺术展品，宗教意味相对削弱，掺入了许多民间艺术的成分，制作形式和手法都有很大发展，引起越来越多中外艺术爱好者的关注。

与此同时，酥油花工艺的传承也面临着一些困难。1958年宗教改革后，藏区宗教活动停止，僧人被遣送出寺。20世纪80年代，酥油花恢复制作、展示，可大部分著名艺僧已相继去世。如今，塔尔寺精通酥油花制作技艺的艺僧，除了尕藏尖措，还有扎西尼玛、罗藏龙珠、加阳谢热、智华若子等。

尕藏尖措说，每年制作酥油花的时间只有40天。制作酥油花的艺僧都不是专职的，40天一过，艺僧们就要和别的僧人一样，修习佛法。

艺僧们制作酥油花时，根本不需要图纸。谈及这令人称奇的事，尕藏尖措就会指指自己的额头，说："所有的造型都在这里，酥油花的制作全靠记忆。"

在尕藏尖措看来，要做好酥油花，观察很重要，"就必

塔尔寺酥油花

须在生活中寻找灵感"。只有将人的表情琢磨透了，才可能将酥油花塑造得活灵活现。

如今，年过七旬的尕藏尖措住在塔尔寺附近山坡上简陋的小院子里，生活简单。由于骨质增生等病痛，老人的生活全靠亲人和寺里的同乡照顾。不过，老人的生活并不枯寂。家里的电视机是县民政局配发给僧侣们的，能接收几十个频道，寺院里也安装了有线电视。老人还有一部手机，每隔几天，他都会给在外打工的侄子侄孙打个电话，报个平安。

说起酥油花来，尕藏尖措总是满脸庄重。老人说，对他来说，"制作酥油花也是一种修行"。每年做酥油花时，他都会将精湛的技艺以及最虔诚的信仰，融进每一抹颜色，融进每一个造型。

尕藏尖措酥油花作品《佛陀及众眷属》

# 娘 本
## ——"我要让人们都知道热贡艺术"

娘本（1971～），唐卡画家，工艺美术大师，热贡艺术传承人。青海同仁人，土族。自幼跟随工艺美术大师夏吾才让学习唐卡，并在成都、拉萨学习汉藏绘画艺术。后回乡创办热贡画院并担任院长，传承、推广热贡唐卡艺术。2009年成为第三批国家级非物质文化遗产项目（传统美术类）代表性传承人，2012年荣获"中华非物质文化遗产传承人薪传奖"。代表作品有《释迦牟尼生平图》《阿弥陀佛·极乐世界》《文殊菩萨》《白度母》《文成公主进藏》《开国大典》等。

## 一、跟随名师，辛勤学习

1971年，青海省黄南藏族自治州同仁县隆务镇吾屯上庄，一户土族农民家庭诞生了一个男婴。父母给孩子取名"娘本"，藏语的意思是"十万颗虔诚的心"。

同仁是我国西北地区的一个偏远小县。同仁在藏语中被称为"热贡"，意思是"金色的谷地"。同仁县境内隆务河流域的吾屯上下庄、年都乎、郭麻日、尕赛日等几个小村庄，是"热贡艺术"的发祥地，娘本的家乡吾屯上庄就是其核心地带。后来提起自己的家乡，娘本曾自豪地说："中国一共有300多位工艺美术大师，我们一个村子里就有6位工艺美术大师，7位国家级代表性传承人，真是了不起。"

"热贡艺术"包括唐卡、堆绣、雕塑、建筑彩画、图案、酥油花等多

娘 本

种形式，唐卡是其中最具代表性的种类，已经有700多年的历史。在热贡，许多人祖祖辈辈都以画唐卡为生，走在村子里，经常会看到老艺人背着画唐卡的用具往返于自家与寺庙之间。

娘本家里有四个姐姐、三个男孩。等娘本到了上学的年纪，因为有三个姐姐上学，家里已经负担不起他读书的费用。这样，学习一门手艺就成了自然而然的事情，而在当地，画唐卡几乎是唯一的选择。12岁那年，父母把娘本送到了本村唐卡画师、后来荣获"中国工艺美术大师"称号的夏吾才让那里学习唐卡绘画。

夏吾才让是热贡唐卡的代表人物。他18岁时曾跟随国画大师张大千赴敦煌临摹壁画，30岁左右就以高超的彩绘技艺蜚声画坛。他的藏传佛教热贡彩绘艺术作品流传五湖四海，许多作品被收藏于布达拉宫、塔尔寺、中国美术馆及美国、日本、印度、尼泊尔等国的美术馆、博物馆和寺院，受到中外专家、学者和艺术家的高度评价，被誉为"中国民族艺术的瑰宝""青藏高原上的奇葩"。娘本是夏吾才让的亲传弟子，后来还娶了老师的孙女为妻。

按当时的规矩，一个孩子送到老师家里，会被留下来观察十天左右，以便判断是否具有学习唐卡的天赋。娘本到了夏吾才让老师那里，先练习画《造像度量经》，老师每天都要查看。《造像度量经》对诸佛菩萨的造型特征和身体各部位的度量比例都有详细的论述，被藏传佛教绘画奉为金科玉律，是学习绘制唐卡的基础。尽管娘本年纪小，但手很巧，老师说他"有天赋"，要他"留下来，好好画"。

作为藏传佛教艺术，唐卡所绘大多与佛经有关。因此，娘本学习唐卡的时候，每天的第一项功课就是听老师讲佛经，不懂佛经，仅有技术是画不了唐卡的。师傅念经，徒弟听着，然后就按照佛经故事去画。所以，佛经故事和剧本一样，要依靠画师的想象力去创作。

画唐卡是一门苦功夫，要盘腿席地而坐，从早到晚画一天，必须具有高度的专注力。这对十几

娘本在精心创作

岁的男孩子来说,并非易事。娘本回忆当时的情形说:"一开始学的时候,坐都坐不住。现在每年夏天很多大学生来实习,他们就坐不住。盘腿才能坐得稳,拉线条的时候手也稳,坐在凳子上是不行的。""画的时候必须要静,不能动,不能说话,怕线走歪了。老师要求也很严格,因为每天调的颜料都不一样,今天画坏了的话,明天去补的时候就像一个伤疤一样。"

娘本跟随夏吾才让学习了6年时间,打下了扎实的基本功,积累了比较丰富的实践经验。

## 二、转益多师,声誉鹊起

热贡是藏传佛教及其艺术十分发达的地区,寺庙林立,壁画众多。尽管娘本当时拜师学艺更多是出于养家糊口的打算,但从小深受吾屯上寺和下寺佛教绘画艺术的感染和熏陶,那一份信仰情结和艺术素质已经逐渐融入生命。想到也有自己一份辛劳的巨幅寺院唐卡,或许会在上面待上几百年几千年,娘本心里时常会泛起一丝自得与满足。

然而,那个时候,当地对唐卡艺术的需求大多在于寺院里的壁画,而寺院壁画总有画完的时候。于是,热贡的唐卡艺人开始四处找寻需要唐卡的地方。到了20世纪90年代初期,热贡的年轻艺人开始担心唐卡这门手艺是否还能养活自己,而有的年轻艺人则干脆选择了放弃。

娘本与其他迷茫的唐卡艺人一样,也曾走进森林,穿过峡谷,去找寻可以"献艺"的地方。每当找到一座隐藏在山水间的寺庙,便像得到救赎一样。这样流浪的日子没有持续多久,娘本停了下来,开始认真思考自己的未来。

1995年,为了能够画出更好的唐卡,娘本离开家乡,来到四川成都拜师学艺。在成都,娘本系统学习了汉族的传统工笔绘画艺术。提起在成都三年的学习经历,娘本坦言:"我只是不想让自己变为一个仅为了生存苟活的画匠,我希望有一天唐卡艺术能被更多的人所热爱。"三年的学习,娘本开阔了眼界,提高了技艺,艺术表现手法日趋成熟。

为了更好地学习各个流派的唐卡彩绘技巧,并寻找施展自己才华的机会,27岁那年,娘本离开成都,来到了藏传佛教的圣地拉萨。拉萨的唐卡浓郁凝重,而热贡唐卡则色调相对明快,两者风格迥异,娘本很快在两者中找到了一个平衡点,逐渐形成了自己独特的创作风格。在拉萨等地,他一待就是八年,大昭寺、扎什伦布寺和昌珠寺等寺院都留下了他的画迹。

1997~1998年,娘本应邀担任《中国藏族文化艺术彩绘大观》(以下简称《彩绘大观》）的画师。《彩绘大观》全长 618 米，宽 3.5 米，用金银、宝石、珊瑚等矿物质颜料和藏红花、茜草等植物颜料绘制而成，来自西藏、云南、甘肃、青海等地的 300 多位藏族、土族、蒙古族等民族的优秀艺人参加制作，历时 4 年竣工。《彩绘大观》总面积近 1600 平方米，重约一吨，画面最密处 1 平方米就绘有 300 多个人像，许多画面都是由毫笔绘成，要依靠放大镜才能看清楚。画卷形象生动地反映了藏族的历史、宗教、文化、民俗以及藏区的自然景观，画面大气磅礴、绚丽多彩。

娘本唐卡作品

娘本参与了《彩绘大观》中两幅作品的创作。其间，娘本恪尽职守，将自己学到的汉藏艺术的传统技法熟练地运用到作品的创作之中，展现了自己的杰出才艺。随着《彩绘大观》入选吉尼斯世界纪录，以及新闻媒体对该作品本身及其幕后故事的广泛宣传，娘本声誉鹊起。

## 三、创办学校，传承热贡艺术

经过十多年的漂泊，35 岁那年，娘本回到了故乡。村里的画师看到他已经形成自己的风格特色，都劝他继续在外面发展，娘本却说："我们的热贡艺术这么独特而丰富，但人们都不了解它，我要让人们都知道热贡。"

卷轴画形式的唐卡，流传至今有许多种类，如堆绣唐卡、刺绣唐卡、织锦唐卡、缂丝唐卡等等。现在提到唐卡，一般指用天然颜料绘制在经过打磨的棉布上的卷轴画。唐卡在早期主要受印度、尼泊尔画风的影响，后来国内渐渐形成了自己的风格，发展出勉唐、泽钦和噶玛嘎孜三大主要画派，每个画派又有多个分支。热贡唐卡从材料上可分为彩唐、金唐、红唐、黑唐四个主要种类。彩唐就是常见的彩绘唐卡，后三种唐卡则分别是用纯金色、红色、黑色作底色。绘画风格方面，热贡唐卡擅用黄金做颜料，呈现金碧辉煌的艺术效果，色彩明亮，细腻精美。

更好地传承和弘扬热贡艺术，是娘本自己的艺术追求，也是老师夏吾才让的嘱托。回到家乡后，在娘本的积极参与和当地艺人的共同努力下，2006年，"热贡艺术"经国务院批准列入首批国家级非物质文化遗产名录（民间美术类）。2008年，热贡地区被列为继闽南、徽州之后的第三个国家级文化生态实验保护区。

众所周知，过去唐卡都是供奉在寺庙里，普通家庭中一般会请一幅唐卡供奉，总体需求量不大。这也就造成了一个时期唐卡艺人的大量流失。而随着改革开放的不断深入、人们精神文化生活需求的日益增长，不仅佛教信众需要唐卡，很多人还会把唐卡作为艺术品来收藏，因而唐卡需求量出现井喷。此时，艺人断档成为突出症结，培养人才成为娘本首先考虑的问题。

2006年9月，娘本自筹资金400多万元，创办热贡画院。2007年8月1日，画院正式成立，娘本担任院长。新建的画院位于黄南藏族自治州吾屯村，占地面积约2667平方米，建筑面积2000平方米，投入资金400多万元，旨在保护、传承和发扬人类非物质文化遗产——热贡艺术，培养热贡艺人，促进唐卡推介等。

2009年，唐卡与堆绣、彩塑和铜雕等一起作为"热贡艺术"被联合国教科文组织列入人类非物质文化遗产代表作名录。而就在这一年，热贡画院先后被评为青海文化产业示范基地、国家文化产业示范基地和国家非物

娘本创办的热贡画院

质文化遗产生产性保护示范基地。

2012年，在热贡画院原有建筑的基础上，娘本又扩建了"青海热贡唐卡艺术馆"，建筑面积4700平方米，对热贡唐卡艺术在生产中保护、保护中传承、传承中发展发挥了较好的作用。

画院自成立以来，已培养各类画师480余名，他们均已成为业务骨干。

热贡画院内景

同时，画院还开展了70余次热贡文化活动，接待国内外游客47万余人次。这些活动，不仅使热贡艺术闻名全国，也走向了世界。

作为院长，在谈到画院的筹建时，娘本深有感触地说："我的老师夏吾才让去世的时候，一直遗憾自己没办起唐卡学校，培养更多的年轻画师。他老人家希望弟子娘本能够完成他未尽的遗愿和事业，为少数民族优秀传统文化的继承和发展做出自己的贡献。如今老师的这一遗愿即将实现了，对我来说，也算是却了一件心事，算是我们弟子对老师的报恩吧！"

娘本招收的徒弟大多是当地一些上不起学的贫困孩子，包括前后收养的50多名孤儿。过去唐卡只传男孩子，而娘本的画院也招收女生。娘本希望这些上不起学的孩子们也有接触艺术的机会，同时解决就业问题。如今的吾屯上庄家家有画师，"人家都富裕了，你不画画，在村子里都待不下去"。由于娘本对当地就业的突出贡献，2012年，他荣获全国就业创业"优秀个人奖"。

娘本热心慈善事业，每年都组织送温暖活动，慰问贫困户、残疾人、孤寡老人。2010年，娘本在热贡画院为玉树地震灾区筹款71150元，后来又把自己在澳门举办画展的34.5万元收入捐给了地震灾区。多年来，他先后投入资金900万元用于扶贫济困、安老助残、资助贫困学生、修建农村幼儿园、维修藏区寺院、支教助学等慈善事业。鉴于其为热贡艺术、社会公益慈善事业及带动青海省经济发展等方面做出的突出贡献，娘本被授予"青海省劳动模范"光荣称号。2014年12月，同仁县精神文明建设指导委员会授予娘本"同仁好人"的荣誉称号。

## 四、屡获殊荣，名扬四海

随着艺术的精进和对热贡艺术的杰出贡献，娘本得到了艺术界的广泛好评，也获得了越来越多的荣誉。他的作品多次在国内外举办展览，并被一些著名艺术机构收藏。

2007年6月，经首届中国唐卡大师宣传推介系列活动组织委员会、中国书画经营家协会、全国书画院创作交流协会的专家评审，娘本获得"首届中国唐卡大师"称号。

2008年1月，娘本的《护法金刚》《土神》《黑金四臂观音》《四臂观音》四幅唐卡被中国美术馆收藏。同年8月，作品《阿弥陀佛·极乐世界》在"奥林匹克之旅——中华民族艺术珍品文化节"中被评为"中华民族艺术珍品"。9月，珍珠唐卡《四臂观音》《四观音长寿佛文殊菩萨》入选中国艺术研究院、中国工艺美术馆、中国工艺美术协会联合主办的"中国传统工艺美术精品大展"。10月，作品《释迦牟尼》被中国国家博物馆收藏；唐卡《三主佛·弥勒佛》荣获"中国传统工艺美术精品大展"金奖。

2009年5月18日，娘本创作的《文殊菩萨》珍珠唐卡在"2009中国·深圳第五届国际文化产业博览交易会"上获得"中国工艺美术文化创意奖"金奖。

2009年6月，娘本成为第三批国家级非物质文化遗产项目（热贡艺术，传统美术类）代表性传承人。2012年，他又荣获"中华非物质文化遗产传承人薪传奖"。

2011年，娘本荣获"首届中华艺文青年奖"。

2012年，娘本在北京饭店举办了个人唐卡作品展览。这一年，他创作的唐卡《千手千眼观音·黑金》在第13届中国工艺美术大师作品暨国际艺术精

在北京一家饭店举办的娘本唐卡艺术展上

品博览会上获得"2012 儒仕儒家·百花杯"中国工艺美术精品奖金奖。

2013 年 12 月，"莲生妙相——娘本唐卡艺术精品展"在北京中山公园皇园艺术馆展出。这一年，娘本唐卡作品《黑金释迦牟尼》获上海民族民俗民间文化博览会"特别荣誉奖"，作品《三世佛》获得了"传承奖"。同年，娘本创作的作品《千手千眼观音·黑金》在第 14 届中国工艺美术大师作品暨国际艺术精品博览会上获得"2013 国信·百花杯"中国工艺美术精品奖金奖。

2014 年 4 月 16 日，娘本受邀在中国国家博物馆举办了为期 60 天的个人唐卡展览。这次展览展出个人精品唐卡作品 65 幅，是热贡唐卡艺术首次以专场形式现身中国国家博物馆，在唐卡艺术界是史无前例的。这一年，娘本还受邀参加了法国巴黎卢浮宫"庆祝中法建交 50 周年大型文化艺术展览"，并荣获"文化中国"奖，参展作品《释迦牟尼生平图·黑金》被中国国家博物馆收藏。当年 9 月，娘本应邀到拉萨参加"首届中国唐卡艺术节"，参展作品荣获金奖；参加"中国工艺美术大师作品展"，参展作品《释迦牟尼与十八罗汉》荣获金奖。10 月，赴美国纽约参加相关文化艺术交流活动，向联合国扶贫基金会捐赠精品唐卡一幅，受到联合国秘书长潘基文的接见。

在国家博物馆举办的娘本唐卡艺术展海报

除了中国工艺美术大师、非物质文化遗产代表性传承人之外，娘本还是中国知识产权文化大使，现任全国青年联合会委员、青海省民族民间艺术品工艺美术协会副秘书长、黄南藏族自治州工商联主席等。

## 五、博采众长，精益求精

在长期的艺术创作实践中，娘本在继承"热贡艺术"传统风格的基础上，积极探索、大胆创新，吸取各家所长，借鉴老师夏吾才让作品中的"敦煌飞天"和西藏唐卡的色调风格，融合热贡唐卡的用金技艺和汉族工笔画技法，逐步形成了作品色彩绚丽大方、画面构图精细复杂、线条绘画

娘本作品长卷《释迦牟尼本生故事》

严谨细腻、画面人物神态生动的独特艺术风格,成为热贡唐卡艺术转型阶段最具代表性的人物之一,形成了新的热贡唐卡艺术画派。

唐卡表现的佛教题材,画面中央端坐的称为"主尊",他们是藏传佛教的佛菩萨。在谈到自己画唐卡主尊所希望达到的效果时,娘本说:"我想让看到唐卡的人,心中有一些感动。"他的唐卡,在设色上将固有色和夸张色相结合,画佛像时,多用高纯度夸张的色彩,精美的造型,在现实与幻影般的环境中,展现佛的庄严、威仪、慈悲。在描绘现实景物时,则使用固有色,色彩明亮艳丽,具有自然景物动人的本色。很多人看到娘本的真迹时,都会有小小的感动,心中一片安宁。

娘本对唐卡艺术精益求精,拒绝市场化的粗制滥造。他说:"我的唐卡彩绘所用的颜料都是黄金、白银、珊瑚、珍珠、矿石等纯天然矿物质,这样才能历经多年仍然保持金碧辉煌的效果。看我十年前的唐卡,跟现在的唐卡比较起来,无半点颜色上的新旧之差。"而要创作完成一幅唐卡,需要起稿、上色、描金、装裱等程序,至少要几个月工夫。娘本画的最大的唐卡作品长15米、宽1.3米,有15尊主佛,上千个人物,讲了多个佛经故事。这是他带领7个学生,花了三年多时间才创作完成的。

在唐卡题材方面,娘本也有新的开掘。除了佛教文化的传统内容以外,反映当代重大事件成为娘本作品的新题材。2008年北京奥运会开幕之际,娘本将《吉祥奥运》等三幅彩绘作品赠送给北京奥组委。新中国成立60周年大庆之际,娘本又创作了《开国大典》和《文成公主进藏》两幅唐卡彩绘作品。对此,娘本说:"我画得最多的还是佛教故事。国庆60周年的时候画过《文成公主进藏》《开国大典》,捐给了国家。什么题材都可以用唐卡来表现。不一定每个人都喜欢,但也是一种尝试吧。"

娘本认为,一幅唐卡的优劣,外行可能无从评判,而画师则一眼就能看出来。"他开的脸相、起的稿,每一个线条的柔软度、细腻度都要看。佛像脸上那种慈祥,必须要画出来。线条的粗细变化都是不一样的,很多人画一辈子功力都不行，这要看天赋。"这可谓娘本的甘苦之言。

对于唐卡的供奉和收藏，娘本告诫人们，现在市场上最受欢迎的唐卡是释迦牟尼佛、白度母、绿度母、文殊菩萨和黄财神的画像，而这些都是具有宗教意义的艺术品。"我们信佛的人不会把唐卡乱放的，要么卷起来，要么放在佛堂里。有的不信佛的人把唐卡挂在卧室里，那不好，还是要放在书房、客厅这些很干净的地方。如果不挂就要卷起来保存，唐卡的矿物颜料是用传统的骨胶调的，不能浸水、不能折断，折了以后不好修补。"

娘本作品集书影

20年来，娘本从最初奔波于北京、上海、深圳、天津、香港、澳门等国内经济发达城市，到现在远赴美国、法国、澳大利亚、德国、日本、荷兰、韩国、比利时、菲律宾、新西兰、尼泊尔、越南、蒙古、阿尔及利亚等国家，为世人展示热贡唐卡艺术的魅力，给热贡唐卡艺术赢得了至高的评价和赞誉，为推动热贡唐卡艺术的保护、传承和发展做出了积极的贡献。而今，他仍然在担负着自己的使命、继续着自己的事业。

# 贡保才旦
## ——和日石刻的多才艺僧

贡保才旦（1937～），艺僧，石雕（泽库和日寺石刻）传承人。青海黄南泽库人，藏族。他14岁开始学习唐卡、壁画、泥塑等藏族传统艺术，青年时代又拜师学习石雕，逐渐成为当地有名的雕刻能手。他将众多雕刻技巧融会贯通，又恢复了部分失传的技法，形成了自己独特的艺术风格。2009年成为第三批国家级非物质文化遗产项目（传统美术类）代表性传承人。作品有《唐东杰布》《四臂观音》《绿度母》《和睦四瑞》和《莲花生大师》等。

## 一、故乡的和日石经墙

1937年，贡保才旦出生在青海省黄南泽库县和日乡和日村一个藏族家庭。

如今的贡保才旦是和日德敦寺的一位僧人，也是一位石刻工艺大师。要了解他，首先需要了解和日的佛寺以及石经墙。

和日德敦寺是一座藏传佛教宁玛派（红教）寺院，已经有170多年的历史。它坐落在周围覆盖着白雪的群山中，格外肃穆神圣。如同其他寺院滋养了佛教艺术一样，德敦寺对佛教艺术的贡献是石刻。寺院的历代僧人中，涌现出了很多技艺非凡的刻石高手，如阿乃亥多、恰洛、瓦卜丹等，以及如今是国家级"非遗"传承人的贡保才旦。

德敦寺的石刻艺术，主要体现在和日石经墙上。石经墙位于德敦寺后面的山坡上，有四个部分，蜿蜒200余米。石经墙高3米，宽2.5米，由10万余块大小不一的自然石片刻经成文后，依照顺序排列而成。石刻内容主要是藏文大藏经《甘珠尔》和《丹珠尔》，包括佛教经论，还有大量反映藏族文学艺术、天文历算、医学、律法等方面的作品。据专家考证，其内容包括藏传佛教经典以及其他各类著述4500多种，总字数2亿多个。除了刻石文字，石经墙还有近2000幅各种佛像、佛塔等图绘石刻。

和日石经墙

据《黄南州志》记载：首次发起并主持石经刻制的，是和日德敦寺第三世主持德尔敦·久美桑俄合丹增。为了更好地弘扬佛法，他决意一生致力于为寺院刻制3部石经，即《普化经》《噶藏经》和《当僧经》。于是，他从果洛草原请来雕刻、绘画兼通的高僧阿乃亥多作为首刀人，并挑选几十个寺僧和牧民作为帮工学徒。经过几十年不懈雕刻，3部石经刻制完成，这就是石经墙最早的石经。

石经墙的石刻始于20世纪20年代，至1951年，历时28年完成第一期工程。其后一直到今天，寺院和民间续刻不断。"文化大革命"期间，石经墙受到一定破坏，许多石板流散而至今未能回归。1982年石经墙受到青海省考古队的瞩目；1984年，石经墙被列为青海省第四批省级文物保护单位。

和日石经墙是迄今发现的全国最大的雕刻石群，是海内外罕见的人文景观，被誉为世界"石书奇观"。它充分显示了藏族人民吃苦耐劳的精神和聪明智慧，被誉为"藏文百科全书"。

石经墙的作品，小到巴掌大小，大到一人多高，精美绝伦，虽经近百年的风蚀雨淋，至今风貌依然。它不仅展现了藏传佛教的博大精深和藏族文化艺术的无穷魅力，也展示了藏族历史悠久的石雕艺术和艺人们的精湛技艺，而贡保才旦就是这些艺人中杰出的一位。

## 二、兴趣广泛的石雕艺僧

贡保才旦是土生土长的和日人，他的住所就在和日石经墙下。

贡保才旦很小的时候就表现出对佛像雕刻的浓厚兴趣。14岁时，在和日乡德敦寺，贡保才旦拜石刻艺人守龙仓、哇布旦等为师，初步掌握了唐卡、壁画、泥塑等的基本技能。这些技能为他后来的石刻艺术打下了坚实的基础。

年轻的时候，贡保才旦又在果洛一位石雕艺人的指导下，学习了石刻造像和石刻经文的各种刀法。之后，他创作了许多佛教浮雕作品，刻制了数以亿计的佛教经文，逐渐成为当地有名的雕刻高手。

20世纪60年代，贡保才旦被迫离开寺院，返乡劳动。不过，劳作之余，他依然不忘自己钟爱的石雕艺术，自制雕刻工具偷偷练习刀法。而这一段特殊的时光，却成了贡保才旦钻研、磨炼技艺的大好时机。他把原来的单线阴刻刀法和斜着刻线、平拖抛光的简单工艺，提升为刻、雕、凿、钻、打磨、镂空等复杂技法，创作出许多富有艺术生命力的精美佛教人物形象。

贡保才旦在刻石

80年代，随着民族宗教政策的落实，民族文化和宗教文化得到了重视和恢复。此时，贡保才旦的艺术创造潜能和激情再一次被激发起来。在德敦寺重建过程中，他先后绘制壁画、唐卡、墙裙、图案、装饰彩绘300余幅，并积极投身于和日石经墙的保护和修缮工作。

有一年，青海同德县聘请藏区画师为夏日仓寺画佛像，结果，请来的画师没有谁能够独立完成佛像的绘制，唯独贡保才旦胸有成竹地画出了精美的佛像。这件事让贡保才旦的名声不胫而走。

贡保才旦潜心钻研藏传佛教其他流派的绘画和雕塑艺术，将众多雕刻技巧融会贯通，又恢复了部分失传的技法，形成了自己独特的艺术风格。他先后创作的石雕精品有《唐东杰布》《四臂观音》《不动佛》《绿度母》《和睦四瑞》和《莲花生大师》等，此外还有六件石刻经板。2002年，在青海民族文化旅游节"青海民族民间工艺美术展"评选中，《莲花生大师》和《和睦四瑞》荣获金奖。

《莲花生大师》是贡保才旦花了三年才完成的精品。与其他部分作品简练、朴拙的浮雕手法相比，这件作品比例精当、量度精准，极尽精细繁密刻画之能事，佛法的庄严与绚烂繁盛的美感结合得完美熨帖，流畅的线条给坚硬的石头赋予了柔美与流丽。

贡保才旦兴趣广泛，喜欢鼓捣手艺。他不但精于石刻艺术，还画过唐卡，刻过木雕，设计过佛塔，年轻的时候甚至还在头发丝上刻过微雕。除了这些与美术相关的领域，他还有不少"旁枝逸出"，譬如，他设计过一种可折叠的小书桌，合起来是一块木板，抽拉、折叠几下之后，就成了一张微型书桌；他设计了出行或闭关修行时用的简易炊具，用的是几个不锈钢铁盆，有的钻着小孔，有的削去一部分，组合起来就是一个可以用固体酒精或蜡烛做燃料的炊具炉。

还有更为"神异"的事情。有一年，附近一家发电厂的机器出了故障，厂里没人能修，最后有人建议让贡保才旦去试试，结果他不负众望修好了发电机。贡保才旦还懂藏医，偶尔给人把脉看病，诊断结果与医院用仪器检测出来的完全一致。美术才能，再加上广泛兴趣和各种发明，难怪有人会由他而想到意大利画家达·芬奇。

## 三、甘受清贫，后继有人

泽库和日石刻培育贡保才旦成长，贡保才旦也为和日石刻增添了光彩。2008年6月，石雕（泽库和日石刻）列入第二批国家级非物质文化遗产名录（传统美术类）。2009年6月，贡保才旦成为第三批国家级非物质文化遗产项目代表性传承人。

精湛的技艺、出色的创作，使贡保才旦的作品具有了不菲的价值。但老人一直都是一位普通的僧人，住在旧居，生活清贫。他非常珍惜自己的作品，从来不肯售卖。据说曾有人慕名而来，要出10万块钱买老人的一件作品，却被老人委婉拒绝："你给的钱太多了。"

贡保才旦不肯出售作品，甘于清贫、宗教执守固然是主要原因，另外的原因则是对藏族石雕艺术的挚爱和传承。由于身体不好，心脏也有病，徒弟们曾劝师傅卖掉一两件作品，换钱治病，可老人没有答应，说"以后我不在了，但是我的东西在，你们可以当作是我的人在"。

晚年的贡保才旦，把所有精力都放在了带徒弟上面，先后带出了近百位徒弟。老人平时脾气不是很好，但对徒弟们在石刻方面的问题却是十分耐心，徒弟们问了又问，他就答了又答，极为耐心。他常常告诫徒弟们：一件好的石刻作品，在佛像的比例，线条的长短粗细，以及刀工的细致和雕刻的方法等方面，不能有任何的差错。

贡保才旦经常告诉寺院里的僧人和周围的老百姓，让他们学习石刻技术，说："以后这个东西，对你们的生活有好处，对地方也有好处。"

贡保才旦带徒弟，不仅传授石雕技艺，还教他们做人；不仅言传，更有身教。贡保才旦从来不考虑自己为谁而雕刻，只要刻出好作品心情就特别舒畅。这也让徒弟们体悟到，只有甘受清贫、心无旁骛才能成为艺术大师，只有平静的地方才能有"活的东西"。

现在，贡保才旦的徒弟们已经成长起来，他的大徒弟吉美旦培也已经是青海省的省级非物质文化遗产传承人。

泽库石雕《大藏经》开工雕刻

吉美旦培12岁开始跟着贡保才旦学习绘画和石刻技艺，如今是老人所收近百位徒弟中石刻技艺最好的一位。不过，吉美旦培22岁时才得到师傅允许开始正式雕刻作品，而此前一直学习唐卡、比例、构图等基本功。"17岁的时候，我偷着用师傅的刻刀刻了一件作品，别人都说不错，但是师傅却不满意。"吉美旦培回忆说，"2004年的时候，我在四川佛学院学习期间刻了一幅叫《隆钦饶夆巴》的作品，刻得特别细致，师傅看见了肯定和赞赏地说：'你随便刻吧。'"师傅的严格要求加上自己的天赋，让吉美旦培成了今天和日最负盛名的石雕艺人之一。

晚年的贡保才旦视力下降严重，已经不能再进行雕刻。在所有徒弟中，吉美旦培学习时间最长，雕刻技术也最好，因此师兄弟们都鼓励他收徒弟，把师傅的技艺传下去。几年前，在四川佛学院学习的吉美旦培经过慎重考虑，毅然中断了自己的学业，回到家乡广收门徒。同时，他决定闭关修行三年，想创作出一些好的作品。

如同师傅那样，吉美旦培坚持认为"有价值的艺术不能够被机器所破坏"，因而他的每一件作品都是手工雕刻而成。吉美旦培像那些古朴的艺人们一样重视手工的价值，他说："师傅那时候条件差，他的不少作品保存得不是很好，现在条件这么好，师傅又不能再刻了，我一定要把他老人家的技艺传给年轻人，使我们和日石雕技艺代代相传。"

如今，和日石经墙山下的每户人家中，都有祖传下来的石刻手艺，在德敦寺和藏族人家中，每天依然会有打磨石头的声音。吉美旦培说："那刀石碰撞的声音真好听。"

# 吴通英
## ——用苗绣讲述民族故事

吴通英（1951～），民间刺绣艺人，苗绣传承人。贵州黔东南台江人，苗族。5岁开始学习苗绣，15岁穿上自己制作的苗族盛装。她掌握了苗绣传统服饰的十几种织绣技艺，以及剪纸、蜡花、绘画等技艺，善于把民族技艺与民族文化相结合，设计制作内涵丰富的经典之作，其作品曾在中国美术馆以及世博会等高规格展馆展场展演，并多次获得殊荣。2012年成为第四批国家级非物质文化遗产项目（苗绣，传统美术类）代表性传承人。代表作品有《金银妈妈》《姜央》《螺蛳龙》《龙凤欢歌》《龙银项圈》等。

## 一、15岁穿上自己制作的苗族盛装

1951年3月，吴通英出生在贵州省黔东南台江县施洞镇塘龙村一个苗族家庭。

塘龙村是一个山清水秀的苗族村寨。"寨前是清水江，江水很深，我们认为，江水中间就是龙居住的地方。"吴通英回忆说，"我们的寨子在江边，后面有田坝，再后面是山，风景美，生活好。每年农历五月二十五赛龙舟，龙舟要先到我们寨子前转一圈，喊龙起来。塘龙村的名字就是这么来的。"

吴通英是家里的独生女，她有一个苗语名字叫"技朵"，意思是"一朵珍贵的花"，这足以说明家人对她的钟爱。

吴通英

苗绣传女不传男，5岁的时候，吴通英开始跟母亲、外婆学习苗绣技艺。对于如此年幼就开始学习苗绣，吴通英说："传统上，男孩读书，女孩不读书。那时家乡已经有了学校，女孩愿意读也可以读，不会有人笑话。我自己还是愿意到学校去学识字，但是妈妈和外婆怕苗绣的手艺失传，非要让我学，学习苗绣一定要专心，一上学，就学不了了。"

吴通英还介绍说："苗族女性也不是人人都精通苗绣，家里有吃有穿，才会专门去学。"而吴通英家，正是一个殷实之家。

也是在很小的时候，吴通英就开始学习苗族古歌。古歌里的形象、故事常被绣在苗装上，代代传承。

塘龙村里有会唱苗族古歌的师傅，白天，师傅去劳动，晚上，吴通英就和寨子里的其他小伙伴聚到师傅家中，纺棉花，唱古歌。吴通英说："古歌是谁都可以去学的，但是有些人，学着学着就打瞌睡了。我觉得，学古歌和读书一样，学进去了，就感觉到其中的美。""古歌中讲到天地、日月是怎么来的，哪个神仙最厉害……我完全相信古歌里面的故事。我7岁开始学古歌，到了9岁，就可以在节日、聚会上和人对歌了。"

刺绣精美的苗族盛装，制作过程需要几年时间。十二三岁的时候，吴通英的苗绣学习进入关键阶段。"那时候，妈妈连水都不让我挑，因为苗绣要求很高，如果手粗糙了，绣出来的效果就不好。"

15岁时，吴通英第一次穿上了自己制作的苗族盛装，"人家当面不说，但是背后都在讲，吴通英的衣服怎么这么好看呦！"

此时，年纪小小的吴通英，已经俨然成为当地民众心目中的苗绣能手。

## 二、民族手艺走进中国美术馆

众所周知，对于民间技艺的学习，家庭、"小传统"等可能是最初的促动力量，而进一步的执着追求以及精深造诣，则大多源自热爱。

和当地许多苗族妇女一样，最初学习苗绣时，吴通英也只是为了自己所穿衣服的装饰织绣。随着技艺的长进以及因之获得的家庭和社会的肯定，最初的促动力量转化成了持久的热爱，苗绣与她的人生紧密联系在了一起。

除了跟家人学习苗绣之外，吴通英还跟当地老人学习并掌握了苗族传统服饰的几十种织绣技法，还有蜡花工艺以及银饰设计、剪纸、绘画等技巧。这使吴通英的苗绣技艺更加精湛，而且具备了出色的设计创作能力。结婚之后，吴通英搬到贵阳居住，都市生活进一步开阔了她的视野。

1988年，"贵州苗族风情展"在中国历史博物馆举办，吴通英应邀到北京进行了现场展示，代表作《飞鱼龙纹》（剪纸）中的龙千姿百态、造型优美，赢得了专家的赞赏。在这次展览上，著名画家张仃向吴通英发出了邀请：多积累一些作品，到北京办个人作品展。

　　回到贵阳，吴通英利用自己既精通苗绣、又熟悉苗族古歌的优势，开始大规模创作表现苗族古歌故事的单幅绣品。吴通英说："我想着古歌，自己很感动很感动，就画出来。没有现成的

上海世博会期间吴通英现场展艺

图案，我就自己创作。我懂古歌、会苗绣，又会画画，还会设计，不是所有的人都能做到，我知道同时掌握这些的，只有我一个。"

　　吴通英介绍说："苗绣离不开古歌，我妈妈、外婆不会古歌，绣在衣服上的图案究竟有什么含义，她们也不清楚。我想，我的祖先不容易，很伟大，绣在衣服上，人家只看到图案漂亮，不知道什么含义，不如我把它绣大一点，绣成单幅，让每一代人都知道。"

　　根据苗族古歌，吴通英创作了《鹡宇鸟》《姜央》等苗绣作品，表现了苗族传说中生命和人类的诞生。

　　1989年2月，吴通英的剪纸作品《牛龙初露》和《鹡宇鸟》获全国剪纸作品大赛优秀奖。

　　1993年7月，吴通英在中国美术馆举办了"吴通英苗族民间刺绣剪纸艺术作品展"。吴通英的丈夫杨再贵回忆说："当时有人说，这应该到民族文化宫去展览。张仃先生努力争取，苗绣第一次走进中国美术馆展览。"

　　1995年，经中国农民画研究会推荐，吴通英在中国历史博物馆为第四届世界妇女大会举办了个人专题绣品展。

　　1996年9月至1997年7月，吴通英参加"中国传统技艺荟萃精品展"，先后到意大利、法国、美国等国家举办苗绣、织锦、蜡花作品展。

　　"我参加了展览后才知道，原来苗绣这么宝贵。"对于民族技艺的魅力，吴通英感慨良多。

## 三、苗绣：最精美的刺绣艺术

苗绣主要流传在贵州省黔东南地区的苗族聚居区。雷山、台江等地的苗族服饰，至今仍保留着原汁原味的传统风格，精美绝伦的刺绣技艺和璀璨夺目的银饰让人赞叹不已。

苗绣针脚最基本的有绣、插、捆、洒、点、挑、串七种。大面积以绣针平绣，其中需要显出深浅色调的，则用插针，将深浅不同的颜色插进去，形成几种色彩的连结平面；需要显出立体感的地方，则使用捆针，使其形体在绣面上突出来。绣面上需要显出立体感的细小部分，则使用洒针、点针和挑针。绣料正面和背面需要显出一致效果的，则采用串针。一幅绣品，常综合运用几种针脚，或配合粘花、贴花、补花和堆花等手法来完成。

苗绣的图案在形制和造型方面，大量运用各种变形和夸张手法，表现苗族创世神话和传说，从而形成苗绣独有的艺术风格和刺绣特色。色调也带有强烈的夸张色彩，它常不按照真实物体的颜色配色，而是按其民族的审美要求，大胆而灵活地加以运用；其色彩讲究冷暖的对比，注重在强烈的对比之中取得一种色彩美的协调，造成一种古朴又绚丽多彩的效果。

吴通英和她的苗绣作品

苗绣主要用来镶嵌服装的衣领、衣襟、衣袖、帕边、裙脚等部位，也可用它来缝制挎包、荷包等。一件布料价格平平的上衣，一条普通麻布制成的褶裙，一旦镶上了苗绣，便会光彩夺目，身价百倍。

苗绣在贵州、湖南的苗族聚居区都有流传，而吴通英的家乡台江县施洞镇的苗绣极为典型。这里的妇女服饰以绣工精、针法技艺繁杂、图案纹样华丽、银饰多而闻名，其苗绣技法以锁绣法（辫子股纹）和辫绣法（辫带盘绣）为特色。这里的苗绣原创性和艺术成就最高，文化内涵也最为丰富，最有代表性，故称"施洞式苗绣"。而这些，也正是培养吴通英苗绣绣艺的根基。

苗绣历史悠久，没有文字的苗族，天才地运用刺绣艺术来描绘原始图腾，记述神话传说，再现风情民俗，寄寓精神向往，因此苗绣素有"无字史书"的美誉。苗绣纹样夸张变形，针法丰富多变，色调古朴协调而又鲜艳明丽，具有独特的艺术风格，被世人公认为最精美的刺绣艺术品，成为我国装饰艺术园地里的一枝奇葩。

精美的苗绣服饰

2008年6月，苗绣列入第二批国家级非物质文化遗产扩展项目名录（传统美术类）。

## 四、用苗绣讲述民族故事

苗家妇女擅长纺织和刺绣，清《开化府志》《广南府志》，民国《马关县志》《邱北县志》，都有苗族妇女"能织苗锦"的记载。由于环境的熏陶，苗族女孩四五岁就跟着母亲、姐姐和嫂嫂等学习刺绣。到七八岁，她们的绣品就可以镶在自己或别人的衣裙上了。吴通英的经历，就是其典型代表。

正如吴通英自己所说，与前辈以及众多同时代苗绣姐妹不同，她的作品独特之处在于故事多数来源于苗族古歌，如《金银妈妈》《开天辟地》《铸日造月》《姜央》等，都有从苗族古歌中提炼出来的元素。此外，她还有不少作品从苗族民间故事取材，如《螺蛳龙》《蜘蛛龙》《龙凤欢歌》《龙娃》等。正是本民族的传统文化，使吴通英的苗绣具有丰富的文化内涵，因而更为珍贵。

吴通英善于在针织绣艺上把苗族民间传统方法和自己的独创融为一体，形成具有地域特色的苗族个性化作品。她的绣品就是一幅画，有题目、有内容，欣赏、收藏、研究都有价值。也正因此，她的作品十分紧俏，一般都是事先预订才能得到。

吴通英也有反映时代风貌的作品，堪称杰作的，是她为2010年上海世博会所作苗绣作品《龙银项圈》。作品中间是苗家风格的龙形图案，飞舞旋转的龙身，牵挂着十余根线条，线条由56只可爱小动物组成，其中包括贵州的珍

吴通英作品《龙银项圈》

稀动物黔金丝猴。绣布的四个角上，分别绣有中国馆、贵州馆、世博会会徽及贵州馆馆徽，这些图案的周围还萦绕着翩翩起舞的蝴蝶，中间的图案则是上海世博会吉祥物"海宝"。

这幅作品长 55 厘米，宽 45 厘米，全手工制作，从最初设计到完成，修改了四次，花了三年时间。难能可贵的是，这幅作品的龙形图案，运用了苗族濒临失传的"破线绣"。吴通英介绍说，破线绣的基本方法是将一根标准的丝线破为 8～16 股细线，然后再分绺进行刺绣，绣出的图案十分平整细腻。在制作过程中，绣线穿过一种特殊的植物浆，可以绣出渐变的过渡色和复色的效果。"这类绣花对环境的要求很高；冬、夏和阴雨天皆不宜制作。"

《龙银项圈》展出后，获得了广泛认可，得到了国家领导人和国内外来宾的赞赏，被鉴赏家、艺术研究专家们誉为"旷世之作"。《当代贵州》杂志刊文《一针一线绣出对世博会的祝愿》，对吴通英的苗绣作品进行了专题报道。

也就在这一年，受中国非物质文化遗产保护中心、中国艺术研究院邀请，吴通英在北京展览馆参加了中国非物质文化遗产 5 周年纪念活动。同年，在"中国非物质文化遗产百名工艺美术大师技艺大展"上展出她的苗绣作品《金银妈妈》《蝴蝶龙》《蚕飞龙》等。《人民日报》海外版发表文章《吴通英：用苗绣讲故事》，引起了有关专家学者的进一步重视。其后，央视二套播出了《针尖下的传奇》，介绍了吴通英的苗绣技艺。

## 五、"包吃住"授徒传艺

民间艺人的手工技艺，与他们的生活浑然一体，对其价值、传承等等的认识，往往多是自发的，习焉不察。

20 世纪 90 年代，吴通英的苗绣作品参加了一些重量级的展览，她的苗绣技艺也获得了专家的称赞，但这些经历并没有让她意识到传承的重要性，她说："那时我还没有要承担传承任务的意识。"

2005年，吴通英被聘为中国艺术研究院民间艺术创作研究员，这不仅使她认识到了自己技艺的价值，也感受到了传承这项技艺的重要和紧迫。

时至今日，提到这件事时，吴通英依然难以忘怀当时的那份感动，仍旧会眼中瞬间噙满泪水。"这样的头衔给了我一个动力、一个压力。"吴通英说，"我没读过书，也不识字，却成了民间艺术创作研究员，我的作品被肯定，成就被认可，那是一种动力，让我有了坚持创作的信心。"

动力源于成就，压力源于使命，而较之于成就感，使命感更加突出一些。因为吴通英知道，"现在的苗族姑娘更喜欢到大城市中去打工，愿意从事苗绣制作的人不多，因为每个人只有在保证基本生存条件的情况下，才能去追求艺术"。

就在2005年8月，深切意识到紧迫感的吴通英，带着30多万元积蓄回到了塘龙村。她在村里租了房子，开始收徒，传授苗绣和苗族古歌。她说："毕竟家乡是我们苗族的天地，而且从事苗绣一定要静心，不能有干扰。"

吴通英的收徒传艺"别具一格"："人家收徒，都是徒弟给老师钱，我呢，是我给学生钱。"靠着积蓄，吴通英对徒弟们"包吃、包穿、包住"，还发生活费。她还雇了两个保姆，专门给徒弟们做饭。

吴通英延续着苗绣"传女不传男"的传统，她的徒弟大多是当地初中毕业在家的女孩子，也有孩子尚小、没有外出打工的年轻妈妈。听说吴通英要收徒传艺，好多人都跑来求学，还有外省的人。最多的时候，聚集的学生有一二百人之多。

然而，不到一年，吴通英30多万元的积蓄就所剩无几。没有其他的经济来源和资助，"包吃住"的授徒方式难以为继。后来，吴通英向一些有苗绣基础的徒弟提供材料，让她们在家生产，吴通英上门辅导。徒弟们完成的作品，她再帮忙出售。

"很多人说，搞苗绣又累，又挣不到钱，又不能到外面见世面。到外头打工挣得更多。"吴通英说，"很多人学了一段时间就不学了，女人结婚以后，男的到外面打工，女的就跟去了。人家一家人要在一

吴通英传授苗绣技艺

起，我又有什么办法呢？不能反对啊。"现实让吴通英颇有几分无奈。

## 六、技艺传承还在于使用

2012年，吴通英成为第四批国家级非物质文化遗产项目（苗绣，传统美术类）代表性传承人。这使她进一步投身于苗绣技艺的传承。

据吴通英介绍，传统的苗族婚礼，新娘要换十几套衣服，包括不同款式和颜色。自己家里没有盛装的，也要向别人借。如果女性出嫁时，全部衣服都是自家制作完成，那是一件非常值得自豪的事情。节日穿戴的盛装、银饰也种类繁多，是展示女性心灵手巧的重要途径。然而，近些年来，渐渐地，苗族婚礼上新娘不再换那么多套衣服；旅游、展览等场合展示的苗族服饰，颜色和款式也越来越单调。

因此，吴通英说："苗绣要传承下去，一定要让本民族的女孩儿穿起来，一定要让她们穿上各式各样的苗装。这是我的基本观点。"

其实，这也是一个民族民间技艺传承的普遍性问题——手工技艺有用武之地，其传承才得以延续。所谓生产性、开发性传承，尤其是旅游产品的生产，固然可以一定程度促进传统民间技艺的传承，但最根本的，还是要技艺原发地的人们需要这种技艺，这是使其永续传承的关键所在。

这些年来，作为大师级的民间艺人，吴通英的苗绣作品已经是一件难求，她制作的精品苗装，市场价已上百万元。现在苗族青年结婚，不少人

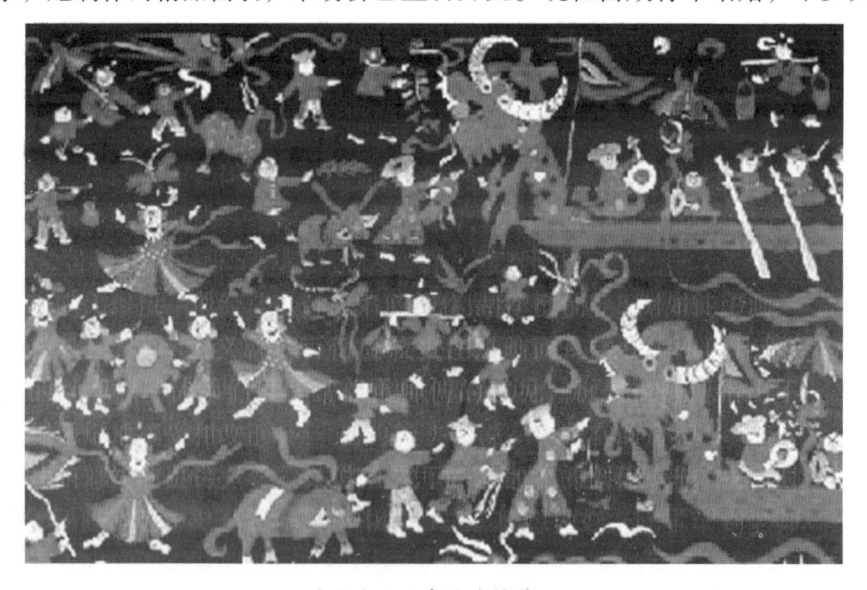

讲述苗族故事的苗绣作品

找吴通英定做苗装。吴通英的徒弟中，也已经有人可以专门以苗绣为生。这说明，民族文化越来越受到重视，吴通英以使用促传承的策略初见成效。

与此同时，另一个问题也引起了吴通英的注意。自20世纪八九十年代以来，封闭的苗家山寨迎来了国内外的宾客，苗绣品也像别的商品一样，在市场上受到人们的喜爱。可吴通英却渐渐发现，市场上卖的苗族服饰、苗绣品，尽管丰富多彩、五花八门，但绣工、绣艺不免令人担忧。机子绣的绣品混杂其中，真真假假，参差不齐。这样，诚信问题也就凸显出来。

吴通英作品（局部）

有一次，吴通英在北京参加苗绣展演活动时，一位在北京潘家园做苗绣生意的台江籍苗族妇女，对吴通英说："我在潘家园做苗绣生意，很多来宾都问我：'你认不认识吴通英？'我说认识。又问我：'你是不是她的学生？'开始，我如实相告'不是'，来宾点点头就走了。后来问的人多了，我就回答他们'是吴通英的学生'。只要来宾听到我说是吴通英的学生，就很认真地挑选购买我的苗绣品。今天见到您，以后有人问起您，在北京潘家园是不是有您的学生时，请您关照我，就说有的。"

听了这位本民族姐妹的话，吴通英心里十分矛盾，一时不知说什么好：说有，违背事实，她并不是自己学生；说没有，又会令她失望。略作思索，吴通英对她说："你来跟我学绣，我会欢迎你，教你。我没有教过你，就不能先认你为我的学生。做生意要讲诚信。绣品要讲质量，讲究针织绣艺，你的绣品好了，自然会有人来买。"

如今，已经60多岁的吴通英，依旧为了苗绣奉献着，或制作，或推广，或传艺。她说："我要面对人生，培养好苗绣传承人，笑谈苗绣，将苗绣艺术发扬光大。"

# 韦桃花
## ——以精美马尾绣荣膺"贵州名匠"

  韦桃花（1964～），民间刺绣艺人，水族马尾绣传承人。贵州黔南三都人，水族。看着母亲和祖母刺绣长大，少年时代在家人指导下制作绣片，15岁时就绣出了整副马尾绣背带。在借鉴传统的基础上，加入自己的设计，创造出了一批精美的马尾绣工艺品。曾多次参加国内外各种展览、比赛并获得殊荣，并免费培训乡亲和其他学员四五百人。2012年成为第四批国家级非物质文化遗产项目（传统美术类）代表性传承人。

### 一、马尾绣撑起一个家

  1964年5月，韦桃花出生在贵州省黔南布依族苗族自治州三都水族自治县三洞乡板告村一个水族家庭。

  贵州省三都县是我国水族的主要聚居地之一，也是全国唯一的水族自治县。三洞乡板告村依山傍水，是三都水族文化遗存的中心，有着很深的文化积淀。

  三洞乡板告村是马尾绣的发祥地，有"马尾绣之乡"的誉称，马尾绣工艺品远近闻名。村里的妇女历来有制作马尾绣的传统，女孩子从小就跟长辈学习马尾绣制作技艺，一般10岁左右就能独立完成小型绣品。

  小的时候，韦桃花经常看着母亲和祖母做马尾绣。懂事之后，她就悄悄拿着大人们正在做的半成品，琢磨着学做马尾绣，看从哪里下针、怎么绕花，并试着下手做一点。看到女儿做得像模像样，母亲便让韦桃花参与做马尾绣背带的局部绣片。背带做好后，大家都夸韦桃花针脚细密，手工不错。

韦桃花

有了大家的肯定，韦桃花决心自己做一副完整的马尾绣背带。有一段时间，她总是背着家里人一块一块地绣。15岁那年，这个小小年纪的水族少女绣好了她人生中的第一副马尾绣背带：暗色的衬底上，火红的太阳散发着柔和的光芒，飞舞的蝙蝠和蝴蝶环绕在四周，金黄色的铜钱星星一样散落着，回纹的花草遍布背带的各个角落。

韦桃花作品《太阳与石榴树》（局部）

赶集那天，韦桃花背着这副花了几个月绣好的背带，跟着村里的大人们去赶集。水族民间有姑娘生第一个小孩时娘家人送背带的习俗，所以尽管马尾背带价格昂贵，但还是有一定的市场。到了集市上，韦桃花的背带一摆出来，立刻吸引了好多人，有看的，也有想买的，大家都夸这副背带做得好。那时一副背带一般要卖四五十块钱，而她这副卖了六十块。韦桃花抑制不住心里的高兴，要知道，那时一个国家干部的月工资也不过二三十元。

从此，韦桃花和自己的三妹不再下地干农活，专绣马尾绣卖。为了做好绣品，韦桃花经常要走几十里山路，去找寨子里的老人请教技艺；或者在野外仔细观察研究行云流水、花鸟鱼虫的形态，把它们描绘进自己的绣品里。由于马尾绣工艺复杂，制作起来费时费力，寒来暑往，韦桃花吃尽了苦头，常常是半夜两三点钟还没能上床睡觉，为的是赶完几件绣品拿到集市去卖。

那个时候，旅游市场还没有发展起来，韦桃花姐妹一般绣些围腰、翘鞋，绣的最多的是背带，只作为日常生活用品零星出售。因为做工好、手脚快，韦桃花的马尾绣绣品颇受乡邻喜爱，马尾绣的收入成了她们家的主要经济来源之一。

因着"刺绣的活化石"美誉，以及自己出色的手艺，韦桃花姐妹用水族马尾绣撑起了一个家庭。

## 二、命运的波折和技艺的牵挂

马尾绣使韦桃花家的经济比村里人相对宽裕，也使她能够穿上漂亮的衣裳。在那个年代，哪家姑娘有件灯芯绒做的衣服就很了不起了，可韦桃花的衣服全都是灯芯绒的，再穿上自己绣的马尾绣围腰和翘鞋，18岁的韦桃花显得十分出众，引来了很多爱慕的目光，比她大两岁的表哥也悄悄喜欢上了她。

在水族的传统里，老表开亲亲上加亲的现象很普遍，两家的老人也很赞成。可表哥家条件不怎么好，加上年纪小，韦桃花不太乐意，一路哭着嫁到了板龙寨。板龙比较穷，丈夫是家里的独子，公公已经去世，只有年迈的婆婆和两个叔叔，劳动力很少。韦桃花和丈

韦桃花和她的工艺品店

夫一起挑起了生活的重担，种苞谷、喂猪样样都干。做完农活，她总是不忘做些马尾绣。村里很多妇女看她绣得好，常常来跟她学，让她帮画个花样什么的。

日子过得清贫，再加上5个儿子陆续降生，韦桃花和所有水族妇女一样，终日埋头在繁杂的家务中。丈夫不但下田种地，还做些倒卖木材的生意，家里的生活总算过得去。就这样，她家在村里盖了自己的木房，后来又在镇上临街的铺面买到了地基。

谁料不幸悄然降临：有一年全家一大早下田收割稻子，晚上回家丈夫说有点头昏，韦桃花也没在意，以为只是劳累过度而已，谁知第二天早晨丈夫却再没醒来。那年，他们最大的儿子16岁，最小的才4岁。为了养育五个孩子，韦桃花起早贪黑、苦苦支撑，马尾绣离她的生活越来越远。

韦桃花的儿子们一天天地长大，大儿子外出打工，已经能够分担家里的一些负担。此时，韦桃花又拾起了她钟爱、牵挂的马尾绣，并且有了新的梦想——到城里去开个店卖马尾绣。她打电话跟儿子商量，儿子非常支持。2005年，韦桃花经过一番考察，最后决定把自己的马尾绣工艺品店开在三都县城。第二年，在政府有关部门帮助下，小店顺利开张。

十分幸运的是，进入新世纪以来，国家重视文化遗产的发掘保护和传承推广，地方政府积极推动民族文化带动旅游经济，再加上水族马尾绣进入国家级"非遗"名录，大大刺激了马尾绣的生产和销售，也为韦桃花工艺品店

的发展营造了良好的大环境，进而改变了她的生活，改变了她的命运。

## 三、水族马尾绣：中国刺绣"活化石"

刺绣是流行于水族地区的民间艺术，有悠久的历史传统和广泛的群众基础。水族刺绣技法的种类很多，有平绣、马尾绣、空心绣、挑绣、结线绣及螺形绣等，其中马尾绣可以说是水族独有的刺绣技艺，且有中国刺绣"活化石"之称。

水族马尾绣是水族妇女世代传承的古老而又独具民族特色的刺绣技艺，但其起源已不可考。马尾绣以马尾作为重要原材料，这也是它的特色所在。四川成都织绣和其他民族的刺绣技艺也有用马尾做材料的，但只有水族才如此集中地将马尾用于绣品。

关于马尾绣的起源，有人推测可能与水族养马赛马的习俗有关。实际上，这种以丝线裹马尾制作图案的刺绣方法，有几个较为明显的优势，一是马尾质地较硬，图案不易变形；二是马尾不易腐败变质，经久耐用；另外，马尾上含有油脂成分，利于保养周围丝线的光泽。

马尾绣的制作比较繁杂，具体可以概括为六个步骤：首先是用极细的白色丝线（一般要劈成三股），把两三根合在一起的马尾绕裹成马尾线；随后在布面上把马尾线镶拼成各种图案骨架，并用白线固定下来；接着运用结线绣和螺形绣的技法，用各色丝线（以黑色、墨绿色和紫色为主）将图案骨架之间的空隙填满；然后用橙色和墨绿色丝线，在四周挑成"花椒颗"的镶边图案；最后再缀上闪亮发光的小铜片（水族人认为铜有驱邪避凶的功能），增加绣品亮度。

马尾绣主要用于制作背小孩的背带（水语称为"歹结"）及翘尖绣花鞋（水语称为"者结"），以及女性的围腰和胸牌、童帽、荷包、刀鞘护套等。图案包括造型别致的花、鸟、虫、鱼等动植物，还有龙、凤、麒麟等水族人民崇拜的图腾以及太阳等，有的绣品上还绣有水族古老的文字符号"水书"。

"歹结"背孩带（简称"背

韦桃花展示马尾绣核心技法
——用白色丝线裹马尾

带")是水族马尾绣技艺的集大成者,也是最难制作、最能体现制作者技艺水平的,据说要经过 52 道工序才能完成。马尾绣背带形似一块刺绣华丽的 T 形"帘子","帘子"的大小正好能够包住幼儿。它主要有三部分,上半部为主体图案,由 20 多块大小不同的马尾绣片组成,周围边框在彩色缎料底子上用大红或墨绿色丝线平绣出几何图案;上部两侧为背带手,下半部为背带尾,有精美的马尾绣图案与主体部分相呼应。

马尾绣背带

制作这样一件"歹结"要花一年左右的时间。水族中老年妇女制作"歹结",一般不用剪纸图案做底样,只凭经验完成,直接在红色或蓝色缎料上用马尾绣线盘刺绣,并综合运用结绣、平针、乱针、跳针等刺绣技艺。图案包括几何图案和花草鸟雀图案,主要有牛角花、水车纹、花椒纹、回纹、斜纹、方格纹、鱼骨纹等。分片完成的绣片,最后缀结成一幅结构完整、形象生动、色彩鲜明、填密精致、豪华富贵的美丽绣品。

马尾绣主要流行于三都县境内三洞、中和、廷牌、塘州、水龙等乡镇的水族村寨。一件马尾绣衣服往往要耗费数年甚至十多年时间,因此它也是衡量水族姑娘女红功底如何、是否心灵手巧的标志。水族姑娘出嫁,母亲要准备一条马尾绣背带作为嫁妆送给女儿,预祝早日生儿育女;女儿生第一个孩子时,外婆(或舅母)探视新生儿,必备马尾绣背带以及马尾绣银佛童帽做礼物,作为富贵吉祥的象征。

水族马尾绣绣品具有浅浮雕感,造型抽象,图案古朴典雅,古色古香,华美精致,结实耐用。尤其是背孩带、绣花鞋,将水族马尾绣的艺术价值体现得淋漓尽致,具有浓郁、独特的民族风格,展现了水族妇女娴熟的刺绣技艺。同时,这种民间艺术品也充分体现了水族人民对生活的感受,以及对美好事物的执着追求。

2006 年 5 月,水族马尾绣列入首批国家级非物质文化遗产名录(民间美术类)。

## 四、传承技艺，带动乡亲致富

由于忠实传统、又富于创新，韦桃花的绣品渐渐声名鹊起，在四乡八寨出了名，国内外客人慕名而来，纷纷购买收藏她的绣品。韦桃花也带着自己的绣品，赴各地参加了各种展示、比赛，并获得了不少荣誉。

2006年8月末，在贵阳举行的"多彩贵州"旅游商品设计大赛、能工巧匠选拔大赛中，韦桃花从全省9053件设计作品、4462名能工巧匠参赛的角逐中脱颖而出，在总决赛上以精美的马尾绣夺得"贵州名匠"特等奖，位列100名"贵州名匠"之首。

2007年10月，韦桃花被贵州省文化厅授予"贵州省非物质文化遗产传承人"称号。

2008年6月，在"中国文化遗产日"活动上，韦桃花获得了国家艺人最高奖。

2009年6月，韦桃花应邀赴浙江省杭州市参加"锦绣中华——中国织绣精品大展"，她的马尾绣作品独树一帜，获得了一个银奖、三个铜奖、一个组织奖的好成绩。

从2008年北京奥运会到2010年上海世博会，韦桃花带着她的作品走遍了祖国大江南北，向世人展示了水族马尾绣的非凡魅力。

韦桃花的马尾绣工艺品店，展销刺绣工艺品上百种，带动了家乡水族姐妹们以民族技艺创收致富。韦桃花看得更远，她深知马尾绣的传承离不

韦桃花带领水族姐妹共走致富路

开精湛的传统手工技艺。为提高家乡姐妹的马尾绣技能,她还免费提供伙食,到板龙寨举办马尾绣制作培训班,培训了 70 多位乡亲。此外,她每年还为县里培训三四百人。

2011 年,韦桃花带着马尾绣、牛角雕、水族银饰品,参加了意大利手工业礼品国际博览会,成为三都水族妇女第一代出国献艺的传承人。

2012 年 12 月,韦桃花成为第四批国家级非物质文化遗产项目(水族马尾绣,传统美术类)代表性传承人。

传统上,水族马尾绣品都是实用性的,一般不利于向外推广;且由于工艺复杂、费工费时,纯手工制作,绣品成本较高。与韦桃花同是水族马尾绣国家级代表性传承人的宋水仙说:"一件纯手工制作的马尾绣衣服基本要花一两年的时间,要卖到数万元。"因此,销售情况不容乐观。

另外一个突出问题是,虽然制作马尾绣的人还很多,但穿戴的人已经不多。马尾绣服饰多在节日里才穿戴,特别是在水族传统节日端节里,但现在的端节已经过得越来越淡了。而且由于观念的变化,过去马尾绣被视为姑娘心灵手巧及其家庭富有的象征,但现在人们都不这么看了,姑娘们做出的衣服大都压在了箱底。

近些年来,除了背带、翘尖鞋、衣服等传统绣品之外,还开发出了马尾绣背包、壁挂、领带等,以其独特的文化内涵渐渐成为游客热衷的收藏品。不过,商业化的现代马尾绣工艺制品质量下降,同时也意味着马尾绣工艺传承出现了严重不足。

宋水仙说:"马尾绣已经传承了上千年,我们水族人都非常喜欢。"韦桃花的心愿,就是把水族马尾绣技艺一代代地传承下去并发扬光大。

韦桃花水族马尾绣作品

# 陈显月
## ——"侗家最美的月亮"

陈显月（1964～），民间刺绣艺人，侗族刺绣传承人。贵州黔东南锦屏人，侗族。少年时代跟随母亲以及村寨其他能手学习刺绣，出嫁后又学习了土布织染技艺，逐渐成为侗族各种刺绣的行家里手。作品多次参与展览、比赛并荣获"名匠""名创"称号。后创办民族刺绣厂，生产"美霓裳"系列刺绣工艺品。2012年成为第四批国家级非物质文化遗产项目（传统美术类）代表性传承人，已培训新学员近百人，并带出了数名徒弟。

## 一、成长为样样精通的侗绣能手

1964年4月，陈显月出生在贵州省黔东南苗族侗族自治州锦屏县平秋镇平秋村一个侗族家庭。

我国许多少数民族衣饰华美，其中最重要的一个元素，就是这些服饰往往凝结着人们出色的手工技艺，尤其是刺绣，因而女性大多精于刺绣也就成为自然而然的事情。

侗族也是这样，陈显月的外婆、母亲都是当地赫赫有名的侗绣能手。因此，小的时候，陈显月早早就受到了侗族刺绣的熏染。

不幸的是，12岁那年，体弱多病的父亲去世，家里的负担全压在母亲身上。由于没钱上学，幼小的陈显月不得不辍学，并承担起力所能及的家庭责任。陈显月是个能干的孩子，挖田、砍柴、割草、喂猪，她样样在行，繁重的农活也很快使她的手掌磨出

陈显月

了茧子。

那时候,最让陈显月开心的,就是看母亲和姐姐刺绣。看得多了,也就跃跃欲试,但家里穷,没有多余的线头供她练手。一次,她在地上捡到一段十多厘米长的线,便偷偷学着络太阳的图案。姐姐看到后,夸她络得不错。陈显月顺势向姐姐要线,但姐姐说不能给她。

之后,陈显月东一截西一截地捡线头,并绣制出一个完整的太阳图案,卖了3块钱。陈显月不舍得买糖果,把钱全买了线。从此,她正式跟着母亲学刺绣,短短两年时间就把母亲掌握的所有刺绣技巧都学会了。

陈显月在刺绣

陈显月说:"对于侗家姑娘来说,学刺绣是没有专门老师的,靠的是一个人的模仿能力与悟性,以及勤问和勤练。"这也说明,对于侗族女性来说,刺绣及其技艺的传承原本就是生活的一部分。

掌握了母亲的刺绣技能后,陈显月并不满足,开始向寨上的其他刺绣能手求教,学做侗家背带、绣花鞋、宝宝银帽等。陈显月说:"之后越绣越好,我就白天下地干活,晚上回家加班加点地绣。"

20世纪80年代,愿意坚持学习刺绣的侗族姑娘越来越少,大都外出到沿海地区打工赚钱。可陈显月毫不动心,情愿留在家里,下地干活,操持家务,空余时间刺绣,这样的生活令她觉得满足。

1987年,陈显月出嫁了。她的婆婆也是侗族刺绣行家,不仅帮她带孩子、做杂活,还对她的刺绣作品提出建议。这期间,陈显月的刺绣手艺日渐成熟。鉴于侗绣图案都是绣在侗家土布上,而婆婆又精通土布制作,于是陈显月开始学习土布的制作技艺。

陈显月介绍说:"侗绣都是绣在侗家自己制作的土布上,要想把侗绣绣好,布料也是关键。我们学织布的过程与中原地区不同,要从种植棉花开始,然后纺织棉纱,直至织成侗家粗布。"就这样,从种棉、纺纱、织成土布,再到蓝靛浸染,陈显月一样不落地学习,"过程很辛苦,但必须掌握"。

通过辛勤学习和耐心练习,陈显月很快成了制作背带的能手,此外,少女腰带、小腿包绑带、少女披肩、宝宝银帽及渚绫（侗家妇女盛装）、圆鼻钩花鞋等侗家所有特色刺绣，她样样都拿手。

## 二、侗族刺绣：幸福美满的太阳花

侗族刺绣是我国少数民族刺绣的重要组成部分，主要流行于湘、滇、桂侗族聚居区，不同地区又有自己的风格特点。

贵州锦屏侗族刺绣的突出特点，是集纺织、印染、剪纸、刺绣于一体。侗绣底料用侗家自织、自染的土布，刺绣图案先做成剪纸，贴在土布上，然后用各色丝线刺绣，绣品具有明显的浮雕感，自成风格。

侗绣在侗族人的生活中有着广泛的运用，主要用于衣饰和日常用品，近年来又开发出了一些新的品种。侗族百姓尤其是妇女的衣服，几乎任何一个部位都有侗绣装饰。侗族妇女头上包自织的白头巾，上身穿着对襟花衣，两边袖口镶有宽幅花边，衣脚、衣叉都配有花边，胸前另配一块胸兜，裤脚、腰带也都有花边或图案。

胸兜是最能显示刺绣技艺的地方。胸兜图案花样繁多，有的绣双龙抢宝，有的绣金钱葫芦，有的绣牡丹富贵，有的绣孔雀开屏等等。这些图案古朴优美，具有浓厚的原生态民族风味。

侗绣的另外一个突出品种，是侗家的小儿背带，也是最能反映刺绣技艺高低的作品。背带由上部及其两侧的背带手和下部的背带尾三个部分组成，而上部的主体部分又包括很多块绣片。据陈显月介绍，背带的制作过程十分复杂，要先把图案做成剪纸贴在土布背带上，然后再根据个人爱好，用不同色彩的丝线把这些图案绣在上面。制作一条好看的小儿背带，往往需要花上一年半载的时间。

侗家背带图案十分讲究，上面要有龙有凤，有蝴蝶有花朵，还有"太阳花"。陈显月介绍，背带上特别漂亮的圆代表太阳，红、紫、黄线代表阳光的温暖和日子幸福美满，圆里面的花鸟、蝴蝶和鱼等代表自

陈显月在制作绲边绣线

由快乐、吉祥如意和年年有余。

在侗族家庭，几乎有几个孩子就有几条背带。每当有孩子出生，外婆就会送小儿背带来。当地侗家人称："反正这是我们这里的风俗，几百年来一直不变。"陈显月介绍："听老人讲，很久以前，有一位姑娘为自己出嫁，绣制一条背带，留着将来自己生儿育女用，她从10岁那年开始绣，到18岁出嫁那年才绣完，用了8年时间呢。"后来，为了纪念这位姑娘，当地侗族妇女每到自家的闺女出嫁时，都要绣上一条背带作为嫁妆，一是作为纪念，二是将来背孩子用。

侗绣刺绣的精品当属"盘轴绲边绣"，仅在锦屏县的平秋、石引、黄门等地流传。据当地碑记和老人介绍，"盘轴绲边绣"在明清时期就已经盛行。"盘轴绲边绣是纯手工制作，有作模、打面浆、粘布、拟模、贴面、镶边和绣花等几十道工序。"陈显月说，"制作一件完整的'盘轴绲边绣'小儿背带，要花一年多的时间。"

侗族刺绣文化内涵深厚，具有独特的艺术魅力，而锦屏县九寨（平秋镇及周边的九个侗族大寨）的侗绣又是杰出代表，承载着当地侗族世世代代的理想追求与精神寄托，集中体现了九寨侗族劳动妇女的智慧结晶。

2011年5月，侗族刺绣列入第三批国家级非物质文化遗产名录（传统美术类）。

## 三、"侗家最美的月亮"

20世纪八九十年代以来，随着老一辈刺绣能手的相继去世，年轻一辈纷纷外出打工，家乡刺绣传承后继乏人，陈显月深切认识到不能让刺绣技艺在自己这一代失传。

1995年，陈显月在平秋镇街边开了一家小店，从事侗族刺绣工艺品及染织工艺品的经营等。从此，制作侗族刺绣绣品、传承侗绣手工技艺成为她生活的主要内容。顺理成章，这爿小店成了当地妇女学习、交流侗绣技艺的场所，陈显月则倾囊传授自己掌握的侗绣技艺。

对此，陈显月说得极为朴实："绣这东西很花时间，我在村里开小卖部，就拿这玩意来消磨时间，有时候是帮别人绣。"而对于无私传授技艺的陈显月，九寨侗乡人则称其为"侗家最美的月亮"。

30多年的侗族刺绣技艺浸淫，陈显月不仅熟悉侗绣各个品种的制作，而且技艺越来越精熟，作品越来越精美，价值也越来越大。

自2006年"多彩贵州旅游商品设计大赛"和"多彩贵州旅游商品能

工巧匠选拔大赛"举办以来,陈显月及其刺绣作品多次荣获"名匠""名创"称号。

2010年10月,陈显月被评为贵州省省级非物质文化遗产项目代表性传承人。

2012年12月,陈显月成为第四批国家级非物质文化遗产项目[刺绣(侗族刺绣),传统美术类]代表性传承人。

获悉成为国家级"非遗"传承人,陈显月欣喜之情溢于言表:"一辈子做刺绣,但没想能到这一步。"

成为"非遗"传承人之后,陈显月更加忙碌起来。各地纷纷邀请她参展,前来求学的人也络绎不绝。由于时间关系,许多时候都是匆匆而来、匆匆而去,那些学习侗绣的人都希望陈显月"慢点走,再教教我们"。这令陈显月十分感动,她表示,只要有时间,自己就会毫无保留地把技艺传授给当地妇女,以使侗族刺绣能更好地传承下去。

侗族刺绣银帽

2013年,陈显月筹集资金近20万元,租借场地作厂房,购置机器设备,创办了名为"锦屏县北侗民族刺绣厂"的微型企业,平秋街上的小店也扩大成了刺绣厂经销展示门店。陈显月把当地刺绣能手组织起来,生产开发"美霓裳"系列刺绣工艺品。

目前,经陈显月培训的人员已达80人次,并带出了6个徒弟,使"盘轴滚边绣"这一民族奇葩得到了更好的保护、传承和发展。

## 四、传承要靠文化自觉和自信

民族民间文化的传承,外力推动之外,最主要的还是要依靠民族民间的文化自觉和文化自信,这才是问题的关键。

在锦屏平秋,尽管侗族刺绣已经进入国家"非遗"名录,但一些人并没有完全意识到它的珍贵,也不甚了解外界对侗族刺绣的痴迷。一些村民热衷谈论的话题,是哪家又盖了亮堂堂的砖房,哪家的娃仔在外面打工发了财。

陈显月传承民族技艺的行动做出了榜样，她的作品诠释了侗绣及侗族服饰的深厚文化内涵和巨大价值。

2012年11月18日，在"中国·凯里银饰刺绣博览会"上，陈显月代表锦屏县参展，她一身盛装，身后挂着自己的作品——侗族背带、披肩、圆鼻绣花鞋等绣品。庄重的侗服上，绣着风格独具的漂亮图案，配着刀、叉、剑、戟、斧等各种形状不同的银饰……

人们发现，陈显月的绣品大都有太阳图案，而每一件又都绣着大小形态不同的蝴蝶和葫芦。对此，陈显月解释说："侗族人民历尽苦难，这些都是雕刻在银饰上的历史印记。九寨侗族同胞一向有佩戴银饰的传统，不仅是为了装扮，还有象征财富、驱邪避凶等功能，每个刺绣图案都蕴含着独特的文化、美好的寓意，每个银饰也都具有特殊的意义。""太阳表示侗族人追求光明的愿望，蝴蝶和葫芦则承载着我们的历史。传说侗族祖先曾遭水患，很多人躲进葫芦里，骑上蝴蝶才得以幸免，因此通过绣它们的图案来表达感恩之情。"

陈显月还记得，自己绣的第一条背带卖了600多元，对她而言，那仿佛是一个天文数字。后来，她的绣品的价格不断上涨，每件卖到了3000多元，如今价格已经超过了4000元。侗绣入选国家"非遗"名录后，她绣制的九寨背带曾卖过5000元的价格。

"看起来挺贵，但由于是纯手工艺制作，绣制一条较好的背带最快也

锦屏侗族群众学习刺绣

要半年多时间,很费工费力。"陈显月说,"从经济的角度说并不划算,很多人还是不愿意学。"

在世界文化多样化趋势和国家保护"非遗"的背景下,民族民间技艺及其作品已经越来越获得人们的肯认和追捧,而流传地区的人们也日渐重拾文化自信,使这些技艺和作品重回日常和仪俗生活。在平秋甚至九寨侗族地区,小儿背带又成了母亲们背上的一道美丽风景。

陈显月坚信,"侗族刺绣不会失传"!

# 崇德福
## ——"经历过才知道怎样教学生"

崇德福（1954～），民间艺人，木版水印技艺传承人。北京人，满族。他初中毕业后进入荣宝斋学习刻版，从事木版水印刻版40余年，全面精到地掌握了这一技艺，几乎达到无所不能的境地。2007年成为第一批国家级非物质文化遗产代表性传承人（传统手工技艺类）。参与主刀刻版的作品有《清明上河图》《阿诗玛》《孙子兵法百家书》《十竹斋笺谱》等。

## 一、爱好美术，从事刻版

1954年，崇德福出生在北京的一个满族家庭。

崇德福的父母都是当时手工艺行业的师傅。父亲是宫灯厂的画师，母亲在绒鸟厂当工人。小时候的崇德福，经常看父亲画灯片，还不时地帮着父亲勾点简单的画，帮着母亲搓绒线。这些，锻炼了崇德福的动手能力，也为他后来从事木版水印刻版打下了一定的绘画基础。

崇德福

在新中国成长起来的崇德福，接受了正规的学校教育，一直读到初中毕业。学校教育使他增长了知识，而古典诗词学习也提高了他的鉴赏能力，使他具备了一定的美学修养。

1971年，崇德福初中毕业，分配到荣宝斋工作。统一学习一个月后，他被安排在木版水印部，拜刻版技师张延洲以及孙日晓、张进深等人为师，学习木版水印的刻版技艺。

崇德福的师傅张延洲，是木版水印的刻版高手，他用8年时间，雕刻出五代南唐画家顾闳中的《韩熙载夜宴图》，被公认为木版水印的巅峰之作。

不过，张延洲虽然有高超的刻版手艺，但生性少言寡语，不善言辞，而且旧时学艺身教重于言教，学徒多靠心领神会。因此，师傅技艺高超，却是茶壶里煮饺子——倒不出来，只是让徒弟"多看"，却不具体说明该如何运刀、使多大劲、刻什么角度，全凭崇德福自己去观摩、领悟。

除了跟师傅学习，业余时间，崇德福喜欢逛故宫、美术馆，研究不同画家的风格、用笔的路子，因而渐渐领悟了书画艺术的精髓。为了掌握走刀力度，他甚至临摹原作，体会画家下笔的轨辙、劲道等等。

崇德福

崇德福刻的第一幅作品是敦煌壁画《双飞天》。师傅要求"丝绸衣服的褶皱、飘带的下垂感和头发丝的光泽，都要精确地刻出来"。崇德福废寝忘食，3天才刻了一块版。回想起当时的情景，崇德福说："刻那俩人，可真难坏我了。""最难的是飞天的眼神，刻刀偏离一毫米，整个作品就'砸'了。"

经过勤学苦练，出师的时候，崇德福的手艺已达到了三四级工的水平，能操刀如笔，灵活掌握走刀力度，将线条的转折、顿挫雕刻出来。

## 二、几可乱真的木版水印

木版水印是我国独有的一种印刷技术，有着悠久的历史。早在唐咸通九年（868年），有一个叫王阶的人，便用这种技术刻印了《金刚经》扉页插图，至今存世。唐代以来，书籍多附有插图，16世纪开始出现彩色套印。

今天的木版水印，沿用了我国古老的雕版套印技艺。它集绘画、雕刻和印刷为一体，根据水墨渗透原理显示笔触墨韵，所用纸、墨、色等原料均与原作相同，能够逼真复制各类中国字画。如今传承这一技艺的，是京城老字号荣宝斋。

荣宝斋的前身为"松竹斋"，创建于清康熙十一年（1672 年）。光绪二十年（1894 年），取"以文会友，荣名为宝"之意，更名"荣宝斋"。荣宝斋至今已有 300 多年的历史，历来就是书画界人士会集、交流和乐于往来的场所。

木版水印技艺是荣宝斋的"绝活儿"，采用的正是雕版印刷的"版"套印。所谓"版"套印，是根据画稿笔迹的粗细长短、曲直方圆、刚柔枯润，设色的深浅、浓淡、冷暖以及色相的向背阴阳，分版勾摹，刻成若干板块，然后对照原作，由深至浅，逐笔依次叠印，力求逼肖原作、精确无误，达到乱真的程度。

20 世纪 50 年代，荣宝斋的经理把画家齐白石请到店里，挂出两幅《墨虾》，告诉白石老人其中只有一幅是他的真迹。老人端详了许久，最终摇着头说："这个……我真看不出来。"

荣宝斋的木版水印始于清光绪年间，早年主要印制诗笺、信笺。1896 年，荣宝斋设帖套作，延聘刻、印高手，印制了大量精美的诗笺、信笺。民国期间，荣宝斋重刊《十竹斋笺谱》，使彩色套印和拱花术获得了延续和发展。

荣宝斋木版水印的吴冠中作品

新中国成立以来，荣宝斋在传统技艺基础上不断加以改进创新，由原来只能印大不及尺的诗笺、信笺，发展到能够复制大型画作，而且成品惟妙惟肖、形神兼备。这些画作，既有古代经典，如唐代周昉的《簪花仕女图》、宋代马远的《踏歌图》等，也有现代名作，如徐悲鸿的《奔马图》。

荣宝斋制作的大型木版水印画，最著名的

要数五代顾闳中的《韩熙载夜宴图》。这幅作品是由崇德福的师傅张延洲主刀刻版的，复制过程历时8年，雕刻木版1667块，套印6000多次，使用了与原画完全相同的材料和珍贵颜料。这幅作品印制内容之繁杂、水平之高，在我国雕版印刷史上都是绝无仅有的。单就仕女衣裙，就需要56块套版加以印制。在长达3米的画卷上，共出现了此类人物多达49个，衣着、布置、神态，无一不精致至极。

而可以与《韩熙载夜宴图》媲美的，则是崇德福参与主刀刻版的《清明上河图》。这些作品均标志着荣宝斋的木版水印技艺已经发展到了巅峰。

如今，无论是大不盈尺的信笺还是巨幅的画卷，无论是现代书画还是古代名画，荣宝斋都可以印制出来。其木版水印画多次在国内外展出，畅销国内外，并被很多国家的博物馆收藏。

2006年5月，木版水印技艺列入第一批国家级非物质文化遗产名录（传统手工技艺类）。2007年6月，崇德福成为这一项目的第一批国家级代表性传承人（传统手工技艺类）。

## 三、坚守缘于感恩和信念

荣宝斋既是书画界人士会集、交流和乐于往来的场所，也是年轻人技艺学习的福地。对此，崇德福深有体会，他说："在荣宝斋学习技艺要比其他地方的条件好，因为当时荣宝斋是许多有名的画家交流聚会的地方，所以经常有机会见到黄永玉、李可染等知名画家，而且更加难得的是可以看他们现场作画。"

崇德福认为："能一睹名人大家的风范、谈吐，并能观看他们作画，对于一个青年学生是十分有吸引力的，我一直觉得这是我最大的收获，对于技艺的提高有很大的帮助。"因此，每次有这样的机会，崇德福都特别珍惜，仔细观看画家如何构图、怎么用笔、怎样上色，用心揣摩他们的构思和绘画技巧。

从1962年到1971年，荣宝斋的木版水印部没有进新人，都是新中国成立前就开始做木版水印的老师傅。虽然他们个个都有着高超的技艺，但10年的断档对于一门技艺的传承来说是十分危险的，所以当时的领导特别重视对崇德福他们这一批学员的培养。据崇德福回忆，当时领导担心他们刚刚走出校园坐不住，因而特别允许他们可以按照学校的作息，每45分钟休息一下。

木版水印包括勾（分版）、刻（制版）、印（印刷）等基本工艺，刻

木版水印技艺——印刷

版是其中承上启下的工序，在刻版的过程中，必须充分考虑到印刷中可能涉及的问题。因此，崇德福除了向师傅学艺，也会经常请教擅长印刷的老师傅。当时印刷技艺最精湛的是孙连旺，崇德福每次刻好一块版子，都会跑去让孙师傅打样（事先印出一张，检查刻的效果）。孙师傅见他好学，便经常给他讲些印刷的技术。在印《韩熙载夜宴图》的时候，孙师傅还亲自给崇德福示范印仕女眼睛的方法。崇德福回忆说："孙师傅仅印侍女的眼睛就要印5遍，技艺十分精湛，无人能比，颜色一点一点地饨上去，层次分明，立体感十足。"

除了老师傅们的指导，还有一件事让崇德福记忆犹新。一次画家李伯实来荣宝斋，聊天中得知崇德福正在练习刻线条，于是随手画了一张仕女图，便贴在崇德福的版子上让他练刻。崇德福说："那么有名气的画家，随便画一张仕女图都是可以拿来卖的，但是他没有在意这些，我当时特别感激他。如果我不好好刻，怎么能对得起李伯实老师对我的信任呢？"

也许正是怀着这份感恩之心，崇德福在自己的岗位上一直坚持了40多年。当初和他一起进荣宝斋学习刻版的另外两个人早已转行，20世纪80年代又有两个人来学习刻版，可最终也没有坚持下去。许多人来了又走了，只有崇德福始终如一地将心思放在刻版上。当有人问起为何能40多年如一日坚持下来时，崇德福说："我离开了，手艺可能就断了，当初领导让我们把技艺好好传下去，这一点我从来都没有忘。"朴实的话语中，闪耀的是传承传统技艺的执着信念。

## 四、"经历过才知道怎样教学生"

崇德福从事木版水印刻版已经40余年，数十年来，他刻出的作品难以计数，从协助师傅刻、与师傅一起刻，到主刀刻、刻难刻的，达到了无所不能的境地。诚如他所说："拿什么书画来，没有我刻不了的东西。"

崇德福的"大话",并非虚头巴脑的"狂言"。20世纪80年代后,荣宝斋复制的木版水印书画,无论是徐悲鸿的马、鹰,齐白石的虾、蟹,吴冠中的双燕,还是《孙子兵法百家书》,"每幅书画中难刻的部分,都由我来完成"。即使最难刻的写意画,画家用枯笔干蹭的,如刘继卣画的钟馗,胡须跟一团乱麻似的,他也能刻得一丝不苟。

提起崇德福主刀刻版的作品,《清明上河图》当然是首屈一指的。回忆起当年刻这副版的往事,崇德福记忆犹新:"嘀,那《清明上河图》有5米多长呢,光人物就有1643个,当年我和俩师傅一块儿雕刻,5年才刻完。……我们仨刻了1000多块版材,光我就刻了500多块,一块版最长得刻10天。"刻印完成的木版水印《清明上河图》,其中两份被中国印刷博物馆和国家博物馆收藏。

此外的重头作品,还有黄永玉的《阿诗玛》组画以及《孙子兵法百家书》。《阿诗玛》是画家黄永玉早年的版画作品,极为精美。为了拿出高品质的木版水印制品,刻版自然而然选定了崇德福。对此,崇德福说:"人家提出得让木版水印技艺的传承人刻,这活儿就交给我了。"后来这部作品参加世界书展,获得了广泛好评。而由崇德福主刀刻版的《孙子兵法百家书》,在首届全国优秀艺术图书奖评选中获得了二等奖。重刻再版的《十竹斋笺谱》,获第二届全国优秀艺术图书三等奖。

从17岁初中毕业到如今,伏案工作40多年,崇德福落下了眼花、耳鸣、颈椎骨质增生的毛病。对此,他无怨无悔。

40多年的刻版修炼,也使崇德福进入了心外无物的境界。早些年接受采访,他曾说:"坐这儿刻了37年木头,我真有种修行的感觉,好像入到里面去了。有了烦心事,只要拿起刻刀一干活就全忘了,说明我已修成正果了。"

不过,也不是没有让崇德福挠心的事。崇德福最担心后继无人,怕刻版这门老手艺失传。他原来有俩徒弟,学了10年,能刻了,走了。"人家有路子,挣钱多,阻止不了。"崇德福感叹道,"现在选学手艺人很难,有人学多少年都不见得能学出来。"

崇德福在刻版

现在，崇德福带了好几个徒弟。他关心徒弟们的学习和进步，而且教起来很有一套。刻版最重要的工具就是月牙刻刀，崇德福亲自为每位徒弟做一个刀把，告诉他们什么样的图案应该怎样刻，还会根据学生的喜好找来一些他们喜欢的题材让他们刻。他说："要调动学生的情绪，只有真正喜欢的作品才能够用心去感受画的韵味，用心来刻。"

崇德福有自己的刻版经验，那就是"只要拿起刀，就盯死了，一点儿不能走神。……尤其是刻人物的脸，五官得一气呵成刻完。一歇刀，好像气力就灌不进去了"。这数十年的经验之谈，跟徒弟们讲起来，效果显著。正如他所说："自己也是从学徒走来，可能经历过就更知道应该怎样教，我想让学生们少走些弯路。"

目前，崇德福几名徒弟的技术已经相当不错，可以独当一面。因此，崇德福推荐大徒弟当头儿，鼓励他们好好干。他相信这门古老的传统技艺必将有光明的前途。

# 叶水云
## ——"西兰卡普"镂云裁月

叶水云（1967～），织锦艺术家，工艺美术大师。湖南湘西龙山人，土家族。1979年开始学习土家族织锦技艺。历任凤凰县职业中专教师，湖南省民族民间艺术委员会会员，中国艺术研究院民间艺术创作研究员，中国工艺美术学会会员。致力于土家族织锦的制作，在设计上突破传统、大胆创新，是第一批国家级非物质文化遗产项目（土家族织锦技艺）代表性传承人。织锦代表作有《岩墙花》《人类·和平·进步》《秦朝里耶史诗——宴乐渔猎水陆攻战图》《大四十八勾》《阳雀花》等。

### 一、儿时萌生的织锦情怀

1967年，叶水云出生在湖南省湘西土家族苗族自治州龙山县苗儿滩镇的一户土家族人家，在兄弟姐妹4人中排行老大。龙山县历史悠久、资源丰富，县里有一条清亮的河，名叫"洗车河"，是当地的土家族聚居地，叶水云一家就住在洗车河流经的叶家寨上。

小时候，叶水云在家人的关怀下度过了一个非常幸福的童年。她的祖父叶德贵、父亲叶立恒都是寨里的教书先生，平日里，她喜欢坐在洗车河边，伴着潺潺的水声听祖父和父亲讲民间传说故事，古老神秘的传说和周围秀美的景色陶冶了她恬静温婉的性情。

叶水云

在儿时听过的传说中，"西兰卡普"的故事给叶水云留下了深刻的印象。相传很久以前，有位叫西兰的土家族姑娘能将各种花儿织得娇艳无比，"卡普"就是她织的花布。西兰把山里的百花都织遍后，为了织出半夜才开的白果花，便在夜晚独自爬到白果树上仔细观察。没想到，嫂嫂发现她的行踪后谗言诽谤，于是哥哥就挥起斧子砍断白果树摔死了西兰。为了纪念西兰，当地人便把这种花布叫作"西兰卡普"，也就是土家族织锦。

后来，土家族织锦因构图大方、织工精巧、色彩鲜明逐渐流行起来。为此，土家族姑娘们纷纷开始学习这一独特的制作工艺，以丝、棉、麻为原料，用红、蓝、青3种颜色作为经线，五彩色作为纬线，在古式织机上经过纺线、染线、倒线、牵纱、装筘、上机扎综、试织、挑织等多道工序，以通经断纬、反面挑织的方法，织出自己喜爱的样式，作为自己结婚时最重要的嫁妆。

和土家族的其他姑娘一样，叶水云也十分喜爱家乡的土家族织锦技艺。她的姑婆叶玉翠是赫赫有名的织锦艺人，从9岁起就开始制作织锦。每当谈起姑婆，叶水云都十分自豪："我从小就看着姑婆织，她织锦织得好，而且在我们当地整个洗车河一带是做得最好的。我姑婆隔一段时间就换个新图案，图案都非常精致。老人家做织锦多一点，但绣花、剪纸、绘画都精通。"

正如叶水云自己所说，她从小就看着姑婆制作织锦，久而久之受到了不少熏陶。她曾在回忆当初的情形时说："小时候天天都要经过姑婆家门口，到那里都要坐一下、看一下，就这样产生了对织锦的喜爱。"

1979年，带着对土家族织锦的热爱，12岁的叶水云开始跟着姑婆学习土家族织锦技艺。刚开始学织锦时，她一边读书一边学习，每天都利用中午和放学后的时间站在姑婆旁边看姑婆制作织锦，姑婆做其他事情的时候，她就坐在织机前自己练习。虽然一开始只是利用课余时间学习，但她的心却与土家族织锦紧紧连在了一起，此后的几十年里再也没有分开。

## 二、拜师学艺，"用心织锦"

1981年，为了更加系统地学习土家族织锦技艺，叶水云离开校园，正式拜叶玉翠为师。与她共同拜师的还有寨上的叶春英、叶卓香、叶九翠、叶七妹、叶冬翠等其他5个姐妹，她们6人在当时被合称为"叶家寨土家织锦六朵金花"。

在叶玉翠的指导下，叶水云从织锦前的准备工作学起，全面地学习了土家族织锦技艺。"每天早晨，我们来到姑婆的吊脚楼，她手把手地教我们，在窄小的织锦机上用红、蓝、青色的线为经，用各种色彩的丝做纬，织出漂亮的图案。"在洗车河河畔伴着潺潺的水声学习土家族世代相传的传统技艺，对年少的叶水云来说是最难忘的经历。

在学习技法的同时，叶水云还通过帮姑婆整理传统织锦图案了解了每一个图案背后不同的深意。比如最为经典的"四十八勾""二十四勾"等勾纹图案，源自土

叶水云在织锦

家族先民的图腾崇拜；而寓意吉祥如意的麒麟、长寿高洁的天鹅，则显示出土家族对大自然与生命的热爱……这些都为叶水云日后用独特的手法生动再现这些传统图案打下了坚实的基础。

在学习的过程中，叶水云也遇到过不少挫折。一次，她因为和其他几个姐妹说话，一不小心走错了线，等到发现时已经织错了很长一截。由于初学者一天只能织一寸左右，拆锦又非常麻烦，叶水云不想拆了重来，结果惹得一贯温和的姑婆大发雷霆。姑婆说："刚开始学习就这么不认真，还是不要学织锦了！织锦是要用心去体会的，要用心去织，一定要认真，一定要兢兢业业，不能马马虎虎。每一个图案都有特定的含义，一针都不能含糊，一针都不能织错。"姑婆的一席话令叶水云十分羞愧，也让她感到了身为织锦艺人肩上所承担的责任。从此，"用心织锦"便成了她奉行一生的信条。

几个月后，在姑婆的悉心教导下，叶水云终于完成了自己的第一幅作品《燕子花》。"燕子花"是土家族织锦中比较简单的图案，通过这幅作品的练习，叶水云初步掌握了织锦的技巧，基本功也变得更加扎实，成为"叶家寨土家织锦六朵金花"中学得最快的一个。

《燕子花》织好后，叶水云干脆把一台织锦机搬回了家里，为的是早晚都可以编织。白天她跟着姑婆继续巩固基础，听姑婆讲解织锦的配色口诀，讲述织锦中蕴含的土家族的传奇故事，晚上回到家则模仿姑婆编织的《野鹿含花》《狮子滚绣球》《凤穿牡丹》《蝴蝶牡丹》等作品。然而，由于没有美术基础，叶水云的这些模仿并不成功，可她并没有放弃，一次次

地进行尝试，这令姑婆感到十分欣慰。

除了织锦，叶水云还从姑婆那里学习了汉族民间传统手工艺"挑花"以及民间绘画。这些经历为她多年后创作独一无二的土家族织锦作品提供了宝贵的经验。

## 三、坚守传统，学习新知

改革开放后，和煦的春风吹到了偏远山区，给叶水云的家乡带来了日新月异的变化。许多土家族姑娘受新气象的感染，喜欢上了看电影等娱乐活动，并开始寻找新的工作。

渐渐地，与叶水云一起学习织锦的姐妹先后转行，有的卖起了化肥，有的做起了家电生意。到了最后，原先的六朵金花只剩下了叶水云和叶九翠两朵。每当姐妹们劝叶水云换个工作，或者叫她一起去看电影时，她总是婉言谢绝。在她眼中，土家族织锦的图案比电影中的时尚服饰更有吸引力。有一次，湖南凤凰县文化馆为了收集织锦的图案，在民间购买了一些作品，叶水云的一幅织锦就在其中，这令她感到非常兴奋。

1984年，叶玉翠被龙山县土家族织锦工艺厂聘为终身顾问，17岁的叶水云随姑婆进厂，开始专业从事制作织锦的工作。当有人问她为什么能耐得住寂寞，从事这一行业时，她说："一幅作品少则需要三五天，多则需要几个月。但是每次用手触摸着织锦，想着那每一格都是自己亲手织上去的，便有一种说不出来的满足感。"正如叶水云自己所说，制作土家族织锦带给她的是其他任何职业都无法比拟的精神上的愉悦与满足。

在龙山县土家族织锦工艺厂工作期间，叶水云的织锦技艺日臻成熟。除了用传统技艺编织土家族织锦，她的作品在工艺上还吸取了多种挑织技法，编织出的图案更加精

叶水云织锦作品

美、细腻，获得了大家的一致好评。

1987年，叶水云被吉首市织锦厂聘为技术副厂长，主管设计和生产工作。此时的她通过多年磨炼已经成长为一名优秀的织锦能手，刚一上任就成了厂里的红人。然而，叶水云并没有因此而感到满足，她在长期的实践中认识到，以往的土家族织锦颜色艳丽，对比十分鲜明，这一方面体现了土家族人民的热情粗犷，一方面也带来了局限性，使传统土家族织锦图案无法被更多人接受。为了让土家族织锦配色更为科学，她决定系统学习美术专业。

1988年，叶水云考入凤凰县职业中专，开始了3年美术专业的学习。其间，她系统学习了绘画、设计等专业美术知识，对颜色的特性、冷暖色调的灵活运用以及图案设计等有了全面的认知。在回忆当初的情形时，她说："我从美术的基础学起，在那里学了3年，慢慢就懂得绘画、设计那些知识了。现在反过来看以前做的东西就觉得太差了，一点色彩基础都没有，光会做，只懂工艺。在读书期间我做的东西就和原来的大不一样了。"她还说："土家族织锦没有草稿，最重要的一个环节就是配色。以前配色没有理论指导，主要从个人感觉出发，喜欢红、绿等艳色系。除了讲究图案平整以外，配得好不好自己也不清楚。学习后才慢慢认识到，配色应注重冷暖色调的对比与衬托。"这些都是叶水云在学习过程中得到的宝贵经验。

## 四、制作、教学、研究三管齐下

1991年，叶水云从凤凰县职业中专毕业，留在学校教授图案设计和织锦技术，并与研究蜡染的丈夫付元庆共同创办了土家族织锦、蜡染民族民间艺术研究所，研究传承土家族织锦和蜡染。

在丈夫的协助下，叶水云一边教学，一边挖掘、整理了大量土家族织锦资料，设计了许多新颖的图案，取得了瞩目的成就。后来，她还在凤凰古城开了一间"水云织锦坊"，专门出售亲自制作的土家族织锦。

在制作中，为了进一步适应现代审美习惯，叶水云对土家织锦的内容作了改进，在作品中增加了人物写实图案。不仅如此，她还通过反复实践，根据民间的"抠斜"原理，独创了"半格"织锦法，即改变每一格都由三根同色线编织的传统技法，改用不同颜色的纬线织满一格。采用这种方法织出来的图案立体感大为增强，尤其是在编织人物时，织出来的眼睛更加逼真、有神。

1993年，叶水云应有关人士邀请，为台湾佛教界设计制作了《南无观世音菩萨》《六祖慧能大师》《地藏王》等12幅系列佛教图案壁挂，生动展现了这些佛教人物的形象，在台湾乃至全国引起了轰动。在回忆整个创作历程时，她说："观音、如来像要织好很难，尤其是眼睛、手这些地方。12件作品，我花了整整一年时间。后来台湾同胞看到作品后惊呆了，眼睛都瞪大了，喜欢得不得了。"

1995年，第十二届中国工艺美术年会在凤凰召开，叶水云携自己的上百幅作品参展，令与会的专家、学者

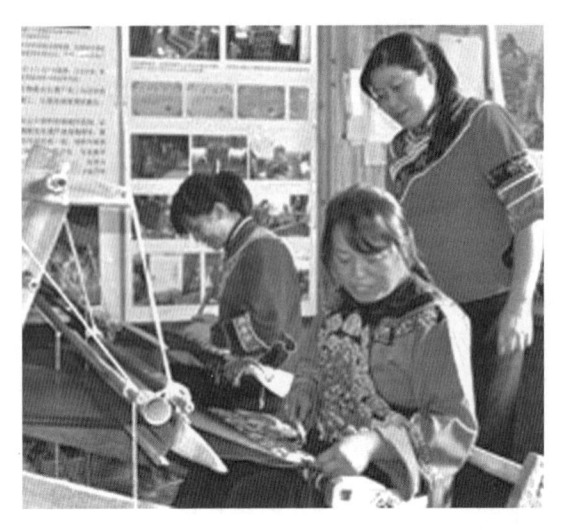

叶水云（右一）在土家族织锦传习所指导学徒

赞叹不已。当代著名画家、工艺美术家张仃看后更是亲笔题词，送给叶水云"缕云裁月"四个大字。

这次参展让叶水云名声大噪，也让她在第二年获得了联合国教科文组织和中国民间文艺家协会联合授予的"民间工艺美术家"称号。此后，前来邀请她创作土家族织锦的人越来越多。1998年，她与一位教师共同设计制作了长5米、宽1.15米的大型长卷壁挂《古城凤凰——沈从文先生故里》，大家都说："叶水云织出来的土家族织锦色彩更为统一调和，艳而不俗，粗犷中有细节，大气中有精巧，看上去更加舒服。"

虽然大家对叶水云的织锦技艺赞不绝口，可叶水云却并不满足。1999年，为了继续提升自己的专业素质，她又到湘西教育学院进行了为期两年的学习，主修大学美术专业。其间，她还利用寒暑假时间一边继续制作，一边指导徒弟。

从湘西教育学院毕业后，叶水云对自己的织锦技法和美术功底更加自信，开始大量制作土家族织锦，并致力于对其的研究、整理、挖掘和教学工作。此时的她已形成了自己独特的织锦风格，曾有人这样评价道："在织造上，她丰富了传统土家族织锦的技巧技法；在用色上，她着色或高贵典雅，或古色古香，或金碧辉煌，给人以强烈的视觉冲击。"

## 五、形成风格，屡获殊荣

进入21世纪，叶水云紧跟时代步伐，创作了一系列经典织锦作品，在

弘扬土家族织锦技艺的同时，也为自己赢得了声誉。

2000年，叶水云制作了《岩墙花》和《人类·和平·进步》两幅大型壁挂作品，两幅作品均在湖南省首届民族民间工艺美术精品展中荣获金奖，其中，《人类·和平·进步》因契合人类进入新世纪的主题广受好评。第二年，湘西州委、州人民政府授予叶水云"文学艺术创作突出贡献奖"，湖南卫视、河北省电视台还拍摄了以介绍叶水云为主的专题片《湘西土家织锦》，对叶水云做出的贡献给予了极大肯定。

叶水云经典作品《宴乐狩猎图》

2005年底，在"湖南省民间工艺美术产业发展高峰论坛暨湖南省民族民间工艺美术委员会成立20周年庆典"大会上，叶水云获"湖南省十大艺术门类杰出传承人"荣誉称号及"湖南省民族民间工艺美术杰出成就奖"。

多年的辛勤耕耘让叶水云在传承发扬土家族织锦的道路上屡获殊荣，带着这些沉甸甸的荣誉，她的干劲也越来越足。2006年，叶水云根据战国时期的铜壶花纹制作了《秦朝里耶史诗——宴乐渔猎水陆攻战图》，作品气势恢宏、构思绝妙、色彩华美，堪称她的代表作，一经展出便吸引了国内外众多人士的目光，中国国家博物馆更将其永久收藏。然而，谁也想象不到，为了织好这幅作品，叶水云前前后后返工了8次，土家族织锦技艺无法复制的特点让她只能在每次织好后查找图案的不足，重新开始编织。

2007年，叶水云凭借《秦朝里耶史诗——宴乐渔猎水陆攻战图》一举获得"中国工艺美术大师"称号，并在当年的6月5日当选第一批国家级非物质文化遗产项目（土家族织锦技艺）代表性传承人。时任凤凰县非物质文化遗产保护中心主任的李德煌评价她说："作为土家族织锦现在唯一的国家级工艺美术大师，她的独特贡献在于创新，这一点别人无法替代。"

成为非遗传承人后，叶水云马不停蹄地继续前行，先后制作了《艺术女神》《苗家姐妹回娘家》《寿联中堂》《大四十八勾》《阳雀花》《粑粑架》等数百件作品。这些作品充分展现了叶水云在设计上突破传统、大胆创新的特点，分别被中国美术馆、哈佛大学、剑桥大学等机构以及黄永玉、张仃等名家收藏。

2011年5月10日,湘西非物质文化遗产园正式开园,叶水云把自己的"水云织锦坊"移到了园内。平日里,她一边制作织锦,一边向游客介绍织锦技艺,并四处参加展演宣传土家族织锦。

如今,除了经营织锦坊,叶水云还在凤凰、吉首、龙山办了3家传习所,专门教授织锦技艺。她还整理出了200多种土家族织锦传统图样,打算将来结集出版。她希望通过自己的努力,让土家族"婴幼儿时盖织锦,长大懂事织织锦,结婚陪嫁选织锦,夫妻恩爱伴织锦,舍巴摆手披织锦,敬祭祖先供织锦,当了外婆送织锦,人生去世葬织锦,火把酒后接织锦"的习俗代代相传。

叶水云展示织锦

# 杨似玉
## ——侗族工匠世家的工美大师

杨似玉（1955～），中国工艺美术大师，侗族木构建筑营造技艺传承人。广西柳州三江人，侗族。他出身于工匠世家，13岁正式跟父亲学艺，十七八岁即大有所成。40多年间，他营造的侗族木构建筑遍及三江以及其他侗族地区和景点等，更有数以千计的风雨桥、鼓楼模型。2007年成为第一批国家级非物质文化遗产项目（传统手工技艺类）代表性传承人。收徒100多人，已经有40多人出师。

## 一、侗族工匠世家的后起之秀

1955年8月，杨似玉出生在今广西壮族自治区柳州市三江侗族自治县林溪乡平岩村一个侗族家庭。

杨似玉出身于工匠世家，他的祖父杨堂富、父亲杨善仁都是当地有名的木匠，以擅长建造风雨桥而闻名，并留下了程阳风雨桥等建筑。早些年，三江县旅游局就曾给杨善仁一家授予"侗族工匠世家"的称号。

杨似玉从小就对木工特别感兴趣，经常帮附近的学校修理桌椅板凳。从13岁起，就正式开始跟着父亲学习木匠手艺了。父亲的悉心指点，加上自己的勤奋和悟性，杨似玉手艺日精，深得祖传技艺。十七八岁的时候，杨似玉就跟着父亲一起建造风雨桥了。

杨似玉

程阳风雨桥是三江县最著名的一座风雨桥，这座桥似乎与杨似玉一家颇有渊源。杨似玉的爷爷杨唐富，正是当年（1916～1927年）领头修建程阳桥的发起人之一。据说，修建程阳桥政府没有出资，全部款项均为民间捐助。为了修桥，杨唐富把家财悉数捐出，包括田产也抵押了出去。

据杨似玉介绍，他的祖父之所以会捐出全部家产修桥，是因为杨家三代单传，而杨堂富结婚多年无子，因此就把希望放在了修桥上。巧合的是，程阳桥建好后不久，就有了杨似玉的父亲杨善仁。承载了家族人丁兴旺的希望，杨善仁成年后依然热衷修桥，大大小小修了十多座风雨桥，包括重建程阳桥。伴随着一座座风雨桥的面世，杨家也开始兴旺壮大起来，杨善仁膝下有五男两女，孙子孙女十几个，已是一个大家庭。

*杨似玉与他的建筑模型*

杨似玉曾经饱含深情地谈到祖父和父亲对于风雨桥的感情："我父亲小的时候，我爷爷那辈人就开始建程阳桥了，建好不久我爷爷就去世了，我的父亲对程阳桥特别有感情，每次到那个地方都会掉眼泪。"

1983年的一场大雨，把已经是全国重点保护文物的程阳风雨桥冲毁了大半。接受有关方面委托，杨似玉的父亲主持了程阳桥的重修。当时，杨似玉正在外地做工程，父亲把他叫了回来，协助重修程阳桥。杨似玉说："通过对程阳桥的重修，我掌握了很多技巧。后来我父亲给我出了一道题，让我做一个桥的小样，如果做得让他满意，他就带我去南宁做工程，结果我做的小样他很满意。我在南宁一干就是20年，我做楼桥的技艺也随之提高。"

修复程阳桥，对杨似玉有着双重的里程碑式意义。一方面，他的技艺从此有了大的跃进；同时前辈对于修桥的热衷和奉献，也在他的身上得到了延续。杨似玉说："自1983年重修后，每十年我都会去大修一次程阳桥。1993年修桥的时候，政府的拨款不够了，我就自己出钱，还把家里房子的瓦拆了一半补在桥上，我家就用雨布盖了一年多，后来有钱了才换成瓦。现在每当我经过程阳桥的时候，看到有一些坏的地方，随时都进行维修。"

也就在1993年修复程阳桥过程中，杨似玉展示出过人的精湛技艺，从而被广西博物馆聘为高级技工。

## 二、侗族木结构建筑两绝：不绘图、全榫卯

侗族木构建筑营造技艺是广西三江县最出色的传统民族文化表现形式。三江侗族木质建筑以风雨桥、鼓楼为代表，包含吊脚木楼、寨门楼、井亭、水车、侗戏台等。这些建筑依山傍水汇聚成群落，不仅造型美观，而且工艺堪称卓绝。

侗族木结构建筑工艺有两绝。一绝是榫卯结构，整座建筑凿榫打眼、穿梁接拱、立柱连枋，不用一颗铁钉，全以榫卯连接，结构牢固、接合紧密。另一绝是建造者不画图纸，凭着一根"香杆"，就可以完成各种式样、造型美观的楼桥建造。

据杨似玉介绍，1983年修复程阳风雨桥时，起先担任工程任务的是由桥梁专家组成的一支工程队。工程队兵分两路，一路进山伐木备料，一路将冲毁的廊桥每个部件标记后拆除。结果拆下来大大小小万余块木头，堆成了小山，却再也拼不起来。无奈之下，他们慕名找到了杨似玉和他的父亲。父子二人二话不说，带着人进了山，只用了十几天时间就把木料备齐，成百上千的梁、枋、柱的尺寸全凭心算。而那些拆下来的老料，俩人根本不看标记，指挥着工人们这根放这、那根放那，很快就重现了程阳风雨桥的昔日风貌。等到桥梁恢复原貌的时候，现场专家的重建图纸还没画出来。

侗族建筑工匠不绘制图纸，却并不意味着没有设计构图，而是胸有成竹，并且还有一种独特工具。他们把所有的设计完全记在脑子里，还要依据建筑物的地理位置，结合周围的环境，在心中勾画出"图纸"，计算出各种数据，并用特殊的"文字"（俗称"墨师文"）记在"香杆"上。

"香杆"也称匠杆，是侗族工匠发明的一种测算简捷、易于操作的营造尺。它用半边楠竹刮去表皮后制成，长度以所建木建筑最长一根柱子的长度为准。一座木建筑通常用一根香杆，香杆上用竹片蘸墨记着所有建筑构件的尺寸以及柱子、瓜筒上每个榫眼的位置和尺寸。掌墨师通常是在丈量地基后根据地形确定建筑物的基本构架（纵、深、高度）后制作香杆的。香杆制好后，整座建筑的蓝图便在掌墨师的心中耸立。再高大的鼓楼，再长的风雨桥，也只靠这半边竹竿来下墨，数千件构件、数千个榫眼，通常下墨均准确无误，分毫不差。所以，在侗族地区，一个木匠只要会计算和刻画香杆，就基本可以得心应手地竖屋建房了。

程阳风雨桥

  侗族木构建筑的典型代表是鼓楼和风雨桥，它们也最能展现侗族工匠的高超技艺。

  典型的侗族村寨，建筑群均以鼓楼为中心而展开，鼓楼附近是鼓楼坪、萨堂、戏台，构成村寨的核心圈，紧紧围绕着鼓楼的是家屋住房圈，再外一圈是禾晾和禾仓，接着是寨门、凉亭、风雨桥，而高耸寨中的鼓楼则是村落族姓的标志和村寨的灵魂。相传鼓楼的形象源于杉树：古代的侗家人在大杉树下围坐议事，烤火烧死了杉树，于是仿照杉树的形象建起了鼓楼。侗族的能工巧匠总是倾注所有的热情与智慧来营造出造型独特、样式各异的鼓楼。

  风雨桥几乎是每一个三江侗族村寨都有的建筑，而且有的还不止一座，是进入村寨的必经之路。这种木桥有廊有顶，可避风雨，故称"风雨桥"。桥体多刻意装饰，屋檐重叠，施以彩绘，故亦称"花桥"。另外，它也是侗族民间观念中具有护寨纳财功用的"福桥"，所以多建在河流的下游，意思是希望桥能揽住全村财源、保住村寨风水。风雨桥除了最直接的交通作用，也可供人们休闲歇息、交往闲谈，甚至唱侗族大歌，是一个小型的公共场所。而丰富的文化内涵，也让侗家人从不吝啬对"福桥"雕琢修饰，使其集亭、塔、廊、桥为一体，壮丽辉煌。

## 三、精湛技艺，多方传承

  尽管只读过一年书，但杨似玉悟性高、记忆好，逐渐地，侗族木结构建筑的营造技艺烂熟于心，逐渐成为侗族木结构建筑的大师。

从13岁开始跟父亲学艺，杨似玉从事侗族木构建筑营造已有40多年。40多年间，杨似玉营造了许多侗族木构建筑，在广西三江的很多地方都留有他的作品：吊脚楼100多座，风雨桥6座，鼓楼8座（包括一座27层高的鼓楼），大小凉亭20多座……此外，他还在很多景点、纪念场馆留下了风雨桥、鼓楼、民间木楼、戏台等建筑作品和大量风雨桥、鼓楼模型，光风雨桥、鼓楼模型就有2680座。这些数字，如今仍在随着岁月的推移而增加。

杨似玉最擅长也最钟情建造的是风雨桥和鼓楼，在实物建筑之外，他制作的鼓楼和风雨桥模型更多。其中最让杨似玉难忘的，是为香港回归制作的广西壮族自治区贺礼"连心桥"模型。

香港回归前夕，广西壮族自治区人民政府决定制作以程阳风雨桥为模型的"连心桥"，作为贺礼送给香港特别行政区。杨似玉了解到这一情况后，就主动请缨。当时已经确定制作人，但杨似玉诚恳请求让自己也做一个。有关人员被杨似玉的诚心感动，决定让他试做一座。那时离交货时间仅有20来天，杨似玉只好带领全家14人全力以赴，包括七十五六岁的父亲，10多岁的孩子，还有两个堂弟。

经过20多天赶工，风雨桥模型完成了。虽说是模型，但和真桥的构造完全一样，全桥光是构件就有9800多件，最长的2.5米，最短的只有几毫米，桥顶小如米粒的瓦片多达10万多片，全是手工一刀一刀刻出来的，而

风雨桥

杨似玉建造的"非遗"展示中心

且整个桥体由榫接组成，没有一颗钉子。

起早贪黑完成的作品却没被选中，杨似玉有些失落。后来有关方面说应该把几个模型比较一下，结果最后选中了杨似玉的模型。对于自己模型的胜出，杨似玉解释说："我那模型的柱子很小，别的柱子粗、比例不协调；我的没有铁钉，他们的全部用铁钉。我不讲，大家也懂得（谁的好）。"

后来国务院在深圳对全国赠港礼品进行分组排列时，"连心桥"被分在第一组第二位，仅排在北京市赠送的礼品景泰蓝"普天同庆"之后。在香港展出时，有位老人带放大镜来看，看到雕刻的鸟跟米粒一样大，眼睛都有，鱼呀、龙呀什么都雕得好，感叹道："少数民族也有这种手艺啊！"为此，杨似玉受到了自治区人民政府的嘉奖。

2006年，杨似玉制作的程阳桥和鼓楼工艺模型，报送国家发改委进行评选，其中一个模型被国家博物馆收藏。当年12月，杨似玉获得了"中国工艺美术大师"称号。

2007年6月，杨似玉成为第一批国家级非物质文化遗产项目（侗族木构建筑营造技艺，传统手工技艺类）代表性传承人。

杨似玉现在带了100多位徒弟，包括两个儿子，都跟着他学手艺。他很希望能把侗族木构建筑营造这一传统技艺传承下去。但当有人问到他未来的打算，他回答说，他爱好侗族大歌，很想建一个侗族大歌队，在程阳桥边建一栋房子，一楼做表演，二楼做百家宴，"这样，村里的人就有一个集中娱乐的地方了"。

# 羊拜亮
## ——从维持生计到传承民艺

羊拜亮（1935～ ），制陶专家，黎族原始制陶技艺传承人。海南昌江人，黎族。13岁起开始学艺，两年后即能独立操作，随后在以陶换粮维持生计的过程中不断提高技艺，全面掌握了制陶技艺和有关仪俗。2007年成为第一批国家级非物质文化遗产项目（传统手工技艺类）代表性传承人。已培养包括女儿、孙媳在内的传承人30多名。

## 一、学艺养家，吃苦耐劳

1935年11月9日，羊拜亮出生在海南昌江县（今昌江黎族自治县）石碌镇的一户黎族家庭。她的母亲是镇上的制陶能手，年轻时学会家传的黎族原始制陶技艺后，便开始靠制作陶器换粮食来养家糊口。

制陶是海南黎族人民重要的手工业之一，在古代，当地人采用"手工泥条盘筑，低温露天堆烧"的方法来制作水壶、盘子、砂锅、酒瓮等陶器，并将其作为商品进行交换。随着时间的推移，这一原始的制陶技艺一直沿用下来，被考古界誉为我国制陶史上的"活化石"。

羊拜亮

在黎族，制陶是妇女的工种，自古就有"传女不传男""女制陶、男莫近"的习俗。从挖土到制坯、烧陶，都由妇女来做，男子只负责砍木柴、挑陶器等杂活。之所以会有这样的传统，大概是为了能让妇女在生活贫困或男人遭遇不测时靠制陶技艺来维持生计。

小时候，羊拜亮经常在一旁看母亲制作陶器，虽然没有亲自动手，却

看在眼里、学在心里。到了13岁正式跟母亲学习制陶时，她不用太多指点就能完成一些简单的工序，这让母亲感到十分宽慰。学习中，羊拜亮也有偷懒的时候，每当这时，母亲便会打她的双手以示惩戒。不过，羊拜亮并不记恨母亲，她说："妈妈打手是为了让我长点记性，把陶做好，可以帮得上忙。"

通过母亲的悉心教导，两年后，羊拜亮已经可以独自做出80厘米高的陶罐。她很有天赋，制陶的水平在镇上的同龄人当中数一数二，甚至还超过了许多成年人，这让她制作的陶器有了出路："别人都喜欢要我的罐子，盛来满满的谷子换给我。那时候的人，最喜欢米罐、煮饭做菜的盘子，还有水缸。"

羊拜亮和她早年制作的掉了耳的陶罐

19岁那年，羊拜亮嫁到了石碌镇保突村一户姓黄的人家。那时保突村很穷，家家户户都要靠制陶来换取粮食，羊拜亮嫁进黄家后充分发挥了自己的制陶技艺，令婆家刮目相看。

羊拜亮十分勤快，每次制完陶，她都会亲自挑着陶器走村串寨叫卖。多年后，她曾在回忆卖陶的情形时说："卖陶的路上天气很热，没鞋穿，只能摘树叶把脚包着，走得脚很痛，眼泪都掉出来了。赶不到村庄，就只能露宿。有时碰到好心人会给点吃的，吃完我就把碗洗了，看到水缸空了就去把水挑满，看到人家劳动也会去帮个忙。人家看到我心好，哪怕只有树叶，也会挑大片的叶子塞满你的袋子，让我带回家。"

除了制陶，羊拜亮还会自己做衣裳。家里穷买不起布，她就自己到山上采树皮，把树皮煮过后用刀把最里面的那层刮下来撕成条状，然后用水漂洗搓成线，最后再织布做成衣裳。在那段艰苦的日子里，她就是这样凭借自己吃苦耐劳、坚忍不拔的精神一步步走过来的。

## 二、传承技艺，打破旧俗

羊拜亮制作陶器来换取粮食的生活，一直持续到了20世纪80年代。改革开放后，人们的生活水平日益提高，家家基本都用上了铝制、铁制的日用品，使用陶器的人越来越少，因此，羊拜亮就不再靠制陶维持生计了。

虽然陶器逐渐失去了市场，可羊拜亮依旧心怀"祖先传下来的手艺一定要传承下去"的信念，始终不肯丢弃这门技艺，坚持定期制作陶器。每次制成后，她还会将陶器无偿送给村里的乡亲们，为的就是不让陶器在黎族人民的生活中消失。

与此同时，羊拜亮还将黎族原始制陶技艺传给了女儿黄玉英和孙媳文亚芬。在她的指导下，女儿和孙媳学得很快，没过几年就已经把完整的制陶技艺学到了手。看到后辈能热爱并熟练掌握这门技艺，羊拜亮由衷感到高兴。

通过羊拜亮数年如一日的努力，1986年，黎族原始制陶技艺终于打开了新局面。这一年，为更好地保护、研究黎族原始制陶技艺，昌江黎族自治县成立了昌江县博物馆，收藏并陈列了一大批黎族陶器，并展示了制作流程等相关图片，为宣传黎族原始制陶技艺起到了良好的推动作用。

博物馆开办后吸引了不少中外游客前来参观，羊拜亮家里也经常会有人慕名而来，观看她制陶，昔日"传女不传男""女制陶、男莫近"的习俗早已被打破。对此，羊拜亮的孙媳文亚芬骄傲地说："来看阿婆制陶的人很多，有一次来了一车人，把我们做的陶器全买走了。一对黑人夫妇甚至请我们去美国玩，但我们谢绝了。"

进入21世纪，黎族原始制陶技艺在之前的基础上得到了更加全面的保护。2005年，昌江黎族自治县的文化部门成立了保护小组，计划用5年的时间投资32万余元，对这一技艺进行全方位保护。

2006年5月，黎族原始制陶技艺列入第一批国家级非物质文化遗产名录（传统手工技艺类）。第二年的6月，羊拜亮成为第一批国家级非物质文化遗产项目代表性传承人。得知这一消息，她激动地说："国家要为这古老的技艺拨款，认同我、支持我，再艰难也要做下去。"

羊拜亮（右）和孙媳文亚芬露天烧制陶器

成为"非遗"传承人后，羊拜亮传承黎族原始制陶技艺的热情更加高涨，她积极向人们传授制陶技艺，使掌握这一技艺的人员达到30多人，受到大家的高度赞扬。

后来，海南省国兴中学特地开办了一个黎陶、黎锦等黎族艺术的学习班，并邀请羊拜亮和女儿、孙媳前去表演制陶。在表演中，学生们对黎族原始制陶技艺产生了浓厚的兴趣，这让羊拜亮看到了传承的希望。

2012年，广州美术学院建筑艺术设计学院副教授谭红宇通过多次走访羊拜亮一家，拍摄了纪录片《泥中有我》。这部纪录片以羊拜亮的日常生活为线索展开叙事，为观众打开了一条通往远古制陶技艺的通道，让更多人了解了这项古老技艺。

## 三、淡出实用，奉献收藏

羊拜亮把一生都奉献给了陶器，为传承黎族原始制陶技艺做了杰出的贡献。几十年来，她制作的陶器不计其数，前来看她制陶的人也数不胜数。

黎族原始制陶是一项特殊的技艺，工艺程序非常复杂，在每次制作时，羊拜亮都十分耐心，几乎不出一点差错。

烧制陶器用的原料是当地的一种灰色黏性泥土，在进行准备工序时，羊拜亮首先会把这种泥土放在阳光下晒干，然后将其放在木臼里，用木棍有节奏地舂打。待泥土粉碎后，便把泥土倒在竹筛里筛，直至筛出细腻的泥粉。随后，把泥粉与水调匀揉成泥团，水与粉末的

羊拜亮蘸着树皮汁液给陶器淬火加固

比例要控制在1:2左右，这是制作陶器的关键。最后，羊拜亮把揉好的泥团放在盖着蓝布、洒了水的木凳上，用木棍捶打一番，前期工作便告完成。

在开始制陶前，羊拜亮还会进行一项宗教仪式，围绕木凳边跳边唱。她唱的是黎族的摇篮曲，歌词大意是：宝宝，宝宝，你不要哭，妈妈正在做陶器，等陶器烧成，去换米给你熬粥吃。

仪式完毕，开始制作陶坯。首先，取一部分泥团拍成圆形的泥饼，作

为陶器的底层。之后搓出一根泥条围在泥饼四周，继而再搓第二根泥条置于其上，如此反复，根据不同形状的陶器叠加不同层数的泥条，最后用沾了水的蚌壳修整陶坯的内、外壁。

当天制作的陶坯并不能立刻送去烧制，要搁在一旁等晾干后才能烧制。在此期间，村里的男青年会削下当地一种名叫"塞柴涯"的植物树皮，捣烂后取其汁液，与另一种叫"柴构仁"的植物放在一起浸泡，作为陶器冷却和上色的原料。

烧陶的工序是在田野里进行的。在点火烧陶前，羊拜亮将晾干的陶器放到柴堆上，然后覆上一层厚厚的干稻草。

羊拜亮和盘制成形的陶罐

这一切准备就绪后，她又围着柴堆跳了起来，一边跳一边手拿树枝唱道："鬼，走开，不要靠近。我们做陶器来用，做多少成功多少，祝我们这次烧陶成功！"

仪式结束后，村里的男子便开始钻木取火。随后，羊拜亮接过火种点燃柴堆，当木柴烧成炭时，妇女们便一起往火堆里添加稻草，使温度达到500～800℃。稻草烧完后，陶器上形成厚厚的草灰，火势便开始减弱至小火状态。

几个小时后，陶器就烧好了。一位男子用木棍把陶器挑出来，羊拜亮将准备好的汁液淋在陶器上，整个陶器表面立刻呈现出片状或点状的黑红色斑纹，陶器就做好了。在旁人看来，整个过程堪称一场精彩的民俗表演。

如今，羊拜亮虽然因年事已高不再制陶，可她的女儿黄玉英和孙媳文亚芬仍在为保护黎族原始制陶技艺默默奉献着。令人欣慰的是，文亚芬的女儿也正在学习制陶，文亚芬说："虽然制出的陶器现在不实用了，但是仍然有许多人喜欢、认可这项工艺。从现在起让女儿开始接触，不是件坏事。"

# 杨光宾
## ——"银匠村"走出的银饰锻制大师

杨光宾（1963～），民间手工艺人，苗族银饰锻制技艺传承人。贵州雷山人，苗族。他生长在"银匠村"，13岁开始随父亲学艺，14岁即能独立制作简单的整件作品，15岁即出师并能带徒弟。他制作的银饰造型美观，纹理清晰，设计巧妙，做工精细。2007年成为第一批国家级非物质文化遗产项目（传统手工技艺类）代表性传承人。代表作有"苗族银饰花冠""苗龙系列"和"编丝手镯"等。

## 一、少小学成，外出闯荡

1963年，杨光宾出生在贵州省黔东南苗族侗族自治州雷山县西江镇控拜村一个苗族家庭。

雷山县西江镇的控拜、麻料、乌高等苗族村寨，银饰制作工艺的历史可追溯至400余年前。控拜村自古以来就是一个远近闻名的"银匠村"，以银匠多、手艺精湛出名。村里只有上百户人家，80%以上的村民都以打银为副业，农闲时节，村子里叮当之声不绝于耳，声韵悠扬。

杨光宾家是控拜村的银匠世家，而他则是这个家族的第五代传人。小时候，祖父、父亲打制银器，杨光宾便站在一旁观看。或许是在银饰制作的火塘边和敲打声中长大的原因，杨光宾从小就对银饰制作有着特殊的感觉，对银饰制作工序和锻造方法逐渐熟悉，六七岁就能给父亲当帮手。

回忆起当时的情景，杨光宾说："最开始，只能帮父亲打一些配件，可是看着一件件银饰作品从父亲手上打制出来后，心里又特别想学，想尽快自己单独完成整件作品。不过那时年龄小，很多东西不能领会。我脑子里一天到晚都是银饰，在心里打了一遍又一遍。"

由于家庭生活条件艰苦，两个哥哥很早就参了军，杨光宾便成为家中唯一子承父业的银匠师傅。

13岁时，杨光宾开始跟随父亲学习银饰制作，算是他正式拜师学艺。父亲悉心指导，加上勤学好问，杨光宾进步神速，很快就掌握了父亲传给他的技艺。14岁，他开始自学，独立制作加工一些较为简单的整件银饰作品。

15岁那年，杨光宾便出师了，而且还带上了徒弟。"我15岁就带徒弟了，也算是对这门手艺的传承吧。15岁还是比较小的年纪，但是我的技术好，当时的很多大人都比不了。"

杨光宾在精心制作银饰

不到两年的时间，杨光宾就掌握了银饰制作的"十八般武艺"，苗族银饰的纹样、图案、造型等烂熟于心。这显然得益于早年的耳濡目染，杨光宾说："尽管正式学习只有一年时间，但对各类银饰的制作我在心里早已打了千万遍。"

那时候，雷山县不少银匠走出大山，靠手艺谋生。想想自己还年轻，应该到外面磨炼磨炼，于是，十五六岁的杨光宾也背上风箱、松香板以及打制银饰的其他器具，开始外出闯荡。

之后，除了农忙时回家务农外，杨光宾其余的时间都在外乡以打银为生，十余年走遍了贵州雷山县的各个苗族村寨，以及凯里、榕江、黎平、惠水等省内县市的农村，还一度跨越"省界"到过湖南和广西等地。

杨光宾为人谦和厚道，加上技艺精湛，所以每到一地都能立足。除了靠手艺挣钱，他还虚心向各地的银匠师求教，学到了不少新手艺，逐渐形成了自己的一套独特技艺，对熔炼、锻制、拉丝、焊接、錾刻、编结、洗涤等30多道工序都能把握到位。

## 二、"花衣银装赛天仙"

银饰是苗族人民最喜爱的传统饰物，主要用于妇女的装饰。妇女着盛装时必佩戴银饰。苗族姑娘素有"花衣银装赛天仙"的美誉，而"天仙"离不开银饰。在 2010 年上海世博会上，杨光宾就曾笑着向游客们介绍说："我们这个行当，就为了专门打扮女人的！"

苗族妇女银饰品类繁多，从头到脚，无处不饰，包括头饰、面饰、颈饰、肩饰、胸饰、腰饰、臂饰、脚饰、手饰等，有银插花、银牛角、银帽、银梳、银簪、项圈、耳环、披肩、压领、腰链、衣片、衣泡、银铃、手镯和戒指等。一个盛装的苗族妇女，全身银饰可达二三十斤，各部分彼此衬托，体现出完美的整体装饰效果。

苗族银饰种类繁多、造型精美

苗族银饰的功用一是装饰，二是表示富有和避邪。每逢民族节日，苗族姑娘的头上、颈上、胸前、后背都戴满了银饰品，跳起芦笙舞，打起铜鼓，银珮叮当，银光闪闪，饶有一番情趣。婚嫁之日，银饰更是新娘必不可少的装饰品。在这些时候，苗寨便成了银的世界。这就是苗家独有的"银饰文化"。

苗族银饰制作技艺历史悠久，先后经历了从原始装饰品到岩石贝壳装饰品、从植物花卉饰品到金银饰品的演进历程，传承延续下来，才有了模式和形态基本定型的银饰，其品种式样至今还在不断地翻新。

苗族银饰从用途上看，有银冠、银衣、银项圈、银手镯、银耳环等几类；从工艺上看，有粗件和细件之别：粗件主要是项圈、手镯，细件主要是银铃、银花、银雀、银蝴蝶、银针、银泡、银索、银链、耳坠等。

银饰锻制是苗族民间独有的技艺，所有饰件都通过手工制作而成。银饰的式样和构造经过匠师的精心设计，由绘图到雕刻和制作有 30 道工序，包含铸炼、吹烧、锻打、焊接、编结、镶嵌、擦洗和抛光等环节，工艺水平极高。

苗族银饰的加工，全是由家庭作坊的男工匠手工操作完成。根据需要，银匠先把熔炼过的白银制成薄片、银条或银丝，利用压、錾刻、镂等工艺，制出精美纹样，然后再焊接或编织成型。除了在锤砧劳作上是行家里手，苗族银匠在造型设计上也堪称高手。苗族银匠善于从妇女的刺绣及蜡染纹样中汲取创作灵感，根据传统习惯、审美情趣，注重细节或局部刻画的推陈出新，工艺上则精益求精。

由于对银饰的大量需求，苗族银匠业极为兴旺发达。仅黔东南境内，以家庭为作坊的银匠户便成百上千，从事过银饰加工的人更是多达数千人。家庭作坊多数为师徒传承的父子组合，也有夫唱妇随的夫妻组合。这些作坊常是农忙封炉、农闲操锤，一般都不脱离农事劳动。

银凤冠和银花帽是头饰中的主要饰品，也是整套银饰系列之首，素有"龙头凤尾"之美称，制作较为复杂，使用的小件饰品少则 150 余件，多则达 200 余件。苗族银饰精致美观，以贵州省雷山县和湖南省凤凰县的制品为代表，其中雷山县的银匠主要集中在西江镇的控拜、麻料、乌高，杨光宾就是在控拜成长起来的。

## 三、继承传统，不断创新

在外行走多年之后，20 世纪 80 年代，杨光宾回到了家乡。此时，年岁稍长，他开始静下心来谋出路。最终，他决定不再外出，安心待在家乡将祖先传下来的手艺发扬光大。

经过不懈的努力，杨光宾的产业越做越大，厂房从雷山搬到了凯里。他制作的银饰造型美观，纹理清晰，设计巧妙，做工精细，深受本地苗族同胞以及众多外来游客喜爱。

几十年来，杨光宾一直坚持不懈地运用传统的手工制作，30 多道工序在他手里游刃有余，运用起来得心应手。杨光宾制作的饰品造型美观，纹理清晰，设计巧妙，做工精细，每一件都可谓精雕细琢，每一件都显得美轮美奂。

在苗族银饰制作的 30 多道工序中，最难把握的是錾刻与焊接。錾刻的掌握全凭手上的感觉，用力过大容易把银片錾通，力道不够又不能凸显纹理的层次感，这是检验一个银匠技艺是否成熟的标志。焊接火候的把握也很见功夫，火过大会造成局部熔化，火过小则焊接不牢靠、造型不稳定。经过长期的实践和经验的积累，杨光宾的银饰制作技艺可谓炉火纯青：一只纽扣大小的吊坠，他通过锻打、拉丝、编结、焊接制作成双面镂空的铜鼓造型，极为精致；一块银锭经他的手反复捶打，可以变得细如发丝，然后编制成一只栩栩如生、振翅欲飞的蝴蝶……

苗族银饰的造型虽然有相对固定的模式，但每件作品在设计理念和细节处理上又都体现着制作者的创意。杨光宾通过生活中的细致观察和不断

杨光宾制作的苗族银饰花冠

积累,从民族文化中寻找素材,从苗族蜡染和刺绣中获得灵感,巧妙地将各种图案结合到一起,运用自己独特的技艺,使制作出来的饰品与众不同。

杨光宾曾经花一个月制作了一件苗族银饰花冠。这件花冠由66朵花、51个花蕾吊穗、12个骑马武士、6只蝴蝶、6尊"修妞"(苗族最大的神)、13只吉祥鸟、12条苗龙以及正中央的鹡宇鸟组合而成。这些图案,都是杨光宾根据苗族古歌中的故事传说加工创作的。2009年,这件作品获得了第十届中国工艺美术大师作品暨国际艺术精品博览会"天工艺苑百花杯"中国工艺美术精品奖金奖。

杨光宾的作品不仅为本地苗族同胞以及众多外来游客喜爱,还多次在各类比赛中获奖,并被多家单位收藏。2006年,他制作的银饰作品被选送到贵阳参加"多彩贵州"旅游商品展销;同年11月,他参加湖南省凤凰县苗族银饰文化节银饰作品展荣获一等奖。2009年,他的两套作品"苗龙系列"和"编丝手镯",参加在北京举行的中国非物质文化遗产传统技艺大展后被中国艺术研究院收藏。

## 四、"不管是谁,我毫无保留地教"

2006年5月,苗族银饰锻制技艺列入第一批国家级非物质文化遗产名录(传统手工技艺类)。第二年6月,杨光宾成为第一批国家级非物质文化遗产项目代表性传承人。

成为"非遗"传承人之后,杨光宾说:"很多人觉得这是一个荣誉,能让我的作品卖得更好,但我觉得这更是一份责任。当了传承人,首先是要把这门手艺传下去。"

其实,手艺传承,杨光宾早就在做。从艺30余年来,他已经培养了30多个高徒。2010年,杨光宾成立了"雷山县杨光宾苗族银饰传承工作室",带了30多个学徒。在这里,徒弟们可以边学边干,杨光宾随时指导,并亲手示范。徒弟们通过直观的学习和临摹,能够很快地掌握银饰锻制的技术。

控拜村的银匠一般都是子承父业，世代相袭，手艺极少外传。对这种传承方式，杨光宾深表忧虑："现在很多年轻人不愿学习这些手艺，都选择外出打拼寻找自己的天空，如果只是指望自己的子女或本家族弟子来学，会影响这门手艺的发展和传承。"令杨光宾欣慰的是，他的儿子大学毕业后，放弃城市工作回到家乡，加入到了民族技艺传承的队伍之中，还到苏州参加了工艺美术高级研修班，钻研传统民族工艺。

无论是徒弟还是感兴趣的村民，杨光宾总是倾囊相授，从不保留。他总是说："不管是谁，只要热爱这门手艺，我就毫无保留地教。""这是老祖宗传下来的东西，我们要把它传给下一代，不能让它断送在我们这一代人手里……""现在外出打工的年轻人多，好多不愿意学，怕是以后没有人学了，有兴趣的就多教几个吧……""徒弟们技术好，说明我这个师傅技术过硬，会教，教得好。"从这些话语中，我们可以读出一位民族文化遗产传承人的忧虑、责任心、使命感，还有自豪感。

说到外面来人多，会不会偷学了这门手艺、抢了饭碗时，杨光宾笑言："生意是各有各的套路，我们还不是在学别人的东西，比如我在湖南就学到不少知识，在产品包装修饰上，湖南人就比我认真得多……"他还将苗族银饰工艺向外界推介，配合新闻媒体拍摄专题片，让外界了解雷山，充分展示苗族悠久的历史文化。

这些年来，由于旅游产业和文化产业的飞速发展，民族工艺制品已经走进了市场经济的滚滚洪涛。面对这股潮流，很多银匠抛弃了苗族传统纹样，采用了一些现代纹样。还有人为谋取更大的利润空间，以锌白铜镀银作为"银饰"投入市场，以假乱真，同时还采用模具冲床机械化批量生产，使苗族银饰失去了手工艺术的天然质朴之美。

对于这些现象，杨光宾深感忧虑，他担心将来市场上充斥非

杨光宾现场展示苗族银饰锻制技艺

手工制作的苗银。为此，他一直以纯银为原材料，而且一直沿用传统手工制作，同时坚持使用本民族传统纹样。他说："现在民族手工艺制品的产业化发展势不可挡，这确实也给银饰匠人带来了实实在在的利益。但是另一方面也会让一些人在这里面迷失，甚至以次充好。发展可以，致富也可以，但是一定不要忘记传承，传承的是什么？就是手工技艺和民族文化啊！"

杨光宾在制作银饰

"别人怎样做我管不了，我只坚持我的！成本再高、花的工夫再多，我也要坚持以纯银和真功夫打造。我不能让人们认为我们苗族银饰是假的！现在国家重视我们少数民族传统技艺，实际上看重的就是这些祖辈传下来的手艺，丢掉了手艺，我们的银饰就不值钱了！"

尽管有不少困难，但杨光宾仍然充满信心，"这门手艺传承了几千年，不会在我们这一代断掉的"。

对于今后的发展，杨光宾表示，要走好两条路。一条是自己的发展之路，千方百计扩大规模，把苗族银饰业做强做大。另一条路是抓好传承之路，收更多的徒弟，把苗族银饰制作发扬光大。具体而言，他准备自己出钱做一套银饰教材，还希望国家支持建一个培训中心。

杨光宾表示："尽管我的力量有限，但我会把我所有的力量都奉献出来，继续把苗族银饰做下去。"

# 张仕绅
## ——最后一位用板蓝根染布的人

张仕绅（1941～），民间扎染艺人，白族扎染技艺传承人。云南大理人，白族。他十几岁时跟母亲学习扎染技艺，坚持保护民族技艺。担任民族扎染厂厂长20多年，创新发展了传统扎染的扎法、花色品种，使白族扎染布广销国内外，赢得了声誉。他对土靛扎染和传统工艺情有独钟，被称为"最后一位用板蓝根染布的人"。2007年成为第一批国家级非物质文化遗产项目（传统手工技艺类）代表性传承人。

## 一、大理白族扎染技艺首屈一指的人物

1941年，张仕绅出生于云南省大理喜洲镇周城村一个白族家庭。

周城村距离大理古城25公里，面向洱海，背倚苍山云弄峰，是我国最大的白族自然村，也是大理重点推广的民俗旅游村，村子北端有著名的旅游景点蝴蝶泉。这里的白族扎染非常有名，1996年被文化部命名为"民族扎染艺术之乡"。

据张仕绅介绍，周城村扎染历史已有500多年，明清时期就闻名全国。苍山十九峰，峰峰有水，清澈的溪水顺着山谷，流进周城村。小时候，村里有300多户做扎染，染坊人家在院子里支起木制大染缸，

张仕绅

用山间溪水漂洗经板蓝根染过的布匹。民国时期，村里有30%的村民赶马帮，其余70%从事扎染。即使不做扎染，也一定要大量种植板蓝根，再卖给染坊。那时的周城村，漫山遍野都是板蓝根。

然而，在1949年以后，周城村的扎染却是几经波折。开始是由于社会

生产力发展、经济结构改变，周城村几乎没人再种植板蓝根、染布；后来刚有所恢复，又由于"四清"运动"割资本主义尾巴"，染料被迫销毁；此后的"文革"时期就更不用说，直到新时期才又红火起来。

张仕绅生长于白族扎染世家，自幼喜爱白族民间艺术。1956年，他开始在家里跟随母亲学习祖传扎染技艺。1961年，因为是"高小"毕业生，19岁的张仕绅到大队当了会计。而此时正是大队恢复板蓝根种植、土靛生产和扎染的时期，村里又有精通技艺的"老倌"，张仕绅自然是获益不浅。

那是60年代初，政策有所松动，大队很想重拾扎染业，苦于没有染料，知道张家历代开染坊，于是向张仕绅讨主意。当时队里有个老倌，一直种植板蓝根，虽然只有6分地，但品种好、长势旺。张仕绅建议，培育、推广老倌的优良品种。结果大队每年都能生产出几百公斤板蓝根，周城村的扎染业又重新红火起来。张仕绅曾回忆说："当时周城村分4个大队，别的大队做土靛都做垮了，只有我们大队有个懂技术的老倌才做得好。"

在随后的"四清"运动开始后，传统技艺又失去了生存的土壤。一夜之间，民族工艺变成了"资本主义尾巴"，工作队把各家的染料木桶踢个底朝天，染料倒掉不说，怕"死灰复燃"，又泼上了大粪。好在有心人暗中保存了必要的原料，而张仕绅就是这有心人之一。张仕绅说："上面派人来'割资本主义尾巴'，工作队给土靛泼上大粪，要集中销毁。我和队长、技术员晚上扒开大粪，偷了100多斤板蓝根渣渣（土靛），悄悄保留下来。一两年后工作队走了，我们又开始悄悄搞板蓝根，最多也不过种十来亩。"

白族人酷爱扎染布。那时，村民穿的几乎都是自家织的土布，单调、黯淡。而经过扎染，蓝布之上呈现白色图案，漂亮多了。因此，十里八乡的姑娘小伙子都会在嫁娶之时，拿上几块布料来周城村扎染。路过的驾驶员、采购员，也会在村里停一停，扎染几块布带走。

就这样，经过20多年的不断摸索，张仕绅依靠祖传的扎染工艺和发酵液"母滴"，创

张仕绅整理染好的土布

· 168 ·

新发展了传统扎染的扎法、花色品种，针法从原有的 5 种扎染技法如折叠法、平缝法、缠绕等发展到挑扎、勾扎、组合扎等 26 种，花型从原来的捏花、小蝴蝶、毛毛虫 3 种发展到"福禄寿喜""花鸟鱼虫"等多种图案系列。产品品种从原来的匹布、床单发展到现在的窗帘、门帘、桌布、围巾、头巾、背包、挂包、鞋、帽、衣服等。他还利用其他植物和现代漂印技术发展出红、黄、绿、翠绿、玉绿等花色。

由此，张仕绅成为大理白族扎染技艺首屈一指的人物。

## 二、白族扎染：撷出"疙瘩花"

扎染古称"绞缬"，是我国古老的纺织染色工艺。云南大理市周城镇、喜洲镇和巍山彝族回族自治县的大仓、庙街等地，至今仍保留着这一传统工艺，其中尤以周城白族扎染最为著名。

大理白族扎染历史悠久，早在盛唐年间，扎染在白族地区已成为民间时尚，扎染制品也成了向皇宫进献的贡品。唐贞元十六年（800年），南诏舞队到长安献艺，所着舞衣"裙襦鸟兽草木，文以八彩杂革"，即为扎染而成。10 世纪，宋仁宗明令严禁扎染物品民用，专属宫廷应用。明清时期，洱海白族地区的染织技艺和生产已达到很高水平，甚至出现了染布行会。到民国时期，居家扎染已十分普遍，以家户为主的扎染作坊遍布周城、喜洲等乡镇，从而形成名扬四方的扎染中心。

白族扎染在民间素有"疙瘩染"之称，其核心就在于把布料用针线结扎成有一定襞折的"疙瘩"，由此也衍生出一些别的俗称：浸染前先按花纹图样将"花"的部分重叠或撮绉缝紧，使布料变成一串串的"疙瘩"，谓之"扎花"，俗称"扎疙瘩"；经反复浸染后，拆开颜色未渍印的"疙瘩"即成各种花形，称"疙瘩花"；成品为蓝底或青底白花，即"疙瘩花布"。

扎染原料一般为白棉土布或棉麻混纺白布。主要染料来自苍山上生长的蓼兰、板蓝根、艾蒿等天然植物的蓝靛溶液。板蓝根制作的染料当地称为"土靛"，

扎好的"布疙瘩"

周城村的土靛全由村民自己种植和加工，除满足本村染布之需外，还销往其他地区。

传统扎染的主要步骤包括画图、扎花、浸泡、染布、晒干、拆线、漂洗、碾布等。古籍曾简括而生动地描述了扎染的工艺过程："'撷'撮采线结之，而后染色。即染，则解其结，凡结处皆原色，余则入染矣，其色斑斓。"

扎染技术的关键是扎花手法和浸染工艺。扎花工艺非常繁杂，每一块扎染布上的纹样都采用若干不同的扎花针法，有扎、撮、绉、捆、缠、绕、折、叠、缝、挑等。由于要反复浸染，必须经过多道工序，有时几天才能染好一匹布料。染布颜色的深浅与浸染次数有关，也与浸染技术、染料的配方、晾晒、天气等有关。主要工具有染缸、染棒、晒架、石碾等。

白族扎染的核心工序——扎花

白族扎染品种繁多，图案丰富，多表现吉祥美好寓意。图案主要有花草植物、鸟兽鱼虫、几何图形、自然景物、字体符号等，有1000多种。这些图案多以圆点、不规则图形以及其他简单的几何图形组成。

扎染布广泛用于服饰、居家用品，如衣裙、围腰、床单、被子、枕巾、窗帘、门帘、桌布、椅罩等。此类扎染布做成的衣饰和居家用品，在大理城乡随处可见。无论穿在身上、挂在室内还是用于家什，都别有一番古朴、典雅的风致。

扎染布是白族特有的手工产品，它体现了人与自然的和谐，也反映了白族人民的美好品格和审美情趣。它朴素自然，蓝地上的白花清雅素洁，朴拙中透露着高贵。以板蓝根为主的传统染料色泽自然，褪色较慢，不伤布料，经久耐用，穿着舒适，还带有一定的消炎清凉作用。白族扎染已经成为人们心目中大理最特殊的文化名片和白族民族传统艺术的象征。

2006年5月，白族扎染技艺列入第一批国家级非物质文化遗产名录（传统手工技艺类）。

## 三、经营民族扎染厂的日子

在大理，人们几乎众口一词，肯定张仕绅在白族扎染技艺传承和发展中的重要作用。他不仅有继承、有创新，而且主持过产业化生产，又坚守传统用料和传统工艺，更是如今掌握白族扎染技艺的硕果仅存的艺匠。

改革开放后，做扎染名正言顺了。那时，周城村成立了扎染小组，之后又扩大为集体性质的"大理周城民族扎染厂"。1987年开始，张仕绅担任这个厂子的厂长。

一开始，厂里的产品主要是供当地的白族人家使用。不久，通过云南纺织品进出口公司牵线，产品打入国际市场。村里扎染最繁荣的时候，仅承担外包扎花业务的周边村民，就有几千人。厂里还有自己专职的图案设计师，自创出近百种扎染图案。

张仕绅在厂里当了20多年厂长，但最令他骄傲的是前10年，也就是1987～1996年。他自己说，这10年，他把厂子经营得红红火火，产值最高的一年达800万元。而有关报道也说，张仕绅以独到的管理模式和发展理念，把一个无名小厂办成了海内外知名的企业，产品远销国内各大城市以及日本、美国等10多个国家、地区，为当地村民创造了可观的经济效益，解决了部分农村剩余劳动力的就业问题，促进了周城村一带白族群众自觉传承发展扎染技艺的积极性。

因为贡献突出，张仕绅曾获农业部乡镇企业出口创汇"金龙奖"，云南省乡镇企业局"质量厂长"称号，大理州"优秀厂长"称号、"有突出贡献的专业技术人才"称号和"乡土拔尖人才"称号，以及农业部"全国优秀供销员"称号。

因为订单多了，染料一时供不应求。张仕绅买地大面积种植板蓝根，但村里自己种的，不到半年就用完了。由于无米下锅，张仕绅只能回绝进出口公司，不再接单。

这时，进出口公司拿来了瑞士和德国生产的靛蓝粉，说是染色快，可以与土靛结合使用。化学染料可以大大简化工序，而且上色稳定、色彩丰富，

张仕绅接受媒体采访

还能降低成本。用土靛做扎染，是用冷染方式浸染，反复多次才能成色。需要一天染3次，用一周时间，染20多次才能出成品，对染色工人要求很高。而用靛蓝粉，染3次，一天即出成品。于是，化学染料迅速风靡。

化学染料的使用，使传统扎染受到剧烈冲击。由于成本降低，个体染坊不断兴起。而扎染最关键的工序之一扎花，扎染厂是外包出去的，扎染厂设计人员开发的新图案、新技法完全处于公开状态。个体染坊学到后，很快就能推出与扎染厂几乎完全相同的产品，质量不高、价格很低。扎染厂仍旧实工实料、严格质检，因而报废率高，成本降不下来——据估算，土靛染布的成本比洋靛至少要高5倍。

扎染背心成品

激烈的恶性价格竞争，导致市场环境越来越恶化。2004年，在数度挣扎后，扎染厂不得不宣告倒闭。而个体染坊没有专业设计人员，扎染工艺再无创新。专利得不到保护，个体户几乎都在滥用图案和技法，推出的产品千篇一律，而且总是尽可能降低生产成本。虽然订单依旧很多，却离传统越来越远。

## 四、"不用植物染料，没意思了"

回到家乡之后，张仕绅对传统技艺依旧难以割舍。他认为，如今，虽然化学染料代替了植物染料、机织布代替了土布，但唯一不可替代的就是手工扎花技术，而这也面临着失传。

扎花是扎染的两道关键工艺之一，技术要求高，新人培养一两年才能上手。当年张仕绅主持的扎染厂，曾举办过14期扎花培训班，培训了2000多人次。扎花扎久了，手指关节会变形，非常辛苦却赚不了多少钱，连在旅游点洗碗的收入都赶不上。年轻人大都选择外出打工，如今留在村里做扎花的，都是50岁以上的妇女，而且十几种扎花技法，多数人只会四五种。

张仕绅对板蓝根扎染情有独钟，因为那意味着悠久传统、民族本色、环保自然。20世纪80年代，有一次日本客商到周城村的扎染厂考察，问染料是不是纯植物的,情急之下,张仕绅从染缸里舀起一瓢蓝水,"咕咚咕咚"喝了下去。当地文化站的负责人说:"这老倌舀起一瓢水,看一眼、闻一闻就知道这缸染料好不好。"

说起板蓝根这种由野生到人工种植的扎染原料,张仕绅津津乐道:"板蓝根每年二三月下种,8月底、9月初收割,留下根,只割叶和茎,按比例加石灰、水,在松木缸里泡一周。泡制过程中每天要用染棒捣打,让水起泡,再沉淀、上架、去渣,反复几次,水分蒸发掉,蓝靛就做好了。手艺好的人100斤板蓝根能出30斤蓝靛,手艺差的也就出十五六斤。做得好的染料只要拿清水泡着,不脱水,可以用10多年。"

张仕绅和古老的染布桶

可现在"村里会弄板蓝根染料的,只有我一个人了"。张仕绅不无感慨。因此,他也被称为"最后一位用板蓝根染布的人"。2007年6月,张仕绅成为第一批国家级非物质文化遗产项目(白族扎染技艺,传统技艺类)代表性传承人。

但如今,张仕绅过往的经验与坚持却没有用处,好手艺传不下去。白族扎染自古传男不传女,张仕绅的两个儿子,大儿子虽然开办染坊,但用的也是化学染料。爷俩互不认同对方的思路,分歧很大。大儿子发明了一种"注射器染色法",用针管给扎好的花"打针",其实是套染,可以给一个图案同时染出5种颜色。传统的染法因为染料渗透的程度不同,有一种特殊色晕,套染的却没有。张仕绅显然不欣赏这样的创意,索性不去过问。

当有人问起为什么不做扎染了,张仕绅回答说:"现在的扎染都用化学染料,不用植物染料,没意思了,我也老了。"

尽管有所担忧,但张仕绅依旧笃定地认为,传统的东西肯定会回归。但传统手艺要传承,必须有政策扶持。

说到白族扎染技艺的传承和发扬,张仕绅蛮有主张:现在的家庭作坊,小打小闹,不成气候,要传承和发展扎染业,不成规模不行,必须重新建厂。"我要是自己搞扎染,那不得了,这些人都算不上。"

# 项老赛
## ——"做一把是一把"的"户撒刀王"

项老赛（1961～），民间工匠，阿昌族户撒刀锻制技艺传承人。云南德宏陇川人，阿昌族。他从小跟着父亲学习技艺，14岁就能独立操作，16岁成为刀匠并带徒弟。他善于继承、勇于创新，材料、工艺一丝不苟，设计装饰精美绝伦，多次获得"刀王"称号，制品行销国内及东亚、南亚诸国。2007年成为第一批国家级非物质文化遗产项目（传统手工技艺类）代表性传承人。

## 一、世家出身的著名刀匠

1961年，项老赛出生在云南省德宏傣族景颇族自治州陇川县户撒乡腊撒行政村新寨一个阿昌族家庭。

自古以来，阿昌族就是一个打刀的民族。而户撒乡是陇川县阿昌族密集聚居的一个地区，新寨则是纯阿昌族村寨，也是户撒乡打刀人最多的村寨，全村30户中打刀的就有20多户。阿昌族打的刀，不仅仅供本民族使用，还供景颇族等民族使用。生活刀、生产刀、装饰刀，应有尽有，不计其数。

项老赛从小跟着父亲学习打刀的技艺，父亲抡锤打刀，他帮着拉风箱。由于聪慧好学，又得到父亲的真传，14岁就能够独立操作，成了这个家族的第六代传人。"按规矩，阿昌的男孩12岁开始学打刀，"项老赛说，"16岁我成为刀匠，开始以卖刀为生。"

与那时候大多数刀匠一样，年轻时的项老赛都是打些农用刀、工具

项老赛

刀。每逢赶集，便拿到集市上去卖，当时市价不过一两块钱。项老赛回忆说："那时候生活很艰苦，打刀也是勉强维持生计。有时候，连米饭都吃不饱。"

初成刀匠，父亲的技艺已经不够项老赛学了。而且他发现，每一个打刀人都有自己不同的绝活，比如，有的淬火技术好，有的磨刀技术好，各人所打出来的刀，各个部位的好坏也不一样，何不取长补短，为己所用呢？于是他开始学习别的打刀师傅的绝活。他在周边村寨拜了10位师傅，师傅们欣赏他聪明好学又有打刀天赋，无不倾囊相授。一年时间，项老赛博采众家精华，一边学、一边打、一边钻研，深得要领，技艺突飞猛进。

项老赛锻制户撒刀

20岁那年，有一次赶集时，项老赛看到别人荷包上绣的龙凤图案，就想能不能用在打刀上。回家后经过简单设计，打了一把雕花的"龙凤刀"，卖了15元。比起传统手法，经过设计、精雕的刀，以同样的成本换来了十几倍的利润。回忆起当时的情形，项老赛很激动："从那时起，每天吃饭、睡觉的时候都在琢磨，下次设计一个什么图案，雕花鸟还是鱼虫。"

渐渐地，项老赛的刀以别出心裁的设计和纹饰在当地有了名气。"成名之后，买我刀的人越来越多，赚的也多，生活开始好起来。"可是项老赛并没有满足，而是一头扎进户撒刀的改良设计中去。"我不仅钻研户撒刀，也研究了许多世界名刀，欣赏之余也借鉴经验。"后来，项老赛一股脑设计出了龙凤刀、一龙刀、双龙刀、大血槽刀……

随着名气越来越大，许多到国外参加"刀王"比赛的选手，也来找项老赛订制比赛刀，但成绩最好的一次也就拿了第二名。项老赛认为，这跟他的刀没关系，"关键是没用好，对刀必须有感情，就像我用心打刀一样"。

有了一定的资本积累之后，项老赛开了自己的打刀作坊。生产规模扩大了，项老赛带领兄弟和儿子、学徒一齐上阵。打刀师傅6人、帮手20余人，30余人的手工作坊不算小，但生产的户撒刀仍然供不应求。项老赛的户撒刀生意做得红红火火,"顾客来自全国各地,外国人也喜欢我的刀"。

## 二、户撒刀:柔可绕指,刚可削铁

阿昌族户撒刀锻制技艺流传于云南省德宏州陇川县西北部的户撒乡,主要集中在潘乐、户早、隆光、相姐、明社、曼炳6个村。户撒刀也叫阿昌刀,因陇川县户撒乡主要是阿昌族聚居而得名。

户撒刀是阿昌族人智慧的结晶,其先民在唐代就掌握了锻制和铸造铁器的要领。明洪武年间,朱元璋手下名将沐英西征时,曾留下一部分军队驻守户撒屯垦,正是他们将打制刀具的技艺传给了阿昌人。1441～1449年官军"三征麓川",户撒成了朝廷的"兵工厂"。阿昌族吸收了兵器制造技术,形成了独特的户撒刀锻制工艺,明末清初走向成熟,民国年间生产达到鼎盛。

户撒刀制作过程包括下料、制坯、打样、修磨、饰叶、淬火、刨光、做柄、制带、组装等10道工序,所用工具有铁、泥、石混合做成的火炉,木制风箱,以及锤、钳、铁砧等。制刀一般都采用上好的弹簧钢、碳素钢等上好的钢材。锻造时大锤、小锤、钳子配合默契,边烧边锻。反复加热、锻打、刮磨成刀坯后,再蘸水淬火。

淬火是保证户撒刀质量的关键技术,非常讲究火候、水质,从而可使刀刃硬度和韧性达到最佳状态,既锋利又耐磨。有一种柔韧可弯的背刀,就是蘸水后经过香油回火,反复加工制成的。正因如此,户撒刀才赢得了"柔可绕指,吹发即断,刚可削铁"的美誉。

淬火之后,接着还要精心修饰、打擦、装配。高档的刀叶上都要錾刻上"双龙抱柱"或"二龙夺宝"等图案,再配上铜鞘(也有木、皮、银的)、铜柄,以及五彩穗带,光华闪耀,极为精美。

户撒刀种类繁多,工艺特别,有背刀(长刀)、砍刀、腰刀、藏刀(专为藏区生产)、匕首、宝剑等上百个花

户撒刀柔可绕指

色品种。就用途而言，有生产用刀、生活用刀、狩猎者护身用的长刀、宰牲畜用的匕首等。工艺方面，以背刀和藏刀最为精巧和典型。花钢背刀采用红、白铁皮和青钢混合打制而成，刀面上呈现红、白、青三种颜色，花钢背刀由此得名。花钢背刀刀体美观，刀口锋利，既是显示英武的装饰品，也是农耕伐木者的生产工具和防身武器。

由于种类众多、工艺各别，在户撒，制作刀具的村寨之间形成了较细的分工，各寨都有自己的名牌产品。整个户撒坝好比一个大型手工工厂，各寨就是它的车间，各以一种产品闻名，如来福寨的黑长刀、花钢刀，芒东寨的腰刀、小尖刀，腊姐寨的锯齿镰刀，新寨的背刀，芒所寨的刀鞘等。

阿昌族人民不仅擅长打刀，也把户撒刀视若珍宝。每个阿昌族家庭至少有一把长刀。阿昌族选女婿，也要看他会不会打刀，而青年男子结婚时，总是要身背长刀，方显得英姿勃勃。这些风俗一直延续至今。

户撒刀也深受附近汉族、傣族、景颇族、傈僳族、藏族、白族等民族的喜爱。它走出云南，不仅销往北京、西藏、青海、新疆、甘肃、内蒙古等地，甚至还远销缅甸、泰国、印度等国。

1990年，户撒刀制作名师用自己独特的工艺锻造了象征民族腾飞的"九龙"指挥刀，成为中国人民解放军三军仪仗队的指挥刀。

一把好的户撒刀，从选料到成型，无处不倾注着工匠们的心血。他们继承了阿昌族几百年来的传统工艺，又对制作工艺不断创新，制作出的刀既具实用性，又有艺术观赏性。即便在社会化、机械化生产程度较高的今天，阿昌族户撒刀仍然是一颗闪亮的民族瑰宝。

2006年5月，阿昌族户撒刀锻制技艺经国务院批准，列入了第一批国家级非物质文化遗产名录（传统手工技艺类）。

## 三、夺得"户撒刀王"桂冠

项老赛的刀越打越好，有口皆碑，并且广受媒体以及社会各界注意。

2000年，项老赛打制的户撒刀被中央民族大学民族博物馆收藏；2001年，浙江电视台、广东电视台、云南电视台、广西电视台、北京电视台等对项老赛进行过为期三天的采访；2001年，《风土中国》杂志刊发了有关项老赛的专文。

最突出的是2006年。这年3月，在阿昌族阿露窝罗节的民族手工艺比赛中，项老赛打制的刀轻松夺冠，加冕"刀王"。当年9月和12月，中央

"刀王"项老赛展示自己打造的户撒刀

电视台录制《户撒刀王》专题片，对项老赛进行了连续报道。第二年、第三年的大赛，项老赛还是第一，"刀王"之称当之无愧。

戴上"户撒刀王"的桂冠，项老赛的底气也明显足了。和陌生人打交道时，要是对方不知道他的来头，项老赛在自我介绍的时候，就会拍拍胸脯来上一句："我，刀王，项老赛啊！"

不过，项老赛的"刀王"之称可谓名副其实，无论用料还是技艺，都有其独到之处。

好多行家都知道，项老赛的库房里存着一批好钢，这些摞在一起的钢板虽然锈迹斑斑，看上去有些年头了，但却是宝贝。项老赛说："这些现在都舍不得用了，除非是打制价值上万元的利刃，我才会动这些钢材。"原来，这批钢板来自20世纪80年代一辆报废的军用卡车，项老赛买下整车，"要的只是它几个轮子下面的弹簧钢。这种钢非常坚硬耐用，用它做坯，再加上好的锻造手艺，一定能做出无比锋利的好刀"。

在多年打刀生涯中，项老赛练就了一双"火眼金睛"，只要看一眼就能识别好坏。"市场上也有好钢，但是很少，那些一片片垒起的钢，我一看就知道哪片是哪里产的，有些简直就是用不成的赝货。"为了打制好刀，项老赛肯花大价钱，见到好材料绝不放过。

淬火是打刀的关键。项老赛淬火用井水，因为"井水温度低，水非常纯粹清澈，没有杂质"。淬火之前，要在打好的粗坯上均匀地涂上黏土——由土、石膏粉、硼砂等六种原料调制而成。项老赛说："一般黏土一烧就掉了，各种性质不同的材料混合后，加热后不会掉，也能使加热的速度更均匀，这样，刀也更有韧性。"

由于早年"龙凤刀"的成功，项老赛把革新传统制刀工艺的重点锁定在"精细"二字，从刀柄、刀把再到刀鞘，做得都越来越精细，越来越精美。但有一次，妻子拿着刚打出来的"龙凤刀"上山砍柴，一刀下去，刀刃就崩了。刀毕竟还是要用的，锋利是必需的。于是，项老赛钻研了白钢、红钢、花钢、油淬、水淬、黏土附刀再淬等多种技术，结果是，项老赛的刀连钢管都能砍断。

## 四、保护与传承并行不悖

经过不断钻研，项老赛在刀的外观、质地、图案、包装上下功夫，通过不断改进，他锻制的户撒刀外形美观、做工精致、质地精良、别具特色，深得人们的喜爱，慕名上门购刀的人一年四季可谓络绎不绝。30多年来，项老赛打了三四万把刀，多达50个品种、120种花色。

由于名声在外、买家众多，假冒伪劣的情况也就出现了。有人冒项老赛之名卖刀，大量伪劣的"项老赛户撒刀"流于江湖，买刀之人纷纷诟病。为此，项老赛在刀上靠近刀柄处，錾刻一个类似八卦的符号，并在工商局注册。他还学会了在网上视频聊天，"见我人才能买，否则，买到假的我可不负责"。

项老赛现在做刀的目标是"做一把是一把"，"把打两把刀的材料和精力用在一把刀上，甚至，我宁愿半个月打一把好刀，也不会粗制滥造一把破刀"。因此，"项氏刀"产量不高，习惯于"慢工出细活"。为保证每把刀的质量，项老赛现在仍然是"炉主"，虽然三个儿子都已经出师，手艺也都不错，但是每把刀的淬火，都必须他亲自动手，"只怕钢火不好，对不起买刀的客人"。现在项老赛的刀大多能卖上万元，有一把刀曾经卖了28万。不仅刀好，刀柄用高档木料雕龙錾花，木刀鞘外加缅银壳，精美异常，良可珍贵。

2007年6月，项老赛成为第一批国家级非物质文化遗产项目（阿昌族户撒刀锻制技艺，传统手工技艺类）代表性传承人。

项老赛还是优秀共产党员，在边境缉毒工作中成绩突出，被评为先进个人。他也是个热心肠的人，曾经资助过撒腊小学。

这两年，不断有人来到户撒乡，找项老赛谈合作。有一

项老赛坚守户撒刀的质量

位山东老板，说愿意投资 1000 万对户撒刀进行批量生产。"我一听他是机械化生产，就马上摆手，这个坚决整不成！这是传统的东西，怎么能让他在机器上做？"项老赛认为，传统技艺不应该被机械所代替，手工户撒刀之所以声名远播，就是因为其民族性和传统性。

项老赛早已经把自己的手艺传给了三个儿子，之所以还是不辞辛苦亲自淬火，是因为怕钢火不好，对不起买刀的客人。他深知淬火的功夫不是一天两天能学到家的，儿子们还需要继续锤炼。这既是对传统的尊重，也是为了打造良心刀。项老赛声明："我敢说，从我这里出去的每一把刀，都过了我这一关。"

"如今，我们的产品多达 50 个品种、120 种花色。有菜刀、腰刀、斧头、柴刀、狩猎刀、屠宰刀等生活工具刀，还有朴刀、马刀、景颇刀、苗刀、缅刀和藏刀等民族工艺礼品刀；刀把有棕丝把、酸枝木把、印度红木把、花梨木把、鸡翅木把、乌木把、紫檀木把、鹿角把、牛角把、钢把、铜把和缅银把等；刀鞘有红豆杉、楠木、乌木、缅银等半壳或全壳等。"项老赛说。

对传承户撒刀，项老赛决心坚定、信心满怀："阿昌族爱佩刀，打刀这门手艺世代相传。""上辈将祖艺完好地保留了下来，祖艺要继续流传下去，就要后辈来继承。我几个儿子全部都和我一样在打刀，我还是有信心的。我们阿昌人打的是良心刀，所以不经过时间的锻炼是不行的。"

# 和志本
## ——白水台的东巴造纸人

和志本（1926～），民间手工艺人，傣族、纳西族手工造纸技艺传承人。云南迪庆香格里拉人，纳西族。他少年时代开始跟伯父学习东巴绘画、造纸，花了近10年的时间掌握了东巴造纸术，并成为家族东巴第六代传人。"文革"之后，他最早恢复东巴造纸，所造之纸均匀厚实、颜色纯正，是深受东巴经师喜爱的上品用纸。2007年成为第一批国家级非物质文化遗产项目（传统手工技艺类）代表性传承人。

## 一、跟伯父学习东巴绘画、造纸

1926年，和志本出生在云南省迪庆中甸三坝白地村一个纳西族家庭。

和家是个东巴（纳西族祭司）世家，到和志本，已经是家传东巴的第六代传人。东巴最核心的本领是掌握东巴经，不仅熟稔经文，还要会书写（包括绘画），乃至制作书写材料——纸。和志本的两项绝技，就是造东巴纸和绘画。

和志本造东巴纸和绘画是跟伯父和肯恒学习的。按照纳西族的习惯，只有家中的长子才能传习祖宗的技艺。伯父和肯恒无儿无女，一直与和志本一家生活在一起。因为伯父和肯恒独身，所以身为侄儿的和志本成了家里东巴手工造纸技艺和东巴经文诵读的传承人。

和志本

和志本最早跟伯父学习的是绘画。东巴文字是象形文字，绘画是学习东巴文字的重要基础。从五六岁开始，画画就成了和志本每天的功课。每天饭后，伯父都会早早准备好木板，将灶台里的柴灰撒在木板上，让和志本模仿家藏的东巴经书学画。一遍、两遍……画不像，抹了重新画。在和志本的记忆里，上千种动物、花草的样子就是这样刻在了脑海中。到后来，他不用任何样板，就能背下经文和画下图像。

按照纳西族的传统和宗教习惯，在家里，只能写有关喜事、年节等的东巴经文；有关丧葬等的经文，必须在外面写。寒冬腊月，有时就算冒着鹅毛大雪，和志本和四五名同伴也必须跟伯父一起到村外的山上，躲到山洞里写。

和志本回忆说："山洞很窄，挤6个小孩，加个大人，连转身的地方都没有，可我们还是坚持了下来。"对于纳西族来说，成为有威望的大东巴、老东巴，是一件值得骄傲的事情。这或许正是和志本潜意识里执着坚持的原因所在。

9岁的时候，和志本开始跟伯父学习造东巴纸。造纸首先是收集原料。东巴纸的原料是当地人称作"狗皮麻"花（学名为荛花）的一种灌木，那时候白地村附近漫山遍野都是。和志本天天背着小背篓，带着干粮，跟着伯父上山采集荛花树枝。和志本说："造纸的树枝要求很讲究，粗细、表皮光滑度等都必须严格控制。没有什么可以测量，唯独靠眼睛、靠经验。"

虽然当时满山都是荛花，但采满一背篓几乎要一整天。傍晚下山回家吃过饭，紧接着就是趁鲜剥皮。剥皮有两道工序，先是剥下树皮，然后再把黑色的外皮刮掉，留下白色的内皮。因为荛花本身有毒，剥皮的手一碰到眼睛，立即会肿胀，甚至脸部也会浮肿，有时鼻子、眼睛会发炎溃烂。在和志本的记忆里，刚刚学习造纸的时候，他就曾被荛花的枝叶熏伤了眼睛，那一次，他休息了很多天。

随着日复一日的劳作，以及出人意想的艰辛，造纸的经验慢慢积累起来。经过近10年的艰难磨炼，和志本终于学会了东巴造纸术。

## 二、缅纸和东巴纸

我国是造纸术的故乡，在大规模机器工业造纸之前，全国各地一直流行手工造纸。即便在机器纸大量出现之后，在一些地区和一些特殊领域，手工造纸仍旧有其不可替代的地位。

云南各民族手工造纸历史悠久，彝族、白族、纳西族、傣族等少数民族均有手工造纸，手工纸在各民族历史文化传承和传播中有着不可估量的贡献。

2006年5月，傣族、纳西族手工造纸技艺经国务院批准列入第一批国家级非物质文化遗产名录（传统手工技艺类）。

傣族的手工纸称为"缅纸"，起源于明代中叶。缅纸用纤维较好、较细的构树皮制成，纸质薄而柔软、韧性好，是寺庙和尚抄写经书和学习傣文的用纸，也是以前抄写医药书的用纸，晚近以来佛寺和尚学习佛经仍用缅纸。

傣族老人用手工纸抄写经文

此外，缅纸还用于民间仪俗领域，如制作高升、孔明灯以及油纸伞等。油纸伞即以纸为伞面，上涂芝麻油，是丧葬的必备品，意为老人死后可以借助伞飞向天堂。另外，相对粗糙和含杂质较多的纸浆则用来制造纸毯。纸毯颜色近于青黑，厚约5毫米，是丧葬中给老人用的垫子，也是傣族男孩在升和尚仪式上必坐的垫子，过去也是垫床的重要材料。

纳西族的手工纸主要用于抄写东巴经，所以又称"东巴纸"；因为香格里拉白地（白水台）被认为是东巴文化的发祥地，所以东巴纸又称"白地纸"。白地东巴纸色白质厚，不易遭虫蛀，可以长期保存，据20世纪40年代的调查，用它书写的东巴经典有5000多卷。

东巴纸的原料采自当地独有的植物原料"阿当达"（即"狗皮麻"），学名为瑞香科丽江荛花。造纸工艺由采集原料、晒干、浸泡、蒸煮、洗涤、舂料、再舂料、浇纸、贴纸、晒纸等工序组成，主要工具有纸帘、木框、晒纸木板、木臼等。

和志本介绍东巴纸制造工艺，主要抓住几个重要环节描述。首先是采集原料，要选择粗壮、表皮光滑、叉较少的灌木，每棵取约50厘米长的一段。砍好之后，必须趁鲜剥皮（这种树水分少、容易干，一旦水分干了，剥皮将十分困难，只能采用泡水的方法来处理，费工费时）。剥下树皮后，刮去黑色外皮，只留白色内皮。

白色树皮要放在院子里自然晒干，然后用水浸泡，边泡还要边剔除残留的黑皮和杂皮，直到泡软为止。接着是蒸煮树皮，蒸煮过程中必须加入草木灰，以减轻原料的毒性并增加原料的色度。蒸煮十几个小时，然后捞出拿到河边漂洗，并将皮料捏成拳头大小的团状。洗净的皮料放在平整的石板上，用木槌反复捶打，直到打成纤维状，入水完全散开为止。

东巴纸造纸作坊

　　接着是抬纸浆，就是把装着纸帘的纸帘框放入盛水过半的木槽，在溢满清水的纸帘上倒入适量的纸浆，用手轻轻搅拌、拍打，使纸浆纤维均匀分布，平稳抬出。然后轻轻将湿纸帘翻扣在晒纸板上，小心取下纸帘，将晒纸板拿到太阳下晒。待纸晒到半干时，用压纸棒在纸上反复用力擀压，直到压得纸面平整，显不出帘纹为止。晒干后，用手轻轻一揭，一张张长短、宽窄统一的东巴纸就造成了。

## 三、手工纸是民族文化的传承介质

东巴纸造纸原料

　　说起东巴纸来，和志本可谓如数家珍。与傣族的缅纸比较起来，东巴纸的用途更为专门，那就是抄写东巴经。

　　东巴纸拥有象牙般的色泽，味清香，吸墨性强，不易变色，保存年代久。现存20000多册的东巴经书，都是在"粗糙的树皮"——以荛花为原材料制成的东巴纸上书写的。千百年来，写在东巴纸上的东巴象形文字依然色泽如新，字迹清晰。

　　有些人认为东巴纸有毒，其实制作完成后，材料原本的毒性已经消失殆尽，但对于蠹虫仍然具有威慑力，这也是保存数百年的东巴经文很少发生虫蛀的原因。另外，东巴纸对人体还有镇静安神作用。

也有专家从造纸技术的角度指出，东巴纸的活动纸帘较为特殊，晒纸过程明显受到浇纸法的影响，又有抄纸法的痕迹，是中国造纸术与印度次大陆造纸法兼容并蓄的结晶。

"文化大革命"期间，东巴文化受到了极大冲击。那时，和志本把造纸的纸槽藏了起来，他坚信有一天自己一定还能再造纸。

1993年，在乡政府的支持下，和志本恢复了东巴造纸——他是"文革"后最早恢复东巴造纸的人。与此同时，和志本用自己造出的东巴纸，回忆并记录脑海中的东巴经。58岁那年，他被请到丽江，与上百名老东巴一起，回忆失传的东巴经。现在，和志本凭着记忆，已经画出了100多本东巴经。

和志本造的东巴纸均匀、厚实、色正、光洁，是深受东巴经师喜爱的上品用纸，远近闻名，即便在交通极为闭塞的年代，仍然有人从丽江、香格里拉，甚至西藏等地，来到白地村买纸。

和志本对东巴纸和宣纸做过比较，他认为二者的最大不同，在于东巴纸的书写是"硬碰硬"的过程，在长达70年的时间里，和志本使用的绘画和书写工具，是纳西族传统的竹笔、蒿秆笔、木片笔和铜笔等硬笔，东巴纸的硬度也较高。和志本说："符号和图画组成的东巴经文，特有的手工制东巴纸和书写工具，这是东巴文化的魅力之所在。"

不过，东巴纸也面临着不少隐忧。由于生产方式原始，东巴纸的造价非常昂贵。和志本说，每次他采回一背篓荛花，仅可煮干皮5公斤左右，最多可得25厘米×30厘米规格的东巴纸60张，需要砍伐原料灌木不低于1000棵，燃烧木柴200公斤，花费工时最少7天。新中国成立前，50～60张规格为50厘米×60厘米的东巴纸，就需要用一只羊去交换。

如今因为原材料稀缺，东巴纸根本无法批量生产。最让和志本担忧的，就是

和志本在新造的纸上书写东巴文

与当年荛花漫山遍野相比，现在荛花越来越少，儿子每次出去找原料，必须翻山越岭，一整天也采不回多少来。他曾在家里种植荛花，可是七八年过去了，家种的荛花就是长不大。

## 四、"能教多少教多少"

从跟伯父在柴灰上学画画起，和志本就开开默默吟诵起了东巴经。造纸、画画（神画、神路图、木牌画）、主持仪式，他从小东巴长成了大东巴，又变成了老东巴。

1999年，和志本被云南省评为民间美术师。2007年，他又成为第一批国家级非物质文化遗产项目（傣族、纳西族手工造纸技艺，传统手工技艺类）代表性传承人。

和志本手工制作的东巴纸是有口皆碑的，而他的东巴画和东巴舞也非常出色。研究东巴文化的纳西族学者指出，和志本绘制的东巴画，构图严整奇巧，笔法细腻娴熟，着色鲜艳和谐，堪称精品。

东巴舞是东巴经师在祭祀活动中跳的舞，东巴经师在进行开丧、超度、祭风、祭什罗、祭拉姆、祭胜利者、祭工匠、求寿、解秽等几乎所有东巴仪式或道场时，都要跳东巴舞蹈。舞蹈时东巴手中拿有鼓、铃、锣等，既是法器，又是伴舞乐器。和志本的东巴舞是从东巴舞谱经书《蹉模》中学来的，里面记录了70多种东巴舞。

作为东巴世家，和家在当地算是中等富裕的家庭：有固定收入，吃穿不愁，儿女成群，孙辈众多。如今，和志本除在村子里主持一般的仪式外，还到香格里拉著名旅游景区白水台"阿明灵洞"（位于白水台山腰的喀斯特溶洞）为来自远方的游客求福祈祷。

如今，像和志本这样的东巴经师已经很少，老东巴至今没有一个真正的关门弟子，纳西族东巴文化的传承令人焦虑。由于年事渐高，和志本担心东巴文化会失传，于是把造纸和绘画的技艺全部传给了三个儿子，并教他们学习和诵读经文。

和志本揩纸

2007年成为"非遗"传承人后，和志本声名远播，慕名而来学东巴绘画的人越来越多，除了纳西族和藏族，还有我国台湾地区以及泰国、美国的爱好者，跋山涉水来到白地村，向和志本求学。来学习的人，最长的在和志本家里要住一个月，最多的时候，家里的房间全部住满了来学习的人。

现在，和志本最大的心愿就是将纳西族文化传播得更远。因此，尽管家庭条件不算太好，他还是让儿子投资建立了东巴文化传习馆，以便让更多的人了解东巴文化。和志本说："能教多少教多少，我只希望已经经历过灾难的东巴文化，不会彻底失传。"

东巴纸技艺展示

# 格　桑
## ——民族技艺织就五彩生活

格桑（1956～2010），民间织染艺人，藏族邦典、卡垫织造技艺传承人。西藏山南贡嘎人，藏族。12岁开始跟父母学习编织手艺，逐渐掌握邦典织染手艺。新时期以来，在政府扶持下办厂加工邦典，带动一方百姓共同走上致富道路。2007年成为第一批国家级非物质文化遗产项目（藏族邦典、卡垫织造技艺，传统手工技艺类）代表性传承人。2010年去世后，妻子继承丈夫的事业，手工工厂办得越来越红火；女儿13岁跟父亲学艺，已经成长为远近闻名的"小织女"。

## 一、艺人家境与民族工艺共命运

1956年，格桑出生在今西藏自治区山南地区贡嘎县杰德秀镇一个藏族家庭。

杰德秀镇是西藏历史上的八大古镇之一。杰德秀，藏语意为"口齿伶俐"，距离贡嘎县城17公里，距离拉萨60公里。杰德秀镇是藏族"邦典"（藏式毛织围裙）的主要产地，素有"邦典之乡"之誉。当地人家家都有织机，男女老少都会织氆氇（藏袍原料）、邦典等。若在农闲季节去杰德秀，四处都可以听到紧张而忙碌的机杼声。

格桑出生在杰德秀镇一个世代织染邦典之家，由于从小身体残疾无法正常上学，从12岁开始就跟着父母学习编织手艺，逐渐掌握了邦典编织的手艺，成了当地小有名气的能工巧匠。氆氇和邦典从印染到编织都有着不外传的技术，尤其是染色，不仅讲究水源水质，技术更是神秘。格桑说，全国只有他一个人会所有颜色的染色方法，祖祖辈辈传下来，外人想学都学不来，最多只能学点皮毛。

然而，在20世纪70年代，把自家织出的邦典、氆氇等手工艺品拿出去卖，是要担"投机倒把"风险的。因此，格桑的好手艺只能自编自用，或者送给乡亲们。守着一门好手艺，格桑家日子却过得非常拮据。而且手工织造一幅氆氇、邦典往往需要几天或者更长的时间，周围也没有人愿意学习这门手艺。

改革开放以来，情况有了很大的改变，格桑和妻子嘎日在家一起编织邦典。虽然邦典售价不高，收入只能补贴一点家用，但在不断摸索中，格桑的邦典染织、配色技艺日益长进，最终在当地出类拔萃。他还自创了新的编织技艺，并用邦典织法做出了背袋、围巾、披肩等多种产品，很受买家的喜爱。

格桑的妻子嘎日在机器上编织邦典

1998年，在当地政府的鼓励下，格桑申请了5万元的无息贷款，又把村里那些家里比较贫困、没有工作的人员召集起来，教他们编织邦典的技艺。从那时起，在一间只有几平方米的简陋小房子里，格桑开始圆他的邦典梦，开始了他的创业传奇。

2002年，在当地政府扶持下，格桑贷款2万元，在杰德秀镇办起了家庭作坊式的"格桑民族手工厂"。格桑每月从拉萨购来白色羊毛线和染料，染好颜色后给工人编织，然后又将邦典和其他织品送到拉萨的买家手里。就这样，一年下来不仅还完了贷款，还有了2万元存款。

2004年，格桑又贷款30万元扩大生产规模，厂里有20多个工人。产品也逐渐卖上了好价钱，一条邦典能卖到三四百元，手工编织的挂毯、披肩更是价格不菲，但厂里的订单却不断从国内外各处飞来。不到两年时间，格桑就还清了银行贷款。

民族手工艺让格桑脱贫致富，彻底改善了家庭经济条件。2005年，格桑家在杰德秀镇盖起了一栋二层小楼，搬进了新家。这是一个兼具民族和现代特色的院落，平坦的水泥地面干净整洁，堂屋里藏式组合柜上摆放着电视机、影碟机、音箱等家电，还有皮沙发、茶几等现代化家具，连屋顶都装饰一新。

民族手工艺的兴衰轨迹，在格桑身上体现得淋漓尽致。格桑说："在历史上，这里生产的氆氇大多为贡品，守着一门好手艺，日子却过得拮据无比。""如今不同了，氆氇和邦典已经成了很抢手的东西，以前不挣钱的手艺变成了致富的路子！"

那时，女儿丹增卓玛不清楚工厂的情况，但她感觉到家里的境况明显好了起来："2005年，我们搬进了自己的新家，房子好大好漂亮，我们兄妹都有自己的房间。"

## 二、邦典：藏族妇女膝前的美丽风景

藏族的毛织技艺有着悠久的历史，制品以邦典和卡垫最为著名。"卡垫"藏语意为小型藏毯，日喀则地区古城江孜是生产卡垫的著名城市，有"卡垫之乡"的美称。而"邦典之乡"，则是格桑的故乡——山南贡嘎杰德秀。

邦典藏语意为毛织围裙，本是一种五彩的、细横线条的氆氇，后来成为藏族妇女系在腰间的装饰品，也就渐渐成了藏式围裙的代名词。它的原料与氆氇相同，但比氆氇单薄、精致、小巧。藏族人用邦典来制作妇女的坎肩、围裙和挎包，或者镶嵌在藏袍边上，如今人们还用它装饰客厅的墙壁。

传说邦典的染织与文成公主有些联系，在贡嘎杰德秀镇，流传着有关邦典与文成公主的故事：传说在公元641年，文成公主从长安出发到西藏的时候，把许多染料带到了高原，丰富了邦典的色彩，这才有了今天五彩斑斓的邦典，从而也造就了藏族妇女膝前的一抹美丽风景。

邦典最初就是用来遮灰的围裙，后来成了藏族妇女服饰的重要组成部分。传统的邦典由彩色毛绒编织，往往用对比强烈的色条相配，具有粗犷明快的风格。现在常见的邦典用纤细的相关色，组成娴雅温和的色彩。

邦典的品种很多，最好的藏语叫"斜玛"，用14～20种染色毛纱精工织成。邦典的制作，首先是选

彩虹般美丽的邦典

取上好的羊毛，接着经过梳毛捻线（细捻为经，粗捻为纬）、上织机（经机梭打、编织等）、织图等工序，然后进行着色、反复浆染、揉搓、晾晒等，一条成品邦典才算完成。其中，染色用藏族独特民间工艺调制的岩石和植物染料，羊毛线可以染出20多种艳丽的色彩，而且不会褪色。捻线更是费时费力的活，男人干不了，所以自古就是女捻线、男织机。围裙织法独特，色彩鲜艳，编织精密，美观大方。

邦典不仅是藏族妇女的一般服饰，也是一个女人成熟的标志。藏族少女长到15岁以后，家人就要择日为她举行成人礼。其中主要的仪式，就是头戴巴珠卡，腰部第一次系上五彩的邦典。

西藏山南地区贡嘎县的杰德秀镇，是邦典的主要产地，因而有"邦典之乡"的美称。杰德秀镇生产毛织品已经有1000多年的历史，生产围裙也已有五六百年。在历史上，这里店铺众多，家家户户都拥有一台或多台织机，所织造的氆氇曾为历代贡品，相传文成公主所穿的氆氇服装便产自该镇。

格桑介绍说，杰德秀的邦典、氆氇之所以能够久经岁月而光彩依旧，是因为这里有着独特的水源。杰德秀镇的老艺人其米布布杰说，过去杰德秀的邦典

身着邦典的藏族妇女

染色的水是宗山脚下的泉水和几公里外的拉斯湖水，两个地方的水质都非常好。从泉水里取水，染出来的织物颜色均匀、鲜艳；用拉斯湖的水清洗染好以后的邦典，颜色会更持久。拉斯湖在藏语里的意思是"神沐浴的湖"，在很久以前，只有历代高僧的织物能在拉斯湖里清洗，其他织物，包括贵族和地主的，只能在溪水中清洗。过去，因为杰德秀镇的水质好，其他地方织好的邦典，全部都要拿到这里来染色。

经过世代传承和改进，杰德秀镇的毛织品在品种、图案、色彩和技艺等方面都有了很大的发展。镇上目前约有780户、2200人，几乎家家生产毛织围裙，产品不仅在国内享有盛名，还远销印度、尼泊尔、不丹及西欧国家。

2006年5月，藏族邦典和卡垫织造技艺经国务院批准，列入第一批国

家级非物质文化遗产名录（传统手工技艺类）。

## 三、妻子接过致富接力棒

与民族手工技艺共命运，格桑赶上了好时代，不仅自己创业致富，也带动了杰德秀镇民族手工业的发展，继承并弘扬着杰德秀杰出的邦典艺术。

回顾自己过往的人生，格桑感慨良多；展望未来，格桑雄心勃勃。迁入新居之后，格桑喝着酥油茶大发感慨："手艺人只有赶上了改革开放的好时代，才有今天的好日子。刚能自由买卖的时候，只是靠我和妻子两个人织，收入只能补贴一点家用。1998年，我向县里申请了5万块的无息贷款，又把村里那些家里比较贫困、没有工作的人召集起来，教他们技术，大家一起织。2004年我又向县里贷款30万元扩大生产规模，不到两年时间，已经还清了银行的贷款。现在厂里已经有了20台机器，下一步我还准备在拉萨开家专卖店，进一步打造我们杰德秀的品牌。"

2007年6月，格桑成为第一批国家级非物质文化遗产项目（藏族邦典、卡垫织造技艺，传统技艺类）代表性传承人。

也就在2007年，格桑成立了格桑民族手工业扶贫企业，创办了杰德秀藏毯厂。格桑每年能获得5000元的"非遗"经费补贴，政府还拨给15万元的培训费，让格桑传授编织技术。

2008年，格桑的厂里已经有了20台编织围裙的机器，格桑家一年靠制作氆氇和邦典，少说也有10万元的纯收入……

格桑传承民族手工技艺，带动一方百姓致富，也赢得了众多荣誉：2005年，格桑被评为共产党员示范户，并被评为"双带、双培"致富能手；2006年，被评为贡嘎县和自治区优秀共产党员；2008年，被评为山南地区十星级文明户；2009年，被评为自治区级文明户。

嘎日展示合作社生产的邦典

遗憾的是，2010年底，格桑却过早地离开了人世，年仅55岁。在他家的一个房间里，到处挂满各种奖状、摆满证书和围裙样品。此外，他还留给家里一个经营得红红火火的民族手工厂。

格桑去世后，藏毯厂只好由妻子嘎日来经营管理。2011年，嘎日将"杰德秀藏毯厂"更名为"山南贡嘎县杰德秀镇格桑围裙农民合作社"。虽然名称还是丈夫的名字，但企业法人已变更为嘎日，这意味着嘎日肩上的担子更重了。

经营管理是嘎日的头等大事。围裙合作社有25名职工，为了鼓励大家的积极性，嘎日实行计件工资，每织一件围裙45元，月平均工资1200元。这样算下来，一个职工一年有1万多元收入。目前，嘎日的产品已有围裙、氆氇、毛毯等10多个品种，还远销尼泊尔、印度等地。

嘎日带领周边乡村群众编织邦典，开辟了一条弘扬民族手工业、帮助群众增收致富的新路。"在阿佳（姐姐）嘎日的带动下，我家现在也在织邦典，一年有1.5万元的收入，日子越过越好。"一个杰德秀镇斯麦居委会的村民如是说。

## 四、"小织女"要把邦典做得更漂亮

在格桑妻子嘎日的带动下，杰德秀镇的小型家庭编织作坊逐步增多，目前，编织户已达980户，固定从业人员1400余人，织机2100台，年收入800余万元。历史上邦典产销两旺的昌盛局面，在杰德秀镇得以重现。

早在格桑在世时，嘎日就向丈夫学习了新的编织技术，如今，她又把这些技术传给了更多的村民们。嘎日说："我是富起来了，但我的梦想是让大家都富起来。我厂里的职工都是家庭困难职工，农忙时回家干农活，农闲就织围裙，增加收入。"嘎日还免费给县实验中学学生教授编织技艺。

现在，嘎日家每年都有七八万元的收入，日子过得很好。格桑、嘎日夫妇的大儿子考上了重庆大学，还有两个孩子在上学，一家人生活得幸福美满。而女儿丹增卓玛，更是成了享誉中外的藏族"小织女"。

丹增卓玛从小喜欢邦典技艺，13岁时，她开始跟父亲学习邦典编织，并很快成了当地编织邦典的好手。现在，她一天可以编织一条邦典。

2010年8月，丹增卓玛到上海世博会，参加西藏非物质文化遗产产品展示。作为年龄最小的"非遗"展示者，丹增卓玛代替生病的爸爸向世人展示了杰德秀邦典编织技艺。

这是丹增卓玛第一次到东部沿海地区，满眼都是惊奇，却没有一丝胆怯。这一次，她带去了邦典、卡垫、氆氇等10多个品种。在展厅里，丹增卓玛双手在粗木做成的织机上灵巧穿梭，五彩的羊毛织物如彩虹般泻下。和往常一样，她一天可以编织好一条邦典；与往日不同的是，总被闪光灯和游客围绕的她要时常停下手中的活，用微笑回应国内外记者和游人的赞叹与好奇。

2011年6月，丹增卓玛又独自到成都参加了非物质文化遗产节。虽然只卖了不到2000元的产品，但丹增卓玛感受到了内地市场的需求，认识到了产品需要改良。

"顾客需要什么我们就生产什么，外国人很喜欢西藏的东西，围巾、披肩很受欢迎，我要协助妈妈改良品种，扩大销路。"不到20岁的丹增卓玛，说起产品来头头是道。她打算学习市场营销，等将来妈妈老了，把合作社接过来，把厂子办得更好，让更多的人都富起来。

丹增卓玛告诉人们，她要继承爸爸的工厂和编织技术，并要将织品卖到拉萨、上海甚至更远的地方。"邦典是藏族人世世代代不能缺少的东西，外地游客也喜欢我们的织品，我会把邦典做得更好更漂亮。"

# 马维雄
## ——保安腰刀世家的后起之"雄"

马维雄（1950～），民间工匠，保安族腰刀锻制技艺传承人。甘肃临夏积石山人，保安族。他出身于刀匠世家，跟随父亲学得了一手锻制保安腰刀的纯熟技艺，精于锻制漂亮的"什样锦"，并重现失传已久的"折花刀"绝艺。成为国家级非物质文化遗产项目（传统手工技艺类）代表性传承人之后，一方面坚持传统手工操作，一方面申请专利、注册商标，并开办网站宣传民族文化和技艺。

### 一、刀匠世家，青出于蓝

1950年，马维雄出生在甘肃省积石山县刘集乡安民湾村一个保安族家庭。

积石山位于甘肃、青海交界地区，北临黄河。那里的积石山保安族东乡族撒拉族自治县（隶属临夏回族自治州），是我国保安族、东乡族、撒拉族的主要聚居区。除了积石山县，保安族还有少数散居在临夏回族自治州各县和青海省的循化撒拉族自治县。根据2010年第六次全国人口普查统计，保安族人口数约为2万人。

保安族主要从事农业、手工业，以锻打刀具为主，保安腰刀历史久远，声名卓著。

马维雄

马维雄就出身于保安腰刀世家，祖辈都是以打铁为生的匠人，父亲马尕虎更是有名。在保安族刀匠中曾有一句流传甚广的话："善家宝的鱼刀，马尕虎的腰刀。"说的就是保安族的两位杰出刀匠。

马尕虎是保安族地区非常有名的刀匠，擅长制作什样锦腰刀，与另一位有名的刀匠冶善家宝齐名。马维雄说："抗战时期，父亲在西宁捡到日

本飞机轰炸后残留的一些弹片，用它做了一把质量上乘的小铁锤，一直视若珍宝。他打制的腰刀外观精美，内质优良，在保安族地区很受欢迎。新中国成立前，驻扎在大河家的解放军战士也曾慕名来求购他的腰刀。"

马维雄只上过几年学，迫于生计，10岁的时候就开始跟着父亲在作坊里学做腰刀。起初，因为笨手笨脚，经常挨父亲的训斥，但马维雄还是坚持了下来。四年后，父亲因老眼昏花，便把家里打制腰刀的事业全盘交给了马维雄。此时，马维雄已经是技术熟练的刀匠。通过父亲的点拨和自己的琢磨，再加上特别能吃苦耐劳，马维雄的技艺越来越纯熟，甚至可以和父亲媲美。

据马维雄介绍，新中国成立以前，保安族聚居地从事打刀的有110户，专业打刀匠约有120人。新中国成立后，保安腰刀的生产曾两度走过集体化道路，建立了两个生产大队腰刀厂，但很不景气。"文革"期间，打刀被视为"弃农经济""工匠单干，搞资本主义"，遭到禁止。新时期以来，保安腰刀重新焕发出勃勃生机。

1985年，马维雄在保安族聚居地刀匠技艺评比活动中获得了第一名。这意味着他的保安腰刀锻制技艺青出于蓝而胜于蓝，达到了炉火纯青的境界。

## 二、保安腰刀是本民族文化的闪亮名片

保安腰刀是保安族人民传统的手工艺制品。长期以来，它是维系整个保安族生存的重要手段，也是保安族经济文化的命脉。

保安族打制腰刀的历史由来已久，其源头还得追溯到成吉思汗时期。那时，成吉思汗横扫欧亚大陆时，在中亚诸国俘虏了大量当地居民，组建成"探马赤军"，其中不乏能工巧匠。成吉思汗东征时，部分亦兵亦工的保安族先民被留置在青海同仁地区。定居在同仁保安城后，他们中的那些能工巧匠开始从事手工生产，包括铁匠、金银匠、木匠、鞋匠。虽然当时的铁匠主要是制作土枪、弓箭等，但"一脉相通"的冶铁技术使他们锻制

起各种刀具来游刃有余。

起初，保安族制作的刀主要用于军事，也用来自卫。随着形势的发展，这些刀也具有了商品的性质。他们开始用刀交换牧民的牛羊以及其他的日常用品。从此，保安族人民依靠自己独特冶铁技术锻制的腰刀就与民族经济发展和家庭生计维系紧密相连起来。

对于保安族来说，保安腰刀意义非同寻常。一方面，它始终贯穿着保安族人的经济生活，成为保安族人赖以生存的重要手段；另一方面，各类保安腰刀的式样、锻造技艺、方法以及修饰手段，无不反映着保安族的历史背景、思维观念以及文化价值。

据马维雄介绍，保安腰刀从设计、打坯成型到加钢淬火，从刻花錾字、镶嵌磨光到砸铆，其工艺流程自成一体。传统的保安腰刀制作工序多达80道。

长期以来，保安腰刀的传统制作方法一直是手工锻制。纯手工打制的保安腰刀，具有造型优美、线条明快、装潢考究、工艺精湛、经久耐用等诸多特点。马维雄指出："保安腰刀与其他刀具最大的不同就是每一把刀都是手工打造，连刀柄上的花纹都是独一无二的。"

保安腰刀品种众多，有"什样锦""波日季""雅吾其""双落""满把""扁鞘""珠算刀""鱼刀""西瓜头""马头刀""折花刀"等。其中最漂亮的是"什样锦"，而最富有神话色彩的是"波日季"，而最难锻制的是"折花刀"。

保安腰刀上大都刻着五指并拢、指尖向上的"一把手"图案。它源自一个悲惨的故事。当年有位保安族刀匠技艺高超、声名远扬，他傲视权贵、不畏强暴。有个恶霸命令他为其打制腰刀，被他断然拒绝。恶霸盛怒之下，活生生地砍去了刀匠的右手。从此，保安族刀匠便在腰刀上刻錾"一把手"的图案，一来纪念那位铁骨铮铮的保安族刀匠，二来寓意保安腰刀质量过硬。后来，这个图案被国家轻工业部定为保安腰刀

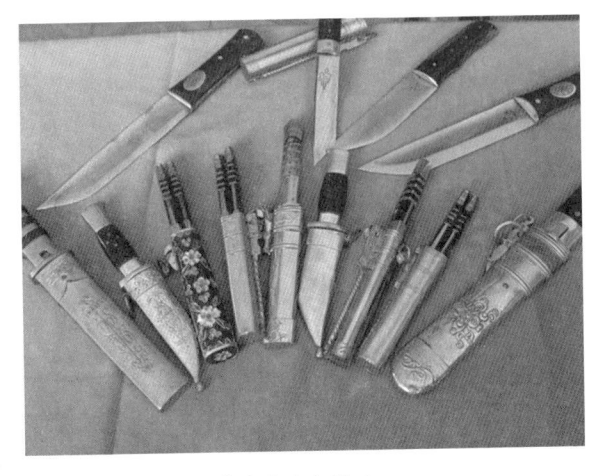

精美的保安腰刀

出口的统一标志。

1987年,"保安腰刀"获国家民委、国家轻工业部优质产品称号;1991年,"保安腰刀"获得北京国际博览会金奖。

2006年,保安族腰刀锻制技艺列入首批国家级非物质文化遗产名录(传统手工技艺类)。保安腰刀从此走上了大发展之路。据统计,在积石山,现在从事保安腰刀生产的工匠有近600人,2007年生产刀具20万把,年产值400万元左右,远销日本、印度、沙特阿拉伯、尼泊尔以及西欧等国家和地区。

集实用、观赏、珍藏等功能为一体的保安腰刀,如今已经成为保安族民族文化和民族技艺最闪亮的名片。以保安腰刀为题材、反映保安族生活的歌舞陆续展演,如《保安腰刀》《腰刀舞》《保安腰刀真干散》《我帮阿爷打腰刀》等。

## 三、精益求精,重现绝艺

保安腰刀因精美、耐用,与藏刀、蒙古刀齐名;与云南阿昌族户撒刀和新疆维吾尔族英吉沙小刀,并称为少数民族三大名刀。在少数民族的三大名刀里,云南户撒刀以刀口锋利而闻名,英吉沙小刀因手工精美而赢得口碑,而对保安腰刀来说,经久耐用才是它追求的目标。

马维雄打制的折花刀,上面有细腻的花纹

"许多其他地方制作的刀具,都是不加钢的,这样可以降低成本,但正宗的保安腰刀,都要求必须加钢,这是为了使硬度和韧性合理平衡。"马维雄说,"普通的民用刀具,基本上只加一层钢,加钢的关键在于火候。如果钢加得不好,钢线太靠近刀背,则刀刃即使磨得锋利,也非常容易崩口;而如果钢线太靠近刀刃,磨过两三次之后,刀子就不能用了。所以,对于保安腰刀来说,实用是最大的考验。而保证实用的,则是加钢的经验和手法。"

不过,随着时代的发展,刀已经不再仅仅是一种实用工具,同时也有了审美的要求,耐用、美观都需要兼顾。马维雄清醒地认识到了这一点:

"以前的刀做起来外观不太漂亮，就是实用得很，现在的刀讲究实用和美观融为一体。"

马维雄打制的腰刀品种，主要为"什样锦"双刀和"西瓜头"。马维雄尤其擅长打制"什样锦"腰刀，这是保安腰刀中最漂亮的一种，属于方头直刀。刀柄一般是用银、铜、石、珠在牦牛角上镶、嵌、铆出梅花、"一条龙"等图案，装饰效果璀璨夺目。2000年，他特意为保安族艺术节赶制了300把五寸"什样锦"双刀，赢得了众人的一致好评。

在种类繁多的保安腰刀中，最著名、最神秘的要算折花刀。马维雄说："那是一种刀身上布满花纹的刀，坚韧而且锋利，更重要的是它可以一直磨到刀背的部分，仍然锋利如昔。能做折花刀在刀匠中是种极大的荣耀。"折花刀的锻制技艺原本已经失传20多年，2008年，马维雄经过精心揣摩和反复实践，与儿子一起打出了黄河流水纹折花刀，使折花刀重现人间。

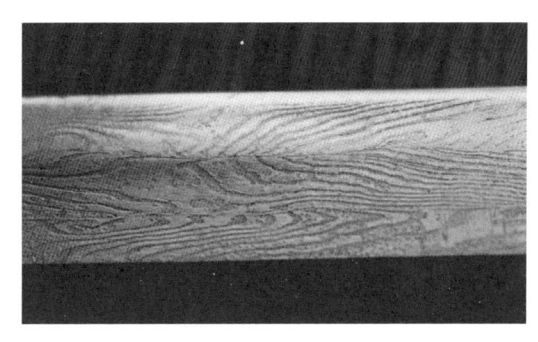

折花刀上细腻的花纹

说起父子俩使折花刀技艺复活，马维雄神采飞扬、滔滔不绝："你看看，它外观上看起来普通得很，特别之处体现在刀刃上面，叫折花刀是因为它是钢和铁揉出来的花纹。先把钢和铁放火里面烧红，烧红以后再拧出来，拧出来以后再打磨出来，相当漂亮。折花刀的暗纹便是钢与铁融合的钢线，这是经过反复锻打之后达到的钢与铁的水乳交融，这样才能保证锋利和坚韧的完美结合。"

锻制折花刀的用料、工艺都极为讲究，费时费力。一把普通的折花刀要用40片钢和40片铁，经过数千次反复锻打之后达到钢与铁的水乳交融，才能达到制作折花刀的标准。锻制一把9寸的折花刀，从选料到锻制，全部工序完成起码要20天左右的时间。经过反复打磨和折花，折花刀刀身上就出现了青白相间的流线型花纹。马维雄介绍说："折花刀的暗纹便是钢与铁融合的钢线，是锋利和坚韧的完美结合。"每一把折花刀刀身上的花纹都是独一无二的，不可复制。马维雄精心打制的折花刀，在阳光的照耀下，刀身上显出一条条的细腻花纹，如黄河之水绵延不绝，让人叹为观止。

## 四、坚持传统，重视传承

2007年，马维雄凭借其精湛的制刀技艺，成为仅有的两名保安腰刀国家级非物质文化遗产项目（第一批，传统手工技艺类）代表性传承人之一。

成为国家级"非遗"项目之后，保安腰刀的商业繁荣与传承断代，让马维雄喜忧参半。他担心的是：现代化机械设备对传统手工艺的冲击和影响，使保安腰刀的质量大打折扣；公安机关对刀具的管制，导致许多刀匠改行，打刀的人越来越少……

令马维雄高兴的是，"现在政府很重视，保安族正在走向世界，保安腰刀也正在走向世界"。

作为代表性传承人，对于自己肩上的担子，马维雄十分清楚。近年来，他带着工具和腰刀，先后到北京、西安、成都等地进行了多场展演。

保安腰刀主要产于临夏积石山大河家、刘集乡及周边地区。马维雄在离家乡刘集乡不远的大河家镇开办了马维雄刀铺。刀铺临街，几十平方米的铺面分为两层，一层打刀、展示、销售，二层吃饭、睡觉。马维雄说："很多人一开始不了解保安族和保安腰刀，现场看了后，非常喜欢，有的还专门来定做。"

随着与外界不断接触和交流，马维雄逐渐认识到，"正统的才是民族的，保安族腰刀要传承和发扬，首先要保护"。在市场经济环境下，保护的关键就是要适应时代发展，通过专利申请和商标注册，保护保安族腰刀的知识产权。如今，马维雄已经为自己的独门绝技"黄河流水纹""蜘蛛纹"锻制技艺申请了专利，注册了"马维雄保安族腰刀"商标，他锻制的每一把保安腰刀上都錾刻有"雄"字。

马维雄还在儿子马尕住麻的协助下，创办"保安腰

马维雄和他的刀铺

刀传人——马维雄"网站，借助这一电子商务平台，开始传播保安族腰刀文化，销售这种民族技艺手工制品。经过一段时间的运营，网站让更多的人了解了保安腰刀文化，也带动了保安腰刀的销售。

正如马维雄所说，保安腰刀的历史其实就是保安族的历史，而手工技艺是其精髓所在。马维雄不希望这项技艺失传，仍然坚持用传统工艺打制腰刀，平均每天做两把"西瓜头"腰刀。

历史上，保安腰刀的传承一般有两种方式：师徒传承和父子兄弟传承。旧时由于腰刀生产一般只限于家庭作坊，很少雇工，一般是招收学徒，师徒关系一般也不出亲属范围。徒弟拜师学艺，一般需三四年时间，头一年只干杂活，不传技术、不给工钱，以后才慢慢传授技艺。学徒出师后，如果要另起炉灶，必须得到师傅的同意，否则师傅可以将其炉子打碎。由于少数刀匠有所保留，因而一些关键性的手艺历来都是父传子或兄传弟。

现在，马维雄已经开始不断指导并把技艺传授给儿子，希望这种技艺以传统的家族传承方式流传下去。他还表示："我们还会开学习班，让更多的保安族人民都掌握这个技能。我相信我们的文化会一代代传下去！"

# 白静宜
## ——花丝镶嵌工美大师

　　白静宜（1942～），工艺设计师，花丝镶嵌制作技艺传承人。北京人，满族。她从小喜爱绘画，后进入北京工艺美术学校金属工艺美术专业学习，毕业后成为北京花丝镶嵌厂设计员，并历任设计组、研究组组长。50多年来，在用料和工艺方面均有突破，并形成了自己的设计风格，作品屡次获奖。2009年成为第三批国家级非物质文化遗产项目（传统技艺类）代表性传承人，与人合作建立工作室作为传承基地。代表作品有《冰竹梅捧盒》《单峰金驼》《百事和合》《祖国颂》等。

## 一、喜爱绘画，结缘花丝镶嵌

　　1942年9月，白静宜出生在北京一个满族家庭，是家里的老大。

　　白家是一个具有浓郁艺术氛围的大家族，白静宜的父辈，琴棋书画样样当行。正是由于这样的家族传统和氛围，白静宜自幼喜爱绘画，且颇具艺术天赋。

　　上小学时，白静宜的水彩画就已经出类拔萃，是美术老师的宠儿。那时，她还常常在课堂上偷着给老师画人物速写，生动逼真的速写往往让老师们忍俊不禁。

　　小学毕业时，白静宜考取了北京铁路子弟一中。按照父母的规划，中学毕业后，她应该按部就班地考北京交通大学，或者进入铁路系统工作。然而，白静宜早就听说北京市第五十六中学教美术的穆老师绘画水平出众，因而非常希望能成为穆老师的弟子，毕业后考中央美术学院，当一名出色的油画家。于是，11岁的白静宜拿着自己参加国际儿童

白静宜

画展的作品拜访穆老师，并自作主张，转学到了五十六中。

在五十六中，白静宜如鱼得水，认真学习绘画技艺，有机会还去看展览。有一次，北京展览馆举办俄罗斯油画展，她趁中午放学的时间去看画展，正好赶上中央美院的老师带着学生参观，她便跟着大学生一起听老师讲解。不知不觉中半天过去了，傍晚回学校取书包时，班主任很生气。好在美术老师惜才，直给她说情："她又不是逃学玩去了，她是去听美院老师讲课了，就这一次，没事儿。"

临近初中毕业，白静宜一门心思要考中央美院附中，但由于文化课没考好而未能如愿。当时，同时招生的还有北京工艺美术实验中学（北京工艺美术学校前身），招考的老师看过白静宜的作品，知道这女孩是个充满灵气的艺术苗子，问她愿不愿意来上学。白静宜首先就问"毕业后能考中央美院吗"，老师说"能"，于是她就满心欢喜地进入了工艺美校，攻读金属工艺美术专业。

对于在工艺美校的学习，白静宜本人有过这样的评价："我就读的北京工艺美术学校是朱德委员长为传承中国传统工艺而倡议建立的半工半读式艺术院校。我有幸成为第一批国家培养的正规专业人才，既学习美术基础和设计，又在老艺人的指导下参加生产制作。参加工作后，一直走着设计与生产实践相结合的发展道路，在这条路上，我走了50年，使我终生受用，受益匪浅。"

1961年毕业的时候，白静宜才知道自己不能直接考大学，必须服从分配，先工作几年。就这样，作为优秀毕业生，白静宜被选入北京工艺美术研究所，跟随技艺精湛的老一辈艺人从事花丝镶嵌技艺的学习和设计。第二年，她又响应国家号召，到位于通州的北京花丝镶嵌厂工作，从此与花丝镶嵌结下了半个世纪的情缘。

## 二、创意新颖，生动脱俗

刚分配到花丝镶嵌厂的时候，白静宜和其他新来的同学，全部下到车间，学习技术的同时，接受工农兵的再教育。

那时的白静宜，自嘲"除了会画画，基本什么活都不会干"。不过，她学习认真刻苦，加上思想活跃、想象丰富，热衷各项文艺活动，很快就成了工人眼中"新来的洋学生"。

后来，白静宜师从翟德寿、吴可男等多位中国工艺美术大师学习设计。通过多年的磨炼，加之出色的设计表现力，她很快在花丝镶嵌厂脱颖

白静宜在专心工作

而出：在匿名盲选的情况下，白静宜绘制的图稿，通常有三分之二能被选中进行成品制作。她在当时花丝镶嵌厂的设计队伍中，可谓主力。

在设计被屡屡选中的情况下，白静宜也逐渐品尝到了一种被肯定的喜悦。此时，她收起考美院和当画家的梦想，一头扎进了花丝镶嵌设计中。厂里领导对白静宜更是委以重任，把她从设计室组长陆续提升为设计室主任、研究室主任，并负责新品种的试制。

20世纪70年代初，白静宜创作了金镶宝石摆件《朝鲜族长鼓舞人》《接过先辈套马杆》等作品，得到了外贸部门的高度评价："造型生动，舞蹈动作惟妙惟肖，有雕塑感。"同时获得批量生产订单，给企业创造了经济效益。白静宜说："这些作品采用黄金和白金材料合制而成，用天然半宝石的原石来衬托作品，这是行业的首创。錾刻圆雕的立体人物、动物的造型也是初步尝试，突破了传统上只用黄金、白银的限制，在工艺技法上也有创新。开拓了本行业创作的新思路。"

1983年，意大利维琴察珠宝钟表展开展。这是国际珠宝界的顶尖展览。北京市工艺美术品总公司特意将意大利方面唯一的邀请名额送给了"做花丝镶嵌的小白"。白静宜带着国家和行业领导的重托与期待，只身前往意大利。西方珠宝五彩斑斓的色泽、时尚潮流的设计思路以及创新性的加工工艺，让白静宜萌生了要与国际一流设计师一比高下的念头。展览期间，她尽可能多看多学，充分汲取世界各国最优秀的设计理念，充实自己的设计思路，同时开始反思中国珠宝设计的现状与未来。

很快，白静宜在花丝镶嵌和珠宝设计方面有了更多突破与创新。1983年，她采用中国传统题材中凤凰的造型，结合在维琴察展览上看到的珠宝与钟表相结合的设计理念，设计出了《凤鸣钟》。这件作品巧妙融合中西艺术理念，一举荣获1983年东南亚地区钻石首饰设计比赛"最佳设计奖"，这也是迄今为止我国花丝镶嵌作品在国际上荣获的最高奖项。

70年代末至90年代初，是白静宜创作的高峰期。其间，她创作了很多行业代表性作品，创作了"金镶象牙""金镶玉""金、石雕、木雕"

匹配镶嵌的高档宝石作品。这些作品不仅创新了工艺，同时拓宽了行业的发展渠道。

白静宜结缘花丝镶嵌，半个世纪的从业生涯中，她的作品在传承中国传统文化艺术精髓的同时，创意新颖，生动脱俗，形成了自己独特的艺术风格。

50年来，白静宜的作品曾多次参加国内外设计大赛和博览会，并屡次获奖。1990年，《东方神韵》在"迎亚运服装饰物产品展评展销会"上获饰物"银星奖"；1991年，作品《新生》在北京市工艺美术品总公司专题产品开发评比中获"优秀作品奖"；2007年，银摆件《冰竹梅捧盒》获第三届北京工艺美术展北京"工美杯"金奖；2008年，银摆件花丝镶嵌《百事和合》获中国传统工艺美术精品大展金奖；2009年，银摆件《祖国颂》获第四届北京工艺美术展北京"工美杯"金奖；2010年，金花丝镶嵌珠宝首饰套件《皇室经典》获"首届中国非物质文化遗产博览会"铜奖。

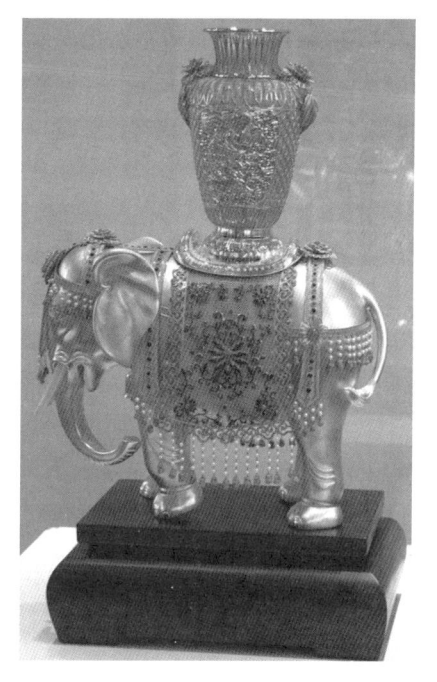

白静宜作品《祖国颂》

白静宜是中国工艺美术学会高级会员、北京市工艺美术学会理事，1991年起担任中国珠宝玉石首饰行业协会理事（1～6届），1992年担任《中国宝石》杂志编委。她还为刊物和书籍撰写了不少文章，如《浅谈首饰》（《北京工艺美术》1980年第1期）、《首饰的点缀与服装》（《衣妆美——专家谈穿衣打扮的艺术》，1991年出版）、《漫话"花丝镶嵌"》（《中国宝石》2002年2月刊）、《现代银器的造型和风格》（《中国宝石》2003年1月刊）等。

## 三、华丽尊贵的花丝镶嵌

花丝镶嵌制作技艺又称"细金工艺"，包括"花丝"和"镶嵌"两种制作技艺，"花丝"为主，"镶嵌"为辅，相辅相成。

花丝镶嵌在我国有着相当久远的历史。早在商代，这种工艺就已经萌芽，当时称为"金银错"——把金银制成细如发丝的金银丝，再将细丝嵌入青铜器。到了汉代，花丝工艺变得更精细，宫廷匠人将细小的金粒和金丝焊在器物上做成纹饰。隋唐时期，社会的安定繁荣让花丝工艺由简单走向繁杂，渐渐达到较高的制作水平。到了宋代，花丝工艺一反唐代的雍容华贵，变得素净、优雅起来。至明朝时，技法逐渐成熟，花丝镶嵌的发展达到巅峰。进入清代，宫廷里的金银工艺又走上了奢华艳丽的路线，风格与以往截然不同。

精美的花丝镶嵌工艺品

明清两代是北京花丝镶嵌的鼎盛时期，朝廷在北京设立了手工业作坊和手工工厂，集中了全国的能工巧匠，使南北方花丝镶嵌制作技艺融合交流，并结合少数民族工艺美术之所长，成为宫廷艺术的重要组成部分。

花丝选用金、银、铜为原料，采用掐、填、攒、焊、编织、堆垒等传统技法。镶嵌以挫、锼、捶、闷、打、崩、挤、镶等技法，将金属片做成托和爪形凹槽，再镶以珍珠、宝石。

北京花丝镶嵌制作技艺精细、造型多样、釉彩纯亮，体现了皇家的审美趣味，具有极高的艺术价值、学术价值和经济价值。各个时期的花丝镶嵌作品各具特点，反映了当时制作技艺的发展状况，成为历史与文化的见证。

新中国成立后，花丝镶嵌艺术品曾被作为重要国礼，赠送给美国总统尼克松与法国总统密特朗等国际友人。

白静宜介绍说，花丝镶嵌华丽尊贵、受人追捧，与它的取材和制作过程息息相关，其工艺难度超乎想象，一件成品的制作往往需要二三十道工序。

花丝镶嵌多用贵重的金银做花丝。花丝必须极为纤细，粗细一致。先要把金银放在轧条机上反复压制，制成粗细合适的方条状，然后再用拉丝板将粗丝拉细，往往要拉制十几次才能得到合格的细丝。明代艺人就是用这样的细丝，编成了工艺杰作——万历皇帝的金丝翼善冠，冠身薄如蝉翼，空隙匀称规整，工艺之精湛可谓登峰造极。

细丝备好后，开始搓丝、掐丝，即用镊子把细丝掐折、卷曲成各种图案。掐丝的要求特别严苛，因为细丝易断，且材料会变硬，所以还需要用火烧、填丝、撒金粉、焊接，再进行攒丝、组装、酸洗、烧蓝、镀金和提亮等工序，最后才制成这种带有精致纹样的半成品"花丝"。

艺人在制作花丝镶嵌作品

最后一道工序是镶嵌，即把珠宝、美玉、琉璃等组合在一起，镶到壶、樽、灯、车轴、带钩等器物上。镶嵌要求"好、平、俏"。同样一块宝石或翡翠，如果安放角度不同，就会直接影响外观。

2008年6月，"花丝镶嵌制作技艺"入选第二批国家级非物质文化遗产名录（传统技艺类）。

## 四、传承：从爱好、事业到重任

1997年11月，白静宜退休，随后成立了个人工作室，设计制作金属工艺品和城市雕塑。其间，她为人民大会堂、新加坡竹林寺，以及王府井开街的大牌匾錾铜浮雕。

2008年和2009年，白静宜分别完成了她最重要的作品《祖国颂》《百事和合》并获奖。

2009年6月，白静宜成为国家级非物质文化遗产项目（花丝镶嵌技艺，传统技艺类）代表性传承人。同年，白静宜与北京一家珠宝公司合作，成立"白静宜大师工作室"。这是一个以花丝镶嵌技艺为核心技术，集研发、展示、设计加工、文化传播与市场推广为一体的综合性传承基地。

传承基地建立后，为恢复传统技艺，白静宜主持仿制了明朝人用金丝编织的"金丝翼善冠"，还有汉、唐、宋、元、明、清六朝花丝镶嵌的首饰艺术精品。同时还研发了新品种，如金丝编织的晚礼服手袋，席地纹编

白静宜作品《点翠凤冠》

织的手包等等。这些新款已经开展了高级定制业务。

在工作室，白静宜已经收徒60多人，其中有原花丝镶嵌的技术工人，此外则大都是艺术院校珠宝专业的毕业生。传承基地二期工程启动后，工作室扩大规模，更多的学员将进入基地习艺。

对于花丝镶嵌制作技艺的传承，白静宜不无忧虑。由于花丝镶嵌制作工艺十分繁复，一件优秀作品必须通过多道工序才能加工出来，这就要求每道工序的艺人都得是高手。但随着时代的发展、熟练工人的流失，现在很多复杂的大件工艺品已经做不出来了。白静宜说："花丝镶嵌的原材料多为纯金、纯银，价值昂贵，顾客群相对单一，因此需要集体智慧和大量资金投入，还得要有充足的流动资金。"

同时，花丝镶嵌技艺不仅要求艺人制作技艺精湛，而且还注重艺人的绘画水平、美学修养以及历史文化知识等。在制作之前，艺人需要把自己心中构思的画面画出来，这样制作过程中才会万无一失；花丝镶嵌多是皇家装饰品，因而需要对历代花丝镶嵌特点做到烂熟于心。白静宜坦言，这些修为并非一两年便可达成，而如今的年轻人，大多坐不了那么久的冷板凳……

谈到传承，白静宜说："花丝镶嵌我已经干了50余年，此前我将之视为事业与爱好；现如今，我更多地感觉到了自己肩负的重任，如果我不能将这项传统工艺技法传承下去，我就是千古罪人了。"

# 白音查干

## ——50多年制作300多辆勒勒车

白音查干（1938~），民间工匠，蒙古族勒勒车制作技艺传承人。内蒙古赤峰阿鲁科尔沁人，蒙古族。他小时候跟随父亲和叔叔学习木工，并向村里其他木匠请教学艺，逐渐成为制作勒勒车的能手。50多年来，共制作勒勒车300多辆。2009年成为第三批国家级非物质文化遗产项目（传统技艺类）代表性传承人。目前有两个徒弟，并为民族民俗活动制作勒勒车和小型勒勒车工艺品。

### 一、50多年制作300多辆勒勒车

1938年，白音查干出生在内蒙古赤峰阿鲁科尔沁旗罕苏木达日罕嘎查一个牧民家庭。

白音查干的父亲和表哥都是木匠，受他们的影响，白音查干小时候就掌握了一定的木工技艺。

过去，在牧民的游牧生产和生活中，勒勒车是必备的工具，几乎每户牧民家庭都有几辆勒勒车。即便是新中国成立后，情况也仍旧如此。

由于广泛使用，制作也就成为必要。那时，生产队里有3位专业木匠，勒勒车制作技艺精湛，白音查干从他们身上学到了很多。

白音查干

16岁开始，白音查干给生产队放牧，闲暇时就学着修理和制作勒勒车，遇到难题时，就向专业木匠请教。时间长了，白音查干熟悉了勒勒车制作的整套工艺以及各环节程序，掌握了其全部技艺，成了能够独立操作的木匠。

50多年来，白音查干修理过的勒勒车无法统计，光是制作的勒勒车就有300多辆。他制作的勒勒车，不但规格规范，而且结构合理，制作速度也比一般人快不少，工艺水平达到了炉火纯青的地步。当有人问他"一台勒勒车需要制作多长时间"，白音查干回答说："如果有现成的轮毂，一天完成车轴和毂辘的制作，两天完成整个车辆。就算是从头制作，最快时三天就能制作出一辆勒勒车。"而一般的工匠，制作一辆要用一周时间。

白音查干在制作勒勒车车轮

多年制作勒勒车，白音查干对勒勒车及其制作已经烂熟于心。有记者采访时，老人站在勒勒车旁边向记者介绍，如数家珍："勒勒车由车架子、车轮和轴鞍构成，主要是用桦木和榆木等质地坚硬的木材制作。车架子的组成部分是两根辕木、9根横撑、8根竖撑和两个车厢盖。车轮部分，由一根轴、两个车毂、36根车辐条和12根车辋构成。勒勒车有两个轴鞍，连接车架子和车轮……制作勒勒车，只用斧子、凿子和锯等简单的木工工具。"

2008年10月，白音查干成为内蒙古自治区第一批区级非物质文化遗产项目代表性传承人。

2009年6月，白音查干成为第三批国家级非物质文化遗产项目（蒙古族勒勒车制作技艺，传统技艺类）代表性传承人。

## 二、勒勒车："草原之舟"

勒勒车是北方游牧民族传统的生产生活用具，尤其以蒙古族勒勒车最为驰名。据称，"勒勒"是牧人赶车吆喝牲口的声音，"勒勒车"因此而得名。勒勒车常用牛拉，故亦称"蒙古式牛车"。

勒勒车有着久远的历史，从古文献可知，勒勒车的起源可上溯到《汉书》所谓的"辕辐"。南北朝时期，鲜卑、柔然、铁勒（又叫敕勒）等民族的造车技术已经相当高超。北朝时的铁勒人就以造车闻名，他们造的车

"车轮高大,辐数至多"(《汉书》),很适合草原环境,铁勒人因此被史书称为"高车人"。辽代,蒙古族造车技术已经非常发达,并且广泛应用于游牧生活。

勒勒车车身一般长4米以上,车身小,双轮大。它轻巧灵便,用牛、马、骆驼拉均可,在雪地、深草甚至沼泽、沙漠中都能

"草原之舟"勒勒车

顺利通过,载重数十公斤至数百公斤不等。在平时的生产、生活中,勒勒车主要用于拉水、运送燃料,倒场迁居时装载蒙古包和其他生活用具用品。勒勒车可以带篷,带篷的车厢就像船舱,"行则车为室,止则毡为庐",旅行途中往往成为牧民的临时住居。此外,战时勒勒车还常用来驮运辎重。

勒勒车通常主要以草原上常见的桦木为原料,车轴、车轮、车瓦、辐条、轮心、车辕、车架都用桦木做成,也有用松木、柳木、榆木、柞木、樟木的。桦木质地坚硬,着水受潮不易变形,桦木制造的勒勒车轻巧耐用,适宜在草原、沙滩上通行。勒勒车不用铁件,结构简单,便于制造和修理。

勒勒车主要由车上部和车下部两部分构成。车上部是由两根车辕、8~10条车撑、车槽组成,车下部则由车轮和车轴组成。车轮直径最长的有1.5米,相当于牛身的高度,车辐多为15~20根。有些勒勒车上有用柳木条弯曲成半圆形的车篷,周围包羊毛毡,形成篷帐,用以遮阳、挡雨、防雪、御寒。

勒勒车种类很多,主要有三种。一是牛马拉大车,按构造大小又分为头大车、二大车两种,主要用于搬运货物,车身结实,载重量250~500公斤,日行15~20公里。二是马拉轿车,有轿状装饰,专供乘客使用,车体轻便,日行20~30公里。三是牛车,又可分若干种,有用于载物、装水的无篷车,载重量为100~250公斤;有用于储粮并载人的库房车,车身上有带门的木柜,上面加盖或蒙以帆布;有供牧民特别是妇女出门时乘坐的牛拉篷车,这也就是影视作品中常常见到的草原上有名的大篷车,车篷装饰各种图案,有的还加了花边,颇具民族特色。

草原上的勒勒车队

从秦汉时期到20世纪七八十年代的两千多年中，勒勒车一直是草原牧民最重要的交通运输工具，有"草原之舟"的美誉，在蒙古族牧民生产生活中发挥着巨大的作用。旧时，往往可见由十几辆甚至几十辆车组成的庞大的勒勒车队，驾车的多是妇女或儿童。为了不使车队走散，每头牛的犄角都用绳子相连，最后一辆车拴有大铃铛，叮当作响（以便前面的人能够听到），成为草原上一道独特的风景。

2006年5月，蒙古族勒勒车制作技艺列入第一批国家级非物质文化遗产名录（传统手工技艺类）。

## 三、自带徒弟，嘱咐徒弟老了也要收徒弟

20世纪80年代以来，随着经济发展和社会进步，勒勒车逐步退出了历史舞台，取而代之的是摩托车、小汽车等现代化的交通工具。除少数偏僻地区还有牧民使用外，20世纪后期到21世纪初，草原上已经难以见到勒勒车。

与此相应的是，掌握勒勒车制作技艺的艺人多数上了年纪，而且后继乏人。显然，这项民族传统技艺亟待抢救和保护。

诚如白音查干所说："蒙古族人世代使用的勒勒车，正从自己的生活中渐渐远去，如今只有在一些民族展览会上才能见到勒勒车。提起制作勒勒车，我想大部分人早就不知道了。"

2008年10月，白音查干被内蒙古自治区文化厅确定为第一批自治区级非物质文化遗产项目代表性传承人。2009年6月，白音查干成为第三批

国家级非物质文化遗产项目（蒙古族勒勒车制作技艺）代表性传承人。

如今，勒勒车的用途已经不同于旧时，最主要的是用于民族民俗风情旅游。白音查干说："现在找我做活儿的人越来越少了，过去生产生活都用勒勒车，现在用的人不多了，就是旅游景区和那达慕大会展览上用。"有一次，有位客户一下子就定做了7辆勒勒车，每辆可以卖到上千元。

晚年的白音查干，老伴去世多年，两个女儿早已成家。老人住的屋子非常简陋，全是泥巴的，一个人显得有些孤苦伶仃。他没有电话、手机，更没有电视。家里只有一台收音机和一个电饭锅这两样家用电器。陪伴他的，还有一把破旧的二胡。

近年来，年事已高的白音查干不希望勒勒车的传统制作工艺失传，于是就在村里物色了两个年轻的徒弟。老人说："我在嘎查里找了两个徒弟，现在这两个徒弟已经学会了这个技术，都能制作勒勒车了。"

近两年，白音查干和两个徒弟一起制作了20多辆勒勒车工艺品，有大、中、小3种型号，被推荐到各个景区去，深受游客欢迎，也有一些人专门上门购买用来收藏的。

闲下来的时候，白音查干老人经常会边抽烟、边眺望远方，仿佛他制作的勒勒车正在黄牛的牵引下吱嘎嘎吱嘎嘎地行走在草原上。老人说，他向往草原，热爱草原，希望这种民族传统制作工艺能够传承下去。"我跟我的两个徒弟说呢，等你们老的时候也要收徒弟，要不然这个民族的东西就要丢失。"

白音查干制作的的勒勒车工艺品

# 金季凤

## ——60 余年的民族乐器情怀

金季凤（1937～），工程师，民族乐器制作技艺（朝鲜族民族乐器制作技艺）传承人。吉林延边延吉人，朝鲜族。他从小跟父亲学习乐器制作，15 岁制作出第一件乐器。后进入民族乐器厂，从事乐器制作、改进等。从业 60 多年，促进了朝鲜族民族乐器的开发与生产，并带出了 100 多名徒弟。2009 年成为第三批国家级非物质文化遗产项目（传统技艺类）代表性传承人。

## 一、医药世家的乐器制作者

1937 年，金季凤出生在吉林省烟集岗（今延边朝鲜族自治州延吉市）二道河东一个朝鲜族家庭。

金季凤家是村里的医药世家，祖辈开诊所，父亲金瑢璇也采药行医，为人看病。同时，这也是一个木匠世家，早年间金瑢璇就跟随父亲学习乐器制作技艺，是朝鲜族民族乐器制作的第一代传承人之一。

金季凤是家里的老三，上有哥哥姐姐，下有弟弟妹妹。兄弟姐妹们都喜欢音乐、能歌善舞，自然对乐器也就十分热爱。那时候，乐器很贵，一般人家买不起，父亲就常常亲手给孩子们做乐器。

金季凤

经常看父亲做乐器，金季凤和哥哥也喜欢上了这门手艺。

不过，家里维持生计的主业是中医，别的均属"不务正业"，但一个人的爱好是很难改变的。一次进山采药，父亲看着满山遍野的药草，边走边告诉金季凤说:"这是刺五加……"他却在本子上记下"这是'发'(音符中的4)";父亲又说:"这是白芷……"他记的却是"这是'西'(音符中的7)"。回家看过小本子,父亲发现金季凤"心往别处使",气得要打他,他却准确地说出了各类药材的名称和功用。不过,他同时也记住了长白山里什么木材做什么乐器最合适。

原来,每次跟随父亲进山采药,金季凤都准备两个本子:一个是父亲让带的,专用于记录药用植物;另一个是他自己偷偷准备的,专门收集树枝、木片,记录什么样的木头可以做什么样的乐器。

父亲拿金季凤没办法,母亲却站在儿子一边,劝父亲说:"你学了一辈子中医还是个穷,儿子愿意干啥,你就让他干啥得了。"有了母亲的支持,金季凤开始学着自己做起了乐器。

15岁时,金季凤试着做了第一把奚琴(朝鲜族人民喜爱的一种弓弦乐器)。

大哥金京洙从小喜爱小提琴,靠给人家打工挣钱买了一把,不让任何人碰,但后来家里有人生病,只好忍痛卖掉了。于是,金季凤就自己琢磨着给大哥做了一把,尽管样子不好看,但音色却很好,哥哥至今还留着这把琴。

起初金季凤做出的乐器还很粗糙,但村里的乡亲和同学却很是喜爱,大家你拿一把、我拿一把,挂满屋墙的乐器很快一抢而空。就这样,金季凤会做乐器的名声在村子里传开了。

经过一点点的经验积累,金季凤做乐器的水平越来越高,名气也越来越大。与此同时,长鼓、伽倻琴等民族乐器的演奏也越来越熟练。

## 二、转行开发制作民族乐器

新中国成立后,金季凤的学校教育得以延续,不仅读完了初中、高中,还接受了更高层次的教育。

初中毕业后,金季凤要到县民族高中去读书。临走那天,他对父亲说:"把那面小毛鼓送我吧。"原来,父亲曾经亲手做过一面小鼓。由于当时不会熟皮子,父亲就把小牛皮带着毛蒙了上去。父亲明白儿子的心思,对他说:"季凤,你要干啥就干吧!阿巴吉(父亲)支持你!各民族都应该有自己的乐器制作师。"就这样,金季凤带着那面带毛的小鼓离开了家。

高中毕业后,金季凤进入延边汉族专科学校读书。1958年毕业后,他被分配到延吉县农业学校当了教师。由于金季凤学习优秀,汉语又好,所

金季凤调试伽倻琴

以学校很是重用,还准备进一步提拔他。

不过,金季凤的心里还是惦记着乐器。1958年末,当了半年老师的金季凤突然提出辞职。学校领导极力挽留,告诉他正准备给他提干,还准备派他到北京进修。但这些都未能改变金季凤的打算。

辞职后,金季凤来到延吉乐器厂,开始追寻搁置了多年的梦想。当时,许多亲友们不理解金季凤的选择,但金季凤却对未来充满了信心,感觉浑身有使不完的劲。

延吉乐器厂成立于1953年,当时只有3个人,也就是一家小作坊的规模。当时的东北延边,到处都是日本的、西洋的乐器店,而且没有一家是当地人开的。这家乐器厂,当时制作的也都是日本或西洋的乐器。

金季凤到厂后,带领工人走上了民族乐器开发的漫漫征途。他每天天不亮就到厂里干活,从乐器设计到制作都费心琢磨,甚至连做梦都在想如何改进和制作乐器。在他和工友的努力下,厂里制作出的乐器更符合朝鲜族音乐演奏的需要。

金季凤改进乐器的一个典型例子,是伽倻琴。过去的伽倻琴是12弦,而朝鲜族许多民歌,如《平北宁边歌》中,往往有一组高音要突然"跳"出来,老伽倻琴弹不出来。经过在东北三省走访,后来又找专家了解,金季凤这才明白,是古人把伽倻琴的"雁足"(琴弦下用枣木做的琴码,形似大雁脚趾)放错了,"雁足"靠边使琴音受到了限制,音量出不来。如果"雁足"不靠边,弹出来的音不仅音域宽,而且好听。于是金季凤对伽倻琴进行了改革,不让"雁足"靠边,并且加了一根弦。古代的伽倻琴使用五音法,五音法中没有"4"和"7",加上一根弦,就可以弹出"4"和"7"了。后来,一些专家认为伽倻琴的音还不够丰富,于是金季凤又创造出21弦伽倻琴,再后来又发展成25弦。伽倻琴在金季凤的手上获得了神奇的艺术生命。

1974年，金季凤担任了乐器厂厂长，而此时的乐器厂已经更名为延吉市朝鲜族乐器厂。

## 三、一定要把"手艺"找回来

朝鲜族民族乐器是我国少数民族乐器的重要组成部分，原有40多种，流传至今的有伽倻琴、奚琴、牙筝、唢呐、筒箫、长鼓、片鼓、横笛、短箫、细筚篥等。其中，长鼓和伽倻琴最具民族特色，也最为人所熟知。

长鼓亦称"杖鼓"，鼓长约70厘米，鼓身木质，呈圆筒形，两端粗而空，鼓面蒙皮，鼓腰细小而中实。以铁圈为框，系皮条或绳索，可以调整鼓的音高。演奏时，右手执细竹条敲击，左手敲击鼓的另一面。两手节奏交错，技法丰富。乐队演奏时放在演奏者前面的鼓架上，在歌舞中一般挂在身前。常用于声乐和舞蹈的伴奏，长鼓舞是朝鲜族独具特色的舞蹈样式。

伽倻琴为朝鲜族传统弦乐器之首，是民族色彩很浓的弹拨乐器。它的形状近似汉族乐器古筝。伽倻琴由共鸣箱、琴弦、琴码三部分组成。共鸣箱用梧桐木板和桦木板制作，琴弦用蚕丝制作，一般13根弦。琴头有弦枕，支弦的琴码可以左右移动，调节音阶。伽倻琴很富有表现力，善于表达情感，伽倻琴弹唱是常见的表演形式。

2008年6月，民族乐器制作技艺（朝鲜族民族乐器制作技艺）列入第二批国家级非物质文化遗产名录（传统技艺类）。

从1958年到1998年退休，金季凤在延边民族乐器厂工作了40年。金季凤付出几十年心血经营的乐器厂，如今已经成为国内重要的朝鲜族乐器生产基地，每年可以批量生产几十种不同规格的民族乐器，为全国各地大中专院校、演出单位提供了大量高质量的民族乐器，连日本和朝鲜半岛的乐器专家、团体和个人，都来这里定做乐器。而跟过金季凤的徒弟，也达到了100多人。

1999年，延吉市成立了民族乐器研究所，金季凤受聘该所，指导乐器开发和生产制作。在研究所和乐器厂的共同努力下，如今延吉已经成为全国最大的朝鲜族乐器生产基地，生产出"长白山"牌三大类40余种朝鲜族传统民族乐器，包括长鼓、农乐鼓、民鼓、手鼓、组合鼓、伽倻琴、玄琴、奚琴、筒箫、短箫、横笛等。

2009年6月，金季凤成为第三批国家级非物质文化遗产项目［民族乐器制作技艺（朝鲜族民族乐器制作技艺）］代表性传承人。

金季凤宣讲朝鲜族乐器

60多年的民族乐器研发制作生涯，金季凤感受颇深。他说：做乐器，要"歌"在心中，"声"在手上，"情"在工具上。人做的是乐器，乐器是凝固的"歌"。人在做时，就已"看"到了它的未来：它会是什么样子？它会发出什么声音？做乐器的人要爱每一件做好的乐器，也要爱每一件做"坏"的乐器。有一次做坏了一批奚琴，被徒弟们扔进垃圾箱运走，硬是被金季凤追了回来。他说："坏的琴也有用，可以作为借鉴，我们还要琢磨它们。"

金季凤说，几十年来，自己没有做过一件满意的乐器，意味着他有更高的追求和目标。现在，他和同事们决心要把小锣和大锣的制作技艺抢救挖掘出来。小锣、大锣是朝鲜族世界文化遗产项目"农乐舞"中必备的乐器，现在全靠进口。年逾古稀的金季凤正在不断尝试，决心把这项"手艺"找回来。

成为"非遗"传承人之后，除了传授技艺，为了使更多的人了解朝鲜族乐器，金季凤经常带着他的"宝贝"去各地参加展览。

对于朝鲜族乐器制作技艺的传承，金季凤并不悲观。他说，延吉民族乐器厂是国家定点生产民族用品的单位，能独立制作乐器的人不在少数。虽然年轻人不是很多，但至少有人在学。而在吉林省延边朝鲜族自治州首府延吉市，每到节庆活动，都可以看到朝鲜族同胞带着乐器载歌载舞的场面。几十人、上百人，在一起边唱边跳，规模宏大而热闹。民族技艺的生命力，正孕育于此。

# 粟田梅
## ——"织侗锦是我一生的追求"

粟田梅（1964～），民间织锦艺人，侗锦织造技艺传承人。湖南怀化通道人，侗族。12岁开始跟母亲学艺，15岁即能独立完成一系列编织工序，16岁时掌握了标杆性的"八十八纱"要诀。她把芦笙、寨门、风雨桥等民族文化元素融入侗锦，并开发出多个新品种，开创了侗锦新纪元。2009年成为第三批国家级非物质文化遗产项目（侗锦织造技艺，传统技艺类）代表性传承人。代表作品有《双鱼双凤》《太阳花李子花》《凤鸟八角》《中国梦·侗锦情》等。

## 一、16岁便掌握了"八十八纱"的要诀

1964年8月，粟田梅出生在湖南省怀化市通道侗族自治县牙屯堡镇树团侗寨一个侗族家庭。

位于湘、桂、黔三省（区）交界处的湖南通道及周边地区，是侗锦织造技艺的主要分布区。在这个地区出生的粟田梅，生来就与侗锦颇有缘分：阿萨（侗语：祖母）说，小孙女是纺着线出生的，一生下来手脚就有了踏机纺纱的动作。

牙屯堡镇的粟姓家族女性，世世代代都是侗锦编织能手。刚12岁的时候，粟田梅就开始跟随母亲学习编织侗锦，从此与侗锦结下不解之缘。侗锦编织工艺复杂，

粟田梅

也很难学，但粟田梅非常喜欢，从未因为难学而放弃。她不但跟母亲学，还向村里的其他老师傅请教。

由于勤奋学习、刻苦钻研，15岁时，粟田梅就能独立完成整经、穿

综、埋色、补色和挑、勾纬纱等一系列编织工序和技术。"八十八纱"是侗锦较为复杂的一套纺织技术,针线细密紧凑,织出来的锦面扎实而色彩错落有致,一般女孩成年后需要三五年才能掌握。附近十乡八寨的青年小伙都把能否纺得"八十八纱"作为考评女孩是否能干的重要指标,而粟田梅不到16岁便掌握了"八十八纱"的要诀。

粟田梅介绍说:"在那个年代,我们这边的每个女孩要会纺织侗锦,纺织不好的就很难找到好婆家。纺织工具是台木质纺车,纺织时,腰上、腿上绑着各色丝线和带子,脚踏手捋,吱吱呀呀,一方方侗锦就这样织成了。"

生活中的粟田梅

80年代初,由于侗锦织造技艺娴熟,二十来岁的粟田梅被县织布厂招去任技术员,后来还当上了车间主任。用粟田梅自己的话说,不仅"专业对口"了,生活也有了依靠。每天倾听着"唰唰哐哐"的织锦声音,粟田梅很满足、也很快乐。

90年代初,在市场经济大潮的冲击之下,县织布厂停业了。粟田梅不得不离开工厂,回乡务农。此后,粟田梅打过工,摆过地摊。尽管生活艰难,但她一直没有放下钟爱的侗锦。再忙再累,每天晚上她都会习惯性地坐在织机前,磨纱、走线、串图,钻研侗锦的织造技术。闲暇时,她还培养出一批又一批"徒弟"。

由于没有固定收入,两个儿女读书和家庭开支的重担,都压在了丈夫肩上。丈夫对粟田梅摆弄她的织锦"游戏"不理解,认为还不如开个店或是多养几头猪实惠。有一次趁妻子外出做事,丈夫差点把织布机烧了,幸好有人告知粟田梅,才勉强保住了。为了这件事,粟田梅气得回了娘家,偷偷哭了几个晚上。

尽管如此,粟田梅还是没有放弃。在尽可能维持家计的前提下,织锦仍然是她生活中的重要内容。20多年来,粟田梅从模仿传统图案到图案的创新,使侗锦锦上添花,更加丰富多彩。

## 二、"苎幅参文秀，花枝织朵匀"

侗族织锦是我国各民族著名织锦中的一种，主要流传于湘、桂、黔三省（区）毗邻地区的通道、三江、黎平三县。它源于侗族人民长期的生产生活活动，具有突出的实用价值与欣赏价值，是侗族众多民间工艺品中的一朵奇葩。

侗锦古称"纶织"，是侗族女性世代相传的纯手工织物，有着悠久的历史。在侗族的《远祖歌》中，就有"鱼骨做梭织花锦，骨针用来缝衣裳"的诗句。又据记载，清乾隆年间，有位官员张应诏来到侗乡，看到如此精妙的侗锦，吟诗赞赏道："苎幅参文秀，花枝织朵匀，蛮乡椎髻女，亦有巧手人。"

侗锦用木棉线染成五色织成，分彩锦和素锦两种：彩锦即用彩线织成，素锦则用黑白线织成。素锦主要用作老人的寿毯、祭祀挂单、祭师披的法毯，锦面上织有侗族曾经崇拜的动物如龙狗、鲍颈龙等图案，体现出一种朴素大方和庄重尊贵之美；彩锦则用途极为广泛，涉及人们生活的方方面面。

侗锦的制作工艺有两种：一是机织，二是刺绣。制作的材料为侗布、五色丝绒、绒线；制作工具是织锦机、绣针、挑针等。制作技艺方面，主要运用几何图案、素描、水彩画的艺术和抽象夸张的手法，成品绚丽多姿、耐人寻味。

粟田梅介绍说："侗锦纺织有10多道工序，工艺复杂，每道工序都蕴含着精湛技艺，其中最难的是数纱。千丝万缕的丝线必须一根根数好、排好，不能有丝毫差错，否则纺出的图案会失真，锦面会不平整。一根根丝线细如针、多如麻，纺一块一尺见方的侗锦需要1000多根纱。"

侗锦花纹图案多姿多彩，题材极为广泛。举凡人物神祇、飞禽走兽、花草鱼虫、日

粟田梅与她的侗锦作品

月星辰、山水楼阁、家具物什以及几何图案，应有尽有。花木有芙蓉、牡丹、月季、玫瑰等，鸟兽有对凤、鸳鸯、麻雀、春燕、牛羊等，器物有芦笙，建筑有鼓楼、风雨桥等，几何图案有水波、银钩等。结构精密，色彩绚丽，典雅华贵。

过去，侗锦彩锦主要用于衣裙、被面、床单、门帘、胸巾、枕头、头帕、手巾、绑腿、侗带等织物的镶边，也有用作整面的。如今，侗锦还发展出了壁挂等更强调艺术性的作品，多以图腾崇拜、神话故事为题材，尤为珍贵。

织造侗锦是侗家姑娘的必修课。侗族青年谈情说爱，姑娘用侗锦作信物赠给小伙子，以表衷情。侗家姑娘出嫁的时候，必须有侗锦手帕等，同时还要储蓄足够的侗锦布匹，以备生儿育女后制作侗锦童装、被面、童帽、背带等。

侗锦织造技艺为家庭传承。侗族人家生有女儿，母亲教给女儿的第一门手艺就是织锦。女孩子一般从十多岁就开始学织锦，出嫁时父母或兄弟会送给她一套木制土布机作为嫁妆，让她到夫家给全家人织锦；做了母亲后，她又把织锦技艺传给下一代。就这样，侗锦织造技艺代代相传。

在侗乡，当进入侗家那高高的门槛时，会发现每家每户都摆有一台或几台木制土布机，这就是侗族妇女用来织锦的机器。如今，侗锦这种古老的民族工艺品有了新的用场。心灵手巧的侗族女子把侗锦织成式样新颖的背包、壁挂、被面等，成了市场上的抢手货，为侗乡经济建设注入了新的活力，也弘扬了侗族文化艺术。

2008年6月，侗锦织造技艺列入第二批国家级非物质文化遗产名录（传统技艺类）。

## 三、"侗乡生活变得亲切起来"

粟田梅几十年对侗锦技艺的执着追求，如今不仅给她自己带来了荣誉，给乡亲们带来了效益，也对弘扬民族民间文化艺术做出了贡献。

粟田梅是一个肯钻研的人，她继承传统、又有创新。无论图案还是用途，粟田梅都下过一番功夫。比如，在旧时的用途之外，她设计制作出了桌布、靠枕、手包等实用工艺品，既充满浓郁民族文化气息，又蕴含现代设计元素。这些作品得到了国内外不少消费者的青睐。

粟田梅的代表性作品有《双鱼双凤》《太阳花李子花》《枫树纹》《龙鳞纹太阳花》《凤鸟八角》，部分精品已经被上海东华大学博物馆和湖南省工艺美术馆收藏。对此，粟田梅很是自豪："曾经自织自用的侗锦，现在还能成为提高人们生活品位的家居用品和文化产品，这也说明我们的侗锦很符合现代人的审美眼光啊！"

因为出色的侗锦纺织技艺，2006年，粟田梅被中国工艺美术学会评为"中国优秀织锦工艺传承人"。

粟田梅在织锦

2008年，粟田梅的侗锦作品在通道县首届侗锦文化展中荣获一等奖；同年10月，通道"锦·尚"侗锦文化展在上海东华大学举办，粟田梅应邀现场演示了织锦技艺。

这些年来，粟田梅带着自己织造的侗锦，先后参加了澳门非物质文化遗产项目展、第二届中国成都国际非物质文化遗产节、第十五届中国国际家用纺织品及辅料博览会、第四届韩国首尔国际纺织品博览会、上海世博会等国内外大型活动。每到一处，侗锦都深受国内外客商、专家、学者的青睐。有一位加拿大友人曾这样评价："侗锦上侗家的芦笙吹了起来，侗寨的寨门庄严了起来，侗家的风雨桥灵秀了起来，侗家的鼓楼神圣了起来，侗乡生活的味道也变得亲切起来。"

在听取国内外专家意见和深入探究民族传统文化的基础上，粟田梅对侗锦原有技艺和设计进行改进，使图案更具民族韵味、作品更加精美。她的侗锦上反映侗族文化元素的图案如诗如画，芦笙、寨门、风雨桥、鼓楼等民族意象以及侗家人的生活，也在她手中鲜活了起来。而中华民族的吉祥图案，如"双鹰展翅""马到成功""年年有余""龙凤呈祥"等，又使她的作品获得了更广阔的文化意涵。

如今，通道县出品的侗锦有披肩、床上用品、壁挂等50多个花色品种，远销新加坡、美国、加拿大等国家以及我国台湾、香港地区。粟田梅与她的姐妹们每年都要完成两万多件侗锦纺织品，以尽量满足商家的需求。

## 四、"侗锦织造前景广阔，大有作为"

2009年6月，粟田梅成为第三批国家级非物质文化遗产项目（侗锦织造技艺，传统技艺类）代表性传承人。

成为"非遗"传承人之后，粟田梅忙得不可开交，一方面参与各种展演展示活动，一方面积极培训学员、传承技艺。

2008年，在政府有关部门的大力支持下，粟田梅在牙屯堡镇创办了"通道雄关侗锦坊"，开始批量织造侗锦，同时定期举办侗锦织造培训班，把自己的侗锦技艺毫无保留地传授给周边寨子的村民。

传承民族手工技艺，同时解决村民经济问题，一举两得，这正是粟田梅所追求的。她说："一来侗锦纺织是我们老祖宗留下的手艺，不能丢了；二来它可以帮助和我一样的姐妹找到一条维持生计的路子。"

看到自己的技艺能够带动乡亲们致富，又把民族手工艺宣传了出去。粟田梅很开心："我怎么也没想到自己织出的侗锦产品能够名扬海外，家乡的织娘一开始也不相信呢。后来，一传十、十传百，很多在外打工的家乡妇女都回来了，她们既能在家织锦，又能照顾家人，平时也能干点农事。更重要的是，返乡的妇女不仅使侗锦文化得到传承和发扬，还能通过自己的手艺养家糊口，也证明我们侗锦产品在文化产业市场上是有社会效益与经济效益的。"

与大多数"非遗"项目一样，侗锦也面临着传承与发展的难题。由于掌握侗锦织造技艺需要一个较长的过程，许多年轻人不愿学，这对侗锦技艺传承和发扬来说很不利。虽然有些地方在使用机器纺侗锦，但还是比不上手工纺织的精美，也多少失去了民族手工艺品原本的意蕴。粟田梅说："侗锦是侗族文化的一个重要载体，我十分担忧这个技艺就此失传。"

为了保证产品质量，粟田梅在自己家里办起了培训班，每次上课，满屋都是从十里八乡赶来的侗锦爱好者。而这些侗锦爱好者，都是织过头帕、小孩服饰、背带的侗族妇女。通过培训，她们织侗锦的技艺都有所提高。

如今，粟田梅已经培训了1000多名学员，许多侗族村民都学会了织侗锦，掌握了谋生致富的路子。现在织侗锦的村民越来越多，年收入最高的超过了3万元，参与织锦的妇女平均年增收5000多元。

比起其他许多身怀绝技的民间艺人来，粟田梅是幸运的，因为她搭上了文化旅游的时代列车。"侗锦织造是我们老祖宗留下的手艺，不能丢了。侗锦织造前景广阔，大有作为。我们有责任让更多的年轻人喜欢她，保护她，爱上她，把她发扬光大。"粟田梅说。

2014年12月，粟田梅历时5个多月纯手工编织成的侗锦作品《中国梦·侗锦情》完成并展出。这幅侗锦作品长82.17米、宽0.47米，打破吉

粟田梅（左二）在悉心传艺

尼斯世界纪录。粟田梅以自己的作品表达了对祖国的热爱、对中国梦的憧憬，同时也使自己的织锦技艺有了新的突破。

如今的粟田梅已经年过不惑，而她从来未曾困惑的，就是对侗锦的热爱和侗锦织造技艺的追求。她说："织侗锦是我一生的追求，我喜欢侗锦富有民族特色的图案、亮丽和谐的色彩、高雅凝重的品质，更喜欢侗锦独特的编织工艺、鲜明的民族风格。"

# 吉伍巫且
## ——三色世界的民艺人生

吉伍巫且（1953～），民间工艺师，彝族漆器髹饰技艺传承人。四川凉山喜德人，彝族。8岁开始从父习艺，掌握漆器制作以及竹编工艺，先后担任县国有企业技术员、副厂长，后自办民族工艺企业，新增产品30余种，并把技艺延伸到建筑装修等领域。2009年成为国家级非物质文化遗产项目（传统技艺类）代表性传承人。代表作有"库祖"（木钵）、"册底"（高脚盘）、《吉祥东方》等。

### 一、"彝族漆器之乡"成长起来的工艺大师

1953年5月1日，吉伍巫且出生在四川省喜德县米市区依洛公社洛甘大队（今凉山彝族自治州喜德县依洛乡依洛村阿普组）。这里素有"彝族漆器之乡"的美誉，独特的彝族漆器髹饰技艺，在这里已经传承了上千年，而吉伍家就是一个彝族漆器制作世家。

1959年，年仅6岁的吉伍巫且走进了学校，成了家乡第一代学习汉文的学生。但好景不长，父亲吉伍里坡因民主改革时涉嫌参与叛乱被政府判处有期徒刑，吉伍巫且被迫辍学。

失学后，吉伍巫且只好回家，帮助管理合作社猪群的奶奶养猪放猪，当了几年"猪倌"。

数年之后，父亲刑满获释，吉伍巫且开始跟着父亲学习彝族餐具的制作和漆器髹饰技艺，从此与彝族漆器髹饰技艺结下了不解之缘。

制作漆器餐具是一门苦力活，从原木制作为成品，到加工磨平，需要

手砍脚蹬，既费力气，又需要掌握动作要领。漆器髹饰是一门讲究技术的工艺，需要动脑细心，心灵手巧。而父亲又是一个对技术精益求精、对学徒要求严格的长者，吉伍巫且跟着父亲学艺，挨了不少训，吃了不少苦头。

在父亲的指点下，无论炎夏还是寒冬，吉伍巫且都辛勤劳作、刻苦学习，手脚上的硬茧脱了一层又一层。通过十余年的学习，天资聪慧加上勤奋好学，吉伍巫且的漆器髹饰技艺逐渐赶上并超过了父亲。继当地本家族前辈、名传四方的吉伍洛波之后，吉伍巫且逐渐成为民间公认的彝族漆器髹饰高手，父子俩为当时的生产队创造了不少的副业收入。

与此同时，吉伍巫且还学会了木工、竹编等多门技艺。彝族竹编技艺以会编毕摩的"且柯"（法扇）为最高水平，而吉伍巫且在十几岁时就能独立完成"且柯"的编造，其技艺水平超过了当地许多高手。

不过，那时候的漆器制作和竹编等手工艺制作，全靠农闲时间和早晚抽空进行，平时都是以生产劳动为主。此外，在青年时代，吉伍巫且还先后担任过生产队里的计分员、保管员、验收员、会计等。

吉伍巫且的高超技艺，受到了县里有关部门的关注。当时，县民族餐具厂正缺技术人才，有关部门多次聘请吉伍巫且进厂担任技术指导，但因吉伍巫且是独子，父亲一直舍不得儿子离家。后来经过县里领导出面做工作，1982年，吉伍巫且终于离开家乡，成了县民族餐具厂的职工。不久，吉伍巫且被任命为生产车间主任，主要负责漆器制作与漆绘技术。

担任车间主任后，吉伍巫且一面大刀阔斧抓生产，一面无私传授技艺，使县民族餐具厂的产品质量不断提高，而且还培养了一批技术人才，使厂里的面貌发生了很大变化。

在喜德县民族餐具厂工作期间，吉伍巫且的漆器作品屡次获得殊荣：1983年，他制作的漆器在武汉获得了国家民委和轻工业部颁发的优质产品证书；1986年，

吉伍巫且在给漆器上漆

荣获四川省轻工业厅旅游产品"创新奖";1988年,荣获第一届四川省"民族民间工艺大师"称号。中国社会科学院刘尧汉教授曾对吉伍巫且制作的漆器作过高度的评价:"喜德彝族漆器具有凉山彝族最悠久的传统工艺,风格朴雅,深受彝族人民和国内外各界的喜爱,希望在现代化进程中加以保护和发扬。"

## 二、彝族漆器:三色文化精华

彝族漆器髹饰技艺是一项古老的技艺,具有1000多年的历史,在彝族创世史诗、毕摩典籍上均有彝族漆器的记载。

彝族漆器主要分皮质品和木质品,以木质漆器为主。其中,皮质品以牛皮、羊皮和兽皮作为主要原料,木质品一般选用杜鹃树、桦槁树等优质木材作为原材料。制作彝族漆器的原木,需要深埋之后才能制作坯胎,已制成的坯胎要经过磨砂、加水细磨、打底色、上土漆等程序之后,方可进入彩绘流程。

典雅的彝族漆器

传统彝族漆器只有黑、红、黄三种颜色,分别用土漆、石黄、银朱三种天然颜料漆绘而成,以黑漆为底色,加绘黄色和红色的花纹组成图案,三种颜料只能间隔使用,而不准调配使用。

彝族漆器的花纹较多,常见的有月牙纹、虫纹、窗格纹、火镰纹、指甲纹、水波纹、四瓣花纹、瓜子纹、菜籽纹、链条纹、古钱币纹、网纹、蕨芨纹、鸡冠纹、龙鬃纹、牛目纹、鱼刺纹和"央莫斯若纹"等。

彝族漆器产品种类众多,主要涉及餐具、酒具、装饰品、建筑物等方面。餐具主要有库祖(木钵)、正惹(木碗)、艾吃(木勺)、申品(矮脚盘)、册底(高脚盘)、餐桌等;酒具主要有巴朱(彝杯)、木酒碗、"撒拉博"酒壶、葫芦形酒壶、鹰爪杯、鸽形酒杯、黄牛角杯、羚羊角杯、啤酒杯、圆形酒壶、扁形酒壶、椭圆形酒壶等。另外还有刀鞘、马鞍、铠甲、护肘、壁挂羊头、火药筒、香水筒、笔筒、花瓶、彩料盒、装饰挂牌、毕摩法器等用具和装饰品。

彝族漆器具有做工精致、造型多样、美观大方、笔法细腻、通体绘纹、繁简相宜、色彩对比强烈、主次位置得当的风格。还有无毒、无异味、耐酸碱、耐高温、不变形、不易裂、不脱漆的性能。绚丽的纹饰和优美的造型浑然一体，和谐统一。随着社会的发展和生活的进步，彝族漆器日益受到青睐，成为馈赠和旅游纪念佳品。

吉伍巫且制作的羊头壁挂

彝族漆器髹饰技艺主要流行在四川喜德县和贵州大方县。而2008年6月，彝族漆器髹饰技艺入选第二批国家级非物质文化遗产名录（传统技艺类），就是这两个县申报的。

大方县素有"国漆之乡"的美称，栽培漆树已有1000多年历史，所产漆器明、清时期曾被选作"贡品"上京供奉。清道光年间，大方漆器盛极一时，当时古老的大定府城内几乎家家都会制作漆器，故享有"漆城"之誉。

喜德县在彝族文化中占有独特地位，是新中国指定的彝族标准语音地，彝族漆器三色文化的发源地，素有彝族"漆器之乡""克智之乡"等称誉。而吉伍家传承彝族漆器髹饰技艺已经有十几代，吉伍巫且是第15代传人。

## 三、自办企业，延伸技艺

随着名声与日俱增，吉伍巫且担任了喜德县民族餐具厂的副厂长。不过，由于国有企业的体制束缚等因素，吉伍巫且无法施展自己的技艺。当上级主管部门动员吉伍巫且担任厂长职务时，他婉言拒绝，向厂里提出了"停薪留职"的申请。

那是1992年，改革开放的东风席卷全国大地，经济体制改革逐步深入，"下海"经商成为热门话题。正是在这种形势下，吉伍巫且选择自己创业。在州、县有关部门和喜德县林场主要领导的有力支持帮助下，吉伍巫且四处筹集资金，购置机械设备，创办了"喜德县民政民族工艺厂"。

厂子办起来之后，吉伍巫且边抓产品质量，边打开销路。随着产品质量的稳步提升和信誉的巩固，订单纷至沓来，经济效益日趋提高。2007年12月，吉伍巫且的民政民族工艺厂被国家民委、财政部和中国人民银行确定为"十一五期间中国少数民族特需商品定点制作企业"。

吉伍巫且从父亲那里学到的漆器，原本只有16种产品，多半属家用餐具。之后10多年中，经过潜心摸索、不断创新，吉伍巫且新增加了30多个品种。而且不仅种类繁多，一些纹饰经过吉伍巫且的创新，变得更加精美细腻，令人爱不释手。

吉伍巫且在制作漆器坯胎

近些年来，吉伍巫且还把彝族漆器髹饰技艺延伸到了建筑领域。喜德作为彝族聚居县，城镇建设强调体现民族特色，这为吉伍巫且提供了施展技艺的机遇，近几年县城修建的各类建筑的屋脊、屋檐、墙面上，都有吉伍巫且和徒弟们的杰作。同时，他们的技艺也走出了喜德，西昌的"索玛酒楼""美女峰"，普格县螺髻山镇的彝寨等，其精美的吊檐、壁画艺术，都是吉伍巫且技艺的呈现。

这些年来，吉伍巫且通过其民族手工技艺，结识了世界各地的收藏家和各类专家，参加了各种展览展示以及研讨会等，并获得众多荣誉。1996年，吉伍巫且应邀参加联合国教科文组织在缅甸首都仰光举办的"东亚漆器研讨会"；2006年，获四川省第二届冬季旅游发展大会旅游商品设计征集大赛铜奖；2007年五六月间，在"首届成都国际非物质文化遗产节"活动中展示了彝族漆器制作技艺；2008年4月8～10日，参加"四川省首届民间工艺百家"表彰大会暨全省民间文化遗产抢救与保护研讨会，获"四川省民间工艺荣誉杰出传承人"称号。2008年7月12～13日，第五届国际民间艺术商交会在美国新墨西哥州圣塔菲举办，吉伍巫且应邀参加会议，在组委会特意安排的30平方米的展厅，向大会展出285件个人作品。2009年6月1～13日，出席了"中国成都第二届国际非物质文化遗产节"。

吉伍巫且的主要代表作，有"库祖"（木钵）、"册底"（高脚盘）、"酒具"、《吉祥东方》等，其中"酒具"系列被四川省文联和四川省民间文艺家协会收藏，"库祖"和"册底"被世界民俗博物馆收藏。

2009年6月，吉伍巫且成为国家级非物质文化遗产项目（彝族漆器髹饰技艺，传统技艺类）代表性传承人。

吉伍巫且作品"库祖"（木钵）

此外，吉伍巫且还是中国工艺美术学会漆艺专业委员会理事，喜德县第六至十二届政协委员。

## 四、有生之年多培养些工艺能手

作为彝族漆器髹饰技艺的传承人，吉伍巫且在工艺改进、品种创新、文化推广、技艺传承等诸多方面，都做出了自己的贡献。

近年来，外来游客大量涌入凉山，吉伍巫且的彝族漆器成为游客竞相购买的纪念品。10多年来，吉伍巫且制作的彝族漆器精品，不但销往我国内地和港、澳、台，以及泰国、缅甸、菲律宾、韩国、日本等亚洲国家，还远销美国、墨西哥、加拿大、德国、法国、意大利、挪威等30多个欧美国家，不少珍品被许多国家的名人和博物馆所收藏。

与此同时，多年来，吉伍巫且还在云南省宁蒗县、西昌、昭觉等地招收学徒，从事讲学传艺活动，交流漆器技艺，深受大家欢迎。他的妻子、儿女，在他的教授、指导下，已经掌握了描绘技法，人人懂技术，个个是高手。

吉伍巫且是个勤于思考也善于思考的人。在社会经济高速发展的今天，彝族漆器手工技艺也像其他许多民族文化一样逐渐被人忽略、遗忘，他清醒地分析了原因，并提出了改进建议。

对于彝族漆器髹饰技艺这项文化遗产的濒危问题，吉伍巫且认为主要表现在以下方面，而这也正是许多民族民间文化遗产面临的困境：（1）在彝族漆器工艺能手当中，技艺精湛的毕竟只是少数，随着身怀绝技的老人们的过世，某些技艺随之失传；（2）新一代年轻人大多进校学习或外出打工，传统的彝族漆器工艺后继无人；（3）现代木坯胎制作车床能制作一些小木酒杯、小木葫芦杯等坯胎，却不能制作做工较为复杂的木钵、鸽形酒壶、木盉等产品的坯胎，现代车床目前并不能完全替代传统的脚踏机械制作；（4）彝族漆器的木坯胎原料严重缺乏，有的原始工具因很久没有活路可做而锈迹斑斑，有的漆器工艺师甚至已经彻底弃艺从农；（5）市场上琳琅满目的家庭用具价格便宜、使用方便，使彝族漆器逐渐失去了实用价值，在一定程度上仅作为旅游纪念品；（6）目前，喜德彝族漆器生产多以家庭作坊的形式存在，建厂生产漆器并初具规模的厂家几乎没有，还缺乏大型的彝族漆器工艺品厂家。

吉伍巫且（右）在"非遗"展览上

可以看出，吉伍巫且的认识深刻而全面。而对于保护措施，他也提出了具体意见和建议。关于保护对象，他的建议是：（1）有关部门指定的该文化遗产项目传承人；（2）掌握彝族漆器传统手工技艺的喜德县依洛乡依洛村阿普如哈的全体住民；（3）最后两套彝族漆器木坯胎传统制作工具的拥有者吉伍加加和吉伍约哈二位老者；（4）喜德县玛果梁子和红莫梁子为主的高山桦槁树林带与高山杜鹃树林带；（5）生长在喜德县境内半山区的所有零星漆树。

吉伍巫且从事彝族漆器制作、漆器文化宣传教育工作40余载，在彝族漆器领域有着很高的造诣和声望。对于他来说，漆器工艺好比一座友谊的桥梁。如今，他希望各个民族、各种肤色的人都能喜欢上彝族漆器，喜欢上彝族文化，希望在有生之年多培养一些彝族漆器工艺能手。

# 马舍勒
## ——擀过 8 万条毛毡的"舍勒毡匠"

马舍勒（1944～），民间工匠，东乡族擀毡技艺传承人。甘肃临夏东乡人，东乡族。16 岁时跟随父亲学习擀毡技艺，四五年后技艺娴熟，独挑大梁，走村串户，赢得良好口碑，人称"舍勒毡匠"。40 多年来，他擀毡 8 万余条，遍布东乡县境内许多农家的炕上；他擀的毡光滑耐用，铺在炕上能用几十年。2009 年成为国家级非物质文化遗产项目（传统技艺类）代表性传承人。

## 一、走南闯北炼成"舍勒毡匠"

1944 年，马舍勒出生在甘肃省河州东乡地区（今临夏回族自治州东乡族自治县）的北岭乡。

历史上，东乡没有县的建制，隶属河州管辖。1949 年 8 月 22 日，东乡地区获得解放。1950 年 10 月，根据民族区域自治政策，成立了相当于县一级的东乡自治区。1955 年，根据《中华人民共和国宪法》规定，正式定名为东乡族自治县。那里是全国唯一的以东乡族为主体的少数民族自治县，以东乡族发祥地和丝绸古道南路上的重要通道而闻名于世。

马舍勒

东乡族因居住地河州（今甘肃临夏）东乡地区而得名，该地区位于甘肃省的洮河以西、大夏河以东和黄河以南的山麓地带。东乡族先民自称"撒尔塔"（意为"商贾"），今天的东乡族是以撒尔塔人为主，融合当地回族、汉族、蒙古族等民族逐渐形成的。东乡族主要聚居在甘肃省临夏回族自治州的东乡族自治县，少数散居在青海、宁夏和新疆。

在我国西北地区的少数民族中，手工匠人众多，手工技艺发达。东乡族也是如此，擀毡的毡匠、钉补的钉匠都远近闻名。

马舍勒的父亲是个毡匠，常年在外做活。由于家里穷得"石头当枕头，光土炕上铺不起一块薄毡"，马舍勒没上过学，从小就开始参与家庭劳动。16岁那年，马舍勒开始学习擀毡手艺，跟随父亲走南闯北。

经过几年的学习、历练，马舍勒学到了父亲的擀毡技艺，已经能够独挑大梁。那时，他平时在家从事农业生产以及养羊、养牛等，每年农闲时节，则带上两三个帮手，走村串户，

东乡族擀毡使用的工具

擀毡赚些养家糊口的零钱。

20世纪70年代，经生产队批准，正值壮年的马舍勒带着两三个徒弟，专门从事擀毡。他们背着弹毛大弓等工具，四处行走做活，足迹遍及东乡地区的山乡，以及本省其他地区和青海、宁夏部分地区。

马舍勒说："那时活儿多，一出门就是几个月，忙起来常常是通宵达旦，一天能擀出三条毡。"这样，一个月下来，他们每人向生产队上交60元钱，顶工分换口粮，此外每人还能留下二三十元，"快赶上一个老师的月工资了"。

马舍勒的擀毡技艺，既有传统的继承，也有自己的独特之处。马舍勒的独特之处，就是羊毛里加入了白土和清油，再加上做工细腻，擀出的毡不仅光滑耐用，还能"站立"不倒。靠着娴熟、精湛的擀毡技艺，马舍勒在十里八乡赢得了良好口碑，人称"舍勒毡匠"。由于名声越来越响，连甘肃以外的毡匠也抵挡不住马舍勒的竞争。

马舍勒曾经粗略地计算了一下，擀毡40多年的时间里，他亲手擀制的毛毡不下8万条，东乡县境内许多农户家里炕上都铺着他擀的毡，这让"舍勒毡匠"颇感自豪。而且马舍勒擀的毡经久耐用，只要不被火燎火烧，一条毡子铺在炕上能用几十年。

## 二、传统用品，悠久技艺

在我国西北地区，毛毡制品一直是人们必需的生活用品。其中一般家庭最为常见的就是炕毡，防潮保暖，冬夏皆宜，几乎每户人家的炕上都有几条。因此，直到20世纪八九十年代之前，游走乡里的擀毡匠都是乡土社会的一道独特风景。

据史料记载，擀毡技艺是蒙古游牧部落的发明。宋末及元代，蒙古人居住毡包、用毡做褥，西北地区的其他民族也向蒙古人学会了擀毡技艺。元代至元年间，伴随东乡族的形成，擀毡技艺也被东乡族工匠所掌握。

东乡境内牛羊遍野，东乡族群众剪羊毛、擀毛毡、编毛绳由来已久。东乡地区山大沟深，属高寒地带，毛毡为高寒地带所需之物。东乡族群众擅长养羊，毛毡的使用又极为普遍，因此擀毡在东乡族中十分盛行，男人们几乎人人精于此道。毛毡一度曾是女孩子出嫁的嫁妆，而炕上铺满洁白厚实的炕毡也曾是家庭富足的象征。

东乡族的毛毡种类很多，按羊毛的种类分，有春毛毡、沙毛毡、绵毛毡等；按规格分，有四六毡（即宽4尺、长6尺）、五七毡、单人毡和穆斯林做礼拜用的拜毡等；按花色分，有白毡、花毡、红毡、瓦青毡等。东乡毛毡以柔软、舒适、匀称、洁净、美观大方、经久耐用享誉西北地区。除毛毡之外，还有用毡制成的毡帽、毡鞋、毡衣、毡鞍鞯，也曾广受欢迎。

毡匠的主要工具有三样，即所谓"毡匠三件宝，弹弓、竹帘、沙柳（红柳）条"。红柳条非常坚韧，用来抽打掺了土（用以吸除油脂）的羊毛，以清除羊毛中的油脂。弹弓类似于弹棉花的弹弓，但更为结实有力，用来弹松羊毛。竹帘主要用于毡坯成型。

一般而言，擀毡需经

晾晒毛毡成品

收集羊毛、清洁干燥、弹毛散毛、定型、洗毡、晾晒等多道工序。其中弹、洗、揉边技术性很强，最后一道工序尤其讲究。所谓"揉"，就是揉整毡边，因为参差不齐的毡边不能用剪刀裁齐，只能靠手工揉整，没有丰富经验和高超手艺，做不出笔直带棱的毡边。

东乡族在东乡族自治县全县境内均有分布，重点集中在北岭、龙泉、董岭、大树等乡，南北二岭、龙泉、董岭一带的毡匠最为有名，而龙泉乡的马舍勒正是东乡族擀毡艺人中的杰出代表。

马舍勒曾经向记者介绍："擀毡是件苦差事，弹毛、铺毛、喷水、卷毡、捆毡连、擀连子、解连子压边、洗毡、整形、擀毡、晒毡，各道工序缺一不可，而且要纯手工作业。"记者在现场看到，马舍勒边说话边忙活着，细密的汗珠一次次渗出，他一次次脱帽擦拭。羊毛弹好，歇口气之后，接着在竹帘上铺羊毛，先铺头等毛，再铺二等毛，最后铺三等毛，铺一层毛撒一层细白土，再喷一层食用清油，铺毛时还不停地洒水。马舍勒说，捆毡连时还要浇水，光最后清洗时就得浇26次水，所谓"风吹马尾千万线，羊毛见水一片毡"。

2008年6月，东乡族擀毡技艺列入第二批国家级非物质文化遗产名录（毛纺织及擀制技艺，传统技艺类）。

## 三、国家扶持，子孙传承

毛毡曾经是东乡族家家户户都用得着的生活用品，而高超的擀毡技艺也曾是东乡族工匠值得骄傲的事情。然而，随着社会的发展、时代的变迁，东乡族擀毡技艺受到了极大冲击。

对东乡族擀毡技艺的冲击，主要来自两个方面。一是毛毡的替代品不断涌现。尽管在乡村，居民大多还是睡土炕，但各种新式床垫、电热毯铺上农家大炕。羊毛大毡虽然结实耐用，但原料昂贵、制作繁琐，造价不菲，难以抵挡工业产品的冲击。二是擀毡工艺的部分程序逐渐被机械替代，机械产品虽然比不上手工制品，但产量高、成本低，很有竞争力。于是，几代毡匠传承了上百年的大弓束之高阁，落满尘土；一些工匠外出打工，手艺高超的老把式要么年高，要么去世，东乡族擀毡技艺出现后继乏人的局面。

由于擀毡营生越来越难做，马舍勒也曾一度转向了自家的承包地。2003年，在东乡族自治县政府的支持下，马舍勒同弟弟和儿子在龙泉集市开了一家专门擀毡的铺子，重拾擀毡技艺。擀毡虽然辛苦，但收益也相对好一些，平时还可以照顾家里的庄稼。

马舍勒是东乡县第一个开擀毡铺的，而这也与这些年的形势密切相关。改革开放以来，人们的经济条件逐渐改善。这些年许多农民外出打工，回来就盖大房子，建好新房盘上炕，首先就要买条新毡。另外，民族习俗回归，东乡族姑娘出嫁时，娘家人总要送两条毛毡做嫁妆。而政府的"非遗"保护、传承政策，也使东乡族擀毡技艺获得助力。

2009年6月，马舍勒成为国家级非物质文化遗产项目

马舍勒和搭档一起洗毡

[毛纺织及擀制技艺（东乡族擀毡技艺），传统技艺类] 代表性传承人。

在政府的扶持下，现在擀毡的工匠又多起来了，光龙泉集上就有两家专门擀毡的铺子。来擀毡的大多是农村人，一种是自己拿羊毛来擀毡，工匠挣加工费；另一种是工匠到乡里收来羊毛，擀成毡出售。马舍勒的铺子里，他和孙子马胡塞尼两人负责擀毡，儿子负责收羊毛和销售。近几年来，马舍勒擀的毡，可以说是供不应求，刚擀好就卖掉了，根本存不下来。

东乡族的擀毡技艺现在仅限于家族式传承，当地许多年轻人不愿再学这门古老技艺。尽管马舍勒对毡匠行业的未来略感担忧，但他的儿孙们如今已经陆续继承这项手艺，东乡族擀毡技艺的传承还是很有希望的。

# 马进明
## ——"篱笆楼都"的文化-手艺人

马进明（1947～），民间手工艺人、研究者，撒拉族篱笆楼营造技艺传承人。青海海东循化人，撒拉族。他是篱笆楼营造技艺的第五代传人，10岁起随父亲学习篱笆编制技术，逐渐对篱笆楼的营造了然于胸，技艺更为娴熟。他家居住了七八代人的旧居，是如今最古老的、保存最完整的撒拉族篱笆楼。2009年成为国家级非物质文化遗产项目（传统技艺类）代表性传承人，2013年获"第二届中华非物质文化遗产传承人薪传奖"。

## 一、舍不得拆的旧居，丢不下的手艺

马进明

1947年11月，马进明出生在青海省海东地区循化县清水乡孟达大庄村一个撒拉族家庭。

撒拉族是我国人口较少民族之一，人口仅10多万，主要居住在青海省黄河谷地，包括青海海东地区的循化、化隆，以及临近的甘肃积石山。

马进明的家乡孟达一带，是目前撒拉族传统民居篱笆楼仅存的地区，而他家中则有最古老、保存最完整的篱笆楼。

马进明家中几代传承撒拉族篱笆楼营造技艺，他的父亲是四邻八乡颇有名气的木匠兼铁匠，是第四代篱笆楼建造的传承人。到了马进明这一代，技艺更是娴熟。

马进明从10岁起就随父亲学习篱笆的编制技术，逐渐对篱笆楼的建造了然于胸，更是编制篱笆的一把好手。

后来，马进明并未专门从事篱笆楼营造，而是当了干部。不过，马进明从事的是文物管理工作，30多年工作中，他对文物古迹十分熟悉，循化县境内分布的古清真寺、古"拱北"、古民居，他都了如指掌。

如今撒拉族篱笆楼保存最完整的，就在马进明家旧居的孟达大庄村牦牛巷，而马进明家的篱笆楼又是其中最古老、保存最完整的。在一个露天小院里，马家的篱笆楼在西部艳阳的映衬下，显得古朴沉静。

不过，尽管主人爱护有加，历经两百多年沧桑的篱笆楼还是掩不住苍老的模样。站在楼上放眼望去，昔日古村道建筑布局的痕迹依稀可辨，但过去修建篱笆楼的院址上，取而代之的大多是白墙红瓦的现代民居。

20世纪80年代，马进明一家就住进了新式房屋，但他对曾居住过家族七八代人的篱笆楼有着深厚的感情，不仅没舍得拆，还亲手对篱笆楼各处进行过多次修葺，所以直到现在，他的篱笆编造及篱笆楼营建技艺也没有荒废，仍旧熟练掌握着。

退休之后，马进明多管齐下，推进撒拉族篱笆楼的实物保护和技艺传承。他积极参与国家、省、地、县对循化文物的勘察和测绘，并撰写报告申请将篱笆楼列入省级文物保护单位；带徒弟传授篱笆楼的营造技艺，传承传统民族建筑技艺；多年笔耕不辍，撰写有关撒拉族篱笆楼的文字资料和书籍。马进明"能文能武"，可谓"双料"的文化－手艺人。

关于撒拉族篱笆楼古民居，马进明和县文化馆副馆长编著了《撒拉族篱笆楼》和《撒拉族古建筑》。《撒拉族篱笆楼》重在讲述篱笆楼的创建历史、兴盛与低落的时代背景、建筑形制、营造技艺及其历史和文化价值，

撒拉族百年篱笆楼

展示了撒拉族百年民居建筑文化的魅力。《撒拉族古建筑》则重在寻根溯源，考证撒拉族篱笆楼以及循化清真寺的历史面目。为了两部书的写作、出版，马进明全身心投入，连妻子生病也无暇照顾。他还设计了几十幅花砖图案和篱笆楼营造技艺构件图案，并设计扉页插图——把红太阳和代表撒拉族地理坐标的线椒、骆驼等元素都融合进去，既赞美祖国母亲，也宣传本民族故乡，得到了多方好评。

学习、研究、传承发展篱笆楼营造技艺20多年，2009年5月，马进明被文化部确定为国家级非物质文化遗产项目（撒拉族篱笆楼营造技艺，传统技艺类）代表性传承人。2013年，因其在非物质文化遗产传承方面的突出贡献，马进明又获得了"第二届中华非物质文化遗产传承人薪传奖"。

由于马进明家七代人均出生在这座古篱笆楼里，因此他家中常常接待一些慕名而来的专家和研究者。每天打扫和定期修葺就成了马进明的"必修课"。

## 二、"篱笆楼都"的篱笆楼

撒拉族传统民居篱笆楼，是一种木、石、土混为一体的古老民居建筑，因楼房墙体大部分用树条篱笆桩制作而成，故名篱笆楼。现在，这种民居仅存于青海省循化县孟达地区。

孟达地区古称河关地，自古以来就是甘肃青海交通要冲。13世纪（元朝初期），撒拉族人从撒拉克（今土库曼斯坦境内）迁移到青海循化。约14世纪，生活在孟达地区的撒拉人，利用当地自然林木土石资源，同时借鉴周边藏族、汉族、回族、土族、保安族等民族建筑，创造了篱笆楼。

谈到篱笆楼，马进明有着说不完的话，他会带着来人绕着自家的篱笆楼小院，边走边说："篱笆楼有汉式风格，布局像北方的四合院。你再看这墙底厚房顶薄，四角放着白石头，这是仿照藏族的习俗。……我们撒拉族就是通过不断的学习和融合，才有了今天的发展哩！"

篱笆楼在撒拉语中叫"巴里奥依"，是高原少数民族古民居。篱笆楼分上、下两层（峡谷地带因平地较少，也有建三层的），上层设卧室、客房，楼下房间为仓库、畜圈等。房屋多为横字式、拐角式、三合院或四合院式，建筑以间为单位、体为座，群成一院。一个院落里，正房坐北朝南，隔出一间供家长夫妇住，正中做堂屋兼作会客之用，另一间则为客房；与正房相对的南屋为小辈的住处，东厢房多做厨房和储藏室，西边为圈房，饲养牲畜。马进明说："过去六七百年，撒拉族人过的是亦农亦牧

撒拉族篱笆楼

的生活，所以篱笆楼上层住人，下边圈牲口，优点是居高临下，可以观察周围情况。"

　　篱笆楼的楼体框架均由木质良好的松木构成，墙体用忍冬、红柳等灌木枝条编织，两面抹以草泥，墙体中空。房子的门窗和柱子，大多雕饰有各种精美的图案。石砌墙基、木柱梁架、篱笆墙体、斜置板梯、雕檐花栏板廊，成为古老的篱笆楼的典型元素，散发着特殊魅力。

　　篱笆楼的建造技艺，既节省建筑材料，又可以减轻楼体重量，具有防潮、防震、防鼠功能，具有"墙倒楼不倒"的特点。而且中空的墙体冬暖夏凉、透气性强、防火隔音。马进明说："用木条造墙取材非常方便，这样不仅隔音，还具有很强的防震性、防潮性，好处多得很。"

　　撒拉族篱笆楼以明清时期的建筑最具特色。这一时期，撒拉族的社会经济生活得到了发展，人口不断增加。建房讲究牢固、美观、经济、实用，突出防风、防震、适用、安全的作用，因而通常选用精良的松类木材。清代中期，孟达地区形成了台子巷、上庄巷、牦牛巷等八大巷区的规范布局，道巷两侧小楼对峙、高低错落，周围有渠道纵横，杏果满园，当时又称"篱笆楼都"。

　　篱笆楼建筑群基本上保持了原有的建筑形态，不仅传达着不同时代的建筑特征，也是撒拉族建筑风格的历史记忆。同时，篱笆楼也积淀着民族文化元素，从这些古民居遗存建筑，可以窥见撒拉族人民当时的社会政治、文化和亦农亦牧的生活状态，对研究撒拉族的建筑、民俗文化等具有重要意义。

2007 年，撒拉族篱笆木楼列入青海省第二批非物质文化遗产保护名录。

2008 年 6 月，撒拉族篱笆楼营造技艺列入第二批国家级非物质文化遗产名录（传统技艺类）。

## 三、"有责任保护它，把它传下去"

篱笆楼是撒拉族古建筑文化的代表，是高原上难得一见的、具有民族区域特色的古建筑。而据调查显示，篱笆楼正在不断减少，篱笆楼营造技艺的传承更是面临极大困局。

20 世纪 80 年代，随着农村经济的发展以及新的建筑形式和建材的不断出现，看到附近村落的村民通过外出务工、做生意等各种途径发家致富，盖起了新房，当地村庄也兴起了拆旧建新风潮。篱笆楼户主也不甘落后，随时准备将篱笆楼拆除、改建。有的户主则低价转卖篱笆楼，再加上自然风化、损坏，撒拉族篱笆楼建筑越来越少。

老百姓的做法自有他们的道理。近 20 年来，当地许多撒拉族民众生活水平提高，人们更注重房屋的实用及美观，追求实实在在的物质享受，许多居民乔迁新居。闲置的篱笆楼不能住人、不能圈畜，也不能做仓库，几乎没有任何实用价值，不受"待见"似乎也就自然而然。同时，人们对于篱笆楼文物价值的认知和撒拉族文化的传承知之甚少，也给有效保护带来了阻碍。

马进明展示他编好的篱笆

更值得关注的是，大庄村部分地区在 2005 年被划入黄河上游积石峡水电站建库淹没区域，按水电工程建设规划，2010 年有 4 处篱笆楼楼址被淹没。马进明知道，积石峡水电站的建设工期越来越紧，这就意味着篱笆楼保护的局势日益严峻。

现存的撒拉族古民居篱笆楼，主要位于循化县黄河岸边的清水乡孟达大庄村。这里原有 100 多座篱笆楼（20 世纪 60 年代），大部分被拆除改建，21 世纪初仅存 14 处。眼下保存最完整的撒拉族篱笆楼民居，都位于孟达乡大庄村的牦牛巷中，包括马进明家的篱笆楼。

2005 年，青海省文物考古研究所与德国考古研究院欧亚研究所开展国际合作，对孟达大庄村 4 处古民居进行了调查、测绘，提取了保护研究资料。目前，现存的 14 处篱笆楼中，有 4 处明清时期的经典建筑被列入青海省省级文物保护单位。此外，国家还将 1 处清代建筑的撒拉族古民居楼移至北京中华民族博物馆实行修复保护。循化县政府也拨出专项资金，支持篱笆楼保护和营造技艺传承。

根据自己多年研究文物保护的经验，马进明提出了自己的想法：有关部门通过在篱笆楼所在地定期举办摄影宣传展、民俗民居文化研讨会来宣传篱笆楼的历史价值，增强当地撒拉族群众对代表自己祖先智慧和本民族民居文化的自豪感，提高他们的文物保护意识。马进明认为，这是保存篱笆楼这一古老民族建筑技艺的有效途径。

循化县"非遗"保护管理部门接受了马进明的建议，在孟达大庄村举办了篱笆楼营造技艺培训班。精选技艺工匠，从工艺流程、篱笆编墙、石砌做法、装修形式、特色图案制作等方面对学员进行培训。目前，这种培训班已经举办了 6 期，有 20 人次接受了培训。

马进明说："篱笆楼是古代撒拉族历史文化的象征，是撒拉族人智慧的结晶，是无价的宝藏，我们有责任保护它，把它传下去。"

# 张怀升
## ——手艺"其实是怀念母亲的一种方式"

张怀升（1946～），民间工匠，俄罗斯族民居营造技艺传承人。新疆塔城人，俄罗斯族。出生于"华父俄母"家庭，俄文名为"热尼亚"（意为"勇敢"）。小学毕业后开始跟随父亲学习木匠手艺，15年后掌握父亲的全部技艺，能独力做出精致的俄式家具、寿材、木车、爬犁。2009年成为第三批国家级非物质文化遗产项目（传统技艺类）代表性传承人。年逾古稀，仍在为"非遗"传承和俄罗斯族同胞尽力奉献。

## 一、生长在"华父俄母"家庭

1946年，张怀升出生在新疆塔城。他的父亲是中国人，母亲则是曾在中国生活的苏联人。

张怀升的父亲张剑云是河北人，20世纪初和同乡一起闯关东，经东北到达苏联，拜俄罗斯师傅学习木匠手艺。中国小伙子勤劳能干，很受俄罗斯姑娘青睐。手艺学成后，父亲迎娶了美丽的俄罗斯姑娘嘎茹，也就是张怀升的母亲。

1932年，苏联政府为了抵御日本侵略，加强远东军事力量，实行了"清边"政策。由于当时我国东北已经被日寇侵占，苏联华侨只能由新疆入境。从1932年至1938年，大批华俄组合家庭辗转回到中国，到达塔城、伊犁等地。

塔城是与苏联距离最近的边境小城，塔城巴克图又是中苏最便捷的陆路口岸，从那里入境的苏联华侨人数最多，很多人就此落脚，先后形成了两处俄罗斯族居住较为集中的村寨：克孜别提村和下卡浪古尔村。

张怀升的母亲原本可以留在苏联，但她却选择了追随自己的丈夫，1938年，她离开自己的家乡，随丈夫来到西北小城，依靠丈夫在市区做木工活儿养家。张怀升说，20世纪四五十年代，塔城有很多像他家这样"华父俄母"的家庭。

1946年，张怀升在塔城出生，母亲给他取了俄文名"热尼亚"，意为"勇敢"。

上到小学五年级时，父亲觉得张怀升已经识字，作为长子，应该考虑学个谋生手艺了。父亲对张怀升说："技不压身，有手艺走到哪里都有饭吃。"于是，张怀升便不情愿地告别了学校，开始跟随父亲学习木匠手艺。

当时，俄罗斯木工活儿取材实木，全手工制作，需要熟练使用各种刨子。父亲有一个俄语叫"奥如班克"的刨子，制作非常

张怀升在加工木作

精密，专门用来对缝合缝。那把刨子是师傅送给张怀升父亲的，据说制造于"十月革命"之前。至今，张怀升一直在用，算下来有上百年历史了。

张怀升闷头一学就是15年，逐渐掌握了父亲的全部技艺，出师的时候，他已能独力做出精致的家具、寿材、木车、爬犁了。

说起过去的光景，张怀升总是十分开心："由于俄罗斯盛产松木，俄式家具基本上都选材松木，给老百姓打的家具，颜色喜欢用深绿、大红、天蓝色，木地板要刷清漆后再涂一层棕色油漆。"作为手艺人，张怀升仿佛觉得一件件家具能给使用者带来美好生活。

最难制作的是俄式马车，材料全为木头，有两匹马驾的车、三匹马驾的车，做法用料都不同。木轱辘最难做，每个角度都要分毫不差，12根木质辐条的接榫也很有讲究。俄式马车制作虽然辛苦，但也给张怀升带来了快乐，他回忆说："我最喜欢听定做马车的人讲路上的事。20世纪30年代至解放初，塔城到迪化（乌鲁木齐旧称）有18个站，一站马车就要走一天，每站都有车马店可以休息。从塔城巴克图口岸入境的'洋货'，如糖、五金等运到迪化，再拉回盐、和田地毯等。"

张怀升的父亲喜欢喝酒，为此妻子没少跟他争吵。1963年，一场激烈口角之后，加上对故土的思念，母亲一气之下，带着才10岁的张怀升的三弟回到了苏联。1971年，张怀升母亲去世，抛下了孤苦伶仃的三弟。在当时的历史背景下，张怀升父子没办法前去见亲人最后一面，从而成为他和

父亲终生的遗憾。

## 二、俄式建筑散发独特气息

位于新疆西北角的边境城市塔城，是一座充满俄罗斯风情的小城，曾有"东方莫斯科"的美誉。在这座小城，浓郁的俄罗斯风韵，不仅表现在玛洛什冰激凌、格瓦斯、列巴、玛林娜酱等俄罗斯美食上，俄式建筑散发出来的独特气息更耐人寻味。

近150年来，新疆西北部的中俄边贸往来十分密切。随着贸易往来，部分俄罗斯人迁入新疆，俄罗斯民居与建筑艺术也随之进入。他们开始在塔城、伊犁、乌鲁木齐等地修建房屋，按俄罗斯建筑艺术并结合新疆的实际，修建了教堂、学校、民宅、办公楼等各种建筑。

塔城的俄罗斯族民居及其他建筑，在结构和风格上都独具特色。民居结构为砖木结构，房屋高大，墙壁厚实，门窗宽大，斗篷式黑铁皮屋顶，整体颜色鲜丽、精雕细琢。在建筑细节上，塔城的俄罗斯建筑无不体现着俄罗斯人对艺术的追求和热烈的性格。

张怀升说："我小时候，塔城是一座充满俄式风情的小城，尤其体现在教堂、学校、民宅、办公楼等建筑上。俄式房屋，天花板、阳台栏杆等处要点缀雕花，再刷上天蓝、铁红、邮局绿等鲜亮的颜色。外观上，注重用花卉和图案装饰。墙面砖的接缝要勾出'V'字缝，屋檐和窗户上下用雕砖装饰出几何形，连天窗、漏水的铁皮管、廊檐、柱子、栏杆等处都要有镂、刻的图案，每一处都很精细。"

20世纪初，塔城的俄国商户有3000多人，街面上俄罗斯人的"洋楼棋布，洋行林立"，成为当时塔城的一大景观。新中国成立初期，塔城有俄罗斯式的民居和公共建筑近300座，几乎所有的公共建筑如学校、医院、机关、银行、商店等都是俄式建筑，不少民居也是俄罗斯风格的。不过，俄式民居中大多数并非俄罗斯族居住。当时居住在塔城的俄罗斯族人多是小手工艺者，生活并不富裕，俄式民居多是由进行中俄商贸往来的塔塔尔族、乌孜别克族、维吾尔族商人所建的。

除历史文化因素外，俄式建筑遍布塔城，也有其适用性的原因。俄式建筑有着两大适宜塔城气候的优点，一是冬暖夏凉——窗户都是双层玻璃，窗户外还有木制的窗扇；墙体厚，外墙一般厚1米，内墙70～80厘米，冬季保暖、夏季隔热；室内取暖用一人多高、直径近1.5米的圆筒形铁皮毛炉，一般建在房屋隔墙的墙角，可使两到三间房屋同时受暖。二是

塔城红楼是现存俄式民居的代表

坚固实用——屋顶和墙身厚达1米,屋顶表层用刷了防锈漆的俄罗斯黑铁皮覆盖,木结构用结实的红松,且多有双层甚至多层架构,因而塔城的俄式老建筑,有些历经百年风雨却依然骨架挺拔、轮廓鲜明。

2008年6月,俄罗斯族民居营造技艺列入第二批国家级非物质文化遗产名录(传统技艺类)。2009年6月,张怀升成为这一项目的国家级代表性传承人。

## 三、传承需要"新思维"

塔城现在的俄式建筑仅存10座,其中19世纪末至新中国成立前建造的有6座,其余的建造于20世纪五六十年代。其中代表性的红楼、双塔、四中教学楼,已经成为塔城的地标性建筑。

红楼现在是塔城地区博物馆,20世纪初由俄国塔塔尔族商人出资修建,是一座铁锈红俄式建筑,绿色屋顶与白木质窗棂对比鲜明。铁红色双塔,19世纪末和20世纪初分别由两名乌孜别克族商人捐建,作为宣礼塔。当地人称作"四中教学楼"的俄式建筑,建于1951年,是当时的一所俄语中学。这座建筑更具有民居特点,整体布局为"一"字形,外墙为黄白两色,墙裙是铁锈红,蓝铁皮房顶,整体风格雅静素洁。2001年,这座建筑被确定为国家级文物保护单位。

塔城现存的10座俄式建筑只是曾经的一个缩影,很多在"文革"时受到了严重的破坏,原有的教堂和一些学校、民宅被拆除,许多建筑装饰被毁坏,少数保留下来的,也因经费问题,未能得到维修和保护。

由于城市现代化建设的需要，老式俄罗斯族建筑逐年减少，懂得民居营造技艺的人越来越少。塔城市目前仅有十多人掌握俄罗斯族民居营造技艺，年龄基本在60岁以上，除张怀升外，另有一名自治区级传承人，是瓦匠。而年轻人对这门技艺比较淡漠，大多不愿意学习。

	张怀升十分惦记自己这门手艺的发扬与传承。他曾经希望儿子能够"接班"，但两个儿子谁也不愿意，大儿子说："满脑是尺寸，手下还要精确，做不来！"小儿子抱怨："电刨子一响我就头疼！"张怀升说："十多年前，我使用电动刨子时，一不留神削断了两根手指，小儿子就站在一旁。"因此，如今小儿子30多岁了，也不愿意碰这门手艺。

	对儿子以及其他年轻人的选择，张怀升表示理解："（小）儿子喜欢开车、搞电焊，渐渐地我也不劝他学了。""生气归生气，时代不一样了，我尊重他们的选择。也曾有年轻人来拜过师，但都没定性，没几天就走了。"

	为了传承俄罗斯族民居营造技艺，塔城市首先从保护现有俄式建筑入手。塔城市准备将现存俄式民居，依照"修旧如旧"的原则进行修复，布局复原，用旧的毛炉、地板、家具布置，院子里是花园和秋千，对俄罗斯风格家庭进行活态展示。

	2015年，塔城市第四中学的俄式教学楼改造为展览馆，准备展示塔城的俄罗斯族历史等。装修时，张怀升应邀制作了全套俄式淡蓝色的木窗框。另外，塔城市郊景区冬季需要马拉的大爬犁，也是请张怀升定做的。塔城城东近两年形成的俄罗斯风情街，也曾请张怀升把关门面装修的俄式风格。

塔城四中教学楼

保护现有建筑之外，传承策略的调整，看来也是必需的。这也正是塔城市"非遗"主管部门和张怀升的"新思维"。张怀升说："在我看来，如果不把俄罗斯族木工手艺当作谋生手段，而是当作业余兴趣（官员们也称之为'一门艺术'）培养，成为一项手工技艺，年轻人一定会爱上它的。"

现在，塔城市非物质文化遗产保护研究中心每月组织一至两次年轻人兴趣小组，跟传承人学习，表现突出者予以奖励。同时，也鼓励现有非遗传承人的后代学习，作为一项家族的责任。这些做法让张怀升感到欣慰。在他看来，长此以往，年轻人一定会热爱这门艺术的，就像当初他由不乐意转向痴迷。

## 四、手艺也是"怀念母亲的一种方式"

成为国家级代表性传承人后，张怀升的工房里挂起了"'俄罗斯族民居营造技艺'木工技艺传承基地"的金字牌匾。

年届古稀，张怀升每天的作息跟一二十年前没什么变化，半天在工房里做木工活儿，接着骑自行车出门溜达。

作为木工，张怀升现在用传统技艺可做的已经不多。如今，成品家具越来越多，用料大、"老气"的俄式家具没人看得上了。就连以前家家必不可少的爬犁，也没人定做了。这让张怀升心里有好一阵子很不是滋味。

但有一项木工活，却少不了张怀升，那就是俄式寿材，因为全塔城地区只有他还在做。如今，张怀升父辈一代人渐渐老去，他们大多数信仰东正教，走到人生尽头时，俄式寿材自然必不可少。俄罗斯族老人常念叨"我的房子（指"寿材"）做好了，我就放心了。该吃吃，该睡睡，顺其自然"。

俄式寿材为六棱形，较窄细，通体刷黑漆，边缘饰以金

塔城双塔已经成为地标建筑

边，所用板材为薄松木。塔城地区俄罗斯族人口比较多的塔城市、额敏县、裕民县、和布克赛尔县的俄罗斯族老人，往往身体还硬朗着，就开始预定寿材，路途较远的需要雇专车托运。

2014年，张怀升制作了十几口俄罗斯寿材，因为售价不高，一年下来纯收入不足万元。尽管收入菲薄，但张怀升说："年轻时做（寿材）是为了挣钱，年纪大了做更多是因为肩上的责任。我不做，再没有人做了，塔城地区那么多俄罗斯族老人的后事咋办呀？一说做'苏联棺材'的，大家都知道找热尼亚。现在，我家工房里还放着三口定做的寿材，大家都住楼房，寿材拉回家无处存放，就先寄存在我这儿。"

俄罗斯族老人的需要，让张怀升觉得自己的手艺还有用处："这让我觉得自己还有点用。其实，虽然快70岁了，腿有点硬了，看木线要戴老花镜了，但我手上有的是劲儿，脑袋也很清醒，手中的活儿停不下来。家里有6间门面，两个儿子过得也不错，女儿在乌鲁木齐，很多人都劝我别干了，享享福。可是，俄罗斯族老人们最后的心愿谁来实现？"

隐藏在张怀升内心深处的另一种情结，是为了母亲。闲暇时，他常常翻看老照片，目光慢慢滑过，遇到母亲的影像，他总是眼底湿润，陷入深深的思念之中。17岁与母亲分别，直至母亲去世也未能再相见。也正是母亲，让他拥有终生难舍的俄罗斯情结。"很多的时候，我把对母亲的思念凝结在一件件家具中，棱角、花纹、把手之间，似乎都包含着来自母亲家乡的生活与气息。这其实是我怀念母亲的一种方式。"

# 杜伟生
## ——"我们这行路很窄，但是很长"

杜伟生（1952～），古籍修复专家，装裱修复技艺（古籍修复技艺）传承人。北京人，回族。在5年军旅生涯之后，小时候喜欢到旧书摊看书的他，进入国家图书馆古籍修复部门，一干就是30多年，成了古籍修复专家。曾任国图"善本古籍特藏修复组"组长，参与过"敦煌遗书"和《永乐大典》的修复工作。2012年成为第四批国家级非物质文化遗产项目（传统技艺类）代表性传承人，培训学员近千人。主笔制定了《古籍修复技术规范与质量标准》，出版专著《中国古籍修复与装裱技术图解》。

## 一、从军人到修书匠

1952年3月，杜伟生出生在北京市东城区东顺城街一个回族家庭。

自明初以来，北京就是我国的政治文化中心，文人士子云集。尤其是清中叶以来，书业的发达可谓居全国之冠，厂甸一带书铺林立，文人学子多所流连。

与书业发达相关的，自然是书籍的刻印、售卖、收藏等，而古籍修复也是其中重要的一环，而且技术要求不低。那时，北京的字画装裱、古籍修复业很是兴盛，并且形成了行业性街区——东单裱褙胡同。

杜伟生打小就是一个喜欢书的孩子。还在上小学时候，杜伟生就对古旧书籍产生了浓厚的兴趣。家里没钱买书，一到星期天，杜伟生就会早早赶到王府井大街的东安市场，在旧书摊看书。那时，王府井大街还有全国知名的新华书

杜伟生

工作中的杜伟生

店。选择旧书摊而非新华书店,杜伟生的解释是:"新华书店里摆的都是新书,要是在那里老看一本书,只看不买,店员就会时不时冲我嚷:'哎,注意点,可别把书窝揍了。'而在旧书摊看书就没有这个问题,想看多长时间就看多长时间。"

每次在旧书摊上找到一本喜欢的旧书,杜伟生便找个僻静的角落,蹲在地上一看就是小半天。尽管每次来回要走近两个小时的路,他还是乐此不疲。看旧书不仅充实了知识,也激发了对书籍从里到外的热爱。这或许就注定了杜伟生与古籍为伴的机缘。

真正开始接触古籍修复,还是在20世纪70年代初。1974年3月,杜伟生结束了5年的军旅生涯,分配到北京图书馆(今国家图书馆)的修整组(后来划归善本特藏部,改称"善本特藏修复组")。

当时,杜伟生几乎没有任何关于图书修复的基础知识,因此,最初的3年,可以说是他的"修书匠"学徒生涯,其中大部分时间是传统的师徒传授,也包括一段时间的科班进修。

开始的时候,没什么事能做,杜伟生就站在老师傅后面看,琢磨每道工序的技巧和原理。渐渐地,他开始给师傅打下手,做些清理残页、拌纸浆、调糨糊、打补丁等简单的辅助工作。当时的老师傅文化水平都不高,但古籍版本知识非常丰富,各个朝代的古籍版本看得很准,手下技艺也不遑多让。师傅们不善言传,但他们身教的形象生动,徒弟心受的会心领悟,使这种传统的师徒授受方式具有不可比拟的效果。

1974年10月,杜伟生进入北京大学图书馆系古籍整理进修班学习。一年时间的进修,杜伟生系统学习了古籍分类和编目等方面的知识,在理论上对古籍包藏着的"大学问"有了科学认识。这次进修,给杜伟生增添了理论的一翼,在此后30多年的工作中,他将理论和实际相结合,互相促进,取得了双方面的成就。

## 二、从普通古籍到"敦煌遗书"

由于缺乏经验,杜伟生最初只是修复价值较低的民国时期甚至新中国成立初的旧书。随着经验的积累,他修复的东西也慢慢地珍贵起来。

1976年春天,新疆出土了一具唐朝的纸制棺材,急需修复。入行不过一年多的杜伟生被选进了纸棺修复组。这具纸棺实际上是一个纸制的罩子,没有底部,数层纸粘在一起糊在木制的框架上,外层通体涂着朱红色的颜料。由于尸体的长期浸淫,纸棺下部结满了污垢,要把纸从木框架上完整取下,只能先用水浸湿纸,然后一点点地揭开。纸棺沾水之后,整个工作间都充满了呛鼻的腥臭,而烂纸浸泡在水池里时,气味就更加强烈,让人头昏欲呕。

接下来的工作,是把揭下来的上千块碎纸片归类,将属于同一张纸的碎片集中在一起,再按照原来的位置复原,最后托裱成棺。这一过程需要辨别纸张的颜色、质地、薄厚,还要仔细辨识纸上的文字以及边缘的接缝,将碎纸准确地拼合在一起。如果出现遗漏的碎片,已经裱好的还要揭开重新来过。

经过两个月的艰苦工作,整个纸棺全部揭裱完毕。看着当初破破烂烂的纸,通过自己和同事的双手变成了珍贵文物,杜伟生觉得自己"像一个医生看着一个原来生命垂危的病人经过治疗康复出院一样,心里的那种感觉就甭提有多美了"。

这样的工作,30多年间,杜伟生不知重复了多少次。而在杜伟生的个人履历上,最重要的莫过于修复"敦煌遗书"和《永乐大典》。

1987年,杜伟生和同事一起接受了修复"敦煌遗书"的任务。"敦煌遗书"都是公元5~11世纪的古抄本和印本,大多残缺支离,或黏结而不能展开,或老化而一触即碎,

修复"敦煌遗书"

有的卷子曾被泥土、油、水浸泡，变得脆硬、糟朽。当时的修复还沿用老的手卷装裱方法，不适合珍贵的"敦煌遗书"的修复，修复工作一度不得不停顿下来。

1990年，杜伟生被派到大英博物馆图书馆学习半年，观摩了英国人修复"敦煌遗书"的情况。回国后，他对照国外经验，开始研究"敦煌遗书"的修复问题。国家图书馆藏有10000多个"敦煌遗书"卷子，如果按传统手卷装裱形式装裱，以当时工作人员的数量，需要50年。而完全按国外的方式，时间上来不及，也没有足够的经费。因此，必须找出一套既源于我国传统修复技术，又要与传统手卷装裱手法有明显区别，简单易行、既省工又省料的修复办法来。

经过反复研究探讨，确定了新的修复方案。新方案要求，只能用薄皮纸一点点地补。由于"敦煌遗书"用纸一般较厚，一个裂口往往要补两三层纸。新补的纸不能盖住字迹，因此补一个裂口时，为了不把字压住，要先在正面补一半，再在背面补一半。就这样，杜伟生和同事们创造性地开始了"敦煌遗书"的修复工作，并且一干就是18年。如今，国图已修复"敦煌遗书"约8000余件，修复工作仍在进行。

## 三、从经验教训到国家标准

杜伟生在专心工作

《永乐大典》的修复工作是2002年10月正式启动的，当时杜伟生已经50出头。国图仅存161册书，工作量不算大，但十来个月的工作，却给我国古籍修复留下了一笔既有经验又有教训的财富。

古书修复的根本原则，是"整旧如旧，保持原貌"。所谓"整旧如旧"，即在古籍修复以后，还保持古籍原来的特点，外观上尽可能保持原貌，保证图书的资料价值、文物价值不因修复而受损。而早期的书铺修书是为了出售，所以追求美观，换装潢、裁天地是常有的事。20世纪60年代修复《赵城金藏》，就有过这方面的教训。杜伟生说，《赵城金藏》在修复时"有的就没有严格按照'整旧如旧'的原则将褙纸照原样复位，而是被揭掉，换用了新纸"，"很多经卷全卷托裱，纸张加厚一倍以上"，"经过托裱的经卷上下两边全被裁切整齐，经卷原来的纸张宽度受到损失"。

因此，修复《永乐大典》，杜伟生和同事们仔细研究前辈的得失，坚持"整旧如旧"。《永乐大典》原来的装帧形式属于典型的包背装，书皮用纸板制成，外面包裹丝织品。一般的古书，修复时先要把订书的纸捻拆掉，把书拆散成单页，然后在书页背面补纸修复。修复《永乐大典》时，为了保留明代的装帧特征，要求不能拆散书页。这样，修补时就只能把对折的书页从中间分开，伸手进去修补，还要保证书页的平整。尽管这增加了不少难度，但《永乐大典》的修复正是按照这种标准严格进行的。

文物界有句口号，叫得很响，普通公众也大多耳熟能详，就是"修旧如旧"。其核心，就是文物古迹的修复，要和原来"一模一样"。但这种做法不仅过时，更不科学。"可逆性"已经是文物古迹修复界多年提倡和坚守的原则。"可逆"，就是修得不好或者有了好的方法，能够重来。这就要求新修补的，要与原有的区别开来，而不是一模一样。杜伟生说，古籍修复也是如此，要求材料和方式都必须是可逆的，一旦出现问题，可以马上重新返工。

这个原则，在修复《永乐大典》时派上了用场。北京 11 月中旬开始供暖后，用好不容易找到的绢裱好的书皮，第二天一看都皱皱巴巴了。原来，大家忽视了温度的因素，材料缩水了。好就好在修复坚守"可逆性"原则，用的是可逆的技术和材料，可以重新返工。后来回忆起那个早晨时，杜伟生仍旧不无懊恼："想千想万，什么都想到了，就是没想到暖气问题。"随后，修复组 10 名成员自动加了两个月的班。"我们这帮人平时话就不多，那段时间就更沉默寡言了，只是闷头干，我知道大伙儿心里多少有点自责，《永乐大典》的修复对国图来说是个大事。"

通过不断摸索，不断总结经验、汲取教训，我国古籍修复技术不断提升。2001 年初，杜伟生主笔制定了《古籍修复技术规范与质量标准》。2008 年 4 月，它被批准为国家标准，同年 7 月 1 日起

杜伟生古籍修复著作书影

实施。

2003年，北京图书馆出版社出版了杜伟生的古籍修复专著《中国古籍修复与装裱技术图解》。这部专著以图解方式（1600余幅图片），直观易懂地介绍了不同装帧形式古籍的修复，以及怎样装裱和修复字画、拓片，如何制作书套、盒、囊匣，是杜伟生近40年古籍修复实践经验的总结。出版以来，这部书很快成为古籍修复领域的必备书，2013年中华书局又出版了修订版。

## 四、传统技艺与现代科学的交响

古籍修复是一项极为细致的工作，需要耐心；它也是一项技术要求很高的工作，讲究科学。由于对象的不可再生特性，工作起来必须慎之又慎，诚如杜伟生所说："战战兢兢，如履薄冰。""修坏了，那就是千古罪人！"

中国历史文献修复是一项古老的传统技艺，可上溯至公元5世纪的魏晋时期，完善于隋唐，昌盛于两宋并绵延至今。造纸术的出现让2世纪的东汉人告别了简牍时代，公元4世纪时，纸已经取代帛、简而成为通行的书写材料。

按照目前通行的看法，一件古籍的修复周期大约是二三百年。也就是说，修复材料同古籍原纸将共同度过二三百年的漫长岁月，其间，原纸与修复用纸在理化性质方面的差异，可能对古籍的命运产生不可预知的影响。

我国最初的书籍修复中，人们只是将破损的书册用新的纸张进行粘补或用麻绳缝合，技法粗陋而质朴。唐代以后，古籍修复受到书画装裱的影响，开始运用新的手段，那就是：为了防腐、防虫和保持纸面平整，常常在糨糊和纸张里加入矾。而这会加剧纸张酸化，对纸张的植物纤维造成破坏，大大缩短其寿命。杜伟生说："为什么中国的古画能留存下来的那么少？除了战乱、水火的破坏之外，矾也是个很重要的原因。每次修补的时候，都用带矾的糨糊刷一遍，刷一次就破坏了一次，刷了十次，那些纸就全坏掉了。"杜伟生认为，如果一张纸大部分都刷过这种加入矾的糨糊，寿命不会超过100年。

20世纪30年代，塑料成为风行一时的新材料。当时，大英博物馆的专家曾尝试给收藏的"敦煌遗书"加上塑封。可几十年以后，这些塑料薄膜开始老化，变成了模糊不平的"毛玻璃"，不得不花大力气小心拆除。

古籍修复场景

60年代，英国人又尝试用蚕丝网来加固古书，为此还特别投入了大笔资金。但没过多久，蚕丝就老化变质了。杜伟生说："蚕丝是动物蛋白，'敦煌遗书'的纸张来自植物纤维，植物纤维的保存期限远远超过了动物纤维，用中国人的话来说是'蚕丝如烂草'哪！"

古籍破损有不同原因，诸如霉变、虫蛀、缺损、酸化、老化等，修复则要在"体检"的基础上，针对不同"病症"制订"医治"方案。古籍用纸又有麻纸、皮纸、竹纸之分，修复则要严格"配型"，否则就会留下后遗症。

如今，古籍保护和修复已经成为一门极其综合的科学，涉及化学、物理、文献学、艺术等多个学科，最新的科学进展也都能派上用场——甚至生物学都已经"出场献艺"，杜伟生在修复一副对联时就曾用过。那是一副1910年前后的对联，使用了当时时髦的新纸，又薄又白。当时它和一幅画粘在了一起，用镊子怎么揭都揭不下来。这时，杜伟生想到了生物酶。他利用这种天然新成分来分解粘住纸张的糨糊，最终成功地揭下了对联。

"工欲善其事，必先利其器"。古籍修复主要靠手工，自然费时费力。1998年，杜伟生和同事一起改进了原始的"纸浆补书机"，第一次将这种机器运用到古籍修复中，大大提高了工作效率。一张千疮百孔的书页，浸入"纸浆补书机"的浆液里，通过设备自动运行，破损的虫眼几分钟便能填补完好。修补后的书籍再通过低温冷冻杀死虫卵，寿命即可延长。当年，这项科研成果通过文化部科技司组织的专家鉴定，获得了部级科学进步奖。

## 五、"良心活"需要"良工"

杜伟生嘴上常挂着一句话："古籍修复是个良心活。"因为除了技术还要有心劲儿，"你只有从心底里珍爱它，你才能不厌倦一干就是几个月的绣花活儿"。他说："很多细节如果你没有责任心，完全可能就毛毛糙糙地损伤了原件，所以虽然说知识、技术很重要，但最主要的还是责任心。"

这种技术与责任心兼具的工匠，就是古来所谓的"良工"，也正是我们国家现在大力提倡的"工匠精神"。

在历史上，"修书匠"曾是一个高度繁荣的行当。宋代以后，修书就成了一门手艺。明清时期北京的古籍修复业最为繁荣，裱褙胡同、琉璃厂聚集了大量从业者。清末民初，琉璃厂等处的古籍修复业一如往昔的繁华，只是后来由于战乱才一度消沉。新中国成立后，出身琉璃厂等处的"修书匠"，成了各图书馆、博物馆、古籍书店的主力军，他们也正是杜伟生师傅一辈的人物。

由于古时图书制作难度较大，所以修书人的地位也相当高。每一本书，在抄写和修复完工之后，甚至会署上相关人员的名字。杜伟生也认为，古籍修复人员除了过硬的手工技艺，还要掌握一些古汉语、版本、美学方面的知识，古代造纸和印刷技术也要有所了解，生物、化学方面的基础知识也要懂一点。综合看来，要求蛮高的。

我国古籍浩如烟海，其中需要修复的也不少。比如，国家图书馆的善本古籍和普通古籍共有 200 余万册（件），有 1/3 存在各种类型的破损，其中近 1/10 处于濒危状态，亟须修复。而每年古籍修复人员平均修复几百册，最多 1000 册，修补的速度远不能满足需要。

据杜伟生介绍，2005 年之前，我国全国古籍修复人员大概不到 100 人。究其原因，杜伟生认为"可能因为这个行业对国计民生及大众生活没有什么影响吧，所以没有获得足够重视，加之古籍修复被称作'坐冷板凳'，得埋头苦干，经过

古籍修复需要心细如发

长期积累才能出成果，修书又可能会过敏、得颈椎病等，所以从业人员越来越少"。

2007年，国家成立古籍保护中心，承担全国古籍保护的工作。随后举办了古籍保护、修复的培训班，每期30～40人次，杜伟生担任了十几期培训班的老师，培训学员近千人。此外，全国还有50多家大专学校开设了涉及古籍修复的专业。但杜伟生认为这还不够，经过培训的学员只能处理简单的工作，还不能胜任复杂尖端的工作，而且可能会影响后劲。因此，杜伟生认为应该提高学历，建议古籍修复以研究生教育为主，因为"文化水平高，学起来才快"。

杜伟生现场演示古籍修复

2008年6月，装裱修复技艺（古籍修复技艺）列入第二批国家级非物质文化遗产名录（传统技艺类）。

2012年12月，杜伟生和中国书店的王学军，成为第四批国家级非物质文化遗产该项目的代表性传承人。

像许多其他传统技艺的传承一样，对于古籍修复技艺的传承，杜伟生也特别强调学员的热爱与执着。否则，不可能忍受长时间的枯燥寂寞。同时，古籍修复是一门实践性极强的手工活儿，技艺的传承还要在操作实践中进行。尽管已经出版了图解型的专著，杜伟生认为那也只能传达自己毕生所能的十之六七，更多细节"只能意会而不可言传"，"看"老师傅实际操作才是最有效的学习途径。

杜伟生坦言，"'好人'不愿意干，'赖人'干不了"，是古籍修复行业的现状。进入了这个行当，仅仅是个开始，关键是要坚持。"只要有纸质书籍存在，我们这行就有存在的必要，哪怕最后就剩一个人。我们这行路很窄，但是很长。"

# 钟连盛
## ——景泰蓝的继承与创新

钟连盛（1962～），工艺美术师，景泰蓝制作技艺传承人。北京人，满族。他从小喜欢画画，初中毕业后进入北京珐琅厂技校，毕业后留厂从事景泰蓝设计制作，现任总经理兼总工艺美术师。在题材开拓和工艺创新以及传统工艺与现代环境装饰相结合方面均有探索和突破，作品清新精致、秀美典雅，具有鲜明的时代感和现代气息。2012年成为第四批国家级非物质文化遗产项目（传统技艺类）代表性传承人。代表作品有系列作品《荷梦》《清韵》，系列挂盘《故宫饰物》及《北海九龙壁》等。

## 一、从小画家到工艺美术师

年轻时代的钟连盛

1962年2月，钟连盛出生在北京崇文区（今属东城区）一个满族家庭。

钟连盛从小就喜欢画画，上学读书期间，一放假就跑到崇文区的天坛少年宫去画画。

1978年，15岁的钟连盛初中毕业，碰巧赶上北京珐琅厂技校招生，需要加试美术，而钟连盛有一定的美术基础，就报考并考入了这家技校。

在技校读书期间，除了课堂学习，钟连盛有空就和同学们一起去写生，一画就是一整天。在明十三陵写生时，为了研究花和叶子的形态，他曾爬到树杈上揣摩；在门头沟斋堂写生的一个月里，他常常早起画日出。

技校学习含有较长时间的实习，也就是车间的实际操作。景泰蓝制作流程中有一道工艺叫掐花瓣，俗称"掰花克儿"，有的花瓣最前方是略微嵌进去的，有的是凸出的，弧度非常小，只能用指甲尖使劲顶进去。为了学会这一技巧，钟连盛经常一手拿镊子，一手用指甲反复练习，最后大拇指都挤出血了。

景泰蓝掐丝镊子是专用的，市场上并无销售。钟连盛实习时配备的是铁镊子，很容易断裂，而且不够细致，影响"掰活"的效果。由于钟连盛做出的图案很让掐丝师傅满意，师傅便把自己用的钢镊子作为奖励送给了他，而他的毕业作品就是用那把镊子完成的。

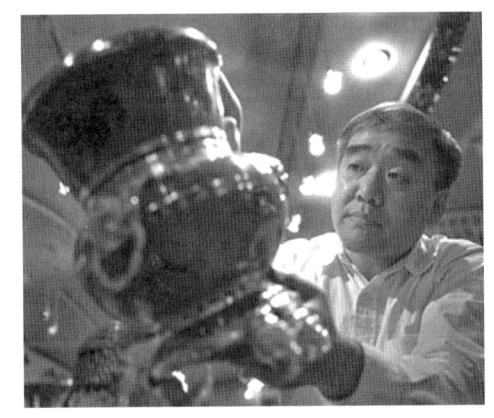

钟连盛和他的作品

1980年，钟连盛毕业留校，成为北京珐琅厂（今名北京珐琅厂有限公司）的一员，一直工作至今，并成长为厂里的总工艺美术师。

1984～1987年，钟连盛进入北京工艺美术职工大学（今北京艺术设计职业学院）工艺美术系装饰绘画专业深造，这为他提升景泰蓝设计制作水平打下了进一步的基础。

在北京珐琅厂工作的30多年中，钟连盛经历了工厂业务的波折起落——从20世纪80年代的国家出口创汇大户到90年代的不温不火，但他一直没有离开。

20世纪80年代，珐琅厂有将近2000人，为了出口创汇，需要大量制作，所以那时候厂里到处都堆放着成品和半成品，特别火热。后来随着景泰蓝艺术走入低谷，很多搞设计的同学都走了。有人来劝钟连盛赶紧出去，找个公司干点自己的事情。但几经琢磨，钟连盛没有走。对此，他说："首先么多年干下来有感情了，其次毕竟珐琅厂存在这么多年，经历了几代人，工艺技术实力还是很雄厚的。"

到了90年代，钟连盛已经成为工厂的骨干。那时，珐琅厂生产规模缩小、人员减少，同时也就有了更多时间钻研工艺、创新产品。那些年，厂里加快了创新和开发新品的速度，工艺技术上更趋完美。

## 二、"一件景泰蓝，十箱官窑器"

景泰蓝又称铜胎掐丝珐琅，是一种将各种颜色的珐琅附在掐丝花纹的铜胎上烧制而成的瑰丽多彩的工艺美术品。

关于景泰蓝最早的文字记载出现在元朝，但兴盛则在明朝景泰年间，因此又称"景泰珐琅"或是"景泰琅"。后来又因多用宝石蓝、孔雀蓝色釉作为底衬色，而且"琅"的发音近似"蓝"，名称最后就演变成了"景泰蓝"。后来，这个名字用以概称所有的铜胎掐丝珐琅。

景泰蓝是我国金属工艺品中的重要品种。制作景泰蓝先要用紫铜或青铜制胎，接着工艺师在上面作画，再用铜丝在铜胎上根据所画的图案粘出相应的花纹（即掐丝），然后用色彩不同的珐琅釉料镶嵌在图案中，最后再经反复烧结，磨光镀金而成。

景泰蓝精品

景泰蓝工艺不仅运用了青铜工艺，也吸收了瓷器工艺，同时大量引进传统绘画和雕刻技艺，是集冶金、铸造、绘画、窑业、雕、錾、锤等多种工艺为一体的复合性工艺，堪称集中国传统工艺之大成，因而自古便有"一件景泰蓝，十箱官窑器"之说。

景泰蓝诞生于皇宫，是皇家用品的重要组成部分，作为皇宫大殿的主要陈设，它往往也是镇殿之宝。紫禁城金銮宝殿，以及国子监辟雍宫、颐和园排云殿等，在这些帝王尊属的殿堂，景泰蓝宝石般的光芒总是令人叹为观止。

新中国成立后，景泰蓝设计和制作工艺有了很大发展。目前，景泰蓝的品种包括景泰蓝和花丝景泰蓝两大类。其中景泰蓝产品又分为金地景泰蓝和蓝地景泰蓝两部分。花丝景泰蓝又分为金地花丝、银地花丝和蓝地花丝景泰蓝三部分，同时还包括金地泡丝、银地泡丝产品。

如今，除了用于展示的工艺品之外，景泰蓝的应用领域越来越多，与室内外景观结合的装饰品越来越多见，诸如室外喷水池，机场、地铁的造景，室内的窗套、门把手、装饰的吊顶等，这些都是景泰蓝工艺在新领域的重要运用。另外，一些小茶叶罐、小笔筒等实用生活用品，也让景泰蓝走进了普通百姓的生活。

景泰蓝不仅为我国人民珍视，也受到了世界各国人民的喜爱，已经成为当今社会生活中常见的装饰品和工艺品。

2006年5月，景泰蓝制作技艺列入第一批国家级非物质文化遗产名录（传统手工技艺类）。

钟连盛说："发展到今天，应该说景泰蓝无论是工艺技术上，还是设计水平上，都是最丰富、最成熟的时期。"而且钟连盛指出，现在收藏景泰蓝应该是最好的时期，因为是纯手工制作，所以现在的价位远远没有达到其应有的价值，与其他工艺品相比处于收藏的洼地。

## 三、"灵感来源于生活中的每一瞬间"

钟连盛在北京市珐琅厂工作了30多年，长期从事景泰蓝的制作、开发、设计及管理工作。他为人诚恳，功底深厚，治艺严谨，技艺全面。他的景泰蓝作品清新细腻，风格秀美典雅。他主张在继承传统的基础上不断探索创新，无论是技艺的革新发展，还是题材内容的开掘表现，特别是近年来在传统工艺与现代环境装饰相结合发展应用上，有所突破和超越。

系列作品《荷梦》是钟连盛的代表作，也是他的创新作品，其创新性既体现在题材的开掘，更体现在工艺的创新。

2000年夏末的一个傍晚，钟连盛路过龙潭湖荷塘，偶一回头，看见两只野鸭在荷花丛中亲密而行。夕阳西下，整个画面笼罩在金黄的色调中，充满了温馨的情调。这瞬间景致可谓绝好的画面，正是它凝聚成了钟连盛的系列作品《荷梦》。

然而，如何才能最完美地表现这一画面呢？经过反复思考，钟连盛一改传统景泰蓝几十年开光的单一形式，首次采用大面积无丝地儿。传统的景泰蓝图案丝纹密布，即用铜丝将画面细密地分割开来。而按照《荷梦》作品主题的要求，除了荷叶、荷花、野鸭的造型，还有大面积的水域，表现水的地方都无须布丝。这对工艺提出了很高要求，因为大面积的地儿如果不能与铜胎很好结合，就会出现断裂即所谓"崩蓝"。钟连盛跟烧焊的技师反复实验、推敲，最后找出了无丝地儿制作的窍门，完成了作品。

钟连盛景泰蓝作品《荷梦》系列

创新实践使工艺与主题紧密相连，很好地表现了平静的水面、灵动的水波，给传统题材赋予了崭新的时代气息，增强了作品的艺术表现力和感染力，令人耳目一新。2001年，《荷梦》荣获"第二届中国工艺美术大师作品暨工艺美术精品博览会"金奖；2005年，又获得了"首届中国礼品设计大赛"金奖。

不仅如此，在厂里，钟连盛牵头不断开拓景泰蓝工艺新的应用领域，探索与室内外装饰环境相结合，并推出了不少新颖的作品。由钟连盛主创，厂里先后完成了朝外某区景泰蓝艺术喷水池《花开富贵》、新加坡佛牙寺超大型景泰蓝转经轮工程、中华民族艺术珍品博物馆大型喷水池工程《生命的旋律》，以及多项重大的室内景泰蓝装饰工程，实现了景泰蓝艺术历史上的超越。

2005年，钟连盛为朝外某区设计并全程监制、指导、攻关完成的大型环境装饰景泰蓝艺术喷水池工程《花开富贵》，与灯光及喷泉系统工程相组合，规模庞大，气势宏伟，犹如巨大的镶嵌宝石，与整个环境和谐融为一体。作品中各种花叶层层叠叠，并通过红黄色调及层次的设计，体现出富丽、高贵、辉煌的效果。

钟连盛的其他作品也获得了许多奖项：2002年，系列挂盘《故宫饰物》和《北京北海九龙壁》获"首届中国旅游纪念品设计大赛"两项金奖，《故宫太和殿前饰物》荣获银奖；2003年，系列作品《清韵》获"第四届中国工艺美术大师作品博览会"金奖，并在2006年获"第二届中国（深圳）国际文化产业博览会"中国工艺美术精品奖银奖；作品《远古的遐想》获"首届北京工艺美术展"北京工美杯金奖；2004年，作品《"O"系列》获"首届中国现代工艺美术展"银奖及"第五届中国工艺美术大师作品博览会"银奖；2007年，作品《三清图》荣获"金凤凰创新产品设计大赛"银奖；2008年，

钟连盛正在指导学徒

系列作品《北京风情》获"金凤凰创新产品设计大赛"金奖。此外,系列作品《四季平安年年有余》《岁寒三友》分获第六、七届"中国工艺美术大师作品博览会"银奖。

钟连盛还合编有《珐琅图案》一书,2005 年由北京工艺美术出版社出版;发表论文《京城国粹——景泰蓝》(《中国工艺美术》2005 年第 3 期)、创作谈《景泰蓝在创新中升华》(《中国工艺美术》2008 年第 1 期)。

谈及自己的创作经验,钟连盛说:"创作不是坐在这里翻书就能产生灵感,灵感来源于生活中的每一瞬间,来源于平时日常的积累。一旦有了灵感的闪现,就根据这个雏形慢慢扩大,不断完善。我现在有几个稿子,都是半成品,没有什么想法就先放着,过一段时间看一遍,觉得差不多了,就成稿拿出来生产。艺术创作不能着急。"

## 四、"非遗"的魅力在于手工

如今的钟连盛有着数不尽的头衔:他是北京市珐琅厂有限责任公司总经理兼总工艺美术师,中国工艺美术大师,北京市特级工艺美术大师,高级工艺美术师,中国工艺美术学会金属艺术专业委员会副理事长,北京工艺美术协会副理事长,北京传统工艺美术评审委员会委员,国家职业技能鉴定高级考评员,北京服装学院艺术设计学院客座教授、研究生导师,北京市政协委员。

此外,钟连盛曾获"北京市崇文区专业技术拔尖人才""十大优秀青年""北京市十大能工巧匠""首都经济技术创新标兵""北京市有突出贡献的高技能人才""首都劳动奖章""全国五一劳动奖章"等荣誉称号。

钟连盛作品《连年有余》

2012 年 12 月,钟连盛又有了一个新的身份:第四批国家级非物质文化遗产项目(景泰蓝制作技艺,传统技艺类)代表性传承人。

目前,钟连盛一共带着 4 个徒弟,都是学工艺美术的大学生,从业已经将近十年。

钟连盛说:"学习景泰蓝设计首先需要的是基础,要为将来的创新做准备。其次所有工序都要熟悉,都要亲自动手,搞设计就必须了解景泰蓝制作的特点、各种材料的属性。比如铜丝，有什么是它不能表现的，如果你设计得过于小巧，铜丝是掰不出来的。有些颜色，有铅的和无铅的有些什么特性，有些什么限制，这些你都需要亲身实践、体验，这样设计出来的图纸才能通过工人的技艺表现出来，这也是为什么要求所有的徒弟都要到一线去的原因。设计是源于实践基础上的创作。"

钟连盛在景泰蓝厂

关于技艺的传承和行业发展，钟连盛认为，景泰蓝不是人们生活的必需品，生产工序又比较繁杂，不可能批量生产，所以从事景泰蓝制作收入不高。同时，从业者需要有耐心，耐得住寂寞。但现在的年轻人大多比较浮躁，追求、欲望很多，所以不太能接受这个行业。

不过，随着国家对非物质文化遗产保护力度的不断加大，近些年来，愿意从事传统工艺创作的年轻人越来越多了，各大院校也相继开设了美术专业，人才会越来越多。

钟连盛还指出，在创新的同时依然应保持景泰蓝纯手工技艺的模式。"我觉得非物质文化遗产的魅力也在于此，纯手工制作，虽然不是很规矩，但是有了敲打琢磨的痕迹，给人一种自然生动的感觉。完全机器加工的东西虽然很精确，却缺少了那份应有的生命力。"

# 哈亦琦
## ——哈氏风筝第四代传人

哈亦琦（1954～）民间艺人，风筝制作技艺（北京风筝哈制作技艺）传承人。北京人，回族。他出身于风筝制作世家，是"风筝哈"的第四代传人。10岁开始跟父亲学艺，逐渐掌握家传技艺，并在继承的基础上开拓创新，使哈氏风筝在工艺上更具有抗风性能，而且造型美观、富有艺术性。作品多次在国内外展示表演，并屡次获奖。2012年成为第四批国家级非物质文化遗产项目（传统技艺类）代表性传承人。出版有《中国哈氏风筝》和《哈氏风筝：风筝世家哈亦琦口述史》（均合著）。

### 一、四代相传"风筝哈"

1954年3月，哈亦琦出生在北京护国寺附近的哈氏大院里。这是一个回族大家庭，曾经三代同堂，有33口人居住在一起。

哈家是一个风筝制作世家，四代相传，至今已有160余年的历史。

哈氏风筝起源于清末。在19世纪中叶，哈氏家族的一名先辈考取了武状元，从河北河间县迁至京城。到了清末光绪年间，随着家道没落，哈家进入北京勤行（北京土话，餐饮行业的别称）。

哈氏风筝的第一代是哈亦琦的曾祖父哈国良（1828～1903），他是哈氏风筝的创立者。

哈亦琦

哈国良原本是个泥瓦匠，因为冬天活少、比较闲暇，又住在当时北京有名的厂甸——琉璃厂，耳濡目染，便钻研起风筝技艺来。先是买来风筝

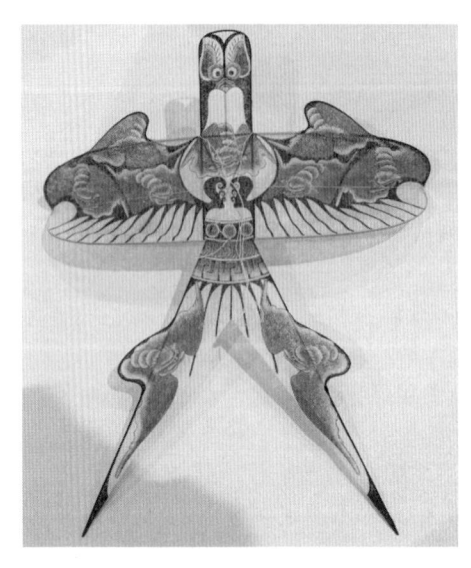

哈氏风筝"瘦沙燕风儿"

仔细揣摩，接着学习扎制。由于心灵手巧、肯于钻研，哈国良制作的风筝小巧玲珑，骨架坚固平整，画工精致生动，花样繁多，很受顾客赞许，购者颇多，因而改行开起了风筝铺。到了中年，哈国良技术更臻成熟，有的风筝还被列为清宫贡品。哈国良创制的"南城瘦沙燕"让哈氏风筝一举成名。

哈氏风筝的第二代是哈亦琦的祖父哈长英（1867～1946），他是哈氏风筝独特风格和声誉的奠定者。

哈长英是哈国良的长子，他继承父业，与五弟哈长林带领全家30余口人以风筝制售为业。哈长英制订了各种哈氏风筝骨架的规格比例标准，为哈氏风筝后期各类型、多样化地发展起到了非常重要的作用；他还从工艺上对哈氏风筝进行改良，使其在放飞性能上大有突破。哈家几辈艺人代代相传，经过不断继承、创新和发展，终于形成哈氏风筝独特的艺术风格。

1915年，巴拿马万国博览会开幕。当时政府拿不出什么新鲜玩意儿，农商部在北京挑来挑去，最终选中哈长英制作的"蝴蝶""蜻蜓""仙鹤""花凤"4只软翅风筝，结果这4只风筝荣获银质奖。"风筝哈"自此成名，哈氏风筝享誉海内外。1920年，哈长英制作了一个800平方厘米的特大硬翅花篮风筝，是迄今规格最大的哈氏硬翅风筝。

1936年出版的《琉璃厂小志》曾记载："哈记风筝店，在琉璃厂中间路北仁威观。近数十年，以哈记所售风筝为最著。"而当时的老北京也流传着俗谣："进北京逛厂甸儿，玻璃琉璃大沙燕儿。"这里的"沙燕儿"指的就是哈家的瘦沙燕风筝。

哈氏风筝的第三代传人哈魁明（1916～1993）是哈亦琦的父亲，他实现了哈氏风筝技术和艺术的有机结合。

哈魁明幼时便随父亲哈长英学习风筝技艺，不但全面地掌握了风筝制作中的"扎""糊""绘""放"四门技艺，并在此基础上提出了"风"和"线"两者的重要性，将哈氏风筝的技艺体系发展为"六技"。哈魁明一生醉心于风筝艺术，通过自己的研究与实践，总结了大量风筝扎制技艺的要诀，记录了与之相关的各类民俗，绘制了百余幅风筝图谱，对哈氏风筝技法进行了理论性总结，并且丰富和完善了哈氏风筝的艺术文化内涵。

## 二、哈氏风筝的辉煌

风筝是我国古代劳动人民的发明，已经有2000余年的历史，并在长期发展中形成了南北两派。北京风筝属于北派，且可以说是北派的代表。

老北京的风筝以俗称的"沙燕"为主，同属"北派"，有"风筝哈"和"风筝金"两大家。"风筝哈"在南城的琉璃厂，"风筝金"在北城地安门的火神庙。老北京人玩风筝，一般都认这两大家。民间还流传着这样的口诀，"南城的大沙燕，北城的黑锅底"，分别道出了它们的艺术特色："风筝哈"以沙燕为代表作，"风筝金"则是用烧柴锅的锅底灰当颜料涂色，做出的"沙燕"黑白分明，远看效果极佳。不过，金氏风筝现在已经失传。虽然后来又有其他几种风筝面世，但在京城风筝界，首选仍是"哈氏风筝"。

按过去的老风俗，老百姓平时不放风筝，到了正月十五元宵节以后才放，一直放到清明。因此，过去哈家做风筝，都是三季做、一季卖。一年之中的风筝买卖，集中在大年三十到正月十五这十多天，其余三季，哈氏风筝铺为维持生计，售卖一些清真食品，如烧饼、年糕等。虽然只有十几天的销售旺季，销售业绩却不可小觑——当时四九城的人都来哈家买风筝，包括达官贵人、戏剧界名伶，最多的一天曾卖过73块大洋。

据哈亦琦介绍，他听祖辈人讲，在20世纪的三四十

《美国国家地理》刊登的"风筝哈"在琉璃厂摆摊的照片

年代，有钱的人家都讲究玩大风筝，像梅兰芳先生，就多次专门定做他们家的风筝。那时他们一大家住在辟才胡同，但凡有订货的人要求送货，胡同里的人就能看到这样"一景"：一丈二左右的大风筝走不了门，常常是让风筝"翻墙而过"，然后专人骑车送到。而且还要给主顾试飞，至天擦黑时才能结束，主顾也要另付三块大洋的"把式费"。

哈氏风筝铺一直开到新中国成立后，直到20世纪50年代公私合营时，还在卖风筝。后来，哈魁明加入了西城饮食公司，专门做清真小吃，扎绘风筝只能利用业余时间。

20世纪50年代，哈氏风筝曾经作为国礼赠送外宾。那是1956年，缅甸总理吴努来华访问，我国领导人送给他两件礼物：哈氏风筝，一素一花两只蜻蜓。当时外交部的同志要买哈魁明的风筝，哈魁明听说是送礼用，坚决不收钱。外交部的人便回赠了他一支"派克"金笔。此事曾登载在当年的《文汇报》上。

"文化大革命"时期，传统风筝被视为"四旧"，不再允许继续制作。据哈亦琦回忆，那时父亲哈魁明担心风筝引火烧身，就把父辈留下的做风筝的画稿和竹子、工具等放在一个大缸里，偷偷地烧了。

"文革"后，哈魁明不忍心哈氏风筝这门手艺在自己手中失传，便利用业余时间在昏暗的小屋子里扎绘风筝。从部队复员的侄子哈永增见此情形，考虑到叔叔年事已高，哈氏风筝有后继无人之忧，便给当时的国务院副总理邓小平写了一封信，希望能给民间艺人从艺的机会，恢复哈氏风筝的制作。一周之内，邓小平的秘书就回了电话，安排哈魁明到工艺美术协会工作。就这样，哈魁明父子又开始制作已经传承百年的哈氏风筝。

哈魁明总结几代人的风筝技艺，不断推出新品种。他不仅制作精美的硬翅风筝，还附上弓、哨、锣、鼓等。其中，"刘关张三请诸葛亮"风筝甚是有趣，从线下将

"风筝哈"第三代传人哈魁明

"刘关张"送上去，到提线处一撞，便顺线而下，可往返多次，令人目不暇接。1982年，哈魁明应法中友好协会邀请，前往巴黎、蒙彼利埃等5大城市进行风筝展览、操作表演，并开办学习班传授技艺。

制作风筝的60多年间，哈魁明从未间断对哈氏风筝的探究、完善、开拓，并记有多本技艺总结的笔记。他把哈氏风筝归纳为八大类几百种，并画有很多图谱资料。晚年时，哈魁明根据自己的记忆，整理了一部哈氏风筝的画稿，取名《筝践》。有人曾这样评价，哈氏风筝在哈魁明这里，达到了技术和艺术的有机结合。

龙凤瓶硬拍子风筝

## 三、"风筝哈"的第四代传人

哈亦琦是"风筝哈"的第四代传人，他继承祖业，风筝制作技艺精湛，造诣颇高。

哈亦琦10岁随父亲哈魁明学习家传风筝技艺，兼习油画、国画。由于聪明好学，又有绘画功底，还没有正式传承家族的技艺，哈亦琦就已经出手不凡。小时候，只要到天安门去放风筝，他都是带着自己做的双搭旗风筝，一放准是又高又稳。

1978年，哈亦琦第一次正式制作哈氏风筝时，父亲只是让他

哈亦琦在制作风筝

按照家传技艺自己动手。三天后，哈亦琦做出了第一件"五鱼瘦沙燕"。他和父亲、三大爷一起到北太平庄附近放飞，一次就成功。可父亲说这是瞎撞出来的，不是真本事，要求他再做三个。哈亦琦二话没说，在一个月

牡丹蝶风筝

的时间里又做出了"五鱼燕""九狮燕"和"云娃燕"三个风筝，且都一次放飞成功。就这样，哈亦琦就正式成了哈氏风筝的第四代传人。

在哈亦琦的记忆里，父亲对自己非常严厉，口传心授，做风筝必须自己动手，父亲从不帮忙。就是这种强调独立思考、独立动手的传承准则，使哈亦琦全面掌握了哈氏风筝的制作技艺，而且有所创新和突破。

哈亦琦设计制作的风筝，力求适应新时代的审美需求，色彩上大胆创新，运用渐变色、青花瓷、蜡染等多种色彩元素，图形上尝试运用几何图形、二方连续等，使装饰效果更为强烈，更加符合现代人的审美观念。不仅在工艺上更具有抗风性能，而且造型美观，富有艺术性。

这些年来，哈亦琦制作的哈氏风筝参加了国内外的许多展出，除内地和港台地区之外，还曾到美国、英国、荷兰、比利时、新加坡、克罗地亚、希腊、德国、俄罗斯、韩国等国家展出。

1983年夏天，哈亦琦应邀参加国际风筝表演比赛。在美国旧金山一个草坪广场上，哈亦琦以"风筝哈"第四代传人的名义，选用哈氏风筝"瘦沙燕"作了现场表演。"瘦沙燕"从哈亦琦手中徐徐升起，在蓝天中自由飞翔，酷似长空翱翔的燕子，赢得了阵阵热烈的掌声和欢呼声。表演结束后，观众纷纷和他握手，一位风筝爱好者称赞说："天哪，您放飞的风筝简直就是一首美妙动人的自由畅想曲，可以让人展开想象的翅膀！"

这些年来，哈亦琦制作的风筝获得了众多荣誉：1982年，作品《凤蝶》获北京市工艺美术创作大赛二等奖；1983年，获美国"旧金山国际风筝比赛大会"特别奖；1984年，作品《石朱龙头蜈蚣》在荷兰海牙国际风筝比赛大会上获第一名；1998年，作品《百米龙头蜈蚣》获荷兰国际风筝比赛金奖；2002年，作品《喜庆》获北京"美术、摄影、书法、民间艺术新作品展览"优秀作品奖……

1986年5月，哈亦琦与父亲哈魁明合著的《中国哈氏风筝》一书在香港出版，同时在我国香港地区以及美国、日本发行。

2010年，哈亦琦与任晓姝合著的《哈氏风筝：风筝世家哈亦琦口述史》，作为"中国民间艺术传承人口述史丛书"（王文章主编）的一种，由中央编译出版社出版发行。

2012年12月，哈亦琦成为第四批国家级非物质文化遗产项目（传统技艺类）代表性传承人。

哈亦琦现任北京民间文艺家协会副主席，中国艺术研究院民间艺术创作研究员，北京一级民间工艺大师。

作为哈氏风筝的第四代传人，哈亦琦现在仍然在不断发掘哈氏风筝新的技艺。他说："我的责任重大，要吸收中外风筝艺术的精髓，不仅要精益求精，而且要富有创新意识和时代风貌！"

哈亦琦传承风筝制作技艺

# 彭善尧
## ——土家族转角楼建造"掌墨师"

彭善尧（1940～），民间工匠，土家族吊脚楼营造技艺传承人。湖南湘西永顺人，土家族。他少年时代即参与建造劳动，16岁正式拜师学艺，从艺40多年，建造上百座吊脚楼，是目前土家族聚居区最具权威的转角吊脚楼建造工匠。2012年12月，他成为第四批国家级非物质文化遗产项目（传统技艺类）代表性传承人。

## 一、四年学成"掌墨师"

1940年7月15日，彭善尧出生于湖南省湘西永顺县泽家镇沙斗河村一个土家族家庭。

作为传统乡村居民，建房子是大事情，互助帮工更是常事，因此少年也会参与一些力所能及的劳动。彭善尧小时候就参加过吊脚楼的建造，但那时并没有拜师学艺。不过，经过长期观察，他对吊脚楼民居建造有所了解，也掌握了一些技艺。

16岁时，彭善尧拜沙斗河村木匠郑万青为师，正式学艺。彭善尧说，在老一辈木匠中，正式的拜师要举行仪式。学艺主要是随师傅出工，一般是先做些裁料、去皮等杂工，一段时间后，可以做刨柱子、凿眼等较为细致的活路。

彭善尧

学艺过程中，"技术上最难的是画墨线等涉及尺寸、位置和形状的精细活，这不仅需要对整栋房子的结构、尺寸、位置、形状了然于胸，还要精准计算和画出部件上的凿孔开眼的具体位置和尺寸、方向"。彭善尧说，这需要很强的空间想象能力，也是考验木匠能否成为独当一面的"掌墨师"的依据。

除了技术上过硬，一些造房时需要掌握的仪式、说辞和"招呼"（法术）也是必修课程。如开挖地基要祭祀土地神，匠人进屋要祭祀鲁班，砍树、上梁、铺瓦，都各有程序要走。

一般来说，拜入师门后，授艺过程至少两年，长的需要十几年甚至更长时间，有的甚至做一辈子"二墨师"，也成不了"掌墨师"。彭善尧前后用了4年，20岁学成出师，成了可以独立操作的"掌墨师"。

彭善尧的第一座吊脚楼，是20世纪80年代中期建造的。建造吊脚楼需要大量木料，而大集体时代，林木砍伐受到很大限制，这或许是那个时代很少新建吊脚楼的缘故。而进入新时期，政策松动，所以村民们开始自建吊脚楼，用彭善尧的话说，就是"那一阵子政策放开，允许村民砍一些集体的树，大家都在想，不砍白不砍，现在这些房子都是那个时候修起来的"。

在彭善尧的记忆中，大约是在1987年前，整个泽家镇只有一栋老旧的吊脚楼，他亲手修建的吊脚楼是第二栋。"我也没有拜师学艺，都是我自己学的。当时这一带只有一栋房子，跟我家隔着一座山。我当时年轻好胜，觉得这个没什么难的，我也能修好。我修房子的时候，村里的人都笑话我。那个时候我们这一带还没有人会修吊脚楼。""遇到什么问题了，我就跑过去看那栋房子是怎么搞的。我是边想边修边学。"

彭善尧的行动，起了一定的"示范作用"，"后来大家看到我能修，就有好强的人也修，于是大家都修房子"。

不过，1996年之前，彭善尧一直在家务农，有人请他修吊脚楼时，他就过去帮忙。直到有一天，一个叫谢方一的长沙人闯进村，彭善尧惊奇地发现，谢方一拿着的一本书里，刊载有他修建的吊脚楼，数一数，居然有20多幅，其中包括自己的家，有一张照片上，他的小孙子也照了进去。这本书正是著名建筑学家张良皋的《老房子——土家吊脚楼》。

彭善尧热情地招呼谢方一在家里住下，带他四处去看吊脚楼。随后，彭善尧便随谢方一离开了老家，成了一名职业的土家族吊脚楼建筑师。

## 二、土家族"走马转角楼"

吊脚楼也叫"吊楼""吊楼子"，是苗族、壮族、布依族、侗族、水族、土家族等民族的传统民居，主要分布在渝东南及湘西、鄂西、桂北以及黔东南地区。

吊脚楼属于干栏式建筑，但又有所不同。一般的干栏式建筑是全部悬空的，吊脚楼则是依山而建，部分建筑在实地上，部分由木柱支撑，所以称为半干栏式建筑。其最基本的特点，是正屋建在实地上，厢房除一边靠在实地和正房相连，其余三边皆悬空，靠柱子支撑。

吊脚楼是西南山区少数民族智慧的结晶，也是因应大自然的必然选择。在那些地区，自然条件号称"天无三日晴，地无三里平"，山多、水多、雨勤，于是山区先民创造出了独特的吊脚楼。吊脚楼高悬地面，好处多多：一可防潮避湿、通风干爽；二可节约土地、造价较廉；三是依山傍水或靠着田坝而建，楼下往往留有一定的空间，可喂养家畜，故而沈从文有"人家吊脚楼下有小羊叫"的描写（《鸭窠围的夜》）。

土家族吊脚楼多依山就势而建，一般呈虎坐形、三合院。讲究朝向，或坐西向东，或坐东向西。正房有长三间、长五间、长七间之分，小康之家一般为三柱四骑，殷实人家有五柱八骑，还有七柱十二骑和"四合天井"的大院。正房中间叫"堂屋"，正上方板壁上安有神龛，是祭祀祖先、宴请宾客的地方。堂屋两边的左右两间叫"饶间"，各以中柱为界分成两小间，后面一间做卧室，前面一间做火塘，是家人起居和接待客人的地方。

两层的吊脚楼，上层是居室，下层是猪牛栏圈或用来堆放杂物。还有三层的吊脚楼，底层用来饲养家禽、放置农具和重物；第二层是饮食起居的地方，内设卧室，卧室外面是堂屋；三层透风干燥，可作居室，也可隔出小间储粮和存物。二层堂屋一侧有与其相连的走廊，廊外设有半人高的栏杆，廊子里有长凳，是家人休憩娱乐之处。这就是所谓的"走马转角楼"，宽绰的"走廊"与优雅的"司檐"（也称"拖檐"等），使土家族吊

土家族吊脚楼

脚楼自成一格。

土家族吊脚楼的窗花雕刻艺术，是衡量建筑工艺水平高低的重要标志。有浮雕、镂空雕等多种雕刻工艺，雕刻手法细腻，内涵丰富多彩：有的象征地位，有的祈求吉祥，有的表现农耕，有的反映生活，有的教育子孙，有的记录风情。飞禽走兽、花鸟虫鱼、歌舞竞技、神话传说，栩栩如生，寓意深刻。

土家族吊脚楼木柱亮脚，司檐悬空，木栏扶手，走马转角，小青瓦，花格窗，古色古香。一般都有小庭院，院前有篱笆，院后有竹篁，青石板铺路，刨木板装屋，一派宁静的田园景色。富足人家则雕梁画栋，檐角高翘，石级盘绕，大有空中楼阁的诗画意境。土家族诗人汪承栋曾写道："奇山秀水妙寰球，酒寨歌乡美尽收。吊脚楼上枕一夜，十年做梦也风流。"

2011年6月，土家族吊脚楼营造技艺列入第三批国家级非物质文化遗产名录（传统技艺类）。

## 三、"造了40年房子的老木匠"

土家族吊脚楼两边配有厢房或转角楼，而转角楼是土家族吊脚楼最具特色的建筑艺术，也是与其他民族吊脚楼相区别的显著标志。

转角楼建于正屋的左前方或右前方，也有正屋的左右两边都建转角楼的。转角楼为每扇4柱撑地，横梁对穿，上铺木板呈悬空阁楼，绕楼转角三面有悬空走廊，廊沿装有木栏扶手。阁楼屋脊以瓦作太极图，四角翘檐，玲珑飘逸。

转角楼的建造需要非同一般的技艺，俗语有云："铁匠难打绣花针，木匠难修转角楼。"有一首土家族山歌则唱道："山歌好唱难起头，木匠难起转角楼。岩匠难雕岩狮子，铁匠难打钓鱼钩。"而建造转角楼正是彭善尧擅长的绝技。

彭善尧介绍，土家族吊脚楼除了屋顶盖瓦以外，其余全部用木料建造。屋柱用大的木料凿眼，柱与柱之间用大小不一的木料斜穿直套连在一起，不用一颗铁钉，完全依靠榫卯拼接，不露一丝缝隙，却也十分坚固。由此可以做到"墙倒屋不倒"，这对山洪或泥石流并不少见的山区来说非常重要。而且即使已经坍圮的吊脚楼，外墙的木板都烂光了，但主体的骨架都还在，只要稍加修整，又可住人。

自从20世纪90年代"出山"以来，彭善尧已经在广东、湖北、湖南等地组织修建了上百座土家族转角楼。他建造的转角楼质量上乘，房屋框架结合部分毫不差、丝丝入扣，结构合理、牢固结实，他设计的木构件样式独特、美观雅致。比如，在主持修建湘西永顺老司城祖师殿时，他把柱、梁斗、拱等构件的端部砍削成缓和的曲线或折线，或者做成柔和的卷云形，使构件外形显得丰满柔和、风格独特。

彭善尧从事转角楼建造，至今已有40多年，是目前土家族聚居区内最具权威性的传承人之一。2012年12月，他成为第四批国家级非物质文化遗产项目（土家族吊脚楼营造技艺，传统技艺类）代表性传承人。

对于今天的成就，彭老这样评价："我很喜欢土家族转角楼，很小的时候就跟在师傅后面学，比谁都刻苦，看到什么都喜欢去尝试，偏偏一学就会。说白了我就是个木匠，是个造了40年房子的老木匠。"

彭善尧在下料

虽然自己的子女对吊脚楼建造技艺兴趣不大，但找彭善尧拜师学艺的大有人在。彭善尧每年都会带徒弟，也会接一些建造项目。有些徒弟甚至跟了他多年，随他奔赴各个建筑工地，一心学习土家族转角楼的精湛建造技艺。不过，跟彭善尧学手艺的多是中年以上的木匠，年轻人耐不住辛苦寂寞，大多选择出去打工。

另外，如今本地村民几乎不再建木头房子，一是木头价钱高，二是年轻人都偏爱贴满瓷砖的水泥建筑。目前，找彭善尧修吊脚楼的不是景区，就是希望开农家乐饭店的老板。彭善尧说："如今修吊脚楼的人非常少，大多是为了促进旅游。因修建一栋吊脚楼造价太高，是修砖房的4～5倍，一般居民不会修吊脚楼。"

因为工程不断，彭善尧组织的木匠、瓦匠已超过30人，几乎囊括了湘西地区永顺、古丈、龙山、保靖四县最优秀的木工。

彭善尧说，比起钢筋水泥建筑，还是木头结构的吊脚楼住着最舒服。他概括了木制吊脚楼的四大优点——冬暖夏凉、美观大方，兼具实用性、观赏性。这些优点，足以使传统的土家族吊脚楼存在下去，也使其建造技艺传承下去。

# 王阿勇
## ——苗族蜡染艺术"走出去"的第一人

王阿勇（1944～），民间蜡染艺人，苗族蜡染技艺传承人。贵州黔东南丹寨人，苗族。她从小跟随母亲学习画蜡，从模仿到喜欢什么就画什么，练就了纯熟的蜡染技艺，曾在高等院校授课，在民族工艺品厂担任设计。她两赴美国进行展演，是使苗族蜡染"走出去"的第一人。2012年成为第四批国家级非物质文化遗产项目（传统技艺类）代表性传承人。代表作品有《百年旋涡蜡染》等。

## 一、"我随便画什么花都好"

1944年2月，王阿勇出生在贵州省黔东南丹寨县杨武乡排莫村排则规寨一个苗族家庭，后来嫁到排调镇远景村。

丹寨苗族蜡染具有悠久传统，几乎每一位苗族妇女都会蜡染。按当地苗族的习俗，所有女性都有义务传承蜡染技艺，每位母亲都必须教会女儿蜡染。所以苗族女性自幼便学习蜡染技艺，她们自己栽靛植棉、纺纱织布、画蜡挑绣、浸染剪裁，代代传承，从而也形成了以蜡染为主导的衣饰、婚嫁、节庆、社交、丧葬等习俗文化。

王阿勇与丹寨成百上千的妇女一样，几乎有着共同的普通经历。很小的时候，王阿勇就看惯了家里的老人和村里的妇女画花（即画蜡）。后来上学的时候，她开始模仿老辈人画花。在家里，她跟母亲学；在村里，跟老婆婆们学。王阿勇说，杨武乡全乡的人都会画蜡，画的花都是一样的。

读书读到五年级，王阿勇不再继续上学，回家下田干活、画花。那时

王阿勇

苗族蜡染——凤凰

候，人们画蜡是自己用，家里人的衣服都是蜡染的。母亲们也画给姑娘、媳妇，主要是自己用，很少卖。

画蜡的图案，有一些是传统的，比如铜鼓的花样，画在被单和床单上；也有一些是人们自己创造的，看到什么、想到什么，就画什么。王阿勇天赋出众，经常能画出一些别人没画过的东西，而且画得也好。她曾说："我画的东西不像她们一样，她们画的跟我不一样……我随便画什么花都好，喜欢画什么就画什么。我喜欢画花我才画……"

画蜡有时候是有图样的，但王阿勇却不用。她说："我的包包上画了花、石榴和鸟。我看到山上的画眉鸟就画下来。看到梅花上有两只鸟站在上面，就画下来。我没有照样板画过，每次画的花都不一样的。"这种少年时代练就的本领，使她数十年画蜡受益不浅。

十八九岁的时候，王阿勇嫁到了排调镇远景村。婚事是老人安排的，嫁妆却要自己准备。那个时候结婚，一个姑娘嫁人最少得有5套衣服。王阿勇和母亲画了5套衣服，她自己出嫁前一直慢慢绣、慢慢画，母亲也帮忙画，出嫁时带走的全套蜡染制品，有床单、被套、被面、衣服，用王阿勇自己的话说，就是"有多要多，有少要少"。

经过不断的实践和思考、探索，王阿勇的蜡染技艺达到了炉火纯青的境地。她画蜡不用尺、不打底，直接下手，运笔大胆，一气呵成，线条流畅，图案朴拙而不失精美。她画的花、鸟、鱼、虫，形象逼真，形态活泼，简洁而富含韵味。她的苗族蜡染作品，可以说代表了我国传统蜡染技艺的最高水准。

## 二、苗族蜡染："东方第一染"

蜡染，古称"蜡缬"，与绞缬（扎染）、夹缬（镂空印花）并称我国古代三大印花技艺。我国的染织工艺早在西周时期已得到较大的发展。根据《礼记》等文献记载，织物的染色当时设有一种叫"染人"的专官主管，楚国还设有专门主持生产靛蓝的"蓝尹"。足见当时的丝织、染色工艺已颇具规模。

苗族蜡染历史悠久，很多地方都流行有《蜡染歌》，叙述蜡染的起源。早在秦汉时代，苗族的先民就已经掌握了蜡染技术，据《贵州通志》记载："用蜡绘花于布而染之，既去蜡，则花纹如绘。"这种蜡染布曾被称为"阑干斑布"。

蜡染盛行于湘西、贵州、云南、川南的大部分苗族地区，而以贵州的丹寨、安顺、织金等地技艺最高。蜡染是这里的苗族人民世代传承的传统技艺，苗语称"务图"，意为"蜡染服"。

蜡染实际上应该叫"蜡防染色"，它是用蜡把花纹点绘在麻、丝、棉、毛等天然纤维织物上，然后放入适宜在低温条件下染色的靛蓝染料缸中浸染，有蜡的地方染不上颜色，除去蜡即现出因蜡的保护而产生的美丽的白花。

苗族蜡染有点蜡和画蜡两种技艺，点蜡是用蜡刀蘸着蜡汁点画在布料上，以圆点排列为虚线，再由虚线组成图案；画蜡则是用蜡笔在布料上，以线和块面来描绘图案。

蜡染的工艺流程有布料制作、蜡液制作、蓝靛制作、画蜡、浸染、脱蜡等十来道工序，主要工艺大体是：先用草木灰滤水浸泡土布，脱去纤维中的脂质，使之易于点蜡和上色；接着用蜡刀蘸熔化的黄蜡蜡汁在布上点画图案（或用蜡笔画图案）；然后用温水浸湿点好蜡花的布，放入蓝靛染缸反复浸泡；确认布料已经染好，即可拿到河边漂洗，让清水冲去浮色；最后放进锅里用清水煮沸，使黄蜡熔化浮在水面上，回收备用；蜡熔化后现出白色花纹，再经反复漂洗使残留的黄蜡脱净。

苗族蜡染一般不打样，只凭构思绘画，也不用直尺和圆规，所画的线条和图形折叠起来却能吻合不差，所绘花鸟虫鱼，惟妙惟肖，栩栩如生。

苗族蜡染图案可分为几何纹和自然纹两大类。安顺、织金苗族蜡染以几何纹样为主，而王阿勇故乡丹寨

绘制蜡染图（画蜡）

清洗蜡染后的布料

的苗族蜡染艺人，更喜欢选用自然纹样。这些纹样多以自然界中的花鸟鱼虫为素材，随心所欲地创作，造型生动、富于夸张。特别是鸟的变化最为丰富，想象力异常大胆，简练传神，富有童话般的梦幻色彩。

蜡染还有两种堪称"神秘"的纹饰，一种是旋线纹，一种是冰纹。

旋线纹，有的说是由古老陶器上的鸟纹演变而来的。按王阿勇的说法，旋线纹即漩涡，是铜鼓纹样，当地称为"哥涡"。一般重大仪式上用的东西（如老人过世盖在遗体上的寿被）都有漩涡纹，也固定用在妇女衣服的肩、背和衣袖上。王阿勇说："这种纹饰必须按流传下来的传统图案制作，传说是祖宗们传下来，固定在我们妇女盛装上的肩背、衣袖处，是不能改的。"

冰纹，实际上并非有意为之，因此可谓造物的赐赠。冰纹的形成，是由于着蜡后的布匹被不断翻卷、揉打，蜡块折叠迸裂，导致染料不均匀渗透，从而留下了人工难以描绘的天然花纹。这种花纹像冰花、像龟甲，变化无穷、形态万千。"冰纹"类似瓷釉烧制过程中的"开片"，两块同样图案的蜡染布料，冰纹却如人的指纹般绝不相同，既美丽、又神秘。直到今天，丹寨的巫师们都还有"观冰纹、定凶吉"的传统。

传统苗族蜡染采用靛蓝染色，成品青底白花，加上天然冰纹，具有浓郁的民族风情和乡土气息，是我国独具一格的民族艺术之花。

2006年5月，苗族蜡染技艺经国务院批准，列入第一批国家级非物质文化遗产名录（传统手工技艺类）。

## 三、美国观众眼里的"东方艺术家"

20世纪80年代初,王阿勇的技艺得到了出国展示的机会,两次去美国进行画蜡和蜡染展演,成为使我国苗族蜡染艺术"走出去"的第一人。

先是记者来到王阿勇家,看她家床上的蜡染。一个多月后的一天,贵州省民委来村里选人才,有五六个人被请来一起画蜡。村里的妇女画,别人照相。一个月后,王阿勇被选中参加出国展演。尽管"没晓得为什么",但王阿勇还是朴素地认识到是因为自己画得好:"我自己在家画蜡,我不晓得是不是因为我画得好?"

1983年去美国,待了9个月,到过芝加哥、亚特兰大。春节回家过年,3个月后又去。第二年又去待了10个月,先后在纽约、亚特兰大表演画蜡。赴美期间,她还在白宫进行了蜡染表演,并应邀到里根总统家中赴宴,多幅作品被白宫收藏。美国观众亲切地称她为"东方艺术家",里根总统则盛赞苗族蜡染是"东方第一染"。

作为使我国苗族蜡染艺术"走出去"的第一人,王阿勇感到十分光荣,回忆那段美好而紧张劳累的光阴,她说:"我们表演几个月画蜡,给国家争光。我们每天表演3个小时,很多人来看。"

出国回来后,王阿勇的境况发生了很大改变。首先是好多记者来采访她,人多得"天天烧开水,烧没够"。接着,政府把她一家人接到了州府凯里,在凯里床单厂做花样设计,做了半年多。后来,王阿勇还在贵阳民族商品厂设计过花样。

1986年,王阿勇到了省会贵阳,工作是培训苗族蜡染学员。1987年,王阿勇被贵州省民族学院聘为教师,教授学生画蜡。对于那一段生活,王阿勇回忆说:"我教课画得多,不写字,轻松自然地画。我找民族商品厂的

王阿勇参加非物质文化遗产展览(右)

那些农村的人来画，教很多从黄平来的人画花。"

此外，王阿勇还多次被请到外地授课，到过上海、云南、天津等地表演。

## 四、"我还是画老的样子"

在贵阳的时候，王阿勇曾经想过办厂子。后来，她的厂子还是办在了故乡丹寨，叫作"民族蜡染厂"。2010年，厂子改名为"丹寨阿勇苗族蜡染文化旅游有限公司"。不过，公司经营不算非常顺利，原因主要是出货渠道太窄，销售量低，无法带动生产，接到大订单又赶不出产品来。

2012年11月，王阿勇荣获"贵州省十大民间蜡染工艺大师"称号。2012年12月，她又成为第四批国家级非物质文化遗产项目（苗族蜡染技艺，传统技艺类）代表性传承人。这一年，王阿勇的十多幅作品被外国友人和中国艺术研究院等单位收藏。

2013年12月，王阿勇参加了由国家民委、文化部在北京民族文化宫举办的"2013中国少数民族非物质文化遗产展示周"活动；2014年1月，她又参加了由文化部非物质文化遗产司、国家图书馆、中国丝绸博物馆等多方举办的"丝绸的记忆——中国蚕丝织绣暨国家级非物质文化遗产项目特展"。

基于家族传承的传统，王阿勇把自己的蜡染技艺传给女儿、媳妇，大媳妇和三媳妇都是她的徒弟。大媳妇是本乡的，以前也画蜡，到过西安、香港表演画蜡，还去过法国；三媳妇去成都、深圳表演过。毕业于艺校美术专业的儿子，也会画蜡。

如今，公司的业务主要是由大媳妇经营。"事情都给儿子、媳妇来搞，

传统苗族蜡染作品

我能画点就画点，帮点忙。"因此，店里卖的画，基本上没有她自己的。"我们家没有拿东西去卖，没有人拿蜡染到场上卖，只有外地人来家找。"

王阿勇说自己跟年轻人不同，至今还是画老样子："她们画一些新图案，我画不来，我还是画老的样子。"

20多年前，王阿勇的嫁妆就都卖完了。"有一些外面的人去我们村里，收购我们的东西，我就卖了。"为此，后来王阿勇又给自己做了几套盛装，留着过节的时候穿。

苗族蜡染

平日里，王阿勇喜欢去赶场，"我喜欢去赶场，和乡亲打招呼，买些花样回家"。她也很惦记家乡村寨，"我已经很多年没回村子里了，不知道那里变成什么样子了。听她们说，村子里的亲戚还多，她们还画花的。"

从王阿勇的言谈中，可以体会到她对苗族蜡染传统技艺的热爱与自信，以及对传承这种民族技艺的执着和信心。

# 杨光成
## ——打破祖训传承枫香"天染"

杨光成（1953～），民间印染艺人，枫香印染技艺传承人。贵州黔南惠水人，布依族。13 岁开始跟父亲学艺，20 岁出师。在长期实践中，他不仅继承父辈的传统绘画图案，而且大胆革新。其作品形式多样，图案造型精美，运笔线条流畅，装饰风格独到。2012 年成为第四批国家级非物质文化遗产项目（枫香印染技艺，传统技艺类）代表性传承人。

## 一、父亲是现代著名枫香染艺人

1953 年 5 月，杨光成出生在贵州省黔南惠水县雅水镇播潭村小岩脚寨。

小岩脚是一个位于大山深处的布依族村寨，至今仍保存着有 200 多年历史的"枫香染"，而杨光成的父亲杨通清则是现代最为著名的枫香染艺人。

杨通清的父亲曾是务农兼作枫香染手艺的民间艺人。出生于 1913 年的杨通清，14 岁时开始跟父亲学习枫香染手工艺。先学用枫香油画图，接着学染色、漂洗，最后学习设计图案纹样。杨通清 15 岁起进私塾读书，兼练书法、绘画，写得一手好字，还喜欢吟诗。

杨光成

杨通清的枫香染，在染色工艺上和贵州安顺、黔东南地区的蜡染有相似之处，但在原料和使用工具上又有所区别。他用毛笔蘸百年古枫香树油在白布上作画，把自然界中的鸟兽鱼虫以及花卉树木等搬到布上，绘成美丽的图案。

到 25 岁时，杨通清才完全掌握了前人整套枫香染工艺的精髓，随后正式从事枫香染制作，为邻近村寨的布依族、苗族同胞染制被面、床单、帐帘、门帘、衣裙、围腰等。在枫香染极为盛行的 20 世纪 70 年代，许多布依族人家喜欢给家里的姑娘买上一块枫香染布料，用来制作被面或者枕套等，既有民族艺术韵味，又美观大方。

杨光成在绘制枫香染图案

杨光成回忆说："枫香染在材料、工具、纹饰等方面，都具有其他印染方法所不能替代的独特工艺特征。记得年轻的时候，每到赶集时，我就跟着父亲，用马驮着枫香染到集市上售卖，也有村民将织好的白布拿来请我们加工。那时，会枫香染的工匠很令人尊敬。"

作为一名具有很高文化艺术素养的布依族民间艺人，杨通清除了整理民间喜爱的传统图案，如"双凤朝阳""鲤鱼含珠""二龙抢宝""双凤结缘"等纹样外，还根据不同民族的习俗、爱好和特点，分别设计了不同的图案。有的苗族同胞喜欢粗犷、朴实的纹样，如大瓶花、大钵花、牵牛花、大盘花等；有的布依族同胞喜爱纤秀、细腻的图案，如太阳菊花、歪桃、石榴、月亮花等。这些图案形象生动，象征着吉祥如意、幸福长寿，深受各族群众的喜爱。

从艺半个多世纪，杨通清在继承祖辈技艺的基础上，经过刻苦钻研，不断地实践，形成了自己的风格。他绘制的布依族传统图案"大瓶花""反翅蝴蝶"，具有青花瓷的润泽及工笔画的柔和。他的枫香染制品，构图严谨，明快大方，装饰性强，既有浓郁的民族传统特色，又具有鲜明的时代感。

2000 年 2 月，为枫香染操劳一生的杨通清去世，享年 88 岁。

杨光成回忆说，父亲对枫香染极为崇敬，严格按照"染谱"上所述，何时作画，何时浸染，都有明确的时间规定。更为苛刻的是，每次作画前，他都谢绝一切访客，关门制作。尽管所有的印染过程都在家庭内部完成，但画工、备料、印染都是专人负责，分工严密。正是这样，他才成了现代枫香染技艺的大师级人物。

## 二、两兄弟都是枫香染传人

杨通清有两个儿子，就是杨光成和兄长杨光汉。两兄弟自幼受到父亲的艺术熏陶，非常喜爱枫香染艺术。他们分别在十几岁的时候，开始跟父亲学习枫香染，学会了这一祖传的技艺。父亲倾心传授，把毕生所学和技艺全部传给了他们。

学成之后，兄弟俩虽然各立门户，但经常交流技艺，并且在传统的基础上进行大胆探索和改进，他们的枫香染作品可与父亲的作品媲美。父亲过世后，全面掌握枫香染技艺的人，几乎就只剩他们兄弟俩了。

杨光汉是杨通清的长子，大弟弟十几岁。他从小随父亲学习枫香染制作，"文化大革命"期间，曾在当时雅水公社开办的厂里从事枫香染制作，还培养了几个徒弟。由于年逾古稀，视力下降，杨光汉已经多年不再制作枫香染了。

据杨光成介绍，他13岁时开始跟父亲学习枫香染技艺，20岁出师。出师的第一道考验，就是在宽大的白布上，在没有打底纹和对照物的情况下，画出工整对称而又极富美感的图案。考官就是父亲，但非常严格，因为那次考试将决定杨光成能否独立完成枫香染的整个工艺流程，甚至决定他能否成为得到核心秘诀的真正传人。

毫无疑问，杨光成与哥哥杨光汉都得到了父亲的真传，成了枫香染技艺的新一代传人。

在长期的印染实践中，杨光成不仅继承了父辈的传统绘画图案，而且大胆地进行创新。他的枫香印染作品形式多样，图案造型精美，运笔线条流畅，装饰风格独到。

2007年12月，贵州省"两赛一会"（"多彩贵州"旅游商品设计大赛、旅游商品能工巧匠选拔大赛和旅游商品展销大会）在贵阳举行，在旅游商品能工巧匠选拔大赛惠水海选赛中，杨光汉

杨光汉是目前年龄最大的枫香染传人

的作品《布依牛油枫香染》脱颖而出，荣获贵州"十大民间工艺美术精品"奖，杨光成也获得了"旅游商品能工巧匠"特等奖。

2012年12月，杨光成成为第四批国家级非物质文化遗产项目（枫香印染技艺，传统技艺类）代表性传承人。

2013年5月，中央电视台中文国际频道《远方的家》栏目专访了杨光成，并拍摄了枫香染的精美制品和制作流程。同年，凤凰卫视拍摄的专题片《布依族"天染"——枫香染》在凤凰卫视播出，向观众展现了民族民间艺术的独特魅力。

2014年2月，在"枫香印染技艺保护与利用"研讨会上，杨光成现场展示了自己的枫香印染制作技艺。

## 三、枫香染："画在布上的青花瓷"

枫香染是一种类似蜡染的印染技艺，主要流行于惠水、麻江的一些布依族、苗族及瑶族村寨，其中以惠水县雅水镇小岩脚的布依族枫香染最为著名。它以历史悠久、工艺独特而享有盛誉，是民族传统印染工艺的一朵奇葩。

枫香染古称"庞典"，惠水县雅水镇一代的布依族枫香染，可以追溯至清朝咸丰年间，距今已有200多年的历史。关于枫香染的起源，雅水镇小岩脚还流传着一个民间传说：布依族姑娘偶然把织机摆到一株百年枫香树下，枫香树油滴落在织成的白布上，姑娘印染后，白布上竟然现出了美丽的图案。就这样，枫香染诞生了，因为图案乃"天意"玉成，故枫香染有"天染"之说。

枫香染的印染原理与蜡染相同，不同之处，主要是描花时使用的原料和工具：蜡染用蜡和蜡刀，而枫香染则使用枫香油和毛笔。枫香染用毛笔蘸枫香树的油脂，在白布上描绘图案，再浸入靛缸浸染，然后水煮脱

清洗枫香染制品

脂、清水漂洗、晾干即成。枫香染的防染剂是枫香油脂，而蜡染的则是蜜蜡。而且有些蜡染见水会改变颜色，真正能做到不脱色的，据说只有黔南惠水的枫香染。

枫香油是枫香染的独特原料，它取百年以上老枫香树的树脂，掺以牛油，用文火熬制、过滤而成。毛笔和枫香树脂、牛油相结合使用，不会出现蜡染的裂纹，做出的图案精致清晰，因此枫香染作品独树一帜。

杨光成展示已经完成的枫香染制品

枫香染的底料用自织的土布，染料由自栽的蓝靛发酵过滤提取，防染剂由枫香油和牛油混合而成。当地艺人用毛笔在土布上脱稿描绘，然后浸入染缸，再取出经水煮脱脂，从描画、浸染、脱脂到成品，一件枫香染作品需要近10天才能完成。

惠水枫香染艺人绘制的图案，大多含有一定寓意。比如，"鲤鱼串珠"寓意年年有余，"喜鹊与梅花"暗示喜上眉梢，仙桃象征长寿，白鸽象征和平……此外还有"福寿双全""丰收快乐""鱼水合欢""福禄寿喜"等，寄寓了人们朴实的感情和对美好生活的无限向往。同时，枫香染图案结构严谨，线条流畅，明快大方，变形得体，主次分明，特征突出，装饰性强，具有鲜明的民族风格。

贵州惠水地区，枫香染布料常用于制作衣裙、背扇、挎包、被面、床单、帐檐等。因其以棉布为底，加之绘工精湛，古朴素雅，经济耐用，吸水性好，并具有浓厚的民族特色，因而不仅在县内为布依族、苗族群众所喜爱，而且还远销到罗甸、平塘、花溪等少数民族地区。

枫香染清雅的蓝底白花，朴素的纹理穿插，楚汉风格的动物造型栩栩如生，散发着浓郁的民族气息，被誉为"画在布上的青花瓷"。布依族枫香染具有很高的观赏、收藏价值，多幅作品被国家博物馆、贵州省博物馆收藏。

2008年6月，枫香印染技艺经国务院批准列入第二批国家级非物质文化遗产名录（传统技艺类）。

## 四、打破祖训传承技艺

有专家指出，枫香染的历史始终伴随着一个"少"字：流传的地区少，习艺的人也少。除惠水、麻江之外，原先也还有一些地方流传枫香染，比如从江岜沙，但21世纪初那里的女孩子已经改用蜡染工艺了。与百年老枫香树的油脂相比，蜡染的蜡自然要普通得多。枫香染的价值高，正是因为"物以稀为贵"。

枫香染的传承方式也很独特。在惠水县雅水镇小岩脚，枫香染传人有家传的手抄本《染谱》，里面对枫香染的各种定规、工艺有详细记载，可惜20世纪70年代毁于火灾。另外，杨家的枫香染技艺还有"传男不传女，传内不传外"的祖训，所以，在相当长的时间里，枫香染是男子的专利，而天生热爱民间艺术的女性，却无缘接触枫香染。

进入新世纪之后，如同其他传统民族技艺一样，枫香染曾经有过一段逐渐被人淡忘的历史。随着现代化和全球化潮流的冲击，特别是化纤材料广泛普及的今天，枫香染布料不再那么"必需"，手工技艺也不再那么"吃香"，枫香染这项美丽的民间艺术似乎也渐渐被淡忘。

杨光成说，做一件枫香染作品需要近十天的时间，全手工制作，成本高，工艺繁琐，价格就会偏高。因此，当地人渐渐放弃了这一传统的制作方式，枫香染一度跌入低谷。父亲去世后，最后一代传人就只有杨光成和哥哥了，而他的哥哥年近八旬，视力下降，已经不能操劳了。哥哥有六个子女，但都不会制作枫香染，杨光成自己的儿子对枫香染也没有多少兴趣。

未经浸染的枫香染

早些年，杨光汉和杨光成一直遵守祖训，传男不传女，传内不传外。如今，面对民族手工技艺濒临失传的局面，杨光成打破老规矩，把家传手艺传给外人，让枫香染技艺继续传承下去。杨光成说："不能让这门手艺断送在我的手上啊。不然的话，我既对不起祖宗，也对不起国家。"

2009年3月，杨光成在惠水县雅水镇小学开设了民族民间工艺兴趣班，教授枫香染制作工艺，先后培养传承人200余名。2010年，开设了枫香染提高班，共培训学员60人。同年7月，杨光成又在本村每户人家各选取两名略有基础的年轻人，每周三个晚上进行枫香染技艺传习。

此外，杨光成还成立了枫香染农民专业合作社，给乡亲们指出一条致富路，使濒于绝境、传承困难的枫香染手工技艺重新焕发生机，带动了当地经济的发展。

杨光成用自己的一生守护着枫香染这门古老的民间技艺，如今，他开始以另一种方式守护、传承它。他说："枫香染不仅仅是我家的，也是民族的。作为传承人，我有责任也有义务为后代留下原汁原味的技艺，国家给了我荣誉，我会尽最大努力使薪火代代相传。"

在杨光成看来，对非物质文化遗产最好的保护就是把它们传承下去，让更多的人了解它，会做它，欣赏它。

枫香染技艺传承班

# 强巴赤列
## ——藏医、西医结合，"像老虎有翅膀一样"

强巴赤列（1929～2011），藏医医师，藏医药传承人。西藏拉萨人，藏族。他13岁师从钦绕罗布学习藏医药，20岁时已是小有名气的藏医。后担任拉萨藏医院院长，对藏医药机构建置、教材编写、人才培养、学术研究和交流等做出了杰出贡献。擅长诊治内科疑难杂症，在藏医药临床和科研方面均有精深造诣。曾任中国科协副主席、西藏自治区科协主席等。2007年成为第一批国家级非物质文化遗产项目（传统医药类）代表性传承人。著有《中国藏医》《四部医典彩色挂图》以及《著名藏医专家强巴赤列回忆录》等，主编《历代藏医名人略传》《西藏天文历算总汇》等。

## 一、女尼"占卜决定"学医

1929年10月，强巴赤列出生在西藏拉萨的一个藏族家庭。

强巴赤列家是个藏医世家，他的祖父和父亲均在拉萨行医，颇有名气，因而家境也较好。

过去，藏族少年儿童学习知识文化，主要途径是出家进入寺庙，在寺庙里附设的札仓（学院）学习藏文、文化知识以及佛经等。6岁时，强巴赤列被父亲送到拉萨著名的哲蚌寺，开始学习藏文30个字母和短脚、长脚书法等等。

强巴赤列

在哲蚌寺学习期间，老师要求非常严格，强巴赤列聪明好学，5年后以优异的成绩毕业。对此，强巴赤列曾开玩笑说："可能因为吃了父亲配制的藏药央金丸（智慧药）吧。"

藏医世家的子弟，日后做医生顺理成章，但父亲一心想让强巴赤列在噶厦政府谋个一官半职。对于后来学医，强巴赤列说纯粹是由占梦决定的："我学医可没有像今天的大学生那样填志愿，是一位女活佛在神像前占梦决定的。"

父亲去世后，母亲请一位有名的老尼姑为强巴赤列的前途占卜。"我和母亲毕恭毕敬地站在老尼姑面前，她久久端详着我的面孔，念念有词地掷出手中的骰子，然后告诉我母亲说，这孩子不能当官，当官活不到18岁；如果学医，将来定会造就伟业，成为雪域高原上的大医生。"

1942年，强巴赤列13岁，母亲带着他去拉萨"门孜康"（拉萨藏医天文历算学院）向钦绕罗布（亦作"钦饶罗布""钦饶诺布"）拜师。钦绕罗布是著名的藏医大师，曾任十三世达赖喇嘛的首席保健医，拉萨藏医天文历算学院及药王山医学利众院的院长。巧的是，钦绕罗布是强巴赤列祖父的学生，年轻时曾师从其祖父学医。

## 二、跟随大师的正规教育

在"门孜康"，强巴赤列度过了9年的艰辛学习生活。在那些日子里，每天黎明起床，祈祷、背诵、听课、答辩。学习内容除了藏医学，还包括天文历算和藏文语法。因为钦绕罗布认为，天文历算对启发智慧有好处，藏文语法、书法也非常重要。

藏医学是藏族的传统医学，也是世界公认的四大传统医学之一。藏民族在独特的地理、气候条件下与疾病斗争的过程中，吸收国内兄弟民族及外来医学的长处，逐渐了形成完整的理论体系和独特的诊疗方法。藏医学历史悠久，早在吐蕃时期，藏医药学就已基本形成体系。在治疗关节炎、胃病、中风、偏瘫和心血管疾病等方面，藏医形成了独特的医疗方法。

在藏医经典中，集大成的著作是成书于1200年前的《四部医典》，这也正是强巴赤列学习的主要内容。10多万字的内容，强巴赤列只花了3年时间就熟记于心，深得老师钟爱。

强巴赤列曾这样总结9年的学习生活："在求学的年代，我除了跟着恩师学习之外，平时就在住处专心致志读书，很少有空闲时间，从而奠定了坚实的文化根底和专业基础。"

钦绕罗布是一位很懂得教学艺术的老师，为鼓励学生互相竞争，他亲自设计了一顶象征荣誉的帽子。帽子前后绣着诃子和慧剑，代表藏医和天文历算两门成绩获得优秀，当时共有三人获过此帽（相当于现在的博士帽)。夏天采药期间，必须戴上这顶帽子，校外的群众一看就知道这是优等生，没有帽子的学生深为羡慕。那个戴帽子采药的夏天，成为强巴赤列前半生最荣耀的回忆。

在众多徒弟中，强巴赤列长相英俊、性情善良，学习成绩又好，因此，钦绕罗布认为他是祖父的"转世灵童"，

钦绕罗布在指导学生

把全部祖传秘方都传授给了强巴赤列，还包括清零算法等许多天文历法的诀窍。对于恩师的格外垂青，强巴赤列说："我是一个有福气的人，因为在我学医的启蒙时期，就遇到一位大恩师。"

在9年苦读生涯中，还曾发生过一段"小喇嘛抢走小尼姑"的插曲，强巴赤列差点为此终止学业。那时，年轻的强巴赤列不甘寺院寂寞，爱上了美丽的德钦卓嘎，二人一起还俗结婚。这在当时是不允许的。后来，得到家人和老师原谅后，他重新获得了学习的机会，也因此更加刻苦钻研。强巴和爱人牵手走过或风雨交加、或风和日丽的岁月，直到1979年德钦卓嘎去世。

20岁时，强巴赤列已经是小有名气的藏医，精通藏医和天文历算理论，且能够独立采制药材，独立诊断治疗疑难杂症。他经常跟随老师钦绕罗布背着药包，到拉萨八廓街一带的穷苦人和乞丐的帐篷中巡诊，一边把脉，观察病人的尿液，一边送药送水，分文不取。当时，贫富的悬殊、世界的不公，给强巴赤列留下了深刻印象。

那时，老师曾对学生说："病人是医生的儿女，有钱给治，没钱也要治；当官的给治，乞丐也要治。"这话强巴赤列一直记在心头。

## 三、藏医、西医结合，"像老虎有翅膀一样"

1951年西藏和平解放，解放军进驻拉萨。强巴赤列第一个把解放军带到了藏医院。在与解放军接触以及后来担任解放军藏语教师的过程中，强

巴赤列了解到解放军"救死扶伤"的精神和恩师的教诲是一致的,并且学到"进化论"和"劳动创造世界"等闻所未闻的知识和道理。

在和解放军医务人员的交往中,强巴赤列接触和了解了西医知识。作为一名小有名气的藏医,强巴赤列对解放军医疗队的诊治方法产生了极大的兴趣。有一天,他参观了解放军建立的人民医院,被医院儿科、妇科的技术深深吸引。此后,他开始学习西医理论,并产生将藏医与现代医学相结合造福西藏人民的想法,"像老虎有翅膀一样,藏医、西医结合治疗,是我的远大理想"。

1953年,强巴赤列参加了革命工作。这一年,一次难忘的经历彻底改变了强巴赤列的人生观和命运。作为西藏青年参观团的秘书,强巴赤列有幸到全国各地参观了城市、工厂、学校、矿山、军营,正在以高昂热情建设社会主义的人民给他留下了深刻的印象。其间,毛主席在怀仁堂后花园接见了强巴赤列等参观团全体人员。回忆起当时的情景,强巴赤列说:"我不顾一切地走上前去握手,给他老人家献上了一串祖传的紫色佛珠,并把额头紧贴在伟人的大手上,顿觉有一股暖流涌遍我的全身。"

1955年,强巴赤列加入了中国共产党,是最早加入中国共产党的藏族医生。

西藏民主改革初期,有人认为藏医院是宗教的产物,曾一度把藏医院改为以西医为主的综合医院。强巴赤列心急如焚,四处宣讲藏医药学的科学性。政府听取意见,提出要保护、继承和发扬藏医学,藏医学重新得到

强巴赤列普及医药知识

应有的地位。拉萨市军管会任命钦绕罗布继续担任拉萨藏医院院长，强巴赤列任副院长。师徒两人凭借民主改革的契机，扩建了藏医院古老的门诊部，成立了医学遗产整理小组，决心重振藏医药事业。

同时，强巴赤列也积极借鉴西医的诊疗技术。传统藏医治疗不分科、不给病人建立档案，医生主要靠观察判断病人病情，检测手段比较单一。1962年担任藏医院院长后，强巴赤列大力推动分科门诊，引进先进检测手段和仪器。强巴赤列回忆说："一些新的措施在开始时遇到了阻力，有些人认为这样会使藏医学灭绝，但我还是顶着压力推行了下去。"执着地引进西医，使藏医在诊断和治疗方面有了创新和飞跃。

新时期以来，强巴赤列一方面主张严格保持和发展藏医的传统特色，"不能让西医牵着鼻子走"，一方面坚持"拿来主义"，吸收一切对藏医药自身发展有益的现代医学技术。因此，藏医院开设了藏西医结合科及相应的病房，采用胃镜、心电图、X光、B超等现代医学的诊断技术，提高了藏医在诊断方面的准确度，还使用了西医麻醉技术，使古老的藏医手术得到恢复。

## 四、"管理有方"的藏医院院长

1966年席卷全国的"文化大革命"爆发后，强巴赤列被推入了社会的最底层。他被视为"假党员""宗教迷信保护者"，被罢官、批斗。不过，处在人生谷底的强巴赤列，却获得了宝贵的科研时间，用他自己的话说就是"破了陶罐得铁锅"。

在那段岁月里，虽然精神上非常压抑，却有更多的时间可以由自己支配。对藏医学的强烈责任感和使命感，促使强巴赤列把个人得失抛在脑后，躲在自家那间顶棚狭小的屋子里，苦心研读医学经典。

1974年，拉萨市卫生学校藏医班正式开学，但学校没有教材，也无人能写。这时上级部门想到了已经"靠边站"多年的强巴赤列。强巴赤列毅然接受了任务。那段时间，他经常工作到夜里两三点钟，由于经常研读发黄的木刻书、细小如针尖的挂图说明和藏文，强巴的眼睛开始发肿、流泪，有时就像针刺一般疼痛。

两年过去，强巴赤列的右眼失明了，而《藏医基础学》《生理学》《诊断学》《病理学》《药科学》《内科学》《外科学》《五官学》《妇科学》《儿科学》《方剂学》11种共计数十余万字的通俗藏医学教材也编了出来。

当时，藏医学教学资料很少，强巴赤列是凭着自己惊人的记忆力和多年实践，根据《四部医典》编写出这套教材的。针对当时藏医学仍处在抢救阶段、学生文化层次较低的现实，这套教材写得深入浅出，通俗易懂。这也是藏医史上首次按照先进的医学分科方法写出的藏医教材。教材印行后，迅速传遍藏、川、滇、青、甘等五省区的藏族地区，成为人们研究和学习藏医的必读书。藏学家认为，这是"第一次用现代观点深入浅出、系统总结藏医真正奥秘的科学著作"。

对于这套让自己付出了巨大代价的教材，强巴赤列说："这些教材可以让藏医学生快速成才，所以我从不后悔。"

1978年，十一届三中全会后，藏医学与全国其他各项事业一样，迎来了春天。1980年，被免职14年之久的强巴赤列恢复了名誉和职务。

恢复职务不久，强巴赤列向自治区政府提出了加强西藏藏医药事业的八项建议：一、重视老藏医，抢救医学遗产；二、建立天文星算研究所；三、修建现代化藏药厂；四、健全藏医药研究所；五、在西藏大学增设藏医系；六、搜集、整理和出版藏医古籍；七、建立一个有100张床位的藏医院住院部；八、把拉萨市藏医院改为自治区直属医院，促进全区藏医事业的发展。强巴赤列说："当时不少人说这些设想'胃口太大'，如今这八项建议全部实现，而且是超规格完成。"

为了发扬壮大藏医药事业，强巴赤列多方沟通，积极推进。凭借全国人大代表的身份，在他的呼吁下，政府解决了近千名基层医务人员的编制问题，创建了藏医学院、藏医院研究所、天文历算研究所，扩建了自治区藏医院，倡导藏医传统管理模式与现代科学管理方式的结合。1988年，他被卫生部评为"全国医院优秀院长"。中央领导视察藏医院时，也称赞他"管理有方"。

为了抢救藏医药和天文历算资料，从1980年开始，强巴赤列抽调人才，成立了

西藏藏医院一角

图书抢救小组，负责搜集、整理、复制、抄写、绘制、雕刻书版等工作。如今藏医院资料室已保存各种论著 7000 多种，为继承和发扬藏医学这门古老而又实用的科学，更好地培养后继人才，积累了丰富的资料。

## 五、"给患者看病是医生的终身职责"

20 岁出头时，强巴赤列已经是小有名气的藏医。此后 60 多年，强巴赤列始终工作在临床一线，为患者解除疾病。他医德高尚，医术精湛，尤其擅长黄疸、高原病、"宁屈病"（窦性心动过缓）等内科病的诊治。

强巴赤列擅长诊治内科疑难杂症，注重提高临床疗效。20 世纪 60 年代，他深入研究黄疸，筛选了许多有效药方，主张藏医辨证，西医辨病。他提出用通气火运行之通道法治疗萎缩性胃炎，用降气调血安神法治疗查龙病（高血压），用色妥久吉治疗慢性阑尾炎，用阿嘎杰巴治疗心动过缓，用唐庆尼阿、阿嘎尼修等治疗高原性头痛。

西藏是病毒性肝炎相对高发区，强巴赤列根据"赤巴其性热毒应按毒论治"的思路，提出肝胆热症本质为赤巴热毒，应用牛黄青鹏散、欧百尼阿方清肝热来解赤巴之毒邪。高原红细胞增多症是慢性高原病的一种临床表现，强巴赤列系统总结望诊、触诊、问诊特征，阐明饮食、起居、药物、放血等多种具体疗法。

一位在那曲工作 16 年，患高原红细胞增多症两年的男性患者，强巴赤列给出具体药物处方：早上服二十五味余甘子丸 4 粒，中午服用十八味檀香丸，晚上服用十五味沉香丸，间隔服用余甘子汤。15 天后微调药物，早上、中午同前，晚上服用二十味沉香丸，间隔服用婆婆纳汤和三果汤。5 天后实施放血疗法。患者痊愈，至今不曾复发。

在拉萨，要找强巴赤列这位国家级藏医药专家一点都不难。无论是内地来的民工，还是当地农牧民，只要到位于拉萨市八廓街西藏自治区藏医院门诊部大院，就

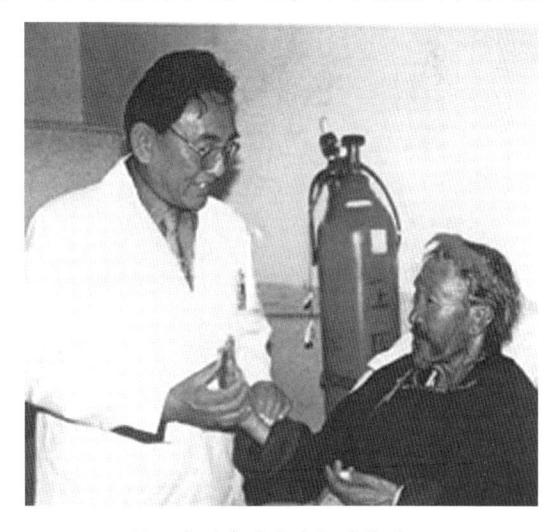

强巴赤列在为患者切脉诊病

可以不经任何手续见到强巴赤列，甚至连专家挂号费都不用付。

自20世纪80年代强巴赤列恢复担任院长以来，藏医院常年开展门诊、住院、家庭病床、巡回医疗、国内外信诊邮药室等多种服务形式，每年就诊人数达30万人次。强巴赤列倡导的高尚医德医风在藏医院蔚然成风，藏医院也被评为自治区文明优质服务先进单位。

即便晚年双目失明，回到自家的藏式小楼，强巴赤列也从未停止给患者诊治。当有人问什么时候才能真正休息，强巴赤列说："给患者看病是医生的终身职责，哪有时间休息啊！"

## 六、培养人才，交流学术

强巴赤列十分注重医学教育和人才培养，在机构设置、教材编写、收徒传艺诸多方面都付出了心血。

1989年9月，西藏大学藏医系与藏医学校合并，成立西藏藏医学院，强巴赤列担任院长。他70年代所写的教材，是藏医学院的经典教材。每年开学之际，他还要讲授《藏医传统医德规范》和《藏医师承学》，注重未来藏医的医德医风建设。听过强巴赤列讲课的，还有藏医院医生，外地来的进修生、民间医生、实习生等。

强巴赤列认为藏医药在今天面临两个挑战：人才和科技。为激励广大年轻人，他耗费10年心血，查遍各地文献，为近150名藏医学家撰写了通俗易懂的人物传记《历代藏医名人略传》（藏文，民族出版社，1990年），希望藏族青年从名医身上汲取力量。他不遗余力地授课带徒，承担全国名老专家师承项目，带硕士、博士研究生，抓紧一切机会传授经验，数百名藏医药人才在他的教导下得以成长。

强巴赤列（左二）和他的徒弟们

退休以后，强巴赤列仍在带徒弟。每天早上，他准时起床，上午给20多名徒弟讲课，中午准时听广播，下午则给病人看病。

强巴赤列也很注重科研和学术交流，并将科研、临床实践与学术交流结合起来，推进了藏医药事业的发展。

在藏医临床及药物研究方面，强巴赤列主持和参加了四项省部级重大科研课题。其中藏药治疗萎缩性胃炎，总有效率达96%，获卫生部科技三等奖；运用现代医学诊断和服用藏药来治疗肝炎取得成功，总有效率达95%以上；用藏药红景天和茅膏菜抗衰老、抗缺氧、提高免疫功能的研究，成为西藏首例研究国家级新药，并获国际自然科学基金会资助的项目。

强巴赤列不仅组织指导科研攻关，还很重视藏医药学术交流工作。每年邀请国内外专家学者进行学术交流，加强藏医药在国内外的影响，为建立学术联系网络做了重要工作。他先后赴尼泊尔、日本、美国等国讲学，与日本自治医科大学、美国科罗拉多大学、德国汉堡大学建立了密切的学术协作关系。

强巴赤列曾任中国科协副主席、西藏自治区科协主席，中华医学会藏医分会会长、西藏藏医学会和天文历算学会会长，以及自治区卫生厅副厅长等。

1986年，强巴赤列获国家人事部授予的"有突出贡献中青年专家"称号；1987年被评为有突出贡献的国家级专家，并享受政府特殊津贴；1994年，被评为民族团结先进个人。

2006年5月，藏医药列入第一批国家级非物质文化遗产名录（传统医药类）。2007年6月，强巴赤列成为第一批国家级非物质文化遗产（传统医药类）代表性传承人。

那时，双目失明已近10年的强巴赤列仍在为患者看病，给学生上课。他说："现在我最大的心愿是藏医学在青年人的手中好好传承下去，我要把一生的行医经验留给后人，使藏医药事业在新世纪发扬光大。"

## 七、不懈探索，著作等身

通过40多年来的不懈努力和探索研究，强巴赤列积累了丰富的藏医药经验，先后撰写有关藏医藏药和天文历算方面的论文80余篇、论著8部、教科书13种，成为当代藏医界、天文历算界发表论文论著最多的名医。

《四部医典》是公认的藏医学基石，但原文用古老的颂体韵文书写，藏文水平不高的人很难看懂。1988年，强巴赤列对医典的挂图做了注解、整理和翻译了《四部医典彩色挂图》。1999年，已经双目失明一年的强巴赤列开始编写《四部医典系列挂图全集》藏汉、藏英对照本。在助手的帮助下，强巴赤列用5年时间为4700多幅图片做了注解，共计25万字。该书（与王镭合著，西藏人民出版社，2004年）出版后，被誉为国内藏医界第一部教学彩色挂图，并屡获殊荣。2006年，强巴赤列又以惊人的毅力重新整理并主编410万字的《藏医四部医典八十幅曼唐释难·蓝琉璃之光》（民族出版社，2006年），该书是目前诠释《四部医典》最有分量的著作。

在整理、翻译过程中，强巴赤列针对《四部医典》提出了很多重要观点。他认为该书作者是公元8世纪的西藏名医云登贡布，他在总结藏族本土医疗经验时，广泛借鉴了当时中原、天竺和尼泊尔等地的医学发展成果。这一观点推翻了该书为古印度传本的错误观点，把藏医学理论形成与发展的历史向前推进了800年，结束了历史纷争。他还提出藏医对胚胎学的认识运用早于国外，引起了国内外医学界的注意。

早在1993年，强巴赤列就开始编写基础性的藏医药著作《中国藏医》；1996年，中国藏学出版社出版了藏文、汉文本；2013年，科学出版社又以《中国的藏医》为名，出版了汉文、藏文、英文版。后来，该书获得了中国少数民族优秀图书奖。强巴赤列说："我付出的一切努力，就是想在有生之年把恩师钦绕罗布的功德传承下去，为后人留下一点财富。"

《中国的藏医》书影

天文历算与传统藏医药密不可分，藏医诊疗疾病的脉象变化、放血疗法时间的选择、服药时辰、药材的采集加工等，都需要天文历算的帮助。强巴赤列精通藏族天文历算，并做了大量调研。1993年，他主编的五卷本《西藏天文历算总汇》出版，全书600万字，在国内外同领域尚属首次，具有很高的学术价值。

此外，强巴赤列还是《中国大百科全书·传统医学卷》编辑委员会委员、《中国医学百科全书·藏医分卷》副主编、《中国医学通史》编审委员、《中医年鉴》编委。

1997年7月，中国藏学出版社出版了《强巴赤列著作选集》，主要收录了强巴赤列的重要学术论文等。此外，强巴赤列还主编出版了《藏医院志》《真诚的鼓舞，诚挚的寄托》等著作。

进入新世纪以来，先后有两部强巴赤列的传记性著作出版。一部是《著名藏医专家强巴赤列回忆录》，2006年9月由民族出版社出版；一部是强巴赤列助手次旦久美撰写的《国医大师强巴赤列的藏医生涯》，2010年9月由中国藏学出版社出版。两部著作，为我们提供了了解强巴赤列的丰富资料。

2011年2月21日，强巴赤列在拉萨逝世，享年82岁。

# 乌 兰
## ——让蒙医药事业薪火相传

乌兰（1963～），民族医药专家，蒙医药（赞巴拉道尔吉温针、火针疗法）传承人。内蒙古科尔沁右翼中旗人，蒙古族。1986年毕业于内蒙古医学院。历任内蒙古自治区中蒙医医院蒙医五疗科主任，国际蒙医医院院长，内蒙古自治区卫生厅副厅长、蒙中医药管理局局长。致力于蒙医药事业的发展，首创蒙医五疗科，为蒙医药走上国际舞台做出了贡献。2009年成为第三批国家级非物质文化遗产项目（传统医药类）代表性传承人。

## 一、自幼兴趣浓，学习蒙医药

1963年12月，乌兰出生在内蒙古自治区科尔沁右翼中旗的一户蒙古族人家。科尔沁右翼中旗位于自治区东北部、大兴安岭南麓，是著名的科尔沁草原的腹地，乌兰在这里度过了幸福的童年。

小时候，乌兰常常骑上马背纵情驰骋，辽阔的草原给予了她宽广的胸怀，也培养了她坚忍不拔的性格。除了骑马，乌兰还喜欢听老一辈人讲草原上发生的故事，其中关于蒙古族先民独创医疗方法的故事令她十分着迷。

蒙古族主要居住在北方的蒙古高原一带，由于身处寒凉之地，再加上长期的游牧、狩猎生活以及频繁的战争，与寒凉有关的疾病以及跌伤、骨折、脱臼、脑震荡等病症时有发生。然而，古时的医疗条件本就十分恶劣，要想在一望无际的草原上得到及时的医治更是难上加难。于是，早在3000多年前，蒙古族先民通过长期探索，逐渐摸索出了针刺法、正骨法、热敷法、灸疗法等抗病疗伤的方法，并将其用文字记录下来，蒙医药由此开始萌芽。

13世纪初，成吉思汗统一蒙古各部，随着社会经济文化的快速发展，蒙医药在吸收原有医疗经验的基础上，形成了具有初步基础理论与实践经验的古代蒙医药体系。16世纪时，蒙医药又吸收了汉族传统医学、藏医药学以及古印度医学的理论和经验，在长期的实践中不断提高，形成了包括治疗、药学和教育在内的近代蒙医药学理论体系。到了20世纪50年代，蒙医药已经成为具有完整理论体系和丰富临床实践经验的医药体系，成为和藏医药、维吾尔医药、傣医药并驾齐驱的我国四大民族医药体系之一。

每当听到这些故事，激动的心情都会从乌兰心底油然而生。渐渐地，她开始从单纯地崇拜蒙古族先民转变为对蒙医药知识的渴求，成为一名蒙医药学家的梦想在她心中生根发芽。上中学后，乌兰对蒙医药的兴趣愈发浓厚，平日里，除了学习课本上的知识，她还会阅读与医学有关的书籍，不厌其烦地听老人们讲述蒙医药传承、发展的故事。

与此同时，国内蒙医药学也进入了全新的发展阶段，自1958年内蒙古医学院（今内蒙古医科大学）成立中蒙医系以来，1978年又成立了内蒙古蒙医学院，开始培养蒙医本科生。在这样的环境下，乌兰想系统学习蒙医药学的愿望也越来越迫切。

1981年，18岁的乌兰凭借优秀的成绩顺利考入内蒙古医学院蒙医专业。在学校里，她熟练掌握了蒙医传统疗术的理论，其中有关蒙医"五疗"的知识引起了她极大的兴趣。蒙医"五疗"是蒙医传统外治疗法的统称，主要包括针刺、正骨、放血、浴疗、涂擦等，对治疗颈椎病、风湿和类风湿性关节炎、腰椎间盘突出、骨质增生、神经麻痹等具有良好的效果。从那时起，乌兰心里逐渐有了把蒙医"五疗"发扬光大的想法。

## 二、全力排万难，心系蒙医药

1986年，乌兰从内蒙古医学院蒙医专业毕业，被分配到自治区中蒙医医院（今内蒙古自治区中医医院）工作，成为一名蒙医医生。

然而，80年代后期时，蒙医药的前景并不乐观，一些卓有成效的疗法因收费少而影响了医院的经济收入，不仅不被看好，反而备受排挤。"那时中蒙医医院门诊和住院收入是其他医院的1/2至1/3，医院的固定资产总值是其他医院的1/8。所以，蒙医药人员有的转行，有的出国，一些医院还出现了萎缩和西化的现象。"

眼见蒙医药的发展跌入低谷,乌兰心里非常难受。就在这时,医院里的一位行政干部提醒她说:"蒙医'五疗'方法有着很神奇的效果,医院成立快 50 年了,还没有人能把蒙医'五疗'搞起来,我看你挺有闯劲的,你试试吧。"当时中蒙医医院规模很小,仅有两三个门诊,病房也寥寥无几,几乎不具备创建新科室的条件,再加上蒙医药事业的前景

蒙医药文化特展吸引了众多参观者

十分严峻,要想搞好蒙医"五疗"更是难上加难。

面对重重困难,乌兰并没有畏惧,在经过深思熟虑后,她大胆地向院长递交了创办蒙医五疗科的申请。没想到,院长十分赞同乌兰的想法,很快就批准了她的申请。就这样,乌兰在没有经验、没有上级医师指导、没有同事帮助的"三无"情况下开始了蒙医五疗科的筹备工作。

由于蒙医传统疗术此前从未正式进入医疗机构,因此可以学习、借鉴的资料少之又少。为了创办蒙医五疗科,乌兰寻访了大量掌握蒙医传统疗术的民间大夫以及学院教师,在他们的帮助下挖掘、整理了大量宝贵的资料,不但在原有基础上充实了自己的理论知识,还系统地学习了蒙医五疗术的治疗方法,丰富了自己的实战经验。

在蒙医五疗术的主要治疗方法中,乌兰最擅长的是赞巴拉道尔吉温针、火针疗法。这种疗法乍看起来和中医针灸非常相似,但二者在理论基础、治疗原则、穴位分布,以及针具运用等方面上都有着较大差异。

赞巴拉道尔吉温针、火针疗法是应用特制的银针,给予人体表一定穴位或特定部位一定刺激,对风湿和类风湿性关节炎、腰椎间盘突出、急性腰扭伤、肩周炎、坐骨神经痛、颈椎病等都有明显的疗效。蒙医温针主要是用特制的银针刺入人体特定的穴位,然后在针柄上加热来治疗疾病;而蒙医火针有两种针法,一种是将银针在火上加热后迅速进行针刺来治疗疾病,一种是先将银针刺入穴位,然后将针柄烧红或烧温来治疗疾病。

通过民间大夫和学院教师的指点,乌兰熟练地掌握了赞巴拉道尔吉温

针、火针疗法，创建蒙医五疗科的信心也越来越足。

## 三、首创五疗科，发展蒙医药

经过长时间的准备工作，1988年1月，乌兰在自治区中蒙医医院顺利创办了蒙医五疗科，填补了国内乃至国际在这一领域的空白。

蒙医五疗科创办初期，整个科室只有一间诊室、一张床位，虽然条件非常艰苦，病人也少得可怜，但乌兰却从未打过退堂鼓。一次，一位腰椎间盘突出症患者前来就诊，当时，这位患者非常痛苦，病症已经严重到了不得不坐轮椅的地步，于是，乌兰决定用赞巴拉道尔吉温针、火针疗法为他治疗。

起初，患者对赞巴拉道尔吉温针、火针疗法还半信半疑，在治疗了一次后，他隐约感到了一丝效果，于是便坚持来治疗。没想到，才治疗了5次，他便走下了轮椅，后来几次干脆骑着自行车过来治疗。最终，这位患者的腰椎间盘突出症彻底治愈了，整个疗程几乎没有任何副作用，而且每次治疗只需花费4元钱。如此低廉的价格却有着出人意料的疗效，令这位患者赞不绝口。

没过多久，乌兰用蒙医疗术成功治愈重度腰椎间盘突出症患者的事迹便在人群中传了开来。不出半年，来蒙医五疗科看病的患者越来越多，小小的科室常常人满为患。与此同时，医院里其他科室的同事也开始对蒙医五疗术刮目相看，还有人主动要求加入蒙医五疗科，这令乌兰感到十分欣慰。

在乌兰的领导下，蒙医五疗科的工作进行得有声有色，除了赞巴拉道尔吉温针、火针疗法之外，五疗科还积极吸纳蒙医正骨术等其他几种传统疗法的人才，让每一位前来看病的患者都能得到有效的医治。虽然经常超负荷工作，可乌兰打心底里感到高兴，每当看到患者们通过治疗逐渐痊愈，她就觉得自己再苦再累也是值得的。

成功创建五疗科后，乌兰又把目光转移到了蒙

乌兰在为患者义诊

医药事业的发展上。她通过调研发现，蒙医药低廉的诊疗费用虽然取得了良好的社会效益，可经济效益却较差，医疗设备也相对落后，导致蒙医药发展后劲不足。于是，乌兰积极向自治区政府反映情况，希望政府能够扶持蒙医药事业的发展。

2006年，自治区政府在乌兰的建议下出台了《内蒙古自治区人民政府关于进一步扶持蒙医中医事业发展的决定》，并列出了30项具体的扶持政策。《决定》出台后，蒙医药发展的空间一下子大了起来，蒙医药的特色优势得到了充分发挥。

2008年6月，蒙医药（赞巴拉道尔吉温针、火针疗法）列入第二批国家级非物质文化遗产名录（传统医学类）。

2009年5月，46岁的乌兰成为第三批国家级非物质文化遗产项目[蒙医药（赞巴拉道尔吉温针、火针疗法）]代表性传承人。得知这一消息后，乌兰激动地说："非物质文化遗产既是民族精神的载体，又是民族精神和传统文化的象征，它的价值不仅体现在传承人的作品上，更使传承人所拥有的技艺、艺术有效地传承。作为传承人，我有信心把蒙医药发扬光大，薪火相传。"

## 四、工作干劲足，传承蒙医药

成为"非遗"传承人后，乌兰的干劲越来越足。在她的努力下，蒙医五疗科成为国家临床重点专科，而她自己也从医生转变为自治区卫生厅副厅长、蒙中医药管理局局长，走上了管理岗位。对此，乌兰说："过去我在临床上工作，是我一个人为患者诊治；现在我在管理者的岗位上，能带动更多的人学习、发展和传承蒙医药，使蒙医药得到广泛推广，我同样感到自豪。"

2012年4月，内蒙古国际蒙医医院正式投入运营，乌兰又担起了院长的重任。受乌兰的号召，之前由于种种原因转为西医的蒙医药人员都陆续加入了医院。在大家的齐心协力下，医院日均接诊患者达到1000多名，床位也从定编500张增加到了1100张。同时，许多国外的患者也前来就诊，使医院逐渐发展为自治区对外交流和服务的重要窗口。

2012年6月，乌兰荣获第一届"中华非物质文化遗产传承人薪传奖"。同年11月，联合国人居署的官员来到内蒙古调研蒙医药为人类健康发挥的作用。调研过程中，大家在国际蒙医医院遇到了一位早晨抬起胳膊整理被褥后全身无法动弹的80岁老人，于是乌兰便现场给大家露了一手。看到乌兰只扎了一针老人家就能当场下地走动，在场的官员都惊呆了，当得知这一针只需两块钱人民币时，大家纷纷感慨道："这样的病在我们那里治疗需要卧床 20 天，然后再进行手术治疗，花费也是不菲的。"

2013 年 2 月，乌兰受邀参加了在美国纽约举行的联合国南北对话高端论坛。在会上，她向各国代表讲述了蒙医药事业的现状，以及蒙医药为保护城乡居民健康发挥的重要作用，赢得了大家的一致好评。

在乌兰和其他专家的推动下，蒙医药在世界舞台大放异彩。随着对外

乌兰参加联合国南北对话高端论坛

交流活动的增多，越来越多的国外患者来到国际蒙医医院就诊，他们分别来自蒙古、俄罗斯、日本、韩国、美国、加拿大。而内蒙古各边境口岸的蒙医医院每年接待蒙古和俄罗斯的患者也多达两三万人次。

在积极推动蒙医药事业发展的同时，乌兰还不忘亲自带教。平日里，她只要一有空就会给医院里的年轻医生解答问题，帮助他们提高医疗水平。此外，她还带了许多学生，在她的教导下，这些学生如今已成为优秀的蒙医医生，为蒙医药事业贡献着自己的力量。

如今，蒙医药已发展成为我国乃至世界传统医药学的重要组成部分，在教学、医疗、科研及产业化等方面多足鼎立的格局和体系已基本形成，而这一切都离不开乌兰和同事们的辛勤耕耘。当有人问及当初坚持创办蒙医五疗科的原因时，乌兰笑着答道："初生牛犊不怕虎，如果当时不选择坚持，蒙医的传统疗术有可能就此便销声匿迹了。我当时的心思就是要把有特色优势的蒙医药事业发扬光大。"

# 盘良安
## ——全面掌握"拜盘王"仪式的"总师爷"

盘良安（1936～），民俗仪式主持人，瑶族盘王节传承人。广东韶关乳源人，瑶族。他9岁开始拜师学艺，13岁时学习祭祀仪式，14岁成为师傅的助手，20岁可以独立主持整个法事仪式。从事"拜盘王"活动60余年，是目前当地唯一全面掌握"拜盘王"仪式的"总师爷"。2008年成为国家级非物质文化遗产项目（民俗类）代表性传承人，目前已有十几个徒弟。

## 一、"师爷"的成长经历

1936年，盘良安出生在广东省韶关乳源县（今乳源瑶族自治县）必背镇桂坑尾村一个普通瑶族家庭。

盘良安父亲早逝，家里剩下母亲、哥哥和他自己。小时候，母亲辛苦做工赚钱，供盘良安兄弟俩读书。9岁的时候，盘良安开始进私塾读书。不过，由于生活贫困，读了两年书就不读了。

辍学之后，盘良安跟随母亲到别人家做工。母亲打工的那户人家，有位叫盘才良的老人，懂得瑶族"拜盘王"的仪式。老人没有徒弟，他按生辰八字给小盘良安算命，算出这孩子命里注定要做"师爷"（民俗仪式主持人），就教盘良安有关仪俗知识。

盘才良家是个大家族，四代同堂，有很多关于瑶族祭祀文化的书籍。盘良安从小就有机会看到这类书，书中教人"要行善，讲孝道，要做好

盘良安

事。有天有地，有父母"的内容，让盘良安记忆深刻。

师傅教徒弟们"先学做人，再学艺——因为'拜盘王'是为了祈福，作法事的人要有慈悲之心。有善心的人才能成为'师爷'，坏心肠的人学不来这个行当，那些连父母都不孝顺的人是学不成这门功夫的"。

盘良安说自己"一共拜了三个师傅"，除了盘才良以外，"在我13岁时，跟着师傅赵良顺学习祭祀礼仪。14岁的时候我'度身'了，成为他的助手，负责师男（即徒弟）的唱跳工作。20岁后开始独立主持各种法事仪式，如度身、拜盘王、祭祖等活动。后来，我还跟一位汉人师傅学习驱邪避凶，但我在赵师傅身上学的东西最多"。

赵良顺与盘良安同村，是村里的"师爷"。当时，学民俗仪式的学徒很多，拜师也需要学费，就是徒弟要拿些粮食、蔬菜孝敬师傅。那时候乳源镇和盘良安一起跟从赵良顺学艺的有4个人，最后只有盘良安一个人学成。

跟赵良顺学艺的时候，盘良安声称自己"开始什么东西都不懂。白天师傅叫我挑担我就挑，叫我唱跳我就唱跳"。但盘良安是个有心人，他会留意师傅所说的每一句话，晚上回到家后看相关的书籍，里面记载有仪式的详细过程。不少祭祀仪式需要写书法，盘良安就通过手抄进一步学会了认字写字。

按照惯例，师傅知道徒弟能挑起"师爷"的重担后，会偶尔让徒弟代劳，但不会全让徒弟做，徒弟顶多在旁边跳跳舞。即使徒弟熟悉了整个仪式的过程，有能力当"师爷"了，也不可能马上出师。要师傅卸任了，举行传位仪式，师傅正式授权徒弟，徒弟才能成为下一任师爷。盘良安说："在我师傅过世后，我就成为'师爷'了，在我们镇里面就是公认的'师爷'了。"

## 二、"师爷"与盘王节共命运

盘良安所说的"拜盘王"，是瑶族盘王节的一种祭祀祖先的仪式，也是瑶族盘王节的主要仪俗活动。

瑶族盘王节，又叫还盘王愿、跳盘王，是瑶族人民祭祀其始祖盘王（盘瓠）的盛大节日。主要流行于广东、广西和湖南的瑶族聚居区。

瑶族盘王节历史悠久，自唐代形成以来，已有1000多年的历史。有关瑶族地区过盘王节的古老风俗，晋代干宝的《搜神记》、唐代刘禹锡的《蛮子歌》、宋代周去非的《岭外代答》等都有记述。

盘王节是个纪念性的祭祀节日。最初，每逢农历十月，瑶族人民就聚在一起，载歌载舞，纪念盘王，祈祷盘王保佑"人寿年丰"，拜祭盘王赐福，逐渐发展成为内容丰富的盘王节。

盘王节祭祀可以一家一户进行，也可以联户或者同宗同族人集体进行。不管以哪种形式举办，都要杀牲祭祀，设宴款待亲友。节日一般为三天两夜，有的则长达七天七夜。节日期间，男女老少穿上节日盛装，汇集在一起，首先祭祀盘王，唱"盘王歌"，跳"盘王舞"，追念先祖功德，歌颂先祖英勇奋斗的精神。接着欢庆丰收，酬谢盘王，尽情欢乐。与此同时，男女青年则借此机会以歌道情、寻觅佳偶。有的地方还要打花棍、放花炮以及请戏班子唱戏等。

据盘良安介绍，由"师爷"主持的"拜盘王"仪式主要分两大部分。第一部分是"请圣、排位、上光、招禾、还愿、谢圣"，整个仪式中唢呐乐队全程伴奏，"师爷"要跳"盘王舞"以及其他舞。第二部分是请瑶族的祖先神仙和全族人前来"流乐"（意思是"玩乐"）。这是盘王节的主要部分，恭请瑶族各路祖先神仙光临盘王节的各种文艺娱乐活动……

有一段时间，仪式活动被禁止，操持这些活动的人也被打成了"牛鬼蛇神"。仪式用的书全都烧掉了，香炉、神像也全被烧掉，"文革"的时候更加厉害。

"文化大革命"结束后，民俗文化活动逐渐恢复，"师爷"盘良安也重新开始活跃于民俗仪式活动中。

瑶族盘王节的盛大场面

## 三、"准备让一个徒弟当接班人了"

瑶族分支众多,各地瑶族过盘王节的时间并不一致,一般在秋收后至春节前的农闲时间举行,分定期和不定期两种。1984年8月,来自全国各地的瑶族代表汇集广西南宁,大家一致赞成以"勉"族系的"跳盘王"为基础,庆祝盘王节,议定"盘王节"为瑶族的统一节日,并将节期定为每年农历十月十六日(盘王诞日)举行。1985年农历十月十六,全国各地的瑶族代表和民间艺人云集广西南宁,以联欢会的方式,欢度了瑶族有史以来的第一次全民族的盛大节日——盘王节。

盘王节起源于对始祖的祭祀,但经过长期的发展,已经演变成综合性的民间节日。当今盘王节,形式和内容均有了变化和创新:一方面,过去盘王节冗杂繁琐的宗教祭祀仪式已经逐步改革,大操大办、糜费繁琐之风也有所改变;另一方面,盘王节中表现瑶族文化精粹的歌舞,如歌颂祖先创世、迁徙、耕山、狩猎的"盘王歌"和表现生产生活的"盘王舞"等内容得到继承、发展。今天的盘王节不仅发展为庆祝丰收的联谊会和青年男女寻觅佳偶的契机,节期还举办物资交流、商品展销及各项文体表演竞技活动,盛况空前。

2006年5月,广西壮族自治区贺州市、广东省韶关市申报的"瑶族盘王节",列入第一批国家级非物质文化遗产名录(民俗类)。

盘王节跳盘王舞

20 世纪 90 年代，盘良安恢复了"拜盘王"和"度身"等仪俗法事活动。他说："从 1998 年起每年都在瑶寨举行一两次的'拜盘王'或'度身'活动，而且在瑶寨，不管是在必背、游溪还是东坪镇，只要有邀请我就去主持活动……这些年活动多了起来，镇里每年有几宗'拜盘王'也说不清。前年有五家举行拜盘王的活动，算是比较多了。"

传统的"拜盘王"和"度身"活动一般都是家族性的，尤其是后者。盘良安介绍："'度身'是我们瑶族的一个'成人'仪式，以前，是有钱人才做得起，花费很多，需要鸡、粮食、羊。规模比'拜盘王'隆重热闹得多，遍请亲朋吃唱热闹七天七夜。"

此外，瑶族村寨办红白事时，也会请"师爷"过去作法事。村里有些人生了三四个孩子都养不大，夭折了，也会请盘良安去作法事，"作法事后生下的孩子就健康成长了"。

盘良安强调做"师爷"要有好心肠、要行善。他说："在瑶寨就是靠这种传统文化约束人，凝聚人。瑶族人一代一代迁徙，为什么能够如此团结，全靠传统文化的凝聚力，这种传统文化的理念就是作恶没有好结果的因果轮回观，教导大家要行善，公平公正。'师爷'作为整个仪式的组织者，必须是德高望重的人才能做。"

目前，必背镇还有其他几位"师爷"，但盘良安是"师爷"中的领头人。因为他做得比较标准、比较好，综合素质比较高。

2008 年 2 月，盘良安成为第二批国家级非物质文化遗产项目（瑶族盘王节）代表性传承人。

盘良安有两个儿子、两个女儿，但儿子没有跟他学做"师爷"，因为不喜欢这个职业。盘良安说："现在的年轻人不愿意从事这项工作，大多外出打工，'拜盘王'这一瑶族传统文化的传承不乐观。"

不过，盘良安毕竟已经有了十几个徒弟。按照"拜盘王"仪俗的规定，只

盘良安带领众人跳盘王舞

有经过"挂灯"（瑶族成年礼仪）、"度身"等仪式才能学习主持仪式，但盘良安打破传统，把仪式分为几个小段，分别传授。

此外，在政府有关部门帮助下，盘良安等民族民间文化传承人还在小学设立瑶族传统文化艺术课，从小倡导"着瑶服、讲瑶话、司瑶仪、行瑶礼、唱瑶歌、跳瑶舞"。而在瑶族人眼里，盘王不仅在过去久远的年代存在，现在仍然存在，盘王是保佑瑶族人的，应该受到瑶族人崇敬。

为了让"拜盘王"这项民间信仰传承下来，盘良安准备把"师爷"的权力授权给徒弟了。他说："我如今70多岁，准备让一个徒弟当我接班人了。"

# 唐买社公
## ——连南排瑶"歌王"

  唐买社公(1943~),民间歌手,瑶族耍歌堂传承人。广东清远连南人,瑶族。5岁开始学唱瑶族民歌,11岁时基本掌握排瑶各种山歌,13岁成为长鼓舞鼓手,并成长为一代"歌王"。他善于演唱不同特色的瑶歌,即兴吟唱和把酒对唱,显示出不凡的表现力和感染力。2008年成为第二批国家级非物质文化遗产项目(民俗类)代表性传承人。演唱作品曾在《诗刊》发表并收入《瑶族歌谣》。

### 一、小小年纪就漫山遍野"讴莎腰"

  1943年,唐买社公出生在广东清远连南三排镇油岭村一个瑶族家庭。

  瑶族是一个人口构成复杂的少数民族,因语言、服饰、风俗习惯的差异而分为30余支,而聚居在广东连南瑶族自治县的"八排瑶"就是其中一支。

  瑶族人民能歌善舞,向来有"会走路就会跳舞,会说话就会唱歌"的传统。正是在这样的氛围中,5岁的时候,唐买社公就开始学唱瑶族民歌,并显示出一定的歌唱天赋。

唐买社公

  6岁时,唐买社公的母亲去世,14岁时父亲又撒手人寰。亲人的离去让唐买社公悲痛不已,唱歌便成为他感情宣泄和精神寄托的重要方式,也让他的歌声有了更为真切、丰沛的情感。

  在民间,一般的山歌不同于祭祀时唱的仪式歌,漫山遍野都是,四时八节皆有,每一个优秀的歌手都可以成为自己的师傅。诚如唐买社公所说："以前我们学瑶歌，没有师傅，人人都可以是你的师傅。"

还是小孩时，唐买社公晚上就常常跟着比自己大的男孩，漫山遍野去"讴莎腰"（"莎腰"是姑娘的意思，而"讴莎腰"就是为年轻姑娘唱情歌，是排瑶青年男女对歌连情的一种自由恋爱方式），从而学习本民族民歌。

唐买社公还记得，自己10多岁时，瑶寨里有位非常会唱歌的独居老婆婆。为了向她学歌，他把声音改变成老年男人的声音，晚上到老婆婆的窗下对歌，连续好几天与老婆婆对歌到鸡鸣时分，受益匪浅。

通过大胆与莎腰妹（未婚女孩）、波咧（已婚妇女）对歌，唐买社公不断学习总结，很快脱颖而出。11岁时，他就基本掌握了排瑶各种山歌，能跳长鼓舞。13岁时，他成为几百人露天耍歌堂时最小的长鼓舞鼓手。

到了青壮年时期，唐买社公更多地参与对歌，他大胆而理智地与莎腰妹、波咧对歌，从而牢记了许多歌词，为后来弘扬民歌艺术打下了进一步的基础。

就这样，唐买社公逐渐成为实力不凡的"歌王"，如他所说，"慢慢地，整个寨子，没有一个唱歌能唱得过我"。曾有过这样的盛况，当唐买社公唱歌时，很多瑶民扎着火把，从四面八方汇集到他家门前来听。

## 二、"瑶歌源于生活，用于生活"

在"会说话就会唱歌"的瑶族民间，生活中，无论是婚丧嫁娶还是男女谈情说爱，无论是母亲哄孩子还是讲道理，甚至吵架，都采用歌唱的形式，以歌代言，所以在有些地区，山歌遂有了"歌言"的称谓。

瑶族民间俗谚云："不会高飞不是鹰，不会唱歌莫谈情。"遇到小伙子"讴莎腰"，女方的父母觉得有人来找女儿对歌是件光荣的事，所以即便被吵醒，也不去干涉，反而鼓励女儿起床对歌。

小小年纪就漫山遍野"讴莎腰"的唐买社公，正是以山歌追到了他心仪的"莎腰"。20岁那年一个夜晚，唐买社公来到姑娘的窗前，唱起了情意绵绵的瑶族情歌：

　　天上挂着明月亮，月亮星星照着山冈。
　　请你快点打开窗呀，出来看看这明月光。
　　我是荆棘山上的鹰，飞过百溪穿过竹林。
　　越过九十九条蛇盘路，穿过九十九座石丛林。
　　献条腰带给阿妹，换你锦袋装爱情。

瑶族耍歌堂时唱歌跳舞

你左耳听到，右耳听清。
可对你心意，合你心情？

仅仅对唱了一夜，姑娘就芳心暗许，很快成了唐买社公的新娘。

长期以来，排瑶民歌形成了一些约定俗成的曲调，但是歌词则全靠歌者即兴发挥，这让歌唱与生活更密切地结合。

唐买社公说，原本自己也只会本排的曲调，因为参加比赛经常能接触其他排的曲调，慢慢就掌握了更多的瑶歌曲调。凭借着聪明好学和优美的嗓音，唐买社公唱起瑶歌总是张口就来，游刃有余。

唐买社公说："与一些地方唱歌更多用于消遣不同，瑶歌既源于生活，更应用于生活。"

唐买社公介绍说，18岁那年，邻居一对夫妇发生争吵，唐买社公前去劝架。他即兴吟唱道："两个碗放在一起也有碰撞，牙齿有时还把舌头咬伤，夫妻生活有点矛盾在所难免……"浅显的道理，通过瑶歌吟唱出来，很快让夫妻双方平静下来。

年轻时，唐买社公常常站在山冈上、田间地头放声高歌，很快山峦间就有人呼应。"大家唱起来，劳动的劲头更高了。一些在山间独自劳作的妇女，也借此壮胆。"

千百年来，瑶族民歌伴随着连南排瑶的发展而发展。几十年来，瑶歌也伴随着唐买社公的生活，瑶歌与生活在他身上完美地结合着。而连南排瑶的"耍歌堂"，可谓瑶族民歌的集中展示，唐买社公也就顺理成章成为这一瑶族民俗文化项目的传承人。

## 三、耍歌堂与瑶族民歌

"耍歌堂"是广东清远连南排瑶最大规模、最隆重的传统民间盛会，它是纪念祖先、追忆历史、庆祝丰收、酬谢还愿、传播知识的节会，也是青年人谈情说爱和一般民众会亲结友的社交娱乐活动。

根据史料记载，在明朝洪武年间排瑶鼎盛时期就有耍歌堂，至今已有600多年的历史。《广东新语》记载："岁仲冬十六日，盖田野功毕也，诸瑶至庙为会，名曰耍歌堂，男女同集跳舞唱歌。同时自由结婚，礼仪甚简单。"

唐买社公介绍，相传农历十月十六日是盘古王婆的生日，又适逢秋收结束，为了纪念始祖，庆祝丰收，耍歌堂便选在这一天举行。

耍歌堂又分大歌堂、小歌堂两种，大歌堂历时三天（有的多达九天、十四天），每三年或五年举办一次；小歌堂历时一天，每两年或三年举办一次。每次"耍歌堂"之前，早在六七月间，排瑶各家各户就开始积蓄粮食、大豆，催肥鸡、鸭、猪、牛等；"天长公""关目公""先生公"等长辈则早早聚会，商定歌堂开支款项，摊派到各家捐款捐物，用以修缮庙宇，翻新盘古王塑像和各房姓的祖先塑像，购买酒肉、香烛等用品。而各家各户则事先告知亲戚朋友，邀请他们届时上排玩耍。到了节日的前一天，寨中就开始杀猪宰牛，备好鸡鸭鱼肉，磨豆腐，做糍粑，酿米酒，招

瑶族耍歌堂的千人长鼓舞

待四方来客。

"耍歌堂"包括祭祖、出歌堂、过州舞、长鼓舞、瑶歌演唱和对唱、法真表演、追打黑面人等环节,整个活动以"游神""送神"开头、结尾。游神即抬着神像,鼓乐喧天、载歌载舞,周游全排大街小巷。游神队伍所过之处,沿途都有人摆放糍粑、饼果,献酒犒劳。

过州过府是"耍歌堂"的一个中心环节,旨在怀念排瑶祖先迁徙的坎坷历程。过州过府前,在歌堂坪上插36枝竹签,签上用色纸写上雍州、道州、荆州等地名,每隔两米插一枝,成方形。届时,由族长、先生公摇着铜铃、念着经书在前头开路,紧接着,长鼓队、牛角队、铜锣队、男歌队、女歌队等排成长龙,围绕着竹签(象征着州、府)转,每个"州府"要绕转九周,谓之"过州过府"。

舞蹈喧腾贯穿着整个"耍歌堂"的过程,而歌唱则主要在"出歌堂"环节。"游神"结束后,众人享用过美酒佳肴,便来到"歌堂坪"唱歌跳舞。排瑶姑娘身着盛装,颈系银圈,头盘用野薏米串成的珠子,娉婷而来,排列在歌坪上方。首先,司仪走到歌堂中间引吭高歌,众人同声合唱。接着,排瑶小伙三五成群,头缠红布头巾,上面插着的白雉翎,长鼓挂腰,呼喝而来,向着姑娘们跳起粗犷、刚健的长鼓舞,边舞边唱。小伙子们先唱催请歌,而后是盘问歌,继而唱初交歌、深交歌,姑娘们则与之对歌问答。未婚男女往往借此机会向心仪者一诉衷肠,进而择得佳偶。

现在的耍歌堂活动与旧时的做法略有不同,增加了一些新时代的内容,进一步突出了文化传承和社交娱乐的成分。

2006年5月,"瑶族耍歌堂"列入第一批国家级非物质文化遗产名录(民俗类)。

## 四、"让后辈更好地传承瑶族文化"

作为排瑶"歌王",最让唐买社公难忘的是在人民大会堂放歌。那是1979年,新中国成立30周年庆典在北京隆重举行。唐买社公作为少数民族民间歌手参加庆典,在人民大会堂唱响瑶族民歌,其间受到了邓小平、叶剑英等党和国家领导人的接见。那一年,他还被国家民委、文化部等单位授予"全国优秀少数民族民间歌手"等荣誉称号。

新时期以来,唐买社公曾受连南瑶族自治县旅游局之聘,到三排瑶寨景点专门从事瑶歌演唱,深受游客欢迎。他的歌唱录音、录像先后在广东省人民广播电台和广东省电视台播放,还曾数度走进中央电视台演播室,并受邀赴凤凰卫视表演。

此外，唐买社公演唱的排瑶民歌，还先后被译为汉文在《诗刊》上刊发，收入上海文艺出版社出版的《瑶族民歌》。

2008年2月，唐买社公成为第二批国家级非物质文化遗产项目（瑶族耍歌堂）代表性传承人。

不过，与过去比起来，原本生活化的民歌，如今显得有些寂寥。如今的唐买社公每天还是会唱唱瑶歌，但自从老伴去世后，他常常只能自己唱给自己听，有时上山唱几嗓子，也鲜有回应。

作为国家级非物质文化遗产的代表性传承人，唐买社公对"瑶族耍歌堂"的传承还不算担心。因为"'瑶族耍歌堂'是歌舞一体的，能够很好地搬到舞台上，通过舞台艺术展现在世人面前"。唐买社公说，他目前已经相中了一位年轻的"瑶族耍歌堂"传承人，对方正在跟他学习。

唐买社公担心的是瑶歌的传承。如今瑶歌除了出现在民俗表演及少量的民俗活动上，已经很少有人再唱了。唐买社公认为，虽然"耍歌堂"也有瑶歌，但毕竟只是很小一部分，而瑶歌的内容十分丰富。

现代生产生活方式的变迁，急速地改变着百里瑶山，原本源自生活、用于生活的瑶歌越来越缺乏现实基础。如今的瑶乡，年轻人多外出打工，许多人已不会歌唱，对传统也渐渐陌生。唐买社公说："瑶歌与现代生活脱节，再加上唱瑶歌本就与平常讲瑶话有一定区别，客观上学习起来也有难度，传承起来更困难。"

2006年"瑶族耍歌堂"列入首批国家级"非遗"名录后，连南县政

连南瑶族耍歌堂的民俗活动

府很快成立了培训班，教年轻人学瑶歌，习刺绣，跳长鼓舞。唐买社公所在的三排镇油岭村油岭小学还特别开办了"瑶歌""瑶鼓"传承班，每周开设民族文化传承课不少于两节，主要传授长鼓舞、瑶歌、刺绣等各种瑶族民间艺术。唐买社公自然成了这里的教师。

唐买社公有两个儿子、三个女儿。受父亲的影响，他们从小也酷爱唱歌。三个女儿先后考入广州星海音乐学院、广东艺术师范学校学习声乐，毕业后都当上了音乐教师，并在市、县各项声乐比赛中屡次获奖，成了瑶山上的百灵鸟。儿子唐海宁子承父业，因演唱"优嗨歌"而被人们所喜爱。1997年，广州市电视台制作、播出专题节目《歌王和他的儿女们》。孙女唐钰莲2005年参加全国少年儿童才艺展获奖。2006年11月，唐买社公一家三代应香港凤凰卫视邀请，到《纵横中国》节目做客，宣传瑶族民歌艺术。

众所周知，许多民族的民歌正是本民族文化的载体，瑶族民歌当然也是如此。唐买社公熟悉排瑶的历史来源歌、优嗨歌、生产劳动歌、风俗歌、情歌等等，他希望用歌声把连南排瑶的历史文化传唱下去，让后辈更好地传承瑶族传统文化。

# 刘正城
## ——壮族歌圩的嘹啰歌师

刘正城（1933～）民间歌手，壮族歌圩传承人。广西南宁人，壮族。他从小受到山歌熏陶，10岁出头就唱得像模像样，20岁时就当了歌师，并能现场编词。他的嘹啰山歌触景生情、即席而歌，表现手法娴熟，多次获奖，并被授予第三届广西歌王节"十大歌手"称号。2008年成为第二批国家级非物质文化遗产项目（民俗类）代表性传承人。

## 一、对歌赢得美好姻缘

1933年，刘正城出生在广西南宁新江镇团阳村一个壮族家庭。

广西是众所周知的"歌仙"刘三姐的故乡，广西歌圩也是中外闻名。而刘正城的家乡新江镇团阳村，就是有名的山歌村。村民在田头垄间耕作、休憩时，总是会唱响"嘹啰"山歌。特别是碰到重大节日，人们会聚在一起对歌，而且总要唱出个高下来。

在歌的海洋中成长，刘正城受到民族民间文化的熏陶，很小的时候就喜欢上了壮族民歌。

刘正城

刘正城介绍说，他从小是跟爷爷学唱"嘹啰"山歌的，10岁出头就唱得像模像样了。那时候，每到山歌比赛现场，他总是最忠实的听众。听别人唱山歌，刘正城总是一字不落地记下来，过后还喜欢仔细琢磨。

学习山歌到了入迷的地步，为了锻炼"急智"，刘正城见什么就唱什么，而且无论何时何地，想唱就唱。用他自己的话说，就是："见什么唱什么：锅碗瓢盆要唱，蓝天白云要唱，做工辛苦了要唱，一个人无事，对着天空也要唱。"

正是对于山歌的执着喜爱，使刘正城赢得了美好姻缘，他和妻子刘月光就是在对唱山歌时相识相爱并结为夫妻的。刘月光曾大方地告诉记者，当时她和一名女子同时爱上了刘正城。她知道刘正城喜欢唱山歌，就暗中勤学苦练，最终用歌声赢得了刘正城的心。

其实，那时刘月光也是出色的歌手，是十里八乡小有名气的"小刘三姐"。他们结为夫妻，在当地传为佳话。结婚之后，平日里，两人更是喜欢用对歌的方式交流感情，锅碗瓢盆、柴米油盐里飘出的都是甜蜜的山歌。而刘正城也正是在妻子的支持下，开始学习编词，经过十多年的磨砺，慢慢崭露头角，在家乡一带唱出了名气。

刘正城演唱山歌

## 二、壮族歌圩：歌的海洋

自古以来，壮族就以善唱山歌而闻名于世，壮族聚居的广西被誉为"歌的海洋""山歌的故乡"，而充分体现壮族人民能歌善唱特点的便是遍布壮乡的歌圩。

歌圩是壮族群众在特定的时间、地点举行的节庆性聚会唱歌活动。在壮语中，各地歌圩有不同的称谓，诸如"窝坡"（意为"到坡地上相会"）、"歌坡"（意为"坡场上会歌"）、"笼峒"（意为"到平峒欢聚"）、"窝敢"（意为"洞外歌圩"）、"圩逢"（意为"欢乐的圩日"），等等。

壮族歌圩具有悠久的历史，起源于氏族部落时代的祭祀性歌舞活动。后来，旧时的祭祀性活动逐渐演变成民俗活动，并且着重歌唱而淡化了舞的色彩，久而久之便形成了群体性的歌圩活动。

各地圩期不完全一样，多在春秋两季举行，以农历三月初三、四月初八和八月十五为最盛。此外还有不定期的歌圩。定期歌圩一般一年举行两

壮族歌圩对歌场景

三次，规模大者上万人参加，小者也有一两千人。不定期歌圩一般是小型的，三五十人、一二十人都可以。

壮族歌圩因举办时间和性质不同，有几种形式。"节日性歌圩"一般在农历正月至五月、秋季的八九月间的节日里举行；"临场性歌圩"在劳动场所、圩市、婚娶之时举行；"竞赛性歌圩"，包括"放球、还球歌圩""庙会赛歌"等。有的歌圩则节日性、纪念性、祭祀性兼而有之。农历三月三的歌圩最为隆重。

歌圩的内容主要有三个方面，一是对歌谈情；二是赛歌赏歌，有盘歌、猜歌、对子歌、连故事和别具特色的抢歌、斗歌等；三是抛绣球、抢花炮活动等，甚至还有壮剧、师公戏、采茶戏等文艺演出。

歌圩以青年男女对歌谈情和赛歌赏歌为核心内容。歌圩日，小伙子和姑娘们身穿节日盛装，男携礼物，女揣绣球，寻找别村的青年，三五成群，结队前往圩场对唱山歌。有的抬着刘三姐像绕行歌圩一周，才开始对歌。有的则由姑娘们搭起五彩绣棚，待小伙子到来，边对歌、边考查对方人品、才华。有的是男女各站一排，姑娘向意中人抛出绣球，对方如果中意，就在绣球上绑上礼物，掷还女方。有些歌圩有碰蛋的习俗：小伙子用彩蛋碰姑娘手中彩蛋，姑娘如愿意和他做朋友，就露半边蛋让他碰；不愿，就整个握住。还有的是甲村向乙村送去彩球，相约还球时举行山歌比赛，如乙村输了，彩球不准送还，来年继续比赛，直到唱赢为止。

在壮族聚居地区，均有歌圩活动，广西壮族自治区共有640多个歌圩点。歌圩是壮族民歌的载体，它已经成为壮族传统文化娱乐活动的代表形式，造就了壮族特有的"歌圩文化"，对壮族各类传统民歌的产生、传承与发展具有重要的作用。同时它又是壮族民间文学的宝库，对了解和研究壮族古代社会生活具有重要的价值。歌圩还为广大民众特别是青年提供了学习山歌和展示歌才的场所。

2006年5月，"壮族歌圩"列入第一批国家级非物质文化遗产名录（民俗类）。

## 三、歌师要能唱，更要能编词

嘹啰山歌源于"球丝歌会"。桂南壮族男女青年为表达爱慕之情，用鸡、鹅绒毛编织成"球"，在歌会上以歌传情，歌会散后，即把"球"作为定情之物赠送给对方。在"球丝歌会"上唱的山歌就是嘹啰山歌。

嘹啰山歌是一种二声部山歌，形式上可以二人对唱，或者多人对唱，在歌唱中，因首、中、尾部都出现"嘹"与"啰"的衬词，因而得名"嘹啰山歌"。嘹啰山歌用当地壮族方言演唱，歌师要能唱，更要能编词，而且歌词讲究对仗、押韵，要求比较高。

刘正城唱嘹啰山歌，以表现手法娴熟、触景生情、即席而歌见长。在新江镇，每逢圩日，街上都挂有山歌榜，上面写着各位歌师出的上联。散圩前，有关人员要把所有的山歌对子都收集起来，评定名次。每次评比，刘正城都能获得第一、第二名。因此，找他填词的人越来越多，当地村民公认他是唱得最好的歌师。

有人不服，就找上门来，在他家门外唱山歌挑战。刘正城自然也以歌声回应。很多时候，门外歌声很快就消失了。如果棋逢对手，遇上些颇有能耐的山歌手，两人也会对上

刘正城在教孙子孙女唱山歌

好一阵子。1999年，邻村一位实力不凡的歌手来挑战，刘正城和他从晚饭后开始，一直唱到次日凌晨。刘正成自豪地说："他最后用歌声告诉我，他不得不服。"

不过，别看对歌时竞争激烈，都想拿出撒手锏来赢对方，但是对歌的歌词却都是赞美之词。有学者指出，这就是壮族嘹啰山歌对歌的魅力所在。

远近村寨的山歌手们都非常钦佩刘正城的对歌才华，邻里乡亲们也非常敬重这位歌王。而刘正城也经常利用民众喜爱的嘹啰山歌，把政府出台的好政策编成山歌，在群众中广为传唱，让大家通过山歌这种喜闻乐见的方式了解政策。比如："合作医疗政策好，生病政府有补助。""政策重农农免税，农民种粮免公粮。"政府的好政策总能在第一时间在村里得到落实。如今，村里的很多村民盖起了小洋楼，购买了小货车，日子越过越红火。

刘正城只有小学文化程度，有人问他是如何做到出口成章，随口就能唱出绝妙佳句来的。他谦虚地说："闲来没事就试着编歌词，平常多总结，熟能生巧，经常唱就会了。"

2005年之后，南宁城区文化馆多次深入新江镇团阳村普查挖掘壮族嘹啰山歌，并对刘正城进行了专业辅导，使他的表演技艺更上一层楼。而在每年的乡镇级、城区级的嘹啰山歌赛中，刘正城带领的队伍大都能够夺得冠军。

2008年2月，刘正城成为第二批国家级非物质文化遗产项目（壮族歌圩，民俗类）代表性传承人。

2010年4月，刘正城代表南宁市参加第三届广西歌王大赛，以精湛的表演技艺、动听的山歌歌声，赢得自治区文化厅授予的广西"十大歌手"称号。

## 四、一家四代爱山歌

在刘正城家，不仅他和妻子是嘹啰山歌能手，而且一家四代都喜欢唱山歌。

没有比赛的日子，刘正城就教家人唱嘹啰山歌。刘正城的儿子刘贵安说，开始的时候自己认为，要成为一名嘹啰山歌手和歌师，是件很容易的事，只要会听、会说本地方言，把要说的话用曲调唱出来就行了。但他父亲用事实教育了他：歌师要能唱，更要能编词，而且要对仗工整、合辙押韵。

广西壮族地区流传着一种风俗，在结婚的日子里，新娘家都会组织送亲队伍摆一个歌台，而新郎家也会组织浩浩荡荡的迎亲队伍来对歌。当迎亲队伍完整对上送亲队伍的山歌后，就可以迎走新娘和嫁妆，既热闹，又可以增进邻里乡亲的感情。

1979年，大女儿出嫁，刘正城也摆了一个盛大的歌台，乡亲们纷纷赶来凑热闹。新郎请来10个山歌手，与刘正城对了两天两夜的山歌，最后个个拱手服输。而刘正城更是巧妙地把祝福和感谢融进歌里，祝福新人生活甜蜜，感谢乡亲们的关照，把婚嫁活动推向高潮，赢得大家拍手叫好。二女儿出嫁时，亲家也在自家门口摆起对歌擂台，刘正城凭一句巧妙的包含祝福和感谢内容的山歌，让在场的山歌手哑口无言。两个多小时的迎亲活动结束时，仍然无人对上。

刘正城说，他儿子经过这些事实的教育，才开始努力学习嘹啰山歌。现在，刘贵安也成了当地公认的能唱会编的山歌好手。而儿媳、侄孙和侄孙媳，也都唱得很好，就连5岁的曾孙也学到了不少的曲子，唱起来有板有眼。

2009年10月20日，第六届中国—东盟博览会暨第十一届南宁国际民歌节举行开幕晚会，刘正城一家四代人同登舞台，演唱了嘹啰山歌。对此，刘正城无比兴奋："能把平时在乡村田头唱的山歌唱到民歌节晚会舞台，是过去想都不敢想的事。"

成为国家级"非遗"传承人之后，来找刘正城取经的人也越来越多，

刘正城一家四代爱山歌

刘正城总是不厌其烦，认真传授经验。村民刘向东说："佩服啊。对歌，有人出上联我对不出来，回来一问他，马上就告诉我了。跟他一起学，大人小孩都会唱。"

近年来，刘正城逐渐退到幕后，开始培养接班人。只要有机会，他便到附近的小学教孩子们唱山歌；歌手们来请教怎么歌唱和编词，他都乐于指点。山歌比赛时，他更多的是扮演创作人的角色，歌唱的任务则交给别人去完成。南宁市邕宁区成立非物质文化遗产壮族嘹啰山歌传承培养基地后，刘正城是基地培训山歌次数最多的歌师。

2015 年，广西壮族自治区启动抢救性记录工程，壮族歌圩代表性传承人刘正城（82 岁）和壮族三声部民歌代表性传承人温桂元（81 岁）都被列为抢救性记录工作对象。

刘正城说："我有个更远大的新目标：我们要让嘹啰山歌走向世界，把壮族山歌的精神传播得更广更远。"

# 李学强
## ——敢上刀山，能下火海

李学强（1959～），民俗绝技艺人，傈僳族刀杆节传承人。云南怒江泸水人，傈僳族。他从祖父那里习得了傈僳族传统节日"刀杆节"的仪式以及相关"上刀山、下火海"绝技，表演达数十次，仪式娴熟、技艺精纯。2008年，成为第二批国家级非物质文化遗产项目（民俗类）代表性传承人。

## 一、祖父"托梦"传技艺

李学强

1959年，李学强出生在云南省怒江傈僳族自治州泸水县鲁掌镇三岔河村。

李学强家世代务农，但祖父是当地的民族民间文化骨干分子。李学强自幼喜爱民族民间文化，经常跟随祖父参加各种文娱活动，对本民族的风俗习惯和传统文化逐渐有了全面深入的了解。

像许多其他民族一样，傈僳族的生产生活中也总是伴随着一定的仪式和歌舞。耳濡目染加上细心体会，李学强掌握了这些仪式和民歌，并在村民建房、乔迁、下种、婚丧等生产生活活动中帮助选吉日、主持仪式、演唱民歌。

李学强还从祖父那里获得了傈僳族独特的"上刀山（也称"上刀杆"）、下火海"技艺，不过，据说这项技艺并不是学到的，而是祖父"托梦"传给他的。

傈僳族"上刀山、下火海"的技艺，习惯上"只传孙不传子，只传男不传女，传子就学不会"。在李学强15岁时，祖父就去世了；祖父有生之年，从未教授李学强这种技艺。可在16岁那年，祖父"托梦"把这套技艺传给了他。对此，李学强回忆说："梦里爷爷穿着长衫，留着很长的胡子，他告诉我，要上好刀山、下好火海，把这个祖传的东西传下去，就要做好事，不能做坏事。说完，爷爷就走了。"

无独有偶，李学强后来的徒弟（也是表弟）胡学忠，也说自己是在14岁那年一下子就学会了这门绝技，而学习的方法竟然也是祖父"托梦"。类似的奇异传习，在当地并不鲜见，而且当地民众也深以为然、莫不笃信。

祖父"托梦传艺"之后，第二天醒来，李学强神情举止变得有些怪异。家人和乡亲都认为他"疯了"。有村民建议按照百年相传的风俗，帮他"开一下香路就好了"。

所谓"开香路"，就是请"尼扒"（傈僳族当中可通神鬼的民间宗教职业者，即师公）作法，通过仪式达成某种目的。

那年的正月十五，已经"疯了"的李学强被村民带到"上刀杆"现场。师公在台下一番作法后，李学强在师公的带领下登上云台。等师公念完戒词，李学强发誓："不杀人放火，不偷盗抢掠，不奸女拐妇，不虐待父母，不陷害好人……"发誓完毕，向一个装了水的碗里掷火，火立即熄灭。寓意是：受戒者如有不轨，其命运便如此火。

接着，李学强赤脚上阵，一步步踩着刀锋攀爬"刀山"，在惊心动魄的半小时里，他上去了，接着又顺利地走下来，赤脚却丝毫未伤。

成功地从"刀山"下来之后，李学强立即回复了正常人的神情举止。李学强也认为是"开香路"让自己获得了新生，也因此，他对"上刀山、下火海"这项技艺充满了感恩："我是靠老祖宗保护的。"

就这样，李学强成了傈僳族"上刀杆、下火海"绝技的传人，而且是现今极为少见的技艺精绝的"香通"（上刀杆表演者）。

## 二、刀杆节"上刀山、下火海"

说到"上刀杆、下火海"，还有必要了解与之相关的"刀杆节"。

傈僳族刀杆节，傈僳语叫"阿堂得"，意思是"爬刀节"，它是居住在云南省怒江傈僳族自治州泸水县境内的傈僳族以及彝族的传统节日，节期是每年正月十五日（亦有他说）。傈僳族曾经是个不断迁徙的游牧民族，他们对火与刀充满了敬意，而在刀杆节这天，他们就会"上刀山，下火海"，祈求神明保佑。

"上刀山，下火海"是刀杆节最主要的习俗表演活动，它再现了山地民族翻山越岭的生活经历及攀藤负葛的艰苦卓绝精神，同时也是一种民间传统习俗活动。关于刀杆节的来历，有这样的传说：明代兵部尚书王骥受朝廷派遣，率兵马到云南边陲傈僳族居住地区部署军民联防，在当地百姓的配合下，赶走了入侵的敌人，为了使边境民富兵强，他带领傈僳族青年习武练勇，后来皇帝听信谗言，毒死王骥。王骥作战英勇，"刀山敢上，火海敢下"，因此傈僳族人民就用过刀杆节"上刀山、下火海"来纪念这位爱国将领。

　　"上刀山，下火海"包括点花、点刀、耍刀、迎花、设坛、祭刀杆、竖杆、祭龙、上刀、折刀、下火海等步骤，有一套严格的仪式。"上刀山"和"下火海"是仪式中最为惊心动魄的环节。

　　所谓"刀山"，亦称"刀杆"，是将36（寓意360天天天祥和）把利刀捆扎于四五丈高的栗树杆上，每把刀相距尺许，刀刃全部朝上。表演以师公作法祭祀开始，"香通"们念祝词、饮酒之后，在鞭炮和锣鼓声中纵身跃起，赤脚踏着锋利的钢刀，逐级爬至刀杆顶端，依次进行开天门、挂红、撒谷等表演。最先爬上顶端的人，还要做高难度的倒立动作，燃放鞭炮。最后，"上刀杆"的人齐聚杆顶，以示胜利。又把一面面小红旗掷向四方八面，祝愿傈僳族儿女大吉大利。然后脚踩利刃，逐级而下。

　　从"刀山"下来之后（一说在"上刀山"的前一天，即正月十四），"香通"们双脚踏入通红炽热的炭火中，表演"下火海"（又称"跳火

傈僳族刀杆节活动场面

海")绝技。所谓"火海",是炽烈燃烧的炭火带(长一丈五六、宽三尺多),届时"香通"们赤裸上身,赤脚在"火路"上跳来跳去,踩得火花四溅、灿若流星。他们还不时地手捧火炭在脸上和身上揩抹,让火球在他们手中飞快地翻滚、搓揉。有时还将烧红的铁链在手上传来传去,或者不停挥舞。习俗以为,经过火的洗礼,意味着在新的一年里各种灾难尽数消除。

刀杆节是傈僳族人民自然崇拜的产物,更是傈僳族人民

刀杆节"下火海"

不畏艰险的民族精神的体现。如今,节日中有关原始信仰的内容已经被健康新颖的唱词和丰富的手上舞蹈动作"跳嘎"所取代,具有了更为广泛的群众性。

2006年5月,傈僳族刀杆节列入第一批国家级非物质文化遗产名录(民俗类)。

2008年2月,李学强成为第二批国家级非物质文化遗产项目(傈僳族刀杆节)代表性传承人。

## 三、"到一定的时候就有继承人了"

李学强16岁"开香路"后,"上刀山、下火海"技艺日渐成熟,已经精通了这项绝技的要领,上刀山几十次,如履平地,还能做倒立、旋转等各种高难度动作。赤足从容踩踏淹过脚背的"火海",还能用舌头舔烧红的链子和犁头。他还完全掌握了傈僳族刀杆节的内涵和表演的程序,能够独立主持整个活动仪式,影响甚广。1998年10月,李学强在云南省第六届少数民族传统体育运动会上,取得了"下火海"项目表演二等奖。

说起让人不可思议的"上刀山、下火海"绝技,李学强似乎有些轻描淡写:"我就是个老农民,这项技艺是我爷爷传下来的,没什么稀奇的。""我们不会什么气功,只是特别注意手脚力量的配合。"李学强家里有几亩

李学强"上刀山"

稻田，平日里没有活动，他就在家侍弄庄稼。

不过，说起自己民族的节日刀杆节以及"上刀山、下火海"技艺，李学强又觉得这是自己的使命或说宿命，觉得自己"就该上刀山、下火海"。在成为这个项目的代表性传承人之后，如何传承这项民族文化技艺，已经成为他悉心谋划和推动的事情。

其实，早在1980年，李学强就收了徒弟胡学忠。如今，他们师徒二人是当地仅有的能够娴熟进行"上刀山、下火海"绝技表演的傈僳族人。

1999年，泸水县泸峰成立了民族民间艺术团。这是一个以傈僳族传统技艺表演、传承为宗旨的群众艺术团体，集合了数位傈僳族非物质文化遗产项目传承人。李学强也是这个艺术团的成员，他和徒弟胡学忠专门表演"上刀山、下火海"。

艺术团团长邬家兴说："艺术团成立了十多年，'上刀山、下火海'也表演了十多年，我就希望它能永远传承下去。"

然而，如今这项被列为国家级非物质文化遗产的民俗技艺，在怒江泸水县，除李学强、胡学忠这些已经上了年纪的人在继续表演外，已没有年轻人愿意加入，它的传承出现了困难。年轻人或者不感兴趣，或者害怕，或者觉得这是一项没法吃饱饭的营生。

李学强和胡学忠一直在寻找能够继承自己"衣钵"的人。现在，李学强仍寄希望于"到一定的时候就有继承人了"。

也许李学强说得对："上刀山需要很大勇气，但更需要信仰。"技艺需要信仰，技艺的传承更需要信仰。

# 赵丕鼎
## ——白族狂欢节"绕三灵"传承人

赵丕鼎（1942～），民间艺人，白族"绕三灵"传承人。云南大理人，白族。他热爱民族民间文化艺术，16岁就开始参加"绕三灵"演唱大本曲，对大本曲的腔调烂熟于心、运用自如，又融汇南腔、北腔特点，成为颇负盛名的大本曲艺人。他熟知"绕三灵"的历史渊源、民间传说，熟悉各种祭祀、礼仪、表演。2008年成为第二批国家级非物质文化遗产项目（民俗类）代表性传承人。收集整理传统大本曲80多本，改编新创近100本，整理出版《辽东记》《梁祝配》《蝴蝶泉》三个文字本，录制专辑《梁祝配》和《三出主修行》。

## 一、与民族文化一起沉浮

1942年，赵丕鼎出生在云南省大理喜洲镇作邑村一个白族家庭。

赵丕鼎家是一个白族民间艺人世家，他的曾祖父、祖父、父亲都是白族民间"大本曲"的表演艺人。

"大本曲"又称为"本子曲"，是大理白族特有的一种古老的民间曲艺样式。所谓"本子"，是用汉字记录白族语言的唱本，有一定人物、情节。演唱时，一人说唱，一人三弦伴奏，唱词白语、汉语混用，以大理白语为主，汉字白读。曲调有"三腔""九板""十八调"等。每逢节日，白族村寨就会有"大本曲"

赵丕鼎

演唱，而白族节会"绕三灵"则更是演唱"大本曲"比较集中的场合。

从小耳濡目染，赵丕鼎对白族民间文化艺术产生了极大兴趣，并逐渐学会了演唱白族民歌和本子曲。从16岁开始，赵丕鼎参加"绕三灵"演唱大本曲，一直到现在。

赵丕鼎介绍，大本曲有9种调，唱词来自传说、民间故事，还有用真人真事改编的，而且有说有唱，还必须押韵。不仅是集体性节会"绕三灵"，其他许多民间庆典如结婚生子、新房上梁等，都会请大本曲艺人唱上一曲。每首曲一唱就得3个小时。

赵丕鼎演唱大本曲

赵丕鼎说，自己唱大本曲有几样道具：三弦琴（即三弦）、金檀木和一把扇子。就是用这简单的几样道具，以及肚子里数以十计的本子曲，赵丕鼎赢得了人们的欢迎和敬佩。他至今仍然记得："当时有个老爷子去世，我把他的一生编成曲，唱哭了周边好多人。"

如同各民族传统民间文艺那样，大本曲也有坎坷沉浮，用赵丕鼎的话说，就是"有一段时间可以唱，有一段时间又不准"。赵丕鼎说，三年困难时期之后，大本曲可以唱，但只能参加当地俱乐部演出。到了"文化大革命"时期，100多部本子都被烧了，唱就更别想了。十一届三中全会后，大本曲才又得以恢复演唱。

新时期到来后，赵丕鼎到处借剧本抄，最后恢复了60多部已被烧掉的剧本。日本有一个访华团体到大理，邀请赵丕鼎到周城演唱了大本曲。赵丕鼎演唱了《赵五娘寻夫》《王朋石祭江》《张元庆敬宝》三个曲目，日本客人听得如醉如痴。

## 二、"绕三灵"：白族的狂欢节

大理白族"绕三灵"是一种传统节会活动，流传于云南省大理白族自治州苍山洱海周边地区的白族村寨。相传起源于唐代西南地区的南诏国，迄今已有1000多年的历史。

关于"绕三灵"的起源，民间流传有几种传说，并形成了不同的称谓，而其中大都有"绕"的元素。比如，一种说是白王太子不见了，百姓绕着洱海寻找；一种说是远古时代，白族各部落男女青年交往要绕密布的桑林，因此称"绕桑林""绕山林"。

更为普遍的说法是由"祈雨"活动演变而成，因而也称"观上览"或"祈雨会"。相传过去大理常因干旱无雨而无法栽秧，以稻作为主的白族，在水稻栽种之前，人们先要向神灵祈求风调雨顺、五谷丰登。于是每年农历四月二十三日至二十五日，栽秧季节到来之前，都要组织大型祈雨活动。而祈雨期间正是人们聚会的好时机，于是就派生出盛大的"绕三灵"民俗盛会。

所谓"三灵"，指"神都"圣源寺（在苍山脚下的庆洞村），"仙都"金奎寺（在洱海西北岸），"佛都"崇圣寺（在大理古城西、三塔寺旁），而"绕三灵"，就是串游这三个寺庙。每到节期，洱海周围上百个村寨的男女老少，身着盛装，各村为一队，从四面八方来到苍山洱海之间，参加"绕三灵"。节期三天，大理俗语称"三日逛北，四日逛南，五日返家园"。二十三日，人们从喜洲向北顺着苍山山麓聚集到苍山五台峰下的"神都"的本主庙圣源寺，在这里祈祷或者赛歌，通宵达旦。二十四日，从"神都"启程，经过喜洲镇的街道，向南绕到洱海边的村庄，当晚又在"仙都"的本主庙金奎寺祈祷、赛歌。第三天，继续沿着洱海边前进，绕到大理"佛都"崇圣寺东面的马久邑本主庙，祈祷后各自归家，节日就此结束。

另一种说法是：第一天在大理古城崇圣寺（佛都）绕"佛"，第二天在喜洲庆洞（神都）绕"神"，第三天在海边（仙都）绕"仙"。

"绕三灵"既是白族民间农闲季节自娱性的迎神赛会，也是农忙前游

大理白族"绕三灵"

春歌舞的盛大集会，从而演化成一个大理白族的盛大节日。因此，它也被称为白族人民的"狂欢节"。"绕三灵"的队伍边走边唱边舞，一路欢歌笑语，吹吹打打，兴高采烈，场面宏大热烈。每到一个村庄，村民要出来有意拦阻，并推出最优秀的歌手来对唱对跳，唱够了、跳够了，才让对方上路。常常出现许多插科打诨的逗趣场面，人群中总是爆发出阵阵开怀大笑。晚上，各村队伍在田野和树林里燃起堆堆篝火，烧茶煮饭。饭后，老人一边喝茶，一边弹三弦，唱"大本曲"，青年男女则相约到树林深处谈情说爱，通宵达旦。

作为白族文化最具标志意义的象征之一，2006年5月，"白族绕三灵"列入第一批国家级非物质文化遗产名录（民俗类）。

## 三、不用担心"绕三灵""大本曲""绝种"

自1964年正式登台表演以来，赵丕鼎在演唱中对大本曲中的"三腔""九板""十八调"烂熟于心，运用自如，又集众家之长，把南腔、北腔的特点融会贯通，灵活运用于不同唱本及人物表现之中。他的演唱吐字清楚，唱腔圆润，能一人饰多角，变换声腔，富于表现力，深得群众喜爱，成为颇负盛名的大本曲演唱艺人。

白族大本曲演唱艺术是白族"绕三灵"民俗活动的组成部分，赵丕鼎一专多能，对"绕三灵"民俗活动的历史渊源、民间传说较为了解，对于各种祭祀、礼仪、表演掌握较为熟练，并能对此项民俗活动起到指导作用，是白族民间传统文化的领头人。

2008年2月，赵丕鼎成为第二批国家级非物质文化遗产项目（白族绕三灵）代表性传承人。

赵丕鼎现任大理白族自治州曲艺家协会名誉主席，还拥有"云南省民族民间音乐师""大理州民间艺术大师"的称号。

赵丕鼎觉得，现在的年轻人对民间传统的文化了解太少。"好比说'绕三灵'，如果不是用编好的大本曲唱给他们听，好多人都不知道什么是'绕三灵'。"为了适应新时代和新受众，除了老故事，赵丕鼎还编写一些新的剧本，"但是，现在的年轻人没有耐心在台下坐三个小时，如果换成电视什么的就不一样了"。

赵丕鼎认为其中一个原因是电视、KTV、网络等新事物的出现，他说大本曲不敌"洋把戏"。他认为还有一个原因是收入。过去，猪脚2角6分钱一斤，唱一曲大本曲收8块钱。那时候都是私人出钱、集体组织的。

那时候自己在台上演唱，台下好多白族妇女一边扎花一边听，"双方都是休闲赚钱两不误，让我很高兴"。而如今，大本曲唱一曲虽然已经涨到了200多块，但大多都是年纪大的人喜欢。

2008年，赵丕鼎被调到了作邑村委会的图书屋，以便传承民族传统文化。如今，赵丕鼎在节假日仍会走村串寨演唱。他还开了一个大本曲班，带了66个徒弟，要把"绕三灵"与大本曲传承下去。

大本曲原本主要以家族式传承为主，现在，赵丕鼎的儿女和孙子都继承了他的技艺。赵丕鼎说："我们家三代人，同台演唱大本曲，目前在大理是独一无二的，每次登场都能让人眼前一亮，现在祖孙三代人每年演出400多场次。""孩子们都继承了衣钵，就不用担心绕三灵、大本曲'绝种'了。"

2015年7月，赵丕鼎举办白族绕三灵、大本曲传习班，给了他很大触动和信心。这次传习班的所有学员都是农民，年龄从20岁到70多岁不等，大家白天下地干农活，晚上按时集中在一起，穿起白族服装，认认真真地学习绕三灵、大本曲，有时甚至学到晚上12点。赵丕鼎说："大家参与积极性之高是我没有想到的。通过这期传习班，我深刻意识到非遗传承人的使命。"

赵丕鼎对国家的"非遗"保护政策十分赞赏，他说："以前很担心'绕三灵'、大本曲这样的传统民间文化到我这就断了，传统文化的保护政策，来得真的很及时。"

赵丕鼎为学员示范讲解"吹树叶"的要点和技巧

# 罗周文
## ——京族哈节的传承人

罗周文（1934～），民俗活动主持者，京族哈节传承人。广西防城港东兴人，京族。他熟悉京族传统节日哈节的民间传说、节日仪程、祭祀活动等，长期担任本村哈亭亭长，并主持相关节俗活动。2009年成为第三批国家级非物质文化遗产项目（京族哈节，民俗类）代表性传承人。

## 一、长期担任哈亭亭长

罗周文

1934年，罗周文出生在广西防城东兴氵万尾村一个京族家庭。

京族是我国南方人口最少的少数民族之一，也是唯一从事海滨渔业的少数民族，同时也是一个跨境民族。

京族主要分布在广西壮族自治区防城港市下属的东兴市境内，主要聚居在江平镇的"京族三岛"——巫头岛、山心岛、氵万尾岛以及恒望、潭吉、红坎、竹山等地区，其他一小部分散居在北部湾陆地上。京族主要聚居区地处我国大陆海岸线最西南，与越南隔海相望。

京族聚居地区气候温热，海产丰富，除有700多种鱼之外，还有珍珠、海马、海龙等。京族以渔业为主，农业为辅，属沿海渔业和农耕混合的经济文化类型。2007年，京族人均年纯收入在6000元以上，是我国最富裕的少数民族之一。

根据2010年第六次全国人口普查统计，京族人口数为28199人。京族在越南有广泛的分布，占越南总人口近90%（约7800万）。

京族具有丰富的民族民间文化，其中综合性体现最为突出的，莫过于传统节日"哈节"。京族聚居区有专门用于哈节活动的建筑物——哈亭，而主持全部活动的人则称作哈亭亭长。

哈亭的亭长，都是由村民推举评选出来的。1995年，罗周文被选为亭长，至今一直担任沥尾村的哈亭亭长。

虽然只是村寨民俗活动的主持人，这项工作却并不轻松。每年筹办哈节时，有各种琐碎的工作，亭长都要事无巨细地处理。为了举办不足10天的庆典活动，罗周文至少得提前半年开始操心。除此之外，祭祀的每一个环节、每一项习俗也非常重要，这些都是京族人为来年祈福的关键所在。如果做得不够周到，必然会引来大家的不满。

罗周文做村里的哈亭亭长已有近20年，在这个"职位"上如此长时间"岿然不动"，说明了村民对他的信任。罗周文自己的看法是："做了17年的亭长，我可能不是做得最好的一个，但肯定是最长时间的一个。"

沥尾村的哈亭坐落在村口，邻近罗周文家的白色二层小楼。这座哈亭宽敞、透亮，里面除了供奉着京族人信奉的诸神神座之外，还摆放着一架巨大的京族特色乐器独弦琴。罗周文介绍说，这座哈亭是他2005年四处筹款重新修葺的。当时他特意把这座哈亭的厅堂修建得格外宽敞、高大。这样一来，除了哈节进行拜祭活动之外，哈亭平时还可供村民休闲娱乐，弹弹琴、唱唱歌、打打牌。这样顺应时代和村民要求的改进，让哈亭变得更加可亲可敬了。

罗周文家乡沥尾的哈亭

身为哈亭亭长,十分熟悉操办哈节的程序,罗周文闭着眼睛也能完整地进行下来。比如迎神时挑选哪一头"象"(京族的说法,其实就是猪)用以祭神,祭神时的娱神环节由谁来表演"进香歌""进酒舞"等,这些环节都得由亭长来安排、操办。

正是由于罗周文对哈节仪俗的深入体认和对相关仪式的娴熟掌握,2009年6月,他在"京族三岛"以及其他村寨的几位亭长当中脱颖而出,成为第三批国家级非物质文化遗产项目(京族哈节,民俗类)代表性传承人。

## 二、哈节:京族的歌节

哈节是京族人民一年之中最隆重、最热闹的传统节日。哈节也称"唱哈节"。"哈"是京语译音,含有"歌""请神听歌"的意思,"唱哈"就是唱歌,"哈节"也就是歌节。罗周文说:"每年的哈节,在我们这里又叫作'唱哈节'。'哈'或是'唱哈'就是唱歌的意思。"

关于哈节的起源,有不少民间传说。有一个传说在广西"京族三岛"广为流传。传说四五百年前,北部湾岸边的白龙岭下,有一个巨大的蜈蚣精,经常兴风作浪、翻船吃人。一天,有位神仙化作乞丐,搭船过海,船驶到蜈蚣精洞口,蜈蚣精正要把"乞丐"推下海时,神仙把事先煨得滚烫的大南瓜塞进蜈蚣精口里,蜈蚣精吞下大南瓜,烫得直打滚,尸断三截,随波逐流,成为沥尾、巫头、山心"京族三岛",头部漂流至越南成为万柱岛,附近居民从此得以安居乐业。此后,京族人把神仙尊奉为"镇海大王",立庙奉祀,且每年都到海边迎接"镇海大王"来享祭,从而形成了一年一度的哈节。

还有一个民间传说,也比较有代表性:古代有位歌仙来到"京族三岛",以传歌为名,动员群众起来反抗封建压迫。她的歌声感动了许多群众。后人为了纪念

京族哈节的"迎神"场景

她，建立"哈亭"，定期在哈亭唱歌传歌，逐渐形成节俗。

前一则传说，说明了哈节的祭祀性质，这也是大多数传统节日最初的起因；后一个传说，则解释了哈节作为歌节的来由，反映了传统节日比较普遍的从娱神到娱人的发展轨迹。

哈节的节期，各地有所不同，或农历六月初十，或八月初十，或正月十五，罗周文所在的沥尾岛在六月初十过节。虽然节期各异，但节日的形式与内容基本相同。

京族哈节活动由祭神祭祖、乡饮社交以及娱神娱人等内容组成。节日活动历时三至五天，大体分为以下四个部分。

一是"迎神"，即在"唱哈"前一天，集队举旗擎伞，抬着神座到海边，遥迎神灵，并迎进哈亭。把所养的"象"（猪）赶到哈亭绕行三周，然后留到半夜杀掉，由哈节活动主持者组织哈节乡饮。

二是"祭神"，时间为节日当天下午，由主祭者带领人们迎接来自海上、天宫的各位神灵、祖先进入神位，读祭文，接着向诸神敬酒和献礼。祭祀之后的娱神活动，内容有古诗词演唱、历史故事说唱等，还要唱"进香歌"，跳"进香舞""进酒舞"等。

三是"听哈"，祭神完毕，入席饮宴并"听哈"（又称"哈宴"），每席六至八人，边吃边听"哈妹"唱歌。酒肴由各家自备，每餐由入席人轮流出菜，连续进行三天。只有获得"听哈"资格的人才能入席，妇女、儿童不入席，均在"哈亭"外边听歌。

四是"送神"，"唱哈"完毕也就送走了神灵。送神时必须念《送神

京族哈节的"祭神"场面

调》，还要"舞花棍"。送神之后，整个"哈节"的仪式便告结束。

## 三、"统统都可以来向我请教"

"唱哈"是哈节的主要活动项目。"唱哈"的主要角色有三人，一个男子叫"哈哥"，又称"琴公"；两个女子叫"哈妹"，又称"桃姑"。"唱哈"时，主唱的"哈妹"站在哈亭厅堂的中间，手持两块竹片，一边唱一边摇摆着敲，伴唱的"哈妹"坐在旁边地上，两手敲打竹制的梆子应和。"哈妹"每唱完一句，"哈哥"就依曲调拨奏一段三弦琴。如此一唱一和一伴奏，直到主唱的"哈妹"倦了，转由另一个"哈妹"出来主唱。

"唱哈"要连续进行三天，歌唱的曲调有30多种，内容有叙事歌、劳动歌、风俗歌、颂神歌、苦歌、情歌等。其间还常有少女伴着锣鼓声献舞，其中的"头顶天灯舞"最具特色：舞者头顶瓷碗，碗上叠盘，盘子里点燃蜡烛，同时两手端着酒杯，杯中也各有蜡烛一根。歌舞时三根蜡烛闪闪烁烁，若有多人共舞，则满眼烛光闪烁，绚丽动人。

"听哈"的环节，京族人又称为"坐蒙"，意即坐于宴席之间，听"哈妹"唱歌。罗周文说，这个环节是整个哈节活动中最热闹、最有意思的一部分，也是少年儿童最喜欢的环节。罗周文的孙子罗子峰就说，他自小对哈节印象最深的正是"坐蒙"环节："记得有一年，村里的哈节做得很大，前来参与的人也很多。爷爷组织的宴席很大，入席的人从村口的马路坐到了村尾，场面蔚为壮观。"

哈亭是哈节活动的中心。各村的哈亭，均选用上等木料修建，建筑形式古朴、美观，体现出民族特色。屋脊正中塑有双龙戏珠的吉祥形象。哈亭内分左、右偏殿和正殿，正殿设有京族人信奉的诸神神座。较大型的哈亭里，祭祀场地两侧设有阶梯形的宾客座席，是专供村里辈分最高、为修建哈亭和筹办哈节捐资捐物者所设置的。座次的顺序，也是以贡献的大小从高到低论定的。获得"听哈"资格的村民，就在这些座位上"坐蒙"。

作为氵万尾哈亭亭长、京族哈节习俗传承人，罗周文考虑着如何把这项民族文化遗产传承下去。他说："现在的年轻人对于传统习俗，没有我们老一辈看得那么重了。"

虽说京族哈节的习俗要代代传承下去，但罗周文并没有强迫自家的年轻人去接手。孙子罗子峰上高中那年，自告奋勇向爷爷申请担任哈节祭拜活动时的擎旗手，成为8位擎旗手中最年轻的一位。几年过去了，每逢哈节举办时，罗子峰"擎旗手"的职责都履行得挺不错。

哈节"唱哈"

为了传承民族文化，罗周文特地把举办哈节的每一项环节都记录了下来，以便让这一传统节日能够完整地传承、举办下去。

说到总有卸任哈亭亭长的一天，到时候把职责传给谁，罗周文笑称要让全体村民来选择，并表示要尽己所能，倾心传授。"只要是对这项为全村村民祈福、求平安的习俗感兴趣的年轻人，统统都可以来向我请教。"

# 王治升
## ——释比也是文化人

王治升（1933～），羌族"释比"，羌年传承人。四川阿坝汶川人，羌族。11岁开始跟父亲学习释比唱经，13岁参加第一次祭山会，学会了父亲掌握的大部分释比经文，曾主持葬礼、建屋、婚娶等仪式。2009年成为第三批国家级非物质文化遗产项目（民俗类）代表性传承人，2012年获得首届中华非物质文化遗产传承人"薪传奖"。出版《羌族释比唱经》（合作）。

## 一、例外学成的"释比"

1933年，王治升出生在四川阿坝汶川绵虒镇有"西羌第一村"之称的羌锋村的一个羌族家庭。

王治升家是一个释比世家，父亲是村里的释比。"释比"是羌族人对祭司的称谓，在羌族人眼中，释比懂阴阳、通鬼神、知祸福，他们不仅主持各类宗教活动，也是羌族古老文化的传承者、最具权威的文化人。

王治升说，释比在羌族社会地位很高。无论有什么人来，只要释比在，上座一定是他的；去别人家里做事，总会有专人随身伺候。王治升认为，释比在一个村寨里相当于村长，在传承经典上又像汉人的知识分子。研究者们也认为，在以前，释比其实是部落的头人，很多唱经包含着乡规民约。

按常理说，王治升家的释比职位，应该传给他的大哥。王治升回忆说："本来是要大哥学，大哥爱玩牌，不肯学，常被打。"而在父亲教大哥的时候，王治升坐在旁边听，听了一阵子，嘲笑哥哥，"我都会了你还不会"。就这样，父亲转而教他。这一年，王治升11岁。

王治升说，做释比的第一个条件是记忆力要强。羌族的释比唱经大概有几十万字，没有文本，全靠师傅口授。王治升的师傅，就是自己的父亲。

父子俩唱经，大多是在农闲时节或者是晚上。平日里的晚上，王治升和父亲睡在一张床上，父亲唱一句，他跟一句。冬天的时候，一家人围在火炉旁，别人闲谈，王治升则认真学习唱经。

学习释比唱经是一件辛苦的事情，反复记诵很是枯燥无味。但王治升不觉得苦，因为那个时候，与学唱经比起来，下田劳动和翻山背运物品更辛苦，还危险。王治升说，那年代"找钱不容易"。羌寨在高山上，想换点钱，要背茶包翻山走几天到都江堰。在只能过一个人的山口，常有土匪抢劫。有时候拿走东西，土匪还推一把，人就跌下了悬崖。

相比起来，释比挣钱要容易得多。虽然规定不能讨要报酬，但从没有谁会短少他们。打一场"保福"（祈福仪式），能收70斤玉米。祭祀时当作供品的羊和鸡都有释比的一份，还有六张锅盔大烙饼。这种规模的"保福"，一年起码有十多次，加上自家产的粮食，足可以使一个家庭过上比较丰实的生活。

## 二、既是"巫师"，也是"文化人"

释比主持的村寨集体性民俗活动，是祭山会和羌年，分别在春季和秋季。祭山会是一种"祈愿"活动，羌年则是相应的"还愿"活动。这些与农事活动有关的民俗，不仅折射出羌族古老民族传统文化的光芒，也集中展示出羌族民俗文化的深刻内涵。

祭山会被认为是羌族最高级别的仪式，也是最热闹的节日之一。由寨老筹办，释比主持，村寨的人全部要聚在一起。王治升第一次随父亲参加祭山会，是他13岁那年。

那天一早，他和父亲洗澡净衣，然后来到村里，村里放三眼炮迎接。王治升跟着父亲，帮着给每户人家做旗，指挥着把神树的枝丫插在神位上。别人也不把他当小孩看，言语恭敬。到夜晚，神庙和寨子的空地上点起篝火，三只羊拴在树上，每家拿两只鸡放在鸡罩里，父亲指点着敬神灵。

王治升主持"祈愿"仪式

一切安顿后，父亲端坐唱经。从有天有地唱起，唱羌族的开天辟地神，造天造世。从下午四五点唱到天明，村寨的人无一离开。围着篝火，抽烟咂酒。父亲累了，就坐下喝口水。有时要敲着羊皮鼓围着桌子跳舞。最后要向神灵还愿，保一寨平安。

王治升曾经随父亲一起主持了6次祭山会。1953年之后，就再也没有祭山会了。不过，想起几十年前主持过的祭山会，王治升满怀神往：满寨的火把，拴在高树上的白羊，羊皮鼓声中，从有天有地唱起，唱一夜羌族的历史。

也就是因为释比在祭山会等重大仪式上唱羌族历史，唱"创世纪"和"羌戈大战"，他才认为释比既是"巫师"，也是"文化人"。

"文化大革命"的时候，很多释比挨了批斗。但王治升在"文革"期间受罪不多。那时，村里的人依然偷偷找他，乡里的书记都找他，说和鬼神交涉不清楚，还是要释比来。通常是在晚上，偷偷来到请他的人家里，小声唱经，临走都会给他一个红包。

村里人对王治升很尊重，从来没人揭发他。只有一次，寨子里连着死了5个人，村里人向大队请示，要求让释比打个"保福"。大队同意了，还命令杀了一只羊。没想到很少见荤腥的村民一口气宰了6只羊。因为打完"保福"后，羊肉是要分给大家吃的。大队追究起来，算到了王治升头上，挨了批斗，戴着高帽子，在外面站了一天。

## 三、羌年：吉祥欢乐的节日

在羌族聚居区，与祭山会同样隆重热闹的仪式，是羌年。

羌年是羌族的传统节日，也就是羌历（以十月为岁首）新年，又有"过小年""羌历年""丰收节"等称谓，羌语称"日麦节"（也作"日美吉"），意为"好日子"（"吉祥欢乐的节日"），每年农历十月初一举行。主要流行在四川省绵阳市北川羌族自治县和阿坝藏族羌族自治州的茂县、松潘、汶川、理县以及其他羌族聚居地。

羌历年起源于对大自然的敬畏、感恩与崇拜，即所谓"祭天还愿"。羌族民间流传着一个美丽的故事。在很早以前，天神的幺女儿木姐珠爱上了人间的羌族小伙子斗安珠，不顾天条律令，执意下凡和他结婚。一到人间，她就把出嫁时父母赠送的树种、粮种种植在山野田园，把牲畜放入草地。到了秋天，树种长成了森林，粮种带来了五谷丰收，畜禽也生长兴旺，人类繁荣昌盛，大地一片生机，为了感谢父母恩惠，木姐珠就把丰收的果实、粮食、牲畜摆在原野祭祀上天，表达心中的感恩情怀，此后每年同一天都要举行相同的仪式，而那天正好是十月初一。以后，羌族人民就把这一天当作了自己的节日。

历史上，羌族人民一直以十月初一为自己的年节，直到明清时期羌族人开始过春节并称其为"过大年"而称羌历年为"过小年"，在此之前羌历年一直是羌族人最隆重的节日。节前，家家户户清扫房屋，赶制新衣，备办年货，也有选择年节举行婚礼的。

祭祀是羌年最重要的内容，"祭天还愿"贯穿始终。节日期间，人们停止劳动，寨上村民盛装参加祭祀仪式。仪式因地域、支系不同而大同小异，一般要宰羊祭祀天

羌年活动——祭山神

神,各家则以面做的小禽畜作为祭品供奉天神和祖先。跳神后,各户代表在神树林中围坐,吃煮熟的羊杂羊肉,豪饮咂酒。

绵虒镇羌锋村的羌年,从九月三十就开始了,当天晚上,全村人聚集在神树下举行"还天愿"活动,答谢神灵庇佑。七点钟,释比王治升敲响羊皮鼓,跳起祭祀舞,唱着释比经文,感谢各方神灵一年来对村民的庇佑。随后,村民排队来到神树前焚香还愿,然后围着篝火,唱山歌、跳锅庄。

羌年活动——村民共享团圆饭

十月初一早上八点,祭神祈福活动正式开始,在"咚咚咚"的羊皮鼓声中,释比王治升带着徒弟一起唱经,跳祭祀舞,沟通天神,祈求天神赐福村民。村民或坐或立,围在四周聆听释比唱经。随后,村民们开始在神树旁点燃香蜡、焚烧纸钱,答谢神灵并许下新年愿望。最后,释比把吉祥树枝分给妇女们带回家插到地里,以让土地接受神灵赐福,来年获得丰收。

祭神活动基本结束后,接下来的是羌年的特色活动——吃团圆饭。王治升介绍,作为羌族最重大的活动,羌年不只是祭神祈福,还是寨里立规建章的重要时刻,有时还会对一些人进行表扬或处罚,而在神树坪吃团圆饭则是增加寨民的沟通,当着神灵的面,在交流中解决矛盾纠纷。如今,乡规民约被法律法规取代,但吃团圆饭的习俗传承了下来。

羌年是集祭祀、歌唱、舞蹈、技巧表演、知识传授、服饰、饮宴为一体的综合性传统民俗活动。即便在新时代,作为一项社会活动,羌年对于每一个羌族儿女来说仍然具有至高的感召力和凝聚力。

2006年,羌年列入四川省第一批非物质文化遗产名录。

2008年6月,羌年列入第二批国家级非物质文化遗产名录(民俗类)。

2009年,羌年入选联合国教科文组织"急需保护的非物质文化遗产名录",是我国仅有的七个入选该名录的项目之一。

## 四、自豪、遗憾与隐忧

回忆起过去的唱经经历,王治升颇有些自豪:"我年轻的时候,可以坐着连续唱经八天八夜不重复呢!"

不过,王治升的释比生涯也留下了一些遗憾。

一个遗憾是没有"盖卦"。"盖卦"是一种隆重的"出师"仪式。王治升目睹过一位本家哥哥"盖卦",像是一场典礼。徒弟要"盖卦",师傅会通知远近闻名的释比参加。那一次来了20多个释比,大家坐定后,有人起头唱经。唱一小段后坐下,相邻的释比站起来接着唱,反复数次。释比唱时,整个村寨的人都会来看。如果有释比接不下去,就算丢大丑了。唱完经,师兄带新释比上山还天愿,因为传说中释比是从天上来的。师兄带到离山顶还有一段路时离开,新释比继续往上走,听到响声才能回——"响声代表玉皇大帝同意了"。

王治升没有"盖卦",因为"文革"时期无法举行仪式,再后来,改革开放,禁锢解除,但找不到那么多释比参加了。20世纪80年代,他本家的哥哥替他给神上了香。哥哥对着释比神说:"没有办法盖卦了,给您说一声,他今后就是释比了。"

羌族释比除了主持祭山会和羌年,更多的是在村民婚嫁、丧葬、建屋时主持祈祷仪式。比如,羌族丧葬过程都要有释比来引导亡灵,从去世到埋葬,有一套礼仪。然而,妻子在"文革"中去世,王治升只能在心里默默唱经,草草下葬了事。这是他的另一个遗憾。

王治升和妻子育有两个女儿。妻子去世后,2007年,大女儿上山砍柴时摔下山,也走了。接着是2008年的汶川大地震,让他颇为心灰意冷,其中也包含着对释比文化传承的隐忧。

有学者指出,羌族释比的衰落,开始于"文革",改革开放后

王治升参与汶川地震死难同胞祭祀活动

更甚，大地震则将其推向低谷。王治升计算过，曾经与他在阿坝师专唱经的老释比，在地震中死了不少，而他们都没有徒弟。地震毁了不少羌寨，以前住在深山里的人，震后都搬出来了。王治升说："一出来，几年后就什么都和汉族一样了。"

20世纪90年代以来，一些羌寨通用的是汉语，好多年轻人不会说羌语了。有的村子忘记了释比，做红白喜事竟然找上了道士。

王治升被请的次数也越来越少。有一次，他的侄孙女问他："家公，你用羌语唱歌，你羞不羞啊？"王治升看着孩子说："你们用汉语唱歌害不害羞呢？"他叮嘱孩子，"不要怕别人笑，我们是羌族人。"

王治升说自己只学到了父亲掌握的释比经的八成。有的旅游景点打造羌族文化，景点里往往会有个释比，他很是不屑："他们吹壳子（吹牛），一段经都背不上来，算啥子释比。"

羌族释比不仅要会唱经，在羌族人眼里，他们还能通法术，比如踩烧红的铁铧头给人治病。当被问到这样的问题，王治升笑而不答，说父亲会一些，但没传给他。有时人提到占卜，他会不好意思地笑一下，说"那是迷信"。

## 五、"把我们羌文化传承下去"

2009年6月，王治升成为第三批国家级非物质文化遗产项目（羌年）代表性传承人。同时成为这一项目传承人的，还有茂县的肖永庆。

王治升是目前羌族为数不多的释比，掌握了较多的释比经文。为此，四川阿坝师专曾组织包括他在内的48位释比，诵唱、记录了释比经文，2009年由四川民族出版社出版了《羌族释比经典》。在经费不足的情况下，他和释比经爱好者自掏腰包购买设备，录制了大量释比唱经的场面。2011年，王治升诵唱的《羌族释比唱经》（阮宝娣、徐亚娟采录、翻译），由民族出版社出版。

2011年6月，王治升在羌锋村开办释比经典文化学习班，招了6名徒弟，其中3个是他的亲戚。他们有时用电脑观看师傅唱经的视频，遇到不懂的经文，王治升便耐心地讲解其背后的含义。不过，王治升说："他们都还差得远哟，最多学到了一点皮毛！"

据介绍，释比靠师徒口头传授传承，只有记忆力强、吃苦耐劳的人掌握大量古羌文化经典唱经后才能出师，少则三年，多则十余年。而如今，释比传承面临三大困难：一是释比人数极少，且大多年事已高，记忆力和身体状况欠佳；二是释比收入极少甚至没有，无法满足其生存需要，加之学习过程十分漫长困难，以及外来文化的冲击和吸引，年轻一代很少愿意成为释比；三是社会发展，民众对释比的需求大大降低，其社会功能已大不如前。

王治升 48 岁的徒弟高玉军说，汶川地震后，他为了传承羌族文化，在专家和学者的鼓励下才开始学习释比的。"现在的娃娃哪个还愿意学嘛，那么多经文

王治升敲着羊皮鼓

好难背。再说就算学成了也挣不到钱，即便哪家婚丧嫁娶请你去，最多给你 12 块钱的喜封，所以年轻人都跑出去打工了。目前也就只有我们这些亲戚在支持他的事业，我们现在既然学了也很想学会，把我们羌族文化传承下去嘛。"

现实尽管有些无奈，但老释比和徒弟们依然在努力坚守。王治升说："我最大的希望就是在有生之年，有人能将我毕生所学都学会，并把它传承下去。"

2012 年 6 月，王治升应邀到北京参加以"活态传承、重在落实"为主题的全国第七个文化遗产日活动，并获得首届中华非物质文化遗产传承人"薪传奖"。他表示："我有责任和义务传承和保护羌族文化，并将自己知道的羌族文化毫无保留地传承给下一代。"

2015 年 11 月 12 日（农历十月初一），在王治升家乡绵虒镇的大禹广场，阿坝藏族羌族自治州 2015 羌年文艺演出隆重举行。活动以"过羌年、晒太阳、品美食、祈福游"为主题，旨在展示羌族释比文化、语言文化、生活文化和风俗文化。王治升参加了活动，并诵唱了释比经文，年逾八旬的老人仍在践行着他的民族文化传承承诺。

# 欧海金
## ——传承"水书习俗"的"水书先生"

欧海金（1934～），"水书先生"，水书习俗传承人。贵州黔南荔波人，水族。他出身于"水书先生"世家，15岁开始先后跟随大伯、祖父学习"水书"，成长为掌握"水书"文化和"水书习俗"的"水书先生"。2009年成为第三批国家级非物质文化遗产项目（民俗类）代表性传承人。

### 一、"水书"世家的"水书先生"

欧海金

1934年，欧海金出生在贵州黔南荔波水尧水捞村。（欧海金说自己出生在甲戌年，2008年虚岁75岁，推算得出其出生时应为1934年）

水族主要居住在贵州省南部及东南部地区，其中三都水族自治县及荔波、都匀、独山、榕江等九个县市，有水族人口近37万人，占全国水族总人口的90.86%（据2000年第五次全国人口普查统计）。此外，广西壮族自治区西部以及云南、江西个别地区也有水族居住。

水族的居住地位于云贵高原东南部的苗岭山脉以南，都柳江和龙江上游。那里森林密布，山水如画，水族常以"像凤凰羽毛一样美丽"来形容自己的家乡。

水族从事农业，以种植水稻为主，因此，水族主要居住地区是云贵高原的鱼米花果之乡。

水族有自己的语言文字。水语属汉藏语系壮侗语族水语支，而水族的文字，就是只有少数"水书先生"掌握的"水书"。

欧海金就出身于"水书"世家,到他已经是第五代了。他说:"高祖、曾祖、祖父,到父亲,到自己,是第五代嘛。"

欧海金的父辈三兄弟中,他的父亲排行老三。欧海金小的时候,父亲就不在了。欧海金上了三年学,学的是汉语和汉文化,语文、算术、常识三科。由于新中国成立之前当地局势混乱,土匪横行,村民经常搬到山上去避乱,所以上到三年级,欧海金就不上学了,即使后来局势好转也没有再继续。

欧海金在爷爷辈几家的几个孙子里是老大,而水书主要是家族传承,传内不传外。就这样,1948年15岁(虚岁)的时候,欧海金开始跟大伯学习水书——大伯是同辈中的老大,懂水书。大伯读过大概两年私塾,学的也是汉文化。因为家里贫困,后来不再上学,转而去学水书。后来因为国民党抓兵派粮,大伯水书也就学不成了。

跟大伯学水书,也是零散的、断续的,但又是随时随地的。此外,还免不了做些杂务。比如,每次外面的人来家里请教,大伯就喊欧海金过去,"去煮饭啊,陪亲客啊,这些"。

欧海金跟大伯学习水书,只有两年——1948年和1950年。后来,他又跟住在一起的祖父学习水书,直到1956年祖父去世。

大伯所教与祖父所教不同,大伯主要教他书本知识,祖父教他掌宫。欧海金说掌宫"各种各样都有,书上的东西是小事咧,掌宫才是水书最深奥的东西,我祖父虽是文盲,但他掌上功夫很行,很熟的,他八十多岁还记得很清楚,他早晚都跟我讲的嘛,那时,我没有文化,我怎么记得呢?我只靠背"。"祖父共教七十多个掌宫法,很多咧,现我只记得三四十种了。"

## 二、"水书"与"水书习俗"

"水书"是水族独有的古老文字,水族人称它为"泐睢","泐"即文字,"睢"即水家,"泐睢"意为"水家的文字"或"水家的书"。

"水书"是一种古老的文字,有学者推测,其源头可追溯至夏代,而且"与古代殷人甲骨文之间,当有若干姻缘关系",是一种类似于甲骨文和金文的古老文字符号。

"水书"的结构大致有三种类型:一是象形字,有的字类似甲骨文、金文;二是仿汉字,即汉字的反写、倒写或改变汉字的写法;三是宗教文字,即表示水族原始宗教的各种密码符号。书写形式为从右到左直行竖写,无标点符号。如今见到的水族古文字的载体主要有纸张手抄、刺绣、碑刻、木刻、陶瓷煅造等。

"水书"是一种仅有800多个单字（一说通用单词400多个）的文字体系，却储存着丰富的古代信息。它记载了水族古代宗教信仰、天文历法、风俗习惯、哲学伦理、文学艺术、生产生活等诸多方面，被誉为象形文字的"活化石"，也有人把它称为水族人的《易经》、"百科全书"。

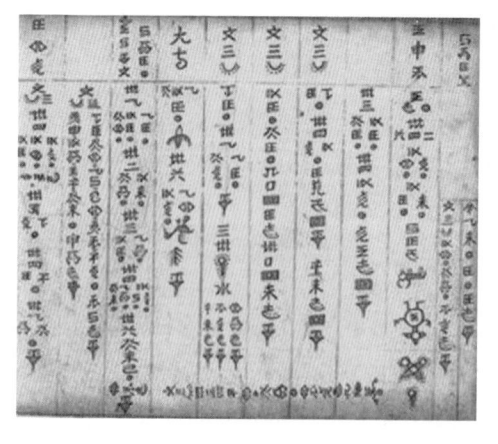

水族"水书"

有专家指出，"水书"的概念包含3个方面的主要内容：在表征上指水族的古文字系统；在内涵上是指用水族古文字书写、编著的记载水族民间信仰文化和传统知识的成文典籍；在外延上指与其具体应用相关联的民俗事项以及保留在"水书先生"头脑中无文字记述的口传知识与经验。

2006年5月，水族"水书"以"水书习俗"的称谓，列入国家级非物质文化遗产保护名录（民俗类）。评审专家认为："水书有独特的文字符号体系。水书是水族民间知识综合记录的反映，涉及天文历法、原始信仰、伦理道德等诸多方面的内容；水书具有实用的操作性，广泛运用于民间婚丧嫁娶、生产生活、趋吉避凶等诸多方面，对水族社会影响深远。水书奇特的文字符号和内容的丰富性，以及民间传承的神秘性，反映了水族文化创造力的杰出价值及特殊价值。"但"因其字少，仅数百，难于表现水族社会种种事象，故不能单独运用，如在占卜吉凶时，须由有师承关系的巫师（俗称'水书先生'）根据水书所载相关条目做出具体的判断、诠释……"

"水书"的传承方式有两种：一部分是通过用"水书"编著的手抄本，一部分是通过水书先生口传心授，弥补因文字发展不完善而无法记录的大量要义、仪式、祝词等。"水书"各类卷本繁多，主要有诵读卷本、应用卷本两大类。应用卷本主要包括《诵读卷》《时辰卷》《二十八宿卷》等数十种，诵读卷本主要包括《正七卷》《亥子卷》等十数种。

## 三、秘传制度下的传承人

欧海金跟大伯学的"水书"，就是"水书"诵读本《亥子卷》，加上祖父教授的掌宫，他成了当地的"水书先生"，主持各种宗教信仰习俗活动。

2009年6月，欧海金与同县的潘老平同时成为第三批国家级非物质文化遗产项目（民俗类）代表性传承人。

"水书习俗"是与水族社会习俗活动紧密相连的，几乎涉及水族生产生活中所有重大民俗事象。生产活动方面，砍山烧荒、新田开垦、修堰筑坝、开挖鱼塘、水井修造、村寨选址、伐树修屋、修房"架马"、开春动土、旱地下种、开秧门、祭田神、水源分配、祭谷魂，以及六畜饲养、大牲畜买卖、农闲狩猎等活动的择吉和祷告仪式；社会生活中，个人的出生、成丁、婚嫁、疾病、终老的全过程，家庭的立神位、酿造、织染、迁徙、生意买卖、债务、防盗、防灾、诉讼、分家析产，村寨的防火、防瘟、自卫、议榔等，除择吉之外，还包含程序复杂的巫术仪式、祭典、占验卜辞和祝词；岁时节庆方面，除固定节期的春节、七月半外，其余节日必须依据"水书"及水书历法推算择定，每个节日或同一节日不同批次的过节日期均须确保准确无误。

上述所列水族民俗活动的"水书习俗"，都离不开"水书先生"。

水族民间称懂水书的人为"水书先生"，他们中的集大成者，水语称为"哎夯"，意思是"智者"，也叫"传师者"。除父子或家族相传之外，并非每个"水书先生"都可以收徒传授水书，只有"智者"才能收徒授学。经过一段时间的基本学习后，"智者"会选择一名心地纯厚、为人正直、接受能力强、悟性高的弟子，作为传授衣钵的大弟子。大弟子需待师傅辞世之后才能招徒传授"水书"，成为新的"智者"。

"智者"一生只传一名真传弟子的传承制度，避免了"水书"内容在传承过程中的遗漏和失真，确保了传承的系统性和完整性，成为"水书"秘传制度的关键之一。但客观上，这种秘传制度也限制了"水书"及其相关习俗文化的发展，使"水书"的功用价值长久局限于宗教祭仪和卜筮领域。

因此，在贵州黔南的三都、荔波、都匀等水族群众聚居地

水书先生在诵读水书

区，文化传承主管单位开展了"水书习俗"系列培训。培训设普及班和提高班，普及班主要讲授水族文字的拼、读、写，提高班则在普及班的基础上加以提升，注重水族文字的运用，如测吉日、看风水、祭祀、婚礼、丧葬等。授课老师都是当地有名望、有权威的"水书先生"，培训对象则是当地及周边地区"水书"爱好者。

上了年纪且身体欠佳的欧海金，对水族文化和"水书习俗"的传承很有责任感。他不仅在培训班授课，而且进行"水书"文本的抢救整理。他的口述实录被收入《揭秘水书：水书先生访谈录》（上、下册，贵州民族出版社，2010年），其中不仅有他学习"水书"和实践"水书习俗"的经历，还有他唱诵的歌诀和咒词。

如今，欧海金的儿子欧庆能，也已经成长为"水书先生"。

贵州黔南举办"水书习俗"传承人培训班

# 贡嘎仁增
## ——从世家走出的"拉孜巴"

贡嘎仁增（1942～），天文历算专家，藏族天文历算传承人。西藏拉萨人，藏族。他出身世家，从小立志成为出色的"拉孜巴"（天文历算学家），经过不断学习和辛勤努力，最终实现愿望，长期从事藏族天文历算学研究及藏历历书编制，并曾担任自治区藏医院天文历算研究所教授、天文历算学会副理事长。2009年成为第三批国家级非物质文化遗产项目（民俗类）代表性传承人，2014年荣获第三届"中华非物质文化遗产传承人薪传奖"。出版有《西藏天文历算学总汇》（合著）。

### 一、从天文历算世家走出的小"阿巴"

1942年2月，贡嘎仁增出生在西藏拉萨的一个藏族天文历算世家，是家里的独生子。他的家族族名是"乌孜顶"，先祖是桑耶寺（西藏第一座剃度僧人出家的寺院）"七试人"（桑耶寺第一批出家的七位僧人）之一，主要负责达赖喇嘛住在夏宫罗布林卡时为其作各种法事，被人们尊称为"拉孜巴"。

"拉孜巴"意为天文历算学家，是西藏"阿巴"（学习天文历算的人）中的最高级别。在过去，"拉孜巴"相当于御前占卜师，主要为所在区域的地方政府及寺院群体服务，为其求神、算卦、降雨、除雹、占卜、观风云、治病、念经祈福等。从贡嘎仁增的这位先祖开始，"乌孜顶"家族便世代沿袭了"拉孜巴"的官职，成为西藏有名的三大天

贡嘎仁增

文历算家族（乌孜顶家族、达则家族、聂塘家族）之一。

与其他两大家族不同的是，乌孜顶家族的"拉孜巴"除了履行上述职责外，在1916年第十三世达赖喇嘛创立"门孜康"（藏医历算学校）后，还承担了编写西藏地方政府历书《门孜康历书》的重任。

早在1206年，西藏的第一本藏历历书《萨迦历书》就已经问世，书中囊括了气候、季节的变化，对藏族人的日常生活起到了一定的指导作用。后来，山南地区的敏竹林寺开始发行《敏竹林历书》，《门孜康历书》就是以此为蓝本编写的。

编写历书绝非易事，因此，对于乌孜顶家族而言，要成为一名合格的"拉孜巴"，不仅需要学习"五行占""占音术"等预测人生凶吉祸福的占算类知识，还要学会编制历法，学习五大行星运动值的推算、闰月和重缺日的设置、日月食的预测、人体脉相变化周期的演算、中长短期天气的预报等。

身为乌孜顶家族的后代，贡嘎仁增从小就立志成为一名出色的"拉孜巴"。他非常喜欢天文历算，常常捧着《门孜康历书》不停翻看。他家里还藏有一本1933年的《敏竹林历书》，历书的封面用蓝色锦缎包裹，书内图画全部为手工彩绘，文字也是用藏文行书一笔一笔写成的，没有丝毫涂改，非常珍贵。

贡嘎仁增回忆说："自从拉萨'门孜康'1916年出版《门孜康历书》，就再不允许敏竹林寺擅自发行自己的历书，他们一年只能制作3本历书，一本奉送给噶厦政府，一本交到拉萨'门孜康'，另一本则自己留底。流传在民间的《敏竹林历书》极少，我从这本历书里学到了很多有用的东西，并将这些知识运用到自己的工作实践中。"

正如贡嘎仁增所说，藏历历书为他开启了藏族天文历算的大门，让他对这一古老悠久的民俗文化产生了浓厚的兴趣，也为他日后从事天文历算的有关工作奠定了基础。

## 二、为求学问而抛弃安乐

1948年，6岁的贡嘎仁增进入拉萨的私立学校"甲巴康萨"上小学。其间，他不但学习了文化知识，还利用课余时间跟着父亲学到了不少天文历算方面的知识。

1952年，贡嘎仁增从"甲巴康萨"毕业，转入"门孜康"拜师，开始正式学习天文历算。"门孜康"是在西藏著名的药王山医学利众院的基础上成立的，它不仅是西藏地方政府的医算局和医疗机构，也是藏族历史上第一所真正意义上以培养医学及历算人才为主的藏族科技学校。为了培养医学、历算方面的优秀人才，学校的教育十分严格，这也给贡嘎仁增留下了深刻的印象。

谈起自己在"门孜康"的学习历程，贡嘎仁增说："学校对每一个学员要求都非常严格。冬天太阳升到根培乌孜山顶的时候便要开始晨读，而后考查背诵情况。然后听课，中午诵经，下午练习或者辩经，晚上又要诵读或者听课。一天十几个小时的学习是很寻常的，每天几乎都如此忙碌。平时每月只放一天假，每逢过年才放上几天。与现在相比，生活也是非常清苦的，有糌粑、酥油吃，不饿肚子就已经相当不错了。"

在课堂上，贡嘎仁增的老师益西群培为了激励大家，常常会讲先辈刻苦求学的故事。那时，学员们学习天文历算所用的工具是"萨雄木"。"萨雄木"意为沙盘，是一个用核桃木做成的长方形木盘，木盘一头用暗格盛放浮土，使用时将其倾斜45度使浮土流到木盘内，然后用铁签在浮土上进行演算。每当大家用"萨雄木"计算时，老师就会给大家讲："传说西藏著名天文历算学家噶玛·让琼多吉在编撰《星算综合论述》时，为计算天文数据在沙盘上用坏了7支铁签。我当了十几年的老师，也不敢说把铁签用秃了，这就是一个大学者无与伦比的刻苦用功精神。你们如果想成为出色的天文历算学家，就应该好好学习这些前辈的伟大品格。"

此外，老师还总为大家讲著名藏医历算学家钦绕罗布读书的故事。钦绕罗布年轻时曾在药王山医学利众院念书，为了追求学问，他不舍昼夜地发奋苦读，从不讲究吃穿。那时，他每天都身穿一件破旧的袈裟，长期久坐磨破了袈裟，就随手在破洞处打个结继续念书。久而久之，全身上下打满了结，于是大家便给他取了个绰号叫"百结者"。由于学习刻苦勤奋，钦绕罗布在很短的时间内就顺利通过了各门课程的考试。

贡嘎仁增用沙盘和铁签研究藏历

在这些故事的激励下，贡嘎仁增一刻也不敢懈怠，系统学习了《四部医典》《白琉璃》等医药学、历算学经典，并学了历史、诗歌等课程，眼界大为开阔。直到多年后，他还会用这些故事来鼓励自己的学生，而西藏古代医典中那句"图安乐者要抛弃学问，求学问要抛弃安乐，安乐中岂能得到学问，求学问则不会有安乐"，则成了他奉行一生的座右铭。

## 三、让藏历历书造福千家万户

1957 年，贡嘎仁增以优异的成绩从"门孜康"顺利毕业。1959 年 3 月，"门孜康"与药王山医学利众院合并为拉萨市藏医院，贡嘎仁增加入进来，开始从事天文历算的研究工作。

然而，没过几年，"文化大革命"就开始了，贡嘎仁增被迫中断研究，离开了拉萨市藏医院。此后的 10 多年里，他先后在拉萨食品厂和地毯厂当工人，一直干到了 70 年代末。

1978 年，贡嘎仁增终于回到拉萨市藏医院，重新展开了天文历算研究的工作。80 年代初，拉萨市藏医院扩建为西藏自治区藏医院，并成立了天文历算研究所，贡嘎仁增调入所里。此后的几十年，他再也没有离开过自己的岗位，从一名普通的研究员成长为教授，为发展藏族天文历算事业辛勤耕耘。

西藏自治区藏医院天文历算研究所的主要工作任务是编制和发布每年的藏历历书。早在"门孜康"创办初期，为了确保历书中数据的准确性，当时的天文历算学家便制定了每 12 年左右进行一次大规模数据运算的传

西藏藏医院天文历算研究所的工作人员在研究编制 2010 年的历书

统。历史上，钦绕罗布曾在 1921 年、1938 年、1947 年和 1957 年先后 4 次组织西藏各地区的天文历算专家进行数据运算，并对历书的有关内容和体例进行研讨。然而，这一传统由于"文革"而中断了很久，藏历历书也停止出版了多年。

天文历算研究所成立后，贡嘎仁增在藏医院院长强巴赤列的支持下，恢复了每 12 年进行一次数据运算的传统。80 年代中期，他召集了日喀则、山南、那曲、阿里、昌都地区藏医院的天文历算专家共

藏族同胞在书店挑选新历书

20 余人，用近一年的时间对 1989～2000 年间的天文历算基本数据进行了统一计算。这次计算既保障了 1989～2000 年间藏历历书编制的准确性，同时又培养和锻炼了新一代天文历算工作人员，计算的所有数据也都分享给了各地区的藏医院，对藏族天文历算的发展做出了重要贡献。

随着科技的发展，研究所还开发出了一套应用程序，可以准确、快速地计算出历书所需的相关数据。有了程序的帮助，贡嘎仁增和同事们每次计算完毕都会把结果交给程序员进行验算，两边的运算数据对照无误后，再将运算的结果编制为历书出版，发行到民间。这样一来，历书的数据就变得更加准确，老百姓的生产生活也有了更高的保障。

后来，为了完善并扩充历书的内容，贡嘎仁增还多次深入农牧区，针对传统历算、农事时宜、气象物候等方面做了大量调查。每次调查结束后，他都会把得到的成果运用到新一年的历书当中，受到大家的热烈欢迎。

如今，经贡嘎仁增和同事计算、编制的历书每年的发行量高达十几万册，历书的种类也在传统长历书的基础上增加了台历、撕历、便携式历书 3 种。这些历书不仅发行到我国西藏、四川、青海、云南、甘肃等地，还发行到尼泊尔、不丹、缅甸等国家，影响力非常广泛。

## 四、"有责任培养更多的西藏天文历算人才"

几十年来，除了编写历书，贡嘎仁增还致力于培养新一代天文历算人才。早在西藏自治区藏医院成立初期，他就已经开始和院长强巴赤列培养

新人。强巴赤列是自治区有名的藏医，也是贡嘎仁增的前辈，他经常对贡嘎仁增说："在我没有离开人世之前，我将一直致力于藏医事业；在你还健在时，你要毕生致力于藏族天文历算事业。"

为了培养新人，贡嘎仁增把自己的家作为教课场所，只要一有时间就会对学生进行指导。他教授天文历算从不收一分钱学费，只要有人愿意学，无论是寺院的僧尼还是俗人，他都会倾囊相授。如今，贡嘎仁增通过这种教授方式已经无偿培养了500多名学生，他们当中有一些已经达到了能独自编写历书的水平，而其余的学生至少都能看懂并使用历书。

此外，贡嘎仁增还曾到西藏藏医学院、西藏大学等高校教课，为学校培养了许多天文历算专业的学生。他说："我非常愿意传授历算知识，大概是因为出身于历算世家，对藏族的天文历算有深厚感情的缘故。我感到自己有责任培养更多的人才，一代一代地将传统学科传承下去。"

在编写历书和教课之余，贡嘎仁增还撰写了《浅谈藏医药与天文历算的关系和它的发展史及天文历算学的科学性》等论文。他还是约600万字的巨著《西藏天文历算学总汇》（四川民族出版社，1998）的主笔之一。

2008年6月，藏族天文历算列入第二批国家级非物质文化遗产名录（民俗类）。8月1日，天文历算研究所预测的我国21世纪首次日全食如期到来。早在一年前，贡嘎仁增就已经和同事们用藏族天文历算预测出了这次日全食的到来，并在历书中具体公布了日全食到达西藏的时间，为西藏的天文爱好者提供了便利。

2009年5月，贡嘎仁增成为第三批国家级非物质文化遗产项目代表性传承人。得知这一消息，贡嘎仁增激动地说："作为西藏天文历算这一国家级非物质文化遗产的传承人，我有责任和义务培养更多的西藏天文历算人才，将这一传统学科更好地传承下去。"

2012年，贡嘎仁增从研究所退休。然而，本应安度晚年的他却始终对天文历算念念不忘，第二年又回到所

贡嘎仁增指导学生研究历算

里继续工作。平日里,除了进行天文历算、编写历书等日常工作,他还会利用休息时间在家里为学生免费讲课。此外,每周二他都会到色拉寺佛学院和自治区佛学院讲授天文历算知识。贡嘎仁增的学生加永次仁说:"老师虽然已过古稀之年,但是思路特别清晰、敏捷,眼睛也特别好。在沙盘上计算的时候,数字最多时能达到六七十个,密密麻麻的,年轻人看着都眼花,而老师却不会出错。"

2014年6月,贡嘎仁增荣获第三届"中华非物质文化遗产传承人薪传奖"。如今,他依旧为发展藏族天文历算事业发挥着光和热。

# 斯庆巴拉木
## ——蒙古族服饰技艺的"巧手姑娘"

斯庆巴拉木（1941～），民间手工艺人，蒙古族服饰传承人。内蒙古鄂尔多斯乌审旗人，蒙古族。她8岁开始跟母亲学习蒙古族服装和靴帽的裁剪、衲缝、绣花等，十七八岁时掌握了蒙古族服饰的绝大多数制作技艺，成为名扬百里的"巧手姑娘"。她制作的蒙古族服饰色彩艳丽、用料讲究、做工精细、风格多样、穿着得体，广受欢迎和好评，并屡次获奖。2012年成为第四批国家级非物质文化遗产项目（民俗类）代表性传承人。她的家族传承谱系已经延续到第六代，她培养的徒弟已经成为蒙古族服饰制作的新一代传承人。

### 一、名扬百里的"巧手姑娘"

1941年1月20日，斯庆巴拉木出生于内蒙古鄂尔多斯乌审旗苏力德苏木一个蒙古族牧民家庭。

斯庆巴拉木的外祖母朝伊吉浩日乐是位民间工艺能手，精于制作蒙古族服饰、头饰、绣花、绣靴，并把技艺传给了女儿布勒特格尔。在耳濡目染和母亲的言传身教下，斯庆巴拉木自小酷爱服饰裁缝技艺，从8岁开始跟母亲学习蒙古族服装和靴帽的裁剪、衲缝、绣花，以及蒙古族男士配饰和妇女首饰的制作工艺。

经过母亲的精心指点，以及自己的刻苦学习，到了快出嫁的年龄，斯庆巴拉木

斯庆巴拉木

已经全面掌握了蒙古族服饰的绝大多数制作技艺，包括不同年龄、不同面料、不同档次的男女蒙古袍、坎肩等的裁剪、缝缀、镶边，不同季节男女

靴帽的裁剪、绣花、缝制，以及烟荷包、鼻烟壶褡裢等男士配饰的缝制和妇女"头戴"、针线包的制作，成为名扬百里的"巧手姑娘"。

我国各民族传统服饰上，刺绣总是最靓丽的部分，蒙古族服饰也是如此。斯庆巴拉木制作的蒙古族服饰，绣花图案包罗万象，所用丝线颜色和品种达 2000 多种，被人们誉为"明星绣花女"。

"巧手姑娘"斯庆巴拉木名不虚传，她仅凭一缕丝线、几片绸缎，便可巧妙地缝绣出一件件蕴含蒙古族文化的服饰和生活用品。她设计缝制的鄂尔多斯蒙古族服

斯庆巴拉木在刺绣

装种类繁多，衣服纽扣丰富多彩，妇女"头戴"结构复杂、部件众多。这些，都受到了牧民群众的喜爱，也有不少人向她请教学艺。

为了弘扬鄂尔多斯蒙古族服饰文化，1978 年，斯庆巴拉木成立了家庭作坊。从那时起，她把自己的精力、心血和积蓄全部投入到鄂尔多斯蒙古族服饰、首饰、刺绣的研究和制作之中。除了潜心研究传统鄂尔多斯服饰文化外，还对外承揽业务，先后手工制作了上千套鄂尔多斯服装和 40 多副鄂尔多斯妇女"头戴"，取得了令人瞩目的可喜成绩。

## 二、蒙古族服饰：草原风采

蒙古族服饰也统称为蒙古袍，主要包括长袍、帽子、腰带、靴子、坎肩、配饰等。但因部落众多、地域不同，在式样上有所差异。

蒙古族服饰具有浓郁的草原特色，以袍服为主，便于骑马。因为长期生活在塞北草原，蒙古族人不论男女都爱穿长袍。牧区冬装多为光板皮衣，也有绸缎、棉布面料的。夏装多为绸缎和棉布制作。长袍肥大，袖长，多红、黄、深蓝色。男女长袍下摆均不开衩。腰带以红、绿色绸缎为主。靴子以家畜皮、布帛为面料。

蒙古族服饰的地域差别，主要源于自然环境、部落习俗的不同，从而

呈现出不同的风格,例如,巴尔虎部服饰高贵华美,乌珠穆沁部服饰色泽艳丽,布里亚特部服饰美观大气,鄂尔多斯部服饰庄严华丽。但不管是哪个部落的服饰,都是蒙古民族文化的积淀,都闪烁着民族的智慧,展示了韵味独特的草原风采。

2008年6月,内蒙古自治区、甘肃省肃北蒙古族自治县、新疆维吾尔自治区博湖县申报的"蒙古族服饰"项目,列入第二批国家级非物质文化遗产名录(民俗类)。

之后,内蒙古自治区发布了《蒙古族部落服饰》,成为我国第一个民族服饰地方标准。这个标准包含了内蒙古地区28个蒙古族部落服饰的特征和传统款式,其中收录的56套蒙古族服饰实物标准样品均有彩色效果图、款式图、裁剪图,并以蒙古文、汉文两种版本发行。

斯庆巴拉木制作的蒙古族服饰全部由她自己设计,具有浓厚的鄂尔多斯地区特色,而其中最华丽的部分是头饰,俗称"头戴"。

蒙古族自古就以游牧为主,独特的自然环境、生产生活方式,造就了他们对精神生活和物质生活的追求。这种生活方式,直接导致牧民把自己的主要财富转换为金银珠宝佩戴在身上,以便保存、迁徙。这是蒙古族妇女注重头饰的重要原因之一。

鄂尔多斯是成吉思汗的八白宫所在地,在元代,杰出的艺人、工匠汇聚于此,他们将蒙古帝国宫廷文化、精湛的工艺带到鄂尔多斯。随着时间的推移,这种蒙古族贵族文化逐渐渗透到鄂尔多斯民间文化中,影响了整个鄂尔多斯蒙古族牧民的生活,形成了由低到高档次不同的鄂尔多斯蒙古族妇女头饰。

鄂尔多斯蒙古族妇女头饰造型庄重、华贵,用料考究、精良,做工繁杂、精湛。工艺上多采用捶打、编结、錾花、镶嵌、雕纹等技法。饰件图案多以各种花卉、虫草、吉祥纹样居多,造型精

鄂尔多斯蒙古族服饰

美，玲珑剔透。用料大多是极为珍贵的红珊瑚、珍珠、玛瑙、绿松石、银等。它融汇了蒙古族的集体智慧、审美意识和生活情趣，在各蒙古族部落妇女头饰中被誉为极品，有"头饰之冠"的美称。

## 三、让蒙古族服饰更好地传承和发展

斯庆巴拉木非常珍惜祖传的技艺，原原本本地继承了母亲传授的服饰制作手艺。她制作的蒙古族服装，严格遵循传统风格和传统工艺流程缝制，具有色彩艳丽、用料讲究、做工精细、风格多样、穿着得体等特点。她制作的鄂尔多斯妇女"头戴"，雍容华贵、美观大方，更是美名远扬、广受欢迎。

斯庆巴拉木不仅继承传统，而且还按照自己的审美情趣，对传统设计和工艺加以适度改进，使之更加符合庄重、美观、华贵等传统要求，在材料的多样性、工艺的创新性、外观的时代性等方面进行了有益的探索，取得了良好的效果。

斯庆巴拉木设计缝制的鄂尔多斯蒙古族服装种类繁多，有蒙古袍、坎肩、兀吉、斗篷，有圆帽、皮帽、单帽，有皮靴、布靴（玛海）等。她裁剪的一件中等身材蒙古袍可用5米绸缎。她制作的衣服纽扣应有尽有、丰富多彩，有布纽扣、绸缎纽扣、铜纽扣、银纽扣、金纽扣，有圆形、纹饰形、蝙蝠形、花瓣形等。

斯庆巴拉木（右二）参加民族服饰展览

多年来,斯庆巴拉木带着自己的蒙古族服饰作品,多次参加国家、自治区、市、旗的展览、比赛,多次引起轰动。精湛的服饰制作技艺和不懈努力,使她赢得了许多荣誉。

2007年8月,斯庆巴拉木参加"第三届中国西部(呼和浩特)文化产业博览会",她制作的蒙古族服饰引起轰动。同年,她与鄂尔多斯歌舞团一起赴沪参加"上海国际艺术节",展示了蒙古族服装、头饰、绣花、帽子等,受到了中外媒体的关注。2009年8月,参加在鄂尔多斯市举办的第十一届亚洲艺术节"中国少数民族非物质文化遗产展"的展演展示,精湛的技艺深受好评。斯庆巴拉木说:"科技的发展,限制了传统手工艺的发展,这些活动可以让更多人注意到蒙古族服饰文化的魅力。"

2008年8月,斯庆巴拉木参加内蒙古乌兰察布市格根塔拉"国际民族服饰大赛",获首饰表演特别奖;2009年7月,参加"响沙湾杯"国际蒙古族服装服饰艺术节,获设计三等奖;2009年11月,参加在北京民族文化宫举办的"缤纷中国——中国民族民间服饰文化暨中国民间文化遗产抢救工程成果展",获个人贡献奖;2010年,参加在呼和浩特市举办的各国蒙古族服饰展览,获二等奖;同年参加在格根塔拉举办的各国蒙古族服饰展览,获一等奖;2010年,参加鄂尔多斯市乌审旗蒙古贵族服饰表演,获二等奖。

为了更好地传承和发展蒙古族服饰制作工艺,2007年,斯琴巴拉木创办了乌审旗"老年服饰文化独贵龙",在旗内外各种类型文化活动中展示自己的鄂尔多斯服饰作品和其他手工艺作品,使更多的人了解、学习、研究鄂尔多斯蒙古族服饰文化及其精湛的手工技艺。

2012年12月,斯庆巴拉木成为第四批国家级非物质文化遗产项目(蒙古族服饰)代表性传承人。

在60多年的民族服饰制作生涯中,斯庆巴拉木

斯庆巴拉木在传授蒙古族服饰制作技艺

非常注重民族技艺的传承。在家里，她的手艺已经传给了三个妹妹，她们均已经出师，成为蒙古族服饰制作能手。其家族服装缝制的传承谱系已经延续到第六代。

此外，斯庆巴拉木还培养过许多徒弟，其中，奥德恒绍布德、阿拉坦其木格、敖东绍、金鱼、杨咏、杨亮、杨明等已经成为"鄂尔多斯西部蒙古族服饰及制作工艺"的新一代传承人，特别是奥德恒绍布德被誉为蒙古族刺绣的后起之秀，已经是鄂尔多斯"非遗"领域一颗璀璨的新星。由此，斯庆巴拉木也被评为鄂尔多斯市非物质文化遗产保护工作先进个人。

斯庆巴拉木一生执着于蒙古族服饰制作，并获得了极大成就。如今，在众多光环下，她仍旧认为自己只是一个牧民，仍旧不放弃对事业的追求。她说，自己最大的心愿是让蒙古族服饰能够得到更好的传承和发展。

斯庆巴拉木绣品

# 谭三岗
## ——衣钵相传的毛南族"肥套"师公

谭三岗（1959～），民间艺人，毛南族肥套传承人。广西河池环江人，毛南族。他是当地师公班的第13代传人，19岁时就跟随父辈学唱"肥套"歌、跳木面舞，经过长期学习、观摩、实践，成长为当地出色的师公，现在是环江县师公班里最擅长跳木面舞、唱山歌、打击乐、演傩戏的"肥套"师公。2012年，成为第四批国家级非物质文化遗产项目（民俗类）代表性传承人。

## 一、师公班的第13代传承人

1959年10月，谭三岗出生在广西壮族自治区河池地区环江毛南族自治县下南乡堂八村一个毛南族家庭。

环江毛南族自治县位于广西西北部，隶属河池地区。这里生活着毛南族、壮族、苗族、瑶族、侗族、水族、仫佬族、布依族等少数民族34万多人，其中毛南族占总人口的16.2%。

毛南族是广西的世居民族之一，自称"阿难"，意思是"这个地方的人"，表明他们是当地世居民族，历史上环江县境内先后有"茆滩""茅滩""冒南"等地名。1956年12月，正式确认为单一民族，称"毛难族"。1986年6月，根据本民族意见，经国务院批准改称"毛南族"。

毛南族也是我国人口较少（2010年第六次人口普查统计为101192人）的山地民族之一，主要分布在广西环江毛南族自治县和贵州的平塘县、惠水县、独山县。

虽然人口较少，但毛南族却以悠久的历史和独特的文化闻名于世，仅入选国家级非物质文化遗产名录的就有"肥套"和花竹帽两项。

毛南族"肥套"是一种还愿仪式，由师公（也称"傩师"，民间神职人员）主持、表演。旧时，环江地区有不少师公班，是业余从事"肥套"仪俗活动的民间班组。谭三岗正是下南乡堂八村谭家师公班的第13代传承人。这个村子里，如今健在的还有谭圣慈等著名师公。

谭三岗19岁时就跟随父辈学唱"肥套"歌、跳木面舞，经过长期学习、观摩、实践，他成长为当地出色的师公。现在，他是环江县师公班里最擅长跳木面舞、唱山歌、打击乐、演傩戏的"肥套"师公。

2012年，谭三岗成为第四批国家级非物质文化遗产项目（毛南族肥套，民俗类）代表性传承人。

作为"毛南族肥套"代表性传承人，谭三岗在北京参加过中国非物质文化遗产成果展，还两次代表中国的傩戏到日本表演，备受欢迎。

## 二、毛南"肥套"："傩戏活化石"

"肥套"是毛南族还愿仪俗活动的总称，是毛南族民间规模最大、最普通的一种敬神活动。"肥套"是毛南语，汉语的意思就是"还愿"。这种仪俗盛行于明清之际，最初是毛南族借助傩祭祀天地自然万物的仪式，在传承过程中融合毛南族口头文学、山歌、戏剧、舞蹈、音乐等民间文艺元素，从而成为内容丰富的民俗活动。

毛南族"肥套"仪式十分隆重，需要摆设各种"供桌"，搭神坛，在神坛上"安楼"、挂神像。仪式活动都是由一个师公班主持进行，师公们手持刀、剑、铜铃等法器，头戴木制面具，身着古装戏服，口念经文巫语，唱傩神歌，跳傩神舞，轮番扮演36路神灵，进行"请神"仪式。整个过程由主唱师公念咒语、唱神书主持引导，主唱师公念请哪位神时，即由别的师公戴上该神的木面具，

*毛南族"肥套"表演*

按一定的程序表演舞蹈。

"肥套"是综合性的民俗活动，主要表现形式有傩歌、傩舞、傩戏、傩乐、傩故事（口头传说）、傩面具雕刻几大部分，有一整套的唱本、服装和道具。

"肥套"唱本的主题思想是希望子孙繁衍、兴旺发达，希望与兄弟民族团结友爱、和睦共处。唱本的经文巫语，都用汉语方块字书写，但不按汉语语法来造句，只有同时懂得汉语、毛南语和壮语的人才能理解其意义。

"肥套"服装，男性神多身穿龙袍、蟒袍，袍上绣着各种鲜艳的图形，并缀有闪光片；女性神则上衫下裤，不穿裙，与民间妇女的服饰大致相同。

"肥套"最突出的部分是傩舞，毛南语称为"条套"，由师公戴着面具扮演神的角色跳舞表演。实际上，这一套表演既扮演角色，又歌舞兼备，有着明显的综合性，因此也被称为"傩戏"。

"条套"傩舞整体上由15个舞蹈组成，诸如登梯、超度、架桥、拣花、送花、坐殿等。表演形式可分为独舞、双人舞、三人舞和四人舞等小型舞蹈，基本动作有软拜步、起伏碎步、甩袖、绕手轻拜、跳小步和辗转绕圈等。傩舞的风格原始古朴、气氛肃穆庄重，在打击乐伴奏下，动作轻柔悠然，有如神灵腾云驾雾，极富神秘的巫术色彩，又有强烈的生活气息。

如果说"条套"是整个"肥套"的核心，那么，木面具（傩面）可谓"条套"（傩舞）的灵魂，毛南"条套"又称"木面舞"即是明证。木

毛南族"肥套"木面具

面具及其所蕴含的文化,更具有传播广远的可能。

"肥套"集歌、舞、乐、戏及造型等艺术形式于一体,承载着毛南族人民祈求生生不息、风调雨顺、五谷丰登的美好愿望,它既是毛南族发展的历史见证,有"傩戏活化石"之称,又是毛南族传统文化的珍贵遗产,是毛南族民族文化的集中体现。

2006年,毛南族"肥套"列入第一批国家级非物质文化遗产名录(民俗类)。

## 三、"希望后辈也能代代相传"

毛南族"肥套"的传承、传播经过了三个阶段:1949年前,形成发展巅峰阶段;1949~1980年,由盛而衰阶段;1980年至今,劫后重生复原阶段。

"文化大革命"期间,"肥套"被当作"四旧",打入另册。"红卫兵"把师公们抓起来游街批斗,把他们的书籍和道具集中起来点火焚烧。堂八村的谭信慈当时只有20多岁,出于好奇,他在夜里悄悄从残火堆里拣出了几本书,这些书有的记录着唱词,有的画着木面具图样。谭信慈提心吊胆地将这些书藏在箱子底下,一藏就是十多年。

1984年,谭信慈在搬家时重新又看到这些书,决心重兴毛南族"肥套"。他找来一些老师公,对唱书进行回忆补充并抄录下来。由于当时会雕刻木面具的毛南族艺人都已作古,当时已经44岁的谭信慈开始学习木面具雕刻。经过几年的努力,终于攻下难关。如今,谭信慈是唯一全面掌握毛南族"肥套"木面具雕刻技术的人。

20世纪90年代末,全国掀起保护民族文化遗产的热潮,环江县新时期以来悄悄重现的毛南族傩戏班子得到了认可和发展,单是下南乡的傩戏班子就逐渐发展到了若干个。

1995~2003年,毛南族傩戏班子曾两次赴日韩、四次到东南亚演出,日本、英国等国家和国内中央电视台以及港台地区的多家电视台也慕名来到环江,邀请毛南族傩戏班子表演,拍成了专题片。2002年,以毛南族傩戏《柳浪哩》为基调改编的毛南族民歌在南宁国际民间艺术节上亮相,获得专家好评。同年,环江县自编的傩舞在广西民间舞蹈大赛上连拿四项大奖。

毛南族"肥套"仪俗主要是以口耳相传、行为示范和心理影响的方式传承。由于社会进步和人们价值观念的变化,人们对于"肥套"的诠释,

谭信慈展示自己制作的"肥套"面具

少了唯心主义的虚无，多了唯物主义的实在。谭三岗说，以前"肥套"中的"求花"（求子）环节，现在已经比较少见了。而在民族地区生活水平提高的同时，许多年轻人对这些仪式很是不屑。

谭三岗指出，在现代文明的冲击和快节奏的生活下，如今毛南族人在举行傩俗"肥套"仪式时，只重宗教祭祀过程，不重歌、舞、戏、乐。这是因为"肥套"内容繁多、程式复杂，掌握全套技艺必须经过较长时期的练习。因而，如今人们请师公班作"肥套"，只注重对神"尽心"，别的要求就简单多了。

毛南族"肥套"仪俗的传承，后继乏人的状况十分突出。据统计，目前毛南族地区，仅有4个民间师公班，资深艺精的老师公不足10人，平均年龄60多岁，最长者已经78岁。能勉强表演全套十几种傩舞的师公仅剩下1人，能按古曲吹奏传统唢呐、会演两种瑶王角色的也仅各剩1人，掌握全套打击乐的仅有3人，能雕刻36种神祇木面具的则仅有2人。

国家推行非物质文化遗产保护与传承政策以来，毛南族"肥套"的传承情况有所改善。如今，谭三岗经常参与"肥套"仪式，因年龄关系，他不能每次都亲自进行表演，而他的儿子已经能够起些作用。

谭三岗的二儿子高中毕业之后就开始跟父亲学习"肥套"，已经学习了一年多，经常跟随父亲到别的村去作"肥套"。谭三岗把自己的二儿子当作接班人。当有人问起这个年轻人是自愿学习还是父亲要求的，年轻人说："我是自愿学的，我喜欢。"

作为毛南族"肥套"代表性传承人，谭三岗深感骄傲，对于"肥套"的未来也很有信心。谭三岗说："当前，'肥套'盛行于毛南族山乡，我一个月20余天都在从事这项工作，二儿子对此甚是喜欢，已学会了傩舞。我将把'衣钵'传给他，希望后辈也能代代相传。"

# 普顺发
## ——彝族火把节的主持人

  普顺发（1936～），民间活动主持人、民间舞蹈艺人，火把节（彝族火把节）传承人。云南楚雄禄丰人，彝族。他18岁开始跟伯父学习毕摩经和祭祀仪式，60年代作为助手参与仪式活动，1987年成为主祭司，主持的火把节祭祀活动程序严谨、完整。他还是现今掌握彝族大刀舞套路最多的艺人。2012年成为第四批国家级非物质文化遗产项目（民俗类）代表性传承人。

## 一、多才多艺的毕摩

  1936年10月，普顺发出生在云南省楚雄禄丰县大花箐村的一个彝族家庭。

  毕摩在彝族地区又有"布慕""拉摩""西波""贝玛"等不同称谓。他是彝族社会的祭司，同时也是民间知识分子和民族文化传承者。旧时不论做什么事情都要祭神，如插秧祭秧神、打猎祭猎神等，逢喜事或灾祸更要进行祭祀，毕摩自然成为彝族村寨不可或缺的人物。毕摩熟悉彝文，通晓占卜、堪舆和天文历法，是彝族社会人神之间的使者。毕摩最重要的能力是掌握各种毕摩经，在不同祭祀活动中吟诵。

  普顺发家是一个毕摩世家，祖父普朝发曾是当地有名的毕摩，除了会毕摩经，还会画画、大刀舞等；伯父普茂惠也是一位毕摩。

  普顺发幼年读过私塾，学过《百家姓》以及《中庸》《大学》等传统蒙书。那时家境不好，但普顺发聪明好学，每次考核都名列前茅，所以老师免了他的学费。说起儿时的这段经历，普顺发颇有些自豪。

  1952年，16岁的普顺发在乡里当了秘书。那时新中国成立不久，在农村像他这样有一定文化的年轻人属于凤毛麟角，很受重视。可就在这顺风顺水的人生途程中，年轻的普顺发做出了一个选择，从而改变了自己的命运，影响了其一生。

"毕摩"普顺发

那是 18 岁的时候，普顺发开始学做毕摩（彝族祭司）。以普顺发当时的身份来说，这是决不允许的。然而，出于热爱和家族传统，他偷偷地跟着伯父学了起来。几年间暗自学习，普顺发背会了不少毕摩经，打下了基础。

1961 年和 1962 年，在当地的火把节上，普顺发作为主祭司的助手，参与了节日祭祀活动。节日活动的参与和锻炼，使普顺发进一步掌握了有关祭祀仪式。

按照当地习俗，师傅还健在，徒弟不能当主祭司。1987 年，伯父普茂惠去世，普顺发成为主祭司，开始主持各种祭祀活动。

普顺发不仅是毕摩，还是彝族大刀舞的传承人。他不仅能主持彝族火把节祭祀活动，还熟练掌握了大刀舞的表演技艺，是不可多得的民间艺人。1982 年、1989 年，他两次代表楚雄彝族自治州参加云南省第二、第四届少数民族传统体育运动会，表演了彝族大刀舞。2002 年 5 月，他被云南省文化厅、省民委命名为"云南省民族民间舞蹈艺人"。

## 二、火把节："东方狂欢夜"

火把节是我国西南地区彝族等少数民族的传统节日，流行于云南、贵州、四川等省的彝族地区。除彝族外，白族、纳西族、基诺族、拉祜族等民族也过这一节日。火把节多在农历六月二十四或二十五举行，节期三天。

关于火把节的由来，有不少民间传说。在我国最大的彝族聚居区大小凉山，火把节由来传说中影响最大、流传最广的，是彝族英雄黑体拉巴的故事。传说天神看到人间繁荣富足，彝族人民安居乐业，心怀嫉妒，便派儿子大力神率天兵到人间征收苛捐杂税。天兵所到之处，烧杀抢掠，无恶不作。后来，大力神在摔跤决斗中被黑体拉巴摔死。天神为此大怒，便放出天虫（蝗虫）到人间祸害成熟的庄稼。

黑体拉巴的恋人妮璋阿芝找到天边的一位大毕摩，毕摩翻看天书，告诉妮璋阿芝，"消灭天虫，要用火把"。妮璋阿芝和黑体拉巴带领民众上山扎蒿秆火把，扎了三天三夜的火把，烧了三天三夜，终于烧死了所有天虫，保住了庄稼。见此情景，天神暴跳如雷，用法力将劳累过度的黑体拉巴变成了一座高山。妮璋阿芝痛不欲生，在大毕摩的祈祷声中化作漫山遍野美丽的索玛花，盛开在黑体拉巴变成的高山上。

普顺发杀鸡献神

黑体拉巴和妮璋阿芝变成高山和索玛花这天，正好是农历的六月二十四。从此，彝族人民为了纪念他们，便在每年的这一天以传统方式击打燧石点燃圣火，燃起火把，走向田野，载歌载舞，祈求风调雨顺、来年丰收。久而久之，便形成了一年一度的火把节。

彝族火把节一般历时三天三夜，分为迎火、玩火、送火三个阶段。而在普顺发的家乡高峰乡大、小花箐村，火把节包括祭祖、开光、祭天、耍火把、扫邪驱魔和送火把六个部分。六月二十四晚上，村里家家户户招魂祭祖，杀鸡献神。二十五日下午，普顺发身穿法袍、手拿法铃，以主祭司身份出现在庙里，杀鸡献神，然后到村后的山林，鸣炮三声，插上香火，供上酒、米、红烛等，率众跪拜三位大神（大黑天神及关圣、财神）面具，并用彝语吟诵《火把节祭经》，接着火把节开始。

六月二十七的送火把仪式，是整个火把节的高潮。大刀队的98个队员，全部都要画上花脸，头上和腰间系红布条或绿布带，埋伏在山梁上的树林中。此时，三位大神带领欢庆的队伍从小花箐过来，大刀队便冲杀出来，在空地上上演征战厮杀场面。最后，普顺发和助手把面具、旗子堆在林中空地上，上香献酒，唱诵祭经后点火烧毁。

火把节的由来虽有多种说法，但其本源当与火的自然崇拜关系最为直接，目的是期望用火驱虫除害，保护庄稼生长。在长期发展中，逐渐成为内容丰富的综合性节日。火把节的主要活动在夜晚，人们点燃火把照亮天空，除秽求吉，烧起篝火，举行盛大的歌舞活动。节日期间，还有赛马、斗牛、射箭、摔跤、拔河、荡秋千等娱乐活动，并进行社交和商贸活动。

彝族火把节场面壮观

在我国的少数民族传统节日中，彝族火把节是最富有魅力的节日之一，享有"中国民族风情第一节""东方狂欢夜"的美誉。

2006年5月，火把节（彝族火把节）列入第一批国家级非物质文化遗产名录（民俗类）。

## 三、火把节的"双料传人"

2012年12月，普顺发成为第四批国家级非物质文化遗产项目［火把节（彝族火把节），民俗类］代表性传承人。

作为彝族火把节的传承人，普顺发既主持毕摩祭祀仪式，又参与大刀舞表演，某种意义上，可以说是"双料传人"——这也是众多综合性"非遗"项目传承人的一个特点。

毕摩经不仅是彝族社会祭祀用的经文，也蕴含着丰富的历史文化知识。各种祭祀活动的毕摩经经文各不相同，都有上千句，而且不容半点差错。比如《火把节祭经》用于火把节祭祀，主要是对神灵汇报一年来的生产生活情况，将喜庆和病害之事告知诸神，请求神灵把病害赶走，保佑风调雨顺、五谷丰登、六畜兴旺、村民安康。而《丧葬（指路）经》，是老人去世后家人请毕摩主持葬礼时吟诵的，旨在为亡灵指引回到祖先发祥地的路线，沿途经过的地方、山川、河流都要交代清楚，否则亡魂会迷路。

毕摩经经文全靠口传心授，是一代代死记硬背传下来的。在传承过程中，难免遗漏。而毕摩职司的学习，最主要的也是背诵毕摩经。由此可

反映火把节的绘画作品

知，毕摩经形成文字，十分必要。

普顺发早年在私塾读过蒙书，有一定的汉语基础，因此，早在80年代，他就和师傅普茂惠一起采用汉字记彝音的方法，开始记写《毕摩祭祀经》，花一年多时间写出了3500多句。后来，他们还记写出了《火把节祭经》。

1996年退休后，基于对民族民间文化的深厚感情，普顺发开始潜心钻研彝族文化，自费到各地拜访同行，学习交流，对祖传毕摩经加以补充、校正和诠释。经过多年的辛苦努力，整理了《毕摩祭祀经》《火把节祭经》《丧葬（指路）经》三本毕摩经，共5000余字。他还与人合写了《高峰乡彝族火把节调查报告》，刊载在1994年《彝族文化》上，受到国内外学者的重视，还被译成日文发表在日本报刊上。

作为民间神职人员，毕摩传承人的择定有一定的规矩。普顺发年逾古稀，传承问题摆在了他的面前。2007年，他选定大儿子跟自己学习。大儿子曾当过小学教师，加上《毕摩祭祀经》和《火把节祭经》已经编写出来，学起来要容易一些。

大刀舞是禄丰县境内彝族独有的民族民间舞蹈，在火把节祭祀活动中表演。祭祀时表演大刀舞，借助关公的神力，驱鬼逐魔，永保安康。相传彝族大刀舞有72种套路，后来逐渐失传，目前只有普顺发熟知其中的8个套路，掌握抛刀跺地晃手、踢刀上臂抹刀、上步跪蹲挑刀、刀步背刀招手、翻转、刀花等舞蹈动作。

作为彝族大刀舞的传承人，普顺发已经教出了胡金富、普宜生、普有军、胡金良等40多名大刀舞表演骨干，他们都熟练掌握了大刀舞的基本表演技艺。

# 柯璀玲
## ——"为了给民族留点记忆"

柯璀玲（1962～），民间服饰艺人，裕固族服饰传承人。甘肃张掖肃南人，裕固族。14岁时跟随母亲等人学习民族手工艺，并收藏老物件。大学毕业后，在工作中继续学习、收集，学会了16种民族技艺，收集上千老物件。退休后，先后开办民族文化传承公司和民族服饰店，建设"活态"博物馆——裕固族特色村寨，致力于民族服饰的推广和民族文化的传承，已经培养徒弟百余名。2012年成为第四批国家级非物质文化遗产项目（民俗类）代表性传承人，同时也是省级"非遗"项目"裕固族皮雕"的代表性传承人。

## 一、钟情民族手艺和老物件

1962年1月，柯璀玲出生在甘肃省张掖市肃南裕固族自治县一个裕固族家庭。

裕固族是甘肃独有的少数民族，肃南也是全国唯一的裕固族自治县。在这里，生活着裕固族、汉族、藏族、蒙古族等16个民族，约37000人，其中裕固族人口约10000人。

裕固族有着丰富多彩的民族文化遗产，但随着游牧时代的结束，裕固族许多传统习俗和用品，甚至语言，逐渐面临着消失的困局。

柯璀玲

生在新中国的柯璀玲，按部就班地成长，上学读书。初中毕业后，她对本民族的历史文化产生浓厚兴趣，四处收集本民族服饰、佩饰、挂件、刺绣、生活用品等，还不断学习各种手艺、技术。

柯璀玲的兴趣，首先源自母亲的影响。柯璀玲的母亲是一位传统的裕固族女子，一辈子在牧场放鹿，帮人做头面（头饰）。初中毕业后，14岁的柯璀玲也回到家乡的牧场，和母亲一起放鹿。那时，她最喜欢做的就是观察和描画各种姿态的鹿，向母亲学习毛编、刺绣。收藏裕固族的老物件，像头面、马鞍等物品，就是从这时候开始的。

柯璀玲说："母亲一直给有钱人家做头面、服饰。见到一些老物件，母亲会说，这是我们民族的，以后可能见不到了。我就留下来，留来留去现在就成了割舍不下的东西。"

为了学习裕固族传统的皮雕技艺，柯璀玲带着母亲一起找到远房的舅奶奶，软磨硬泡，最终舅奶奶不仅将已经去世的老伴的皮雕技术和盘托出，还把老伴留下的皮雕工具全部无偿赠送给了她。

随着不断学习和收集，柯璀玲越来越感觉到裕固族文化的博大精深，也体会到了自己文化水平不高的局限，因此决定考大学。就这样，性格倔强的柯璀玲一考就是8年，终于考进了西北民族学院美术专业。正规的高等教育，使她在文化知识和专业技能等方面都受益匪浅。

1984年毕业后，柯璀玲进入肃南县文化馆工作。从此，她更加自觉地学习濒临失传的传统手工技能，痴迷于发掘、整理、收藏流散在民间的裕固族文物。

然而，当初收集老物件时，有人不理解，说柯璀玲是"捡破烂"。那些老物件，有瓷器，有帐篷，有马鞍……柯璀玲也知道，这些"破烂"或

柯璀玲与她收集的老物件

许并没有很高的经济价值，但对裕固族这个民族来说价值非凡。"如果一个民族失去了语言、宗教、习俗、服饰等，那是很可怕的。"

经过不断努力，柯璀玲学会了刺绣、毛编、皮雕等16种裕固族手艺，收集裕固族传统物件上千件。

丰富的民族文化知识和美术专业技艺使柯璀玲信心大增。1999年，中华世纪坛组委会征集全国56个民族象征性图案。得到消息后，柯璀玲很快想到了家乡牧场那些可爱的鹿，想到了裕固族神话传说中善良勇敢的"珍珠神鹿"。她一气呵成，创作了生有双翅的神鹿形象。画面上，"神鹿"头顶珍珠、口衔雪莲、腾空跃起、洒脱飘逸。2000年，"珍珠神鹿"雕刻在了中华世纪坛上。

## 二、裕固族服饰：美得让人心醉

如同我国众多少数民族的服饰一样，裕固族服饰也别具民族特色。

裕固族男女都穿高领、大襟有衽的长袍。男子束红、蓝腰带，佩戴腰刀、火镰、小佛等；妇女穿高领长袍，下摆开衩，衣领、袖口、衣衩、襟边绣着花边，外套大红、桃红、翠绿、翠蓝色的缎子高领坎肩，系红、绿、蓝色腰带，配彩色手帕，脚穿长筒皮靴。冬季，男女皆戴狐皮风雪帽，穿高筒靴；夏秋戴圆筒平顶镶边的白毡帽或礼帽。妇女头戴喇叭形红缨帽或用茇茇草编织的帽子，喜欢佩戴耳环、翡翠或玉石手镯及银戒指等。

传统民族服饰往往最能体现一个民族的审美观念和工艺技巧，从而成为精美的艺术品。裕固族妇女的头面和红缨帽就是如此。

所谓"头面"即头饰，裕固语称为"凯门拜什"。裕固族未婚少女多梳五条或七条发辫，以额带为饰。

美丽的裕固族女性服饰

已婚妇女则梳成三条辫子，一条垂在背后，左右两条分别由耳后垂至胸前，也不再戴额带，而改换成头面。

头面实际上是三条长长的饰带，分别系在三条发辫上。饰带用红布、青布或红色香牛皮做底，中黄、淡黄、中绿、翠绿、黑、赭、紫红、大红诸色丝线合股绲边，下端缀彩色丝穗。带上用红色珊瑚珠、白色海贝、玛瑙珠、珍珠、孔雀石、银牌、铜环穿缀成色彩斑斓的图案。一般以红色珊瑚珠做底色，白色、蓝色珠子为图案，把特制的银牌、孔雀石、珍珠镶嵌在图案中。头面的整个长度依各人身高而定，一般要求上齐耳根，下至长袍底边。裕固族姑娘出嫁之日，都要举行隆重的穿嫁衣、戴头面仪式。

裕固族红缨帽

喇叭形尖顶红缨白毡帽，也是裕固族已婚妇女的标志性装束。帽子用薄毡制作而成，尖顶，帽檐较宽，上面镶有两道黑色的丝条边，后檐微翘，前檐平伸，帽顶上缀有红色的缨穗。相传这是为了纪念裕固族历史上一位遇害的女英雄，红缨穗代表女英雄为民牺牲时头顶上的鲜血。

柯璀玲说："裕固族服饰特点特别明显，特别是红缨帽和头面。裕固族是游牧民族，特别珍贵的东西都会戴在身上，头面上有红珊瑚、绿松石、银牌、玛瑙、彩珠……过去，姑娘一生下来，母亲就开始准备这些，亲手缝制，一直到女儿出嫁时戴上，也有的母亲把自己的头面传给女儿。即便是现在一切都准备好了，一副头面也要缝制几个月才能做好。"而一套完整的裕固族服饰，少说也要几个月。

然而，在全球化大潮中，裕固族服饰也有过低谷。柯璀玲介绍说，20世纪90年代，如果有人把民族服装穿上街，一定会被人嘲笑。现在没有这种现象了，反而每个人会觉得有一身漂亮的少数民族衣服外出参加活动，才最有面子。

2008年6月，甘肃省肃南裕固族自治县申报的"裕固族服饰"项目，经国务院批准列入第二批国家级非物质文化遗产名录（民俗类）。

2012年12月，柯璀玲成为第四批国家级非物质文化遗产项目（裕固族服饰）代表性传承人。

柯璀玲还是甘肃省省级"非遗"项目裕固族皮雕的代表性传承人。裕固族传统上以畜牧业生产为主，作为生产、生活用具装饰的皮雕工艺正是这种生计形态的反映。裕固族皮雕原料以牲畜皮和兽皮为主，以阳雕、镂空、剪切、绘画等为主要手法，并涂以色彩、加以装饰，用于马鞍、皮靴、刀鞘、皮袋等皮制生活生产用具的装饰。它图案丰富多彩，纹饰优美流畅，风格粗犷豪放，是裕固族生产生活习俗与审美观念结合的产物，是裕固族传统手工艺的一项重要内容。

## 三、全家都要做民族文化传承人

30多年来，柯璀玲始终致力于裕固族民间文化的研究，开发出布艺堆绣、皮雕皮画、服饰、各类挂件、沙画等几十种民族文化作品，并多次参加省级和国家级展览，还曾到港台地区参展。其中有9件作品曾获得省级或国家级奖项，诸如中国民间工艺"山花奖"、中国民间工艺优秀奖等。

2006年退休后，柯璀玲全身心投入裕固族民族文化的保护和传承之中。她先在一家民族工艺公司做设计开发主管，2012年又开办了自己的"裕龙"裕固族原生态民族文化传承公司和民族服饰店。

柯璀玲说，随着社会发展，虽然老一辈裕固族人还保留着民族意识，但年轻一代逐渐淡化了，一些传统工艺相继消失。"一件裕固族服饰制作需要耗时数月，经过几十种流程、近百道工序，现在掌握这些技艺的人越来越少。"因此，必须进行有意识和强有力的传承人培养。

这样，柯璀玲经营的公司和民族服饰店，也就顺理成章地成为肃南县重要的裕固族服饰传承基地。在柯璀玲的服饰店，有一间不大的工作间，里面摆着几台缝纫机，长年有几位妇女在那里忙碌着。柯璀玲说，店铺的真正意义就在于尽可能多地为民族文化的传承和发展多培养一些人才。

受柯璀玲影响，慢慢地，一些社区居民、下岗工人，还有退牧还草的牧民，也加入了裕固族文化传承的行列，不少人拜师柯璀玲，学习传统手工技能。柯璀玲说，做这个赚不了大钱，要热爱，要执着，有兴趣和悟性，才能做好。如今，经柯璀玲口传心授带过的徒弟已经有百余人。

2012年，为了寻找民族之根，柯璀玲做出了一个决定：重走裕固族先民的东迁路。她从甘肃的张掖出发，经嘉峪关、敦煌，到新疆的哈密、吐鲁番、高昌故城。其间，在裕固族曾经生活过的地方，听老人们讲传说故事，看到几百年前留下的服装，上面的刺绣、款式和色彩搭配，都跟现在的裕固族服饰十分相似，让柯璀玲激动不已。更幸运的是，她收藏了一个从楼兰古国出土的古老针线包，上面绣着非常精致的楼兰花图案。她说："我想，裕固族最早应该是从（楼兰）这里走过来的。"为了纪念裕固族先民生活过的地方，柯璀玲给自己的小孙子取名楼兰。

柯璀玲的家人都支持她为民族文化传承所做的一切，而且他们也都成了民族文化的传承人。儿子做婚纱摄影和婚庆典礼服务，儿媳缝制盘花，女儿做皮雕，侄女做刺绣。将来，他们都打算像柯璀玲一样申报裕固族文化传承人。

柯璀玲在传习所展示裕固族服饰制作

柯璀玲的儿媳曲卓拉姆毕业于桂林理工大学旅游专业，结婚生子不久就做起了民族服饰。她说："当时也考虑了很久。我家里人当时说毕业后一定要考公务员。我爸说，我要知道你干这个针线活，还供你上大学干什么。后来我想好了，能把裕固族的这些保留下来也挺好的。"

## 四、"为了给民族留点记忆"

2013年，柯璀玲接受记者采访时表达了自己的一个宏愿：修建裕固族民族文化"活态"博物馆。

柯璀玲这样解释自己理解的"活态"："我不希望拿我的东西去放在博物馆，那是死的东西。我要办'活态'的博物馆，希望大家都能在这里体验，比如可以了解我们祖先的铜茶壶，沏茶让人喝；比如这种几乎失传的手工编织方法，可以让大家来编。我的徒弟也可以在这工作。"

柯璀玲要建设的"活态"博物馆，其实就是一个微型的裕固族特色村寨（裕固族称"尧熬儿"）。这样的项目投资之大，可想而知。为此，原本可以安逸生活的柯璀玲，不仅常年奔波劳瘁，还搭上了自己的经营收入和退休金。对此，有人不理解，柯璀玲介绍："族里人都说，我死了都能买个金棺材了（柯璀玲一年做3件皮雕就可以收入10万，还有三四万的退休金），还要这么辛苦干吗？我说，我苦哈哈地做这个事情不是为了钱，是为了给民族留点记忆。"

柯璀玲筹建的裕固族特色村寨"尧熬儿"

2014年，柯璀玲投资300多万元，开始建设28000平方米的裕固族特色村寨，其中270万元是向银行贷款、亲友举债而来。特色村寨的建设也得到了政府的大力支持，柯璀玲说："村寨里能通水、电，路都是政府修建的。政府在非物质文化遗产的保护、抢救和宣传中做了大量工作，否则我们的文化就消亡得更快了。"

目前，裕固族特色村寨已经基本建成。这是一座三层楼房，一层为商业餐饮区，用于提供裕固族饮食，举行裕固族传统婚礼，二层为展览区，展出的全部是柯璀玲自14岁开始"捡"来的裕固族老物件，三层为办公区和住宿区，未来可做裕固族传统文化传习所，里面可以住好几位裕固族老人，为徒弟们传承技艺和知识。

柯璀玲说："现在很多年轻人已经不会说我们本民族的语言了。比如说，因为很多裕固族人不再放牧了，放牧的一些用语年轻人就不太会说了。还有，我们民族的女孩，根本不知道我们民族荷包的含义……"为此，柯璀玲在特色村寨办起了培训班，热爱裕固族文化的人都可以来学习。

作为国家级"非遗"项目代表性传承人，柯璀玲对自己的使命非常清楚："作为本民族文化的传承人，让民族的文化代代相传，是我肩负的责任和义务。"

# 达 瓦
## ——"想把技艺传给更多的人"

达瓦（1966～），民间艺人，珞巴族服饰传承人。西藏林芝米林人，珞巴族。他从家中老人那里继承了正宗的珞巴族服饰制作技艺，在政府推动的从深山到平原的搬迁中，他收起猎枪，创办了珞巴族服饰生产合作社，带领村民走上了致富路。2011年成为地区级非物质文化遗产代表性传承人，并收徒传承珞巴族服饰制作以及竹编、织布技艺。

## 一、从"野人"到"主人"

1966年，达瓦出生在西藏自治区今林芝地区米林县南依乡才召村一个珞巴族家庭。

珞巴族是我国西藏独有的少数民族，1965年8月正式确认为单一民族。珞巴族也是我国境内（实际控制区）人口最少的少数民族（约3000人），主要分布在西藏东南部东起察隅、西至门隅之间的珞瑜地区。

珞巴族过去主要以狩猎为生，分散在西藏林芝地区米林、察隅、墨脱等县的高山峡谷地区。那时，人们的衣食主要靠狩猎供给，粮食则用猎物皮毛下山

达瓦和妻子

换取；由于只有语言、没有文字，刻木结绳一直是生活在深山里的珞巴族计数、记事的原始方法；生病只能靠巫术，从来得不到医治；而架栈桥、过独木、爬"天梯"、飞溜索、穿藤网，则是人们的出行方式。

"珞巴"在藏语中指"南方人",但在过去,珞巴族人则被称为"野人",备受歧视。达瓦的祖辈生活在喜马拉雅山麓的深山峡谷中,与世隔绝。西藏农奴主规定,珞巴人不得下山,下山不但要缴重税,还要受到领主残酷的惩罚。

　　达瓦告诉人们:"阿爸说,在旧社会,珞巴族生活在丛林中,主要以狩猎为生。有时候到山外来做生意,都要受三大领主的压迫,缺衣少食。粮食每年都熬不到年底,曾经吃过青冈果那些东西充饥。"

　　1959年,西藏实行民主改革,居住在深山密林中的珞巴族人也和西藏百万农奴一样,翻身当家做了主人,每家每户都分到了牛、羊、土地和生产工具。

　　在进行民族识别时,珞巴族被国家正式确立为一个民族,成为56个民族大家庭中的一分子。如今,珞巴族虽然人口最少,但是历届全国人大代表中都有珞巴人的身影。

　　1985年,经政府多次动员,原来散居在南伊沟山林中的珞巴族群众,整体搬迁到条件较好的平原地区,由政府出资修建了土木结构的住房,并将南伊、琼林、才召三个行政村合并设立南伊人民公社。1988年6月,在南伊人民公社的基础上成立了南伊珞巴民族乡,从此,珞巴族人开始了自己崭新的生活。

## 二、服饰凸显珞巴族豪放性格

珞巴族的熊皮盔帽

　　珞巴族有着丰富多彩的民族民间文化,珞巴族服饰和始祖传说已经列入国家级非物质文化遗产名录,珞巴族织布技术、米林"博嘎舞"(珞巴族刀舞)等也已成为西藏自治区级非物质文化遗产。

　　珞巴族历史上长期居住在高原峡谷地带,以狩猎为生,因而充分利用动物皮毛和植物纤维,就成为珞巴族服饰最为突出的特点,也凸显出了珞巴族粗犷豪放的性格。

　　珞巴族男子的服饰,充分显示出山林狩猎生活的特色:衣服大多用狩猎得来的动物皮毛制成，上身内穿自制的野牦牛皮、山羊皮或藏式氆氇长袍，外罩山羊毛纺织的黑色套头大坎肩。坎肩用长条窄幅氆氇制成，前后上下一样宽，不挖领，中间留一个口套头。下身一般不穿衣物，只系遮羞布。一般戴藤条帽或熊皮盔帽。最有特色的是熊皮盔帽，用熊皮压制成带沿圆形头盔，头盔四周套有带熊毛的熊皮，盔后缀有长约 30 厘米、宽约 15 厘米的带眼窝熊头皮，垂在颈部。熊皮头盔坚硬无比，既可在狩猎和械斗时防身，又显得十分彪悍英武。

珞巴族女性喜欢穿着叫"基都"的短上衣，用野麻织成的土布缝制，无领、短袖、对襟，条件好的人家外面还要罩一件称作"阶纳布"的披肩（旧时则是外披一张小牛皮）；下身围略过膝部的紧身筒裙，用羊毛织成的粗呢做成。小腿绑扎裹腿，两端用带子扎紧。装饰品除银质和铜质手镯、戒指外，还有几十圈蓝白颜色相间的串珠项链，腰部衣服上缀有许多海贝串成的圆球。珞巴族女性着装，穿衣配饰需要近 20 分钟，而身上各种金属贝类配饰重达 4 斤。

珞巴族衣饰中，腰饰和耳饰尤为讲究。腰饰饰带用兽皮制作，上面缀有兽牙和海贝，两端各缀接一块磨制成近似方形的大螺壳。系戴时，把两端扣拢在脐部正中。饰带下悬吊数根金属链条，每根链条的一端系结于脐部正中，另一端分别系结在腰部两侧，正面看上去，就是若干个左右对称的、悬于两腿前的半圆弧，显得飘逸潇洒。腰间还佩戴火镰、鼻烟壶和珞巴弯刀。妇女在饰带上还要佩挂若干小铜铃、红石串珠和大铜勺状饰物等。男子则腰间斜插长刀，肩挎长弓和箭筒，走起路来叮当作响，英姿凛凛。

珞巴族服饰制作方法比较简单。加工皮革时，将剥下的兽皮铺平，用竹棍支撑晒干，然后用石头、木铲或刀把皮削薄并去除油脂，或两人拉着皮子在木头上来回摩擦，待皮子削薄和去净油脂后，涂上狗熊油将皮张拉直风干制成可供制衣的皮张。裁缝工具是刀和竹针。竹针一般取一年竹龄

身穿民族服饰的达瓦

的竹子，削得如火柴杆粗细，长约60厘米，用火烤软，将一头削尖，尖长约5厘米，其余的削成丝绒状，将竹绒分成两股搓成线或与线搓合在一起，即可缝衣。缝制土布一般用麻线或叫"郎蒂"的纤维制作的线，缝纫皮革则用一种叫作"乌格"的藤皮。

对于自己民族的传统服饰，达瓦说："珞巴族祖祖辈辈生活在大山里，这种生活一直延续到自己小时候，常年都要以虎狼为伴。穿的是狗熊皮，还有其他皮。原来我们没有穿的衣服，鞋也没有，裤子也没有。""爷爷奶奶那一辈的人都生活在山中，一年下山一次进行交换，像衣服上的贝壳、金属都是用动物皮毛换来的。"

2008年6月，珞巴族服饰列入第二批国家级非物质文化遗产名录（民俗类）。

## 三、"想把技艺传给更多的人"

2006年，国家投入500万元，重新为达瓦家乡才召村的每户珞巴族群众修建了独门独院的砖混水泥结构住房。昔日住山洞和简易树皮屋、靠刻木结绳记事的珞巴族，如今都住进了宽敞、明亮的新房。过去屋子里除了一个火塘和几张兽皮以外，什么也没有；如今冰箱、电视机、洗衣机这些现代化家用电器，在村民家中已经相当普遍。

达瓦在雅鲁藏布江畔的才召村也有了自己的新家，他本人还被选为村委会主任。谈到搬迁，达瓦说："搬下来和没搬之前，有着天壤之别。这几年，国家对人口较少民族的优惠政策越来越多，现在我们盖房子国家有补贴，硬化道路修到了家门口。前两年我们这个村随着人口的增长，耕地不够，在县委、县政府和援藏省市的大力扶持下，买了300多亩地分给我们村。就说喝水吧，自来水也拉到了家门口——现在生活确实是没说的。"

同时，政府还在珞巴族群众转变生计方式上给予帮助。达瓦介绍，搬迁以后，有了自己的民族乡政府，乡政府的干部经常下来手把手地教人们种蔬菜，种各种农产品。珞巴族群众学会了种植他们过去没有种过的东西，比如青稞、小麦，以及大棚蔬菜。

珞巴族服饰列入国家级"非遗"名录后，对珞巴族服饰颇有研究的达瓦成立了米林县珞巴族服饰生产合作社，从事珞巴族服饰制作。2011年，达瓦成为林芝地区珞巴族服饰的地区级代表性传承人。

达瓦的合作社得到了各级政府和文化主管部门的大力支持。2012年，在当地政府和文化部非物质文化遗产司的帮助下，珞巴族服饰成为"西藏林芝传统文化传承与发展综合项目"的一部分，获得了31万元的保护资金，原来20平方米的小房子，也扩大成100多平方米的综合工艺作坊。

2014年，在政府部门的牵线下，一家北京公司成了合作社固定的"大客户"。达瓦介绍，"大客户"免费提供原料羊毛线并按件支付加工费。因为有了稳定的销售渠道，希望加入合作社的珞巴族妇女越来越多。

达瓦介绍民族服饰

此外，达瓦还致力于组织民族歌舞表演。他说，过去想得最多的是如何吃饱肚子，生存下去；现在天天都在想如何利用民族特色、观光农业，让所有珞巴族人过得富裕。为此，作为村主任的达瓦带领村里人成立了民族歌舞表演队，自己当起了导游，每年都要接待来自国内外的许多游客。

珞巴族村民的人均收入年年增长，生活越来越好。但说起珞巴族"非遗"的传承，达瓦还是颇有些忧虑。

一方面是人的因素，"年长的一辈去世了，会的人越来越少了，这就更需要有人来传承下去"。作为代表性传承人，达瓦的合作社兼顾制作与传承，在村里收了几个徒弟，传授他自己从家里老人那里继承来的珞巴族服饰制作技艺，同时还教授竹编和织布技术。

另一方面是物的因素。由于珞巴族服饰中不少都是用动物皮毛制成，因而原材料在传承制作过程中便成了一个头疼的问题。"例如冬巴达贡（熊皮盔帽）由藤条和熊皮制成，但熊是国家保护动物，是禁止猎杀的。"达瓦认为，如何选用新的替代材料，同时又不失民族元素和文化特色，成了考验传承人的一大难题。

不过，达瓦说，许多珞巴族人已经意识到继承民族传统文化的重要性，才召村传承民族传统文化的队伍在不断壮大。村民次仁卓玛说："我们想把这种技艺传给更多的人，包括纺织、手工制作。"这话道出了珞巴族人民的心声。

# 再屯娜
## ——将塔塔尔族特色文化传扬下去

再屯娜·卡里穆瓦（1965～），教师，塔塔尔族撒班节传承人。新疆塔城人，塔塔尔族。她继承了塔塔尔族妇女传承上百年的糕点制作技艺，从事教育工作的同时，在自家院落创办"伊蔓树塔塔尔风情园"，通过开办糕点房、饮食作坊等方式，保护和传承塔塔尔族文化。2015年成为地区级非物质文化遗产代表性传承人（民俗类），并获得"新疆礼物·惠民组织奖"。出版有《塔塔尔族撒班节》。

## 一、糕点师傅也是幼儿园园长

1965年4月，再屯娜·卡里穆瓦出生在新疆维吾尔自治区塔城市一个塔塔尔族家庭。

塔塔尔族是我国人口较少民族之一，2010年第六次人口普查数据显示有3556人。塔塔尔族主要散居在新疆维吾尔自治区境内，比较集中的是伊宁、塔城、乌鲁木齐、阿勒泰、克拉玛依，以及昌吉回族自治州的奇台、吉木萨尔等县。昌吉回族自治州奇台县大泉塔塔尔族乡，是全国唯一的以塔塔尔族为主体的民族乡。

塔塔尔族信仰伊斯兰教，主要节日是肉孜节和古尔邦节。另外，"撒班节"也是塔塔尔族特有的传统民族节日，是塔塔尔族人一年一度的盛会。

再屯娜生在新中国，接受了良好的学校教育，并成为一名人民教师，从事幼儿教育，如今是塔城市第二幼儿园的副园长。

再屯娜的另一个身份，是塔城市塔塔尔族文化协会会长，也是地区级

再屯娜

的非物质文化遗产代表性传承人（2015年9月入选）。对于自己民族的文化，再屯娜情有独钟。

如同其他民族的节日风俗一样，塔塔尔族撒班节的一个突出特点，就是极具民族特色的各种美食。为了筹办撒班节，塔塔尔族妇女在节前都要准备烤饼、饼干等食物。

塔塔尔族妇女素以烹调技艺高超著称，善于制作各种糕点。如用面粉、大米加奶酪、鸡蛋、奶油、葡萄干、杏干烤制的"古拜底埃"，外部酥脆，内层松软，驰名全疆。也有将肉和大米混合烤成名为"伊特白里西"的点心，还擅长用鸡蛋、奶油、砂糖、鲜奶、可可粉、苏打和面粉制成精美可口的小馕，以精致、可口驰名。

再屯娜和她制作的肉馅菊花饼

再屯娜介绍，塔塔尔族特色高级茶点房的技艺是几代人百年来传承下来的特殊技艺，不仅种类丰富，而且保持了原汁原味、营养充足。传统的配方，娴熟的技艺，纯正的口味，赢得了各民族的青睐，成为塔城人民馈赠来自全国各地亲朋好友的最佳礼品。

如今，再屯娜在自己家制作和销售塔塔尔族特色糕点。那是一个有着100多年历史的老院子，庭院里静静伫立着橡树、杨树、苹果树，香甜的烘烤气味不时随风而来。

再屯娜的生意格外红火，她也乐此不疲。不过，再屯娜的这项"营生"，主要目的却不是为了挣钱。她说："我有自己的正式工作，制作销售糕点，不是为了挣钱，是想要通过开办糕点房、饮食作坊等方式，来保护和传承塔塔尔族文化，带动更多塔塔尔族人发展。"

## 二、撒班节——纪念"犁头"的节日

撒班节又称犁铧节、犁头节，是塔塔尔族的传统节日，主要流行在新疆维吾尔自治区塔城、伊宁一带。每年农历六月二十日举行，节期六天。

"撒班"（也作"萨班"），在塔塔尔语里是"犁头"（犁铧）的意思。

（一说"萨班"是柯尔克孜语，意思是"庆祝春耕"。）相传撒班节就是塔塔尔族先祖为纪念犁头这种先进工具的发明而形成的节日。之前，塔塔尔族用落后的十字镐翻地，而"撒班"结束了这一漫长的历史，大大推动了生产力的发展。塔塔尔族人为了纪念这种新式犁具的出现，每年农历六月二十日至二十五日农忙间歇期间，都要举行欢庆活动，一方面庆祝春耕完毕，一方面祈望秋收丰稔。

节日庆典一般安排在风景优美的地方举行，没有固定的程序。届时，塔塔尔族人穿着节日的盛装，带着手风琴、小提琴等乐器从四面八方赶来。活动以村为单位进行，全体村民参加，塔塔尔语称为"乌买克"，即"团会"。一般在野外、田头集体举行，主持者由村里有威望的长者担任。

节日里最重要的活动是歌舞欢庆。届时，随着手风琴和小提琴的伴奏，人们跳起热情奔放的舞蹈，唱起优美动听的歌曲。对唱是节庆的主要内容，成年人歌唱盼望丰收，青年人歌唱友谊与爱情，少年围着人群唱："雨呀，雨呀，快快下，我们不要饥饿，永远不要见那像狮子般的瘟疫。"人们在对唱时，还唱教训懒汉的歌："不要流浪快回家，快把酒瓶变骏马，快把酒瓶变犁铧，老老实实种庄稼。"歌唱和舞蹈时，多以民族乐器"库涅"（二孔直吹木箫）、"科比斯"（放在唇间吹奏的口琴）、二弦小提琴、手风琴、曼陀林等伴奏，节奏鲜明，充满草原气息。

节日期间，还要举行群众性的摔跤、赛马、拔河、爬杆、赛跳跑等活动。赛跳跑是其中最为有趣的项目。比赛开始时，参赛者口衔一匙，匙内放蛋。裁判口令一下，大家就迅速向前奔去，先到达目的地而蛋又不掉下来者取胜。参赛者连蹦带跳，想快又担心将鸡蛋跌出汤匙摔烂，所以样子十分滑稽。

同样滑稽有趣的是爬杆比赛。赛前先要在赛场上竖几根木杆，杆上涂抹肥皂，使之润滑。比赛开始后，参赛者奋力往上爬，因太滑而要费九牛二虎之力，显得狼

再屯娜（右一）接受媒体采访

塔塔尔族群众欢度撒班节

狈不堪。

赛跳跑、爬杆这些别具风趣的活动，往往使围观的群众乐不可支，增添了节日的喜庆气氛。而姑娘们在歌舞活动中，一边唱歌、一边拿出麻线和棉线织成的手帕、围巾，由节日活动主持人作为奖品奖给优胜者，体现了和谐素朴的人际关系。

2008年6月，新疆维吾尔自治区奇台县申报的"塔塔尔族撒班节"列入第二批国家级非物质文化遗产名录（民俗类）。

## 三、将塔塔尔族特色文化传承下去

十年"文革"期间，撒班节像许多传统民族节日一样，也沉寂了下去。再屯娜记得，"文革"后首次举办撒班节是在1988年，过节那天来了300多人，除了信仰伊斯兰教的民族，汉族、锡伯族、达斡尔族也都有人参加。

之后，塔塔尔族的撒班节随着生活越来越红火，也越来越热闹。同时，我国塔塔尔族还积极参加了国际文化交流。塔城市塔塔尔族文化协会顾问哈里亚参加了在俄罗斯喀山举办的国际民间文化交流会。塔塔尔族文化协会的民间艺人依萨木丁和母亲，也应邀到俄罗斯巴什科尔托斯坦共和国参加塔塔尔族奥沃勒320周年的庆典以及当地举办的"撒班节"活动。依萨木丁代表中国塔塔尔族进行了表演，赢得了各国塔塔尔族艺术家的赞许。

再屯娜制作的肉馅菊花饼

在教育战线工作30年，再屯娜主要承担幼儿教育、学前双语教育和家庭教育研究以及塔塔尔族的文化研究。2012年，她和丈夫热发提·卡里穆夫在自家百年老宅内创办了中国第一家"伊蔓树塔塔尔风情园"，通过开办糕点房、饮食作坊等方式，来保护和传承塔塔尔族文化。

再屯娜说："塔塔尔族糕点有着上百年的传承历史，每个塔塔尔族家庭都会制作糕点，只是有些口口相传的配方已经失传。在塔城市，各民族在一起生活、一起学习，文化相互渗透、相互包容，如今塔塔尔族美食非常受其他各民族的喜爱。"

再屯娜深知，塔塔尔族作为我国人口较少民族，人们的了解还不多："很多人不知道、不了解塔塔尔族，塔塔尔族的风俗礼节很细腻，讲究细节，节庆活动、民族歌舞、餐饮、手工艺品等方面的很多优秀传统文化还没有被挖掘。"

为了宣传塔塔尔族民族文化，再屯娜于2013年完成了介绍塔塔尔族传统节日"撒班节"的著作。2014年5月，辽宁民族出版社出版了这部著作《塔塔尔族撒班节》。书中详细叙述了塔塔尔族撒班节的风俗习惯，主要内容包括撒班节的由来、撒班节的三大主题、撒班节的组织过程、撒班节的演变、撒班节的历史与现状等。

2013年，再屯娜向新疆维吾尔自治区文化厅提交了成立"塔城市塔塔尔族撒班节传承基地"的申请。目前，她正在写作关于塔塔尔族特色餐饮的书，而且还准备将塔塔尔族民歌翻译成汉语，以便推广。

2015年丝绸之路国际旅游商品博览会期间，在新疆维吾尔自治区旅游协会举行的2015年"新疆礼物"表彰大会上，再屯娜经营的塔塔尔族特色糕点荣获"惠民组织奖"。

再屯娜的女儿茹菲娅，如今就读于重庆的西南大学育才学院。2013年，她作为中国塔塔尔族代表，应邀参加了在俄罗斯喀山举办的第27届世界大学生夏季运动会开幕式。在重庆、在喀山，茹菲娅都特意考察了当地的餐饮和民族特色风情园，她准备和妈妈一起，将塔塔尔族特色文化传承和发扬下去。

## 参考文献

[1] 冯骥才. 中国非物质文化遗产百科全书·传承人卷［M］. 北京：中国文联出版社，2015.

[2] 叶鹏，周耀林. 中国非物质文化遗产代表性传承人名录的现状与发展［J］. 牡丹江大学学报，2013（11）.

[3] 肖远平，王伟杰. 中国少数民族非遗名录及传承人统计分析［J］. 西南民族大学学报（人文社会科学版），2016（1）.

[4] 天山网原创. 民族雄鹰 祖国骄子 阿迪力·吾休尔［OL］. 天山网，［2010－03－30］. http：//www.ts.cn/special/2010_xjql/2010－03/30/content_4879178.htm.

[5] 艳梅. 鄂温克抢枢传承人［N］. 呼伦贝尔日报，2009－06－17.

[6] 秦慧英，刘银艳. 挑花王奉雪妹：一花映着一世界［N］. 湖南日报，2013－02－28.

[7] 谭江华. 思华章：傣家最后一位"撒那弄"［N］. 云南日报，2011－02－28.

[8] 王金峰. 新勉唐画派唐卡大师丹巴绕旦之研究［D］. 北京：首都师范大学，2007.

[9] 本报记者. 李发秀：双手绣出七彩生活［N］. 海东时报，2015－10－21.

[10] 高杨，丽达. 郎志丽 "郎氏面塑"有传人［N］. 人民日报·海外版，2007－09－28.

[11] 陈宗刚. 金铁铃："花儿金"是一种责任［N］. 新东城报，2011－10－18.

[12] 任露，毛莎. 我要让羌绣再放光彩——记汶川县"羌族刺绣"传承人汪国芳［OL］. 阿坝州人民政府网，［2013－07－25］. http：//www.scnjw.gov.cn/fzx/aba/zqfq/20130725095137872.html.

[13] 田蓓蓓. 青瓦白墙间的艺术梦——访国家级非物质文化遗产传承人李云义［J］. 大理文化，2014（6）.

[14] 图岩. 彩绘人生亦风流——记土族中国工艺美术大师娘本［J］. 中国土族，2014，春季号.

[15] 马钧. 和日的雕刻艺人贡保才旦［N］. 青海日报，2013－05－18.

[16] 付龙. 吴通英：用苗绣讲故事［N］. 人民日报·海外版，2010－06－15.

[17] 杨启刚. 韦桃花: 马尾绣出的绚丽花朵 [N]. 农民日报, 2007-04-10.

[18] 刘元文. 荣宝斋木版水印传人 [N]. 中国青年报, 2009-02-04.

[19] 聂元松. 素手编织先民的文化表情——叶水云和她的土家织锦 [J]. 民族论坛, 2009 (5).

[20] 矫枫. 侗族木构建筑营造技艺传承人杨似玉 [J]. 今日中国, 2013 (12).

[21] 连翘. 黎族原始制陶唯一传承人羊拜亮 [OL]. 中国民族网, [2011-11-12]. http://www.minzu56.net/lz/rw/1875.html.

[22] 吴平. 苗族银饰锻制技艺传承人杨光宾 [J]. 原生态民族文化学刊, 2009 (2).

[23] 刘守华. 白族扎染: 蓝白之间的传承——访云南省大理市白族扎染传承人张仕绅 [J]. 中国档案, 2014 (9).

[24] 雷鸣, 项陆才. 户撒刀王项老赛 [N]. 春城晚报, 2007-10-08.

[25] 李茜. 纳西族老人和志本: 住在仙境中 铸造"活历史"[N]. 生活新报, 2010-12-20.

[26] 张晓明, 崔士鑫, 李文健, 梁军. "邦典"织出五彩生活 [N]. 西藏日报, 2011-09-19.

[27] 韩钧, 何永明. 保安腰刀锻制大师马维雄 [OL]. 中国临夏网, [2009-08-11]. http://www.chinalxnet.com/content/2009-09/14/content_37949.htm.

[28] 吴凌云. 富丽堂皇 精妙绝伦——访花丝镶嵌传承人白静宜 [J]. 上海艺术评论, 2012 (5).

[29] 周建军, 宝力道. 白音查干: 老祖宗留下的东西要一代代继承下去 [N]. 北方新报, 2009-07-16.

[30] 杜洁芳, 曹保明. 金季凤: 把朝鲜族乐器制作手艺找回来 [N]. 中国文化报, 2013-12-23.

[31] 李勇军, 吴祥淼. 粟田梅的"锦绣人生" [N]. 湖南日报, 2010-08-11.

[32] 吉伍依作. 三色世界 美丽人生——关于彝族漆器髹饰技艺传人吉伍巫且 [OL]. 彝学网, [2011-03-09].

[33] 李斌, 张宗昌. 访东乡族擀毡技艺省级传承人马舍勒 [N]. 民族日报, 2009-09-01.

[34] 张妍. 青海孟达大庄村: 古篱笆楼的民族记忆 [N]. 西海都市报,

2013 - 07 - 22.

[35] 张怀升. 这是我怀念母亲的方式［N］. 乌鲁木齐晚报, 2015 - 08 - 26.

[36] 王珏, 李亚鸽. 中国国家图书馆古籍修复专家杜伟生　古籍的全科医生（追梦·我在这里修国宝）［N］. 人民日报, 2016 - 04 - 02.

[37] 李帅. 钟连盛——活在景泰蓝的世界里［N］. 新东城报, 2013 - 10 - 25.

[38] 白鹤. "风筝哈"——北京风筝世家［N］. 人民日报·海外版, 2003 - 06 - 24.

[39] 土家转角吊脚楼技艺的集大成者——彭善尧［OL］. 湘西生活网, ［2014 - 08 - 14］. http：//bbs.07430743.com/thread - 1027101 - 1 - 1.html.

[40] 编辑部. 王阿勇：让苗族蜡染艺术"走出去"的第一人［J］. 纺织服装周刊, 2014（32）.

[41] 孙鲁荣. 贵州"非遗"传承人杨光成：枫香染的守护者［N］. 贵阳日报, 2014 - 02 - 22.

[42] 本报记者. 走近国医大师强巴赤列：站在藏医药金字塔尖的人［N］. 中国中医药报, 2009 - 06 - 26.

[43] 本报记者. 盘良安：乳源唯一能举办"拜盘王"的总师爷［N］. 南方都市报, 2013 - 01 - 24.

[44] 刘宇华. "歌王"刘正城和壮族嘹啰山歌的故事［OL］. 国际在线, ［2010 - 01 - 09］. http：//gb.cri.cn/1321/2009/11/10/661s2672892_1.htm.

[45] 李刚, 陈昕. 唐买社公：传唱瑶族文化的"歌王"［J］. 南方, 2014（6）.

[46] 全君兰. 歌师刘正城一家唱着嘹啰山歌走上民歌节大舞台［N］. 南国早报, 2009 - 10 - 20.

[47] 邓建华. "铁脚"李学强能"上刀山　下火海"［N］. 生活新报, 2011 - 01 - 28.

[48] 彭海欢, 杨俊. 赵丕鼎：用大本曲唱出"绕三灵"［N］. 云南信息报, 2011 - 09 - 13.

[49] 张寒. 释比王治升, 在经史传承的断裂带上［N］. 新京报, 2008 - 07 - 10.

[50] 贵州省档案馆, 贵州省史学会. 揭秘水书：水书先生访谈录（上、

下册）［M］．贵阳：贵州民族出版社，2010．

［51］郭祚彬．沙盘上推算出的天气农时——记国家级非遗项目西藏天文历算传承人贡嘎仁增［N］．西藏商报，2013－11－26．

［52］王徽．家族六代传承蒙古族服饰工艺［N］．内蒙古晨报，2014－04－25．

［53］杨志雄，黄艳梅．"还愿傩祭"在毛南族民间传承有望［N］．中国民族报，2012－09－18．

［54］林雪娜．探秘肥套［N］．广西日报，2012－11－13．

［55］杨红文．人神间的使者——毕摩普顺发［J］．大观周刊，2007（39）．

［56］李满福．为裕固族传统文化服饰忙前忙后的传承人——柯璀玲［N］．甘肃日报，2014－11－19．

［57］孔华．非遗传人柯璀玲：借巨资建裕固族村寨［OL］．央视网，［2015－09－01］．http://news.cntv.cn/2015/08/29/ARTI1440819966754626.shtml．

［58］郑颖，才让多杰．走出大山的珞巴人［OL］．中国广播网，［2014－04－07］．http://www.cnr.cn/09zt/xzzxdl/jz/jzsj/200903/t20090325_505283057.html．

［59］李莉．再屯娜：做糕点传承塔塔尔族文化［N］．新疆日报，2014－10－12．

# 后 记

在"共和国民族之魂"丛书出版少数民族英烈、英豪、文学家、文化学者、科学家、艺术家六种传集之后,《共和国少数民族非物质文化遗产传承人传》如期推出,而且是上、下两册,着实令人欣慰。

"非物质文化遗产代表性传承人",应该说是一个有着严格限定的群体,不管是国家级还是省、市、县级的,都有政府有关部门公布的名单在。不过,也不是没有交叉,比如与艺术家、文化学者甚至科学家。曾经收入艺术家、科学家传集的人物,尽管名列国家级"非遗"代表性传承人名录,这里均不再收录。

少数民族国家级"非遗"代表性传承人多达506人,而这两册传集的容量也就是120余人,不能不多有割舍。不过,本集中,我国55个少数民族均有国家级"非遗"项目入选,也均有"非遗"传承人收入——尽管由于8个少数民族尚无国家级"非遗"传承人,我们不得不收录省级传承人。遗憾的是,由于资料的缺乏,出于项目、民族、地区等考虑,原本想写的却有些终于未能做到。

前几种传集,均是按照传主的出生年份排序的。本集则是按国家级非物质文化遗产名录的项目分类以及国家公布的代表性传承人名单排序的(省级传承人放在各类之末),10个项类的数量分布,恰好可以做到大体平衡。这样,本集传主顺序的安排,也就有了较为科学的逻辑顺序。

书稿的写作,当然参考、借鉴了许多专家学者的研究成果,除传记、专著、论文之外,报刊专题乃至新闻报道、网上资料以及博客文章等,采撷尤多。对于这些成果的作者,尤其是专注于"非遗"报道的新闻记者,我们表示由衷的钦佩和诚挚的感谢。

少数民族"非遗"大多属于所谓"小传统",有特出的民族性、地域性,"十里不同风,百里不同俗",因此我们对"非遗"项目的把握和介绍难免一隅之偏;一些"非遗"项目数量不少、传承人众多的民族,因缺少汉语资料未能多予书写。这些,都可能使书中存在或此或彼的不足和错漏,敬请专家学者和广大读者批评指正。